Kohlhammer

Einführung in die Wirtschaftsgeschichte

Herausgegeben von Sebastian Steinbach

Bd. 1: Eva Rosenstock: Prähistorie. ISBN 978-3-17-036941-2.
Bd. 2: Sven Günther: Antike. ISBN 978-3-17-036712-8.
Bd. 3: Sebastian Steinbach: Mittelalter. ISBN 978-3-17-036716-6.
Bd. 4: Philipp Rössner: Frühe Neuzeit. ISBN 978-3-17-036720-3.
Bd. 5: Boris Gehlen: Moderne. ISBN 978-3-17-036937-5.

Sebastian Steinbach

Einführung in die Wirtschaftsgeschichte

Band 3: Mittelalter

Verlag W. Kohlhammer

Dieses Werk einschließlich aller seiner Teile ist urheberrechtlich geschützt. Jede Verwendung außerhalb der engen Grenzen des Urheberrechts ist ohne Zustimmung des Verlags unzulässig und strafbar. Das gilt insbesondere für Vervielfältigungen, Übersetzungen, Mikroverfilmungen und für die Einspeicherung und Verarbeitung in elektronischen Systemen.

Die Wiedergabe von Warenbezeichnungen, Handelsnamen und sonstigen Kennzeichen in diesem Buch berechtigt nicht zu der Annahme, dass diese von jedermann frei benutzt werden dürfen. Vielmehr kann es sich auch dann um eingetragene Warenzeichen oder sonstige geschützte Kennzeichen handeln, wenn sie nicht eigens als solche gekennzeichnet sind.

Es konnten nicht alle Rechtsinhaber von Abbildungen ermittelt werden. Sollte dem Verlag gegenüber der Nachweis der Rechtsinhaberschaft geführt werden, wird das branchenübliche Honorar nachträglich gezahlt.

1. Auflage 2021

Alle Rechte vorbehalten
© W. Kohlhammer GmbH, Stuttgart
Gesamtherstellung: W. Kohlhammer GmbH, Heßbrühlstr. 69, 70565 Stuttgart
produktsicherheit@kohlhammer.de

Umschlagabbildung: Ochsengespann mit Räderpflug.
Fries in der Vorhalle des St.-Paulus-Doms, Münster. Foto: Julia Bergmann.

Print:
ISBN 978-3-17-036716-6

E-Book-Format:
pdf: ISBN 978-3-17-036717-3

Für den Inhalt abgedruckter oder verlinkter Websites ist ausschließlich der jeweilige Betreiber verantwortlich. Die W. Kohlhammer GmbH hat keinen Einfluss auf die verknüpften Seiten und übernimmt hierfür keinerlei Haftung.

Inhaltsverzeichnis

Vorwort 9

1 Wirtschaftsgeschichte und Mittelalter 11

2 Geografie, Klima und Umwelt 17
2.1 Europäische Geografie 18
2.2 Klimageschichte des Mittelalters 24
2.3 Energie und Umwelt 29
2.4 Zeitgenössische Umweltwahrnehmung 33

3 Bevölkerungsentwicklung und
   Bevölkerungsstruktur 37
3.1 Quellen der Historischen Demografie 38
3.2 Bevölkerungsentwicklung 46
3.3 Bevölkerungsstruktur 55

4 Landwirtschaft 57
4.1 Quellen zur mittelalterlichen Landwirtschaft 60
4.2 Agrarproduktion 64
    4.2.1 Getreide, Obst und Gemüse 64
    4.2.2 Viehwirtschaft und Fleischkonsum 73
    4.2.3 Sonderkulturen 85
4.3 Phasen der Landwirtschaftsgeschichte 88

	4.3.1	Die Zeit der „klassischen Grundherrschaft" (8.–12. Jahrhundert)	88
	4.3.2	Auflösung der Villikationen und Landesausbau (12.–14. Jahrhundert)	91
	4.3.3	Bevölkerungskrise und Agrardepression (14.–15. Jahrhundert)	97

5 Handwerk 101

5.1 Grundlagen des Handwerks im Mittelalter 101
5.2 Entwicklung einzelner Gewerbe 108
    5.2.1 Müller, Bäcker und Brauer 109
    5.2.2 Textilhandwerk und Lederverarbeitung 111
    5.2.3 Baugewerbe und Baukunst 116
    5.2.4 Salzgewinnung (Meersalz und Steinsalz) 122
    5.2.5 Glas und Keramik 125
    5.2.6 Eisenverarbeitung 128
5.3 Handwerk und Zünfte 133

6 Handel 139

6.1 Das Frühmittelalter (7.–10. Jahrhundert) 140
6.2 Das Hochmittelalter (11.–13. Jahrhundert) 150
6.3 Das Spätmittelalter (14.–15. Jahrhundert) 157
6.4 Handelsgüter, Handelsregionen und Handelsverflechtungen 164
    6.4.1 Getreide 165
    6.4.2 Salz 166
    6.4.3 Wein 166
    6.4.4 Metall 167
    6.4.5 Stoffe und Textilien 168

Inhaltsverzeichnis

6.5 Die Hanse – Geschichte und Organisation 170

7 Geldwirtschaft und Münzgeschichte 177
7.1 Geldgeschichte des Mittelalters 179
7.2 Münzgeschichte des Mittelalters 181
    7.2.1 Spätantike und Frühmittelalter (500–750) 182
    7.2.2 Das Zeitalter des silbernen Pfennigs (750–1250) ... 184
    7.2.3 Differenzierte Währungssysteme (1250–1500) 191

8 Technik, Verkehr und Infrastruktur 199
8.1 Orte und Objekte von Technik 202
8.2 Akteure und Institutionen – Medien und Begriffe 206
8.3 Technische Innovationen – Ein Überblick 211
8.4 Verkehr, Transport und Infrastruktur 215

9 Wirtschaftsethik, Wirtschaftstheorie und Wirtschaftspolitik 225

10 Zusammenfassung und Ausblick 239

Anhang 243
Karten 243
Anmerkungen 245
Literatur 265
Abbildungsverzeichnis 283
Register 285

Vorwort

Die Idee zur Buchreihe *Einführung in die Wirtschaftsgeschichte* entstand beim 52. Deutschen Historikertag 2018 in Münster, im Gespräch mit Peter Kritzinger vom Kohlhammer Verlag. Dabei stellten wir eine auffällige Entwicklung fest: Wirtschaftshistorische Fragestellungen spielen gegenwärtig – jedenfalls abseits des 18.–20. Jahrhunderts – in der universitären Lehre keine prominente Rolle mehr. So gehört auch die Wirtschafts- und Sozialgeschichte aktuell nur noch zu den sogenannten „Kleinen Fächern" innerhalb der akademischen Disziplinen oder wird punktuell im Rahmen von anderen Teildisziplinen wie der Technik- und Umweltgeschichte *en passant* vermittelt.

Dieses akademische Desinteresse steht in einem eklatanten Kontrast zur Aufmerksamkeit, welche die Wirtschaftsgeschichte von der breiten Öffentlichkeit erfährt. Solche Themen und Fragen haben oftmals einen weitaus unmittelbareren Bezug zum Alltagsleben der Menschen als beispielsweise verfassungs- oder kirchenhistorische Aspekte. Zudem sind rudimentäre Kenntnisse wirtschaftlicher Entwicklungen hilfreich und oft sogar nötig, um die Zusammenhänge der eigenen Lebenswelt zu durchdringen. Wer die moderne Wirtschaftswelt verstehen will, muss deren historische Ursprünge kennen. Dies alles gilt umso mehr für Studierende der Geschichtswissenschaft, für die eine solide Kenntnis der Wirtschaftsgeschichte grundlegende Voraussetzung für eine weitergehende Beschäftigung mit historischen Entwicklungen und Zusammenhängen ist.

Vor dem Hintergrund dieser Beobachtungen stellten wir überrascht fest, dass kein aktuelles, deutschsprachiges und epochenübergreifendes Handbuch existiert, das in systematischer Weise in die europäische Wirtschaftsgeschichte von ihren Ursprüngen bis in die Moderne einführt. Diese Publikationslücke zu schließen, ist unser erklärtes Ziel.

Jede der klassischen Epochen wird von einer Expertin oder einem Experten in einem eigenen Band in chronologischer Reihenfolge dargestellt:

Eva Rosenstock: Prähistorie (Bd. 1)
Sven Günther: Antike (Bd. 2)
Sebastian Steinbach: Mittelalter (Bd. 3)
Philipp Rössner: Frühe Neuzeit (Bd. 4)
Boris Gehlen: Moderne (Bd. 5)

Es war uns besonders wichtig, auch die prähistorische Zeit in die Reihe aufzunehmen, da diese bislang nur in der archäologischen Disziplin der Ur- und Frühgeschichte ihre Aufmerksamkeit findet, aber gleichzeitig die Anfänge menschlich-ökonomischen Handelns darstellt. So funktioniert die fünfbändige Reihe wie ein Wegweiser durch die wichtigsten ökonomischen Entwicklungen der Menschheit von der Urgeschichte bis in die Gegenwart.

Dabei werden nicht nur klassische Themen wie Landwirtschaft, Handel und Handwerk, sondern auch Bevölkerungsentwicklung, Technik und Infrastruktur oder Wirtschaftstheorien behandelt. Auf diese Weise erhält man ein Gesamtbild aller ökonomisch relevanten Einflussfaktoren. Neben der Vermittlung von Faktenwissen ist es ein weiteres Ziel der Reihe, darzulegen, wie die historischen Erkenntnisse vor allem in den sogenannten Grundlagenwissenschaften gewonnen werden. Hierzu werden exemplarisch Quellen vorgestellt und kritisch interpretiert (graue Kästen).

Sollte es der Reihe gelingen, die Bedeutung und das Potenzial der Wirtschaftsgeschichte gerade der akademischen Welt (wieder) in Erinnerung zu rufen und das Interesse an wirtschaftshistorischen Fragestellungen bei den nächsten Historikergenerationen zu wecken, so hätten sich die Mühen für uns mehr als gelohnt.

Osnabrück, im Dezember 2020   Sebastian Steinbach

1 Wirtschaftsgeschichte und Mittelalter

„Ursprünglich entstammt auch die Sozial- und Wirtschaftsgeschichte einem anderen Fach, nämlich den Wirtschaftswissenschaften. [...] Die mittelalterliche Wirtschaftsgeschichte besitzt bislang nicht den gleichen Stellenwert wie die Sozialgeschichte, wenngleich auch hier zu den Grundphänomenen Landwirtschaft [...], Handwerk, Handel (Messen) und Verkehr wichtige Forschungen vorliegen."

Goetz 2014, S. 352 und 354

Die deutschsprachige Mediävistik (Mittelalterforschung) und die Wirtschaftsgeschichte scheinen ein schwieriges Verhältnis zu pflegen: Zwar wurden viele Weichen der ökonomischen Entwicklung Europas im Mittelalter gestellt, aber in den Einführungswerken zur Mittelalterlichen Geschichte werden wirtschaftsgeschichtliche Fragestellungen oftmals nur randständig behandelt. Auch der deutsche Mediävistenverband stellt bis heute (Stand 2020) keinen eigenen Fachvertreter[*] für die Wirtschaftsgeschichte. Die einführenden Publikationen zur Wirtschafts- und Sozialgeschichte beginnen meist mit der Frühen Neuzeit, was nicht zuletzt an der schwierigen Quellenlage liegt: Quantitativ-statistische Methoden sind erst ab dem Spätmittelalter auf breiter Basis möglich.[1] Lediglich in älteren Handbüchern erscheint das Mittelalter häufig noch mit einem eigenen Band.[2] Die Anzahl der Lehrstühle an deutschen Universitäten, an denen Wirtschaftsgeschichte des Mittelalters gelehrt wird, ist zudem in den letzten Jahren deutlich zurückgegangen. Müssen diese Beobachtungen als ein Indiz dafür gewertet werden, dass die Wirtschaftsgeschichte des Mittelalters im Verbund der historischen Teildisziplinen ein unwichtiges oder sogar zu vernachlässigendes Teilgebiet ist? Keineswegs!

Nehmen wir einmal das Beispiel eines Schwertes der Karolingerzeit (8./9. Jh.): Sicherlich drängen sich hier zunächst Fragestellungen nach dessen originärem Gebrauchskontext (Militärgeschichte) oder seiner

---

[*] Zur besseren Lesbarkeit wird in diesem Buch auf die Verwendung gendergerechter Sprache weitgehend verzichtet. Das generische Maskulinum meint sämtliche Geschlechtsvarianten gleichermaßen.

Funktion als gesellschaftlicher Marker einer adligen Kriegerelite (Sozialgeschichte) auf. Verschiebt man den Interessenfokus aber in eine stärker wirtschaftshistorische Richtung, so könnte man sich auch fragen, woher das Eisen zu seiner Herstellung und die Holzkohle zu seiner Verarbeitung stammten – aus Abgabenleistungen an den Grundherrn oder einem organisierten Bergbau? Welche Techniken der Metallverarbeitung kamen dabei genau zur Anwendung und welche Personenkreise besaßen das dafür benötigte Wissen? Wer war jener Schmied VLFBERHT, der so hochwertige Klingen herstellte, dass er sie sogar persönlich signierte und über weite Strecken handelte? Wo lag seine Werkstatt, wie war sie ausgestattet und wer waren die „Produktpiraten des Frühmittelalters", die seine Klingen mit mangelhafter Qualität und unter Missbrauch seines Namens nachahmten? Was kostete überhaupt ein Schwert in der Karolingerzeit? Welche praktischen Auswirkungen besaßen wirtschaftspolitische Maßnahmen wie das Verbot des Waffenhandels mit den Slawen der Synode von Diedenhofen 805? In welchem Ausmaß waren Klöster in die Waffenproduktion des Frankenreiches einbezogen, wenn man an die Waffenschmieden des berühmten Klosterplans von St. Gallen oder die Abhandlungen Adalhards von Corbie denkt? Ein einzelnes Objekt – Dutzende wirtschaftsgeschichtliche Fragen. Bei näherer Betrachtung eröffnet sich hier ein Kosmos von Erkenntnismöglichkeiten, der weit über den kriegerischen Gebrauchszusammenhang des Schwertes hinausgeht und tief in die wirtschaftshistorische Sphäre führt.

Bedenkt man, dass in der Zeit zwischen 500 und 1500 – sofern nicht anders genannt, beziehen sich alle folgenden Jahresangaben auf den Zeitraum nach Christus – etwa 80–90 % der europäischen Bevölkerung in der Landwirtschaft tätig waren, würde ein Ausblenden dieses Wirtschaftszweiges bedeuten, einen fundamentalen Teil der Geschichte zu ignorieren. Und zwar obwohl die Produktion der Agrarwirtschaft die Basis zahlreicher ökonomischer, technischer, sozialer und herrschaftspolitischer Entwicklungen darstellte. Der weltliche und geistliche Adel lebte ebenso wie das städtische Bürgertum von den in der Landwirtschaft erzielten Erträgen und mit den „Arbeitenden" (lat. *laboratores*) waren die Bauern fest in die trifunktionale Ständelehre „Betende – Kämpfende – Arbeitende" (*oratores – bellatores – laboratores*) des frühen und hohen Mittelalters integriert. Wie sich die spätmittelalterlichen Stadtverfassungen ausbilden konnten, ist ohne eine vertiefte Kenntnis der Organisation von Zünften

1 Wirtschaftsgeschichte und Mittelalter

und Gilden kaum zu verstehen. Die dramatischen demografischen Folgen der Pest des 14. Jh.s werden erst durch Kenntnisse in der historischen Bevölkerungsentwicklung richtig deutlich. Kurzum: Die Wirtschaftsgeschichte ist wesentlicher Bestandteil der Geschichtswissenschaft nicht nur des Mittelalters.

Durch die Anwendung eines über einen längeren Zeitraum gebildeten und stets erweiterten methodischen Instrumentariums rekonstruieren Historiker die Vergangenheit und erschaffen ein wissenschaftlich fundiertes Geschichtsbild, das der Gegenwart die Vergangenheit (immer wieder neu) bewusst machen soll. Da die Überlieferung lückenhaft und selektiv ist, wird der Historiker zum Detektiv und Richter in einem: Er muss die für seine Fragestellung aussagekräftigen Quellen suchen und deren Inhalt bewerten. Der Nutzen der Geschichtswissenschaft und der Kenntnis historischer Prozesse liegt in der Identitäts- und Bewusstseinsbildung, also eines besseren Verständnisses für die Gegenwart und einer Orientierungshilfe für die Zukunft. Ob, was und wie viel man aus der Geschichte lernen kann, ist dabei kontextabhängig, denn kein historisches Ereignis vollzieht sich auf exakt die gleiche Weise erneut. Es geht nicht um das Auswendiglernen von Daten, Personen und Ereignissen, sondern vielmehr um deren Bewertung und Abstraktion. Dafür muss man sich Kenntnisse verschiedener Methoden und Theorien, Wissenschaften und Disziplinen aneignen.

Das Fach Wirtschafts- und Sozialgeschichte arbeitet an der Schnittstelle zwischen Geschichts-, Wirtschafts- und Sozialwissenschaften und bedient sich der Methoden und Theorien aus allen drei Fachdisziplinen. Eine der besonderen Herausforderungen von Wirtschaftshistorikern ist also die Anwendung moderner, zumeist volkswirtschaftlicher, Methoden auf historisch-ökonomische Prozesse.[3] Diese theoretisch-methodische Ausrichtung ist nicht unumstritten: Analytisch-ökonomische Sichtweisen aus Modellen und Kategorien der Wirtschaftswissenschaften stehen neben deskriptiv-historischen Ansätzen, die sich aus der Geschichtswissenschaft entwickelt haben. Für beide Herangehensweisen gibt es gute Gründe und idealerweise bedienen sich Wirtschaftshistoriker dem Instrumentarium beider Wissenschaftszweige, um der Komplexität historisch-ökonomischer Prozesse gerecht zu werden.

Auch erfordert die Beschäftigung mit historischem Wirtschaftsgeschehen die Kenntnis verschiedener Teildisziplinen der sogenannten

Historischen Hilfswissenschaften: Fähigkeiten im Lesen alter Handschriften (Paläografie), ein Verständnis historischer Maße und Gewichte (Metrologie) sowie ein Wissen um die gebrauchten Währungen und deren Umrechnungskurse (Numismatik und Geldgeschichte), ganz zu schweigen von dem notwendigen herrschaftspolitischen, kulturellen und gesellschaftlichen Hintergrundwissen zum untersuchten geografischen und zeitlichen Raum.

Die Wirtschaftsgeschichte ist also eine schon vom Untersuchungsgegenstand her interdisziplinäre Wissenschaft, die ihre Impulse und Theorien aus verschiedenen Fachrichtungen bezieht. Dazu ein weiteres Beispiel: Eine Untersuchung von agrarwirtschaftlichen Fragestellungen des Mittelalters schließt unter anderem Kenntnisse der angebauten Nutzpflanzen (Archäobotanik), der natürlichen Einflussfaktoren auf diese (Historische Geografie, Klimageschichte und Umweltgeschichte) sowie der zum Anbau gebrauchten Produktionsmittel (Technikgeschichte) und ländlichen Organisationsformen (Verfassungsgeschichte und Sozialgeschichte) mit ein.

Daraus wird deutlich, dass sich Wirtschaftshistoriker ständig mit der Abgrenzung der eigenen Disziplin zu den Nachbar- und Hilfswissenschaften konfrontiert sehen. Gerade in einer Zeit, in der die Legitimationsfrage der Geisteswissenschaften insgesamt – der älteren Epochen Antike und Mittelalter insbesondere – immer dringlicher wird, verengt sich der Fokus notgedrungen auf kleinere Spezialdisziplinen – die sogenannten „Orchideenfächer" und „Mauerblümchen". Auf der anderen Seite spielen wirtschaftliche und soziale Fragestellungen im Rahmen eines stärker themenorientierten und damit epochenübergreifenden Geschichtsunterrichts eine immer größere Rolle. Insoweit vermag die Wirtschafts- und Sozialgeschichte einen wesentlichen Beitrag zu einem praxisrelevanten Studium zu leisten, das Kenntnisse aus den verschiedensten Wissenschaftsdisziplinen vermittelt und die Studierenden auf diese Weise in vielerlei Hinsicht für den „Arbeitsmarkt des Historikers" auch abseits von Universitäten, Museen und Archiven qualifizieren kann. Wenden wir uns also konkret der praktischen Wirtschaftsgeschichte des Mittelalters zu, wobei der Fokus im vorliegenden Band auf dem europäischen (christlich-lateinischen) Mittelalter liegen wird. Entwicklungen der byzantinischen und islamischen Wirtschaftssphäre werden aufgrund dieser inhaltlichen Konzentration und einer eigenen Komplexität nur berücksichtigt, sofern sie von thematischer Relevanz sind. Einleitend wenden wir uns den natürlichen Voraussetzungen (Geografie, Klima und Umwelt) der im Folgenden geschilderten Wirtschaftsentwicklungen zu.

2 Geografie, Klima und Umwelt

Geografie, Klima und Umwelt haben wesentlichen Einfluss auf die Entwicklung der Wirtschaft: Ein Fluss kann eine natürliche Grenze darstellen oder als günstige Transportmöglichkeit gesehen werden. Führt eine Brücke über ihn, so kann sich eine Marktsiedlung oder Zollstation etablieren (▶ Q 2.1). Ein Blick auf die natürlichen Voraussetzungen des Wirtschaftslebens im Mittelalter ist demnach lohnend, da vor diesem Hintergrund diverse sozio-ökonomische Entwicklungen erst verständlich werden.[1]

Insgesamt gilt es zu bedenken, dass der Einfluss naturräumlicher Gegebenheiten in der Vormoderne prägender war als heute, da die Möglichkeiten der Beeinflussung der Natur durch den Menschen noch deutlich geringer ausfielen. Der Wald lieferte Energie, Wärme und Licht. Er stellte zudem wichtige Rohstoffe für verschiedene Handwerke bereit. Eine klimatisch bedingte Missernte zwang zum Zukauf von Nahrungsmitteln, deren Preise sich aufgrund der Nachfrage erhöhten, was wiederum zur Folge hatte, dass der Konsum anderer gewerblicher Güter zurückging, da die Bevölkerung einen Großteil ihres Einkommens zur Existenzsicherung einsetzen musste. Auch das Kriegswesen wurde von der Umwelt beeinflusst: Das fränkische Heer wurde auf dem „Märzfeld" (d. h. im März) zusammengerufen, solange es aus Fußkriegern bestand. Seit 755 erging das Aufgebot zum „Maifeld", denn nun bestand das Heer überwiegend aus Reiterkriegern, deren Pferde Gras benötigten. Da die Reiterei zudem trockene Wege, eisfreie Gewässer und begehbare Pässe verlangte, wartete man auf bessere Witterung.[2] Das folgende Kapitel beleuchtet dementsprechend die naturräumlichen Voraussetzungen der wirtschaftlichen Entwicklungen im Mittelalter und gibt einen Überblick zur Klimageschichte sowie zur Energienutzung. Auch untersucht es die Sicht der Zeitgenossen auf ihre Umwelt.

2.1 Europäische Geografie

Europa lässt sich als westlicher Ausläufer Asiens begreifen. Die Kontinentalmasse Eurasiens entfällt zu etwa 1/5 auf den europäischen (10 Mio. km²) und 4/5 auf den asiatischen (44 Mio. km²) Teil. Beide Teile sind auf einer Länge von etwa 2.700 km vom Nordpolarmeer bis zum Kaspischen Meer miteinander verbunden. Die südlichen Ausläufer des Ural und der nördliche Rand der Kaspischen Senke öffnen einen etwa 200–300 km breiten Durchgang zwischen beiden Kontinenten. Der Osten Europas wurde folglich wiederholt von Nomadenvölkern, wie den Hunnen, Awaren oder Ungarn, heimgesucht. Westeuropa blieb hiervon weitgehend verschont.[3]

Das Verständnis von Europa als eigenständigem Kontinent fußt im Wesentlichen auf einer Sichtweise der antiken (griechisch-römischen) Mittelmeerkulturen. Wenn Karl der Große bereits zu Lebzeiten als „Vater Europas" (*pater europae*) bezeichnet wurde, so waren damit eher sein Herrschaftsbereich – in Abgrenzung zu Rom, Byzanz und den muslimisch kontrollierten Territorien – sowie allgemein die „Herrschaft über viele verschiedene Völker" gemeint und keine interkulturell-kontinental verbindende Europaidee.

Inseln und Meere: Mit Nordafrika ist Europa über Klein- und Vorderasien, die Straße von Gibraltar und das Mittelmeer verbunden. Dabei wirken die großen Mittelmeerinseln (Sardinien, Sizilien oder Malta) wie Trittsteine zwischen den Kontinenten. Etwa 35 % der Fläche Europas entfallen auf Inseln oder Halbinseln, in Asien sind es dagegen nur 24 %.[4] Kein Ort Europas ist – mit Ausnahme des osteuropäischen Zentrallandes – weiter als 500 km vom Meer entfernt. Allerdings wird der Zugang zu den Meeren durch Kettengebirge, wie die Alpen, die Pyrenäen oder den Apennin, teilweise behindert.[5] Europa wird zudem von einer enormen landschaftlichen Vielfalt (Gebirge, Flüsse, Seen, Wälder und Sümpfe) geprägt. Diese kleinteilige Binnengliederung erschwerte oftmals die Ausbildung großer Reiche.

Europas Wirtschaftsgeschichte ist auch eine Geschichte der Binnenmeere: Die Ostsee, das Schwarze Meer und natürlich das Mittelmeer waren wichtige Austauschzonen von Waren. Mit der Teilung in ein West- und ein Oströmisches Reich (395), der Arabischen Expansion (7. Jh.) und

2.1 Europäische Geografie

der Spaltung in eine griechisch-orthodoxe und eine lateinisch-römische Kirche im Großen Schisma (1054) büßte das Mittelmeer zunehmend seine kulturell-ökonomisch verbindende Funktion ein, die es noch in der römischen Antike gehabt hatte.[6] Handelsbeziehungen und Kulturaustausch wurden zwar nicht gänzlich unterbrochen, aber dennoch eingeschränkt. Erst mit den Kreuzzügen und dem erneuten Aufblühen des Handels sollte Europa seinen Blick ab dem 13. Jh. wieder verstärkt nach Osten richten. Die Kontrolle über den Zugang zu einem Binnenmeer, wie bei Byzanz oder Kopenhagen, konnte aufgrund der Zolleinnahmen aus dem Fernhandel Macht und wirtschaftliche Blüte mit sich bringen.

Dies trifft auch auf andere Meerengen zu: Die Straße von Dover (27 km) war im Gegensatz zur Straße von Gibraltar (14 km) für mittelalterliche Verhältnisse zu breit, um eine systematische Kontrolle zu ermöglichen. Insofern war die Eroberung von Calais durch England während des Hundertjährigen Krieges eine bedeutende strategische und ökonomische Leistung. Calais wurde zu einem stark befestigten Stützpunkt auf dem Kontinent ausgebaut und bildete fortan einen zentralen Handelsposten für den Export englischer Wolle.

Südspanien, Süditalien, Sizilien und die Balearen waren lange Zeit das kulturelle und wirtschaftliche Bindeglied zwischen Europa und Afrika sowie der Begegnungsort zwischen Christentum, Islam und Judentum. Bis ins Hochmittelalter zunächst in islamischer Hand, wurden diese Gebiete von den Christen erobert. Da die mittelalterliche Schifffahrt oftmals eine Küstenschifffahrt war, boten Inseln dem Seefahrer Schutz vor Unwetter, Versorgung mit Feuerholz, Trinkwasser und Nahrungsmitteln sowie die Möglichkeit, über weite Strecken in der Sichtweite zum Land zu bleiben.

> **Q 2.1: Eine unangenehme Reise von Reims nach Chartres (991)**
> „Während ich oft und viel über das Studium der Freien Künste nachdachte [...] traf ich eines Tages, [...] einen Reiter aus Chartres. Ich fragt ihn, wer er sei [und ...] er antwortete, er sei der Bote des Klerikers Heribrand in Chartres und wolle mit Richer, einem Mönch im Kloster des heiligen Remigius, sprechen. Sowie ich den Namen des Freundes und den Anlass der Sendung erkannte, sagte ich ihm, dass ich der Gesuchte sei [...]. Nun holte er einen Brief hervor, eine Einladung zur Lektüre der Aphorismen. Darüber freute ich mich sehr, nahm mir zu dem Reiter aus Chartres noch einen Burschen und beschloss, mich nach Chartres aufzumachen.

Bei der Abreise gewährte mir mein Abt bloß ein Packpferd. Ohne Bargeld, ohne Kleider zum Wechseln und ohne andere notwendige Dinge kam ich nach Orbais. [...] Am nächsten Tag brach ich nach Meaux auf. Aber als ich mit meinen zwei Begleitern auf verschlungene Waldwege geriet, häuften sich die Widerwärtigkeiten. Denn an den Wegkreuzungen gingen wir fehl und machten einen Umweg von sechs Meilen. Nachdem wir an Château-Thierry vorbeigekommen waren, verfiel das Packpferd [...] in Eselstrott. Die Sonne hatte die Mittagshöhe überschritten und wollte untergehen, die ganze Luft schien sich in Regen aufzulösen; da brach dieser starke Bukephalos, von äußerster Anstrengung erschöpft, zwischen den Schenkeln des reitenden Burschen zusammen und verendete, wie vom Blitz getroffen, sechs Meilen vor der Stadt. [...] Der Bursche, der noch nie eine so weite und schwierige Reise mitgemacht hatte, lag nach dem Verlust des Pferdes völlig ermattet da. Für das Gepäck gab es kein Tragtier mehr. Der Regen goss in Strömen herab. Der Himmel war mit finsteren Wolken überzogen. Der Sonnenuntergang brachte die Androhung der Nacht.

Während ich inmitten all dieser Bedrängnis überlegte, kam Gottes Rat. Ich ließ den Burschen mit dem Gepäck da, schrieb ihm vor, was er auf Fragen Vorbeikommender antworten solle, und schärfte ihm ein, dass er trotz seiner Müdigkeit nicht einschlafen dürfe. Dann machte ich mich allein mit dem Reiter aus Chartres auf und kam nach Meaux. Als ich die Brücke betrat, war es kaum mehr hell genug, sie zu sehen, und wie ich sie genauer betrachtete, befielen mich neue Sorgen. Auf ihr klafften so viele und so große Löcher, dass an diesem Tag kaum die Ortskundigen hinüberkamen. Der Mann aus Chartres, unverdrossen und beim Reisen recht umsichtig, suchte allenthalben nach einem Kahn, fand aber keinen, riskierte doch den Weg über die Brücke und brachte mithilfe des Himmels die Pferde heil hinüber. Wo Löcher waren, legte er den Pferdehufen seinen Schild oder weggeworfene Bretter unter, und bald gebückt, bald aufgerichtet, bald vorwärtsgehend, bald zurücklaufend kam er tatsächlich mit den Pferden und mir hinüber."

Kommentar: In der Chronik des Richer von Reims ist die Geschichte von der Reise nach Chartres der einzige Teil, der vom Verfasser selbst handelt. Er wurde nachträglich in die im Original erhaltene Handschrift eingefügt. Unterwegs begegnen ihm alle Widrigkeiten, die eine Reise im Mittelalter bereitzuhalten vermochte: Der Weg von Reims nach Chartres betrug etwa 250 km und war mit Pferden bestenfalls innerhalb von einer Woche zu schaffen. Alle drei Reisenden waren beritten und der Bote zusätzlich bewaffnet – die Angst vor Straßenräubern schwingt in der einbrechenden Dunkelheit und der Erzählung mit, man habe dem Burschen eingeschärft, was er auf Fragen zu antworten habe und nicht beim Gepäck einzuschlafen. Allerdings hatte man kein Reservepferd vom Abt bewilligt bekommen, was zur völligen Erschöpfung mit Todesfolge des Reittieres des Burschen führte. Der Weg vom Kloster St. Peter in Orbais nach Meaux zum Benediktinerloster St. Faro betrug etwa 60 km und

2.1 Europäische Geografie

> führte durch dichte Wälder. Die ohnehin schon lange Strecke, ein heftiger Regenfall und die Tatsache, dass es keine Wegweiser gab, führten dazu, dass man das Ziel nicht mehr vor Einbruch der Nacht erreichte. Auch konnte man den Fluss Marne nur mit Mühe über eine halb verfallene Brücke überqueren. Diese kurze Erzählung führt eindringlich die Abhängigkeit des mittelalterlichen Menschen von den natürlichen Gegebenheiten seiner Umwelt und der Witterung vor Augen.
> **Zitiert nach:** Richer von Reims, Chronik (991/998), Übersetzung nach Borst 1999, S. 151–153.

Gebirge und Wälder: Durch zahlreiche Gebirgsketten, ausgedehnte Wälder und unbegehbare Sümpfe wurde das mittelalterliche Europa in viele kleine „Siedlungskammern" gegliedert. Diese einzelnen Kammern, in denen sich Ortschaften, Burgen, Pfalzen und Klöster befanden, waren durch einfache Wege miteinander verbunden. Diese Wege wiederum folgten nicht selten den von der Natur vorgegebenen Pfaden und man war auf die Führung durch einen Einheimischen angewiesen, da Karten und Wegweiser nicht existierten. Wälder waren in der Vorstellung der Zeitgenossen gefährlich und geheimnisvoll, boten gleichzeitig aber auch Schutz und Nahrung. Man denke an die Rolle des Waldes als Ort mystischer Begegnungen und lebensbedrohlicher Fabelwesen in der mittelalterlichen Epik.

Bei genauerem Hinsehen zeigt sich aber, dass selbst die bis auf 4.800 m Höhe reichenden Alpen den Verkehr und Warenaustausch im Mittelalter zwar behinderten, aber nicht unterbrochen haben: Zu allen Zeiten überquerten Menschen das Gebirge, was zum einen an einer günstigen Topografie – der Brenner ist gerade einmal 1.370 m hoch – und zum anderen an einem vergleichsweise günstigen Klima lag – Getreideanbau ist mancherorts bis auf 1.000 m möglich und die Waldgrenze verläuft erst bei etwa 1.500–2.000 m. Nicht selten bildeten Gebirge auch Ländergrenzen und waren strategisch wertvoll – nicht nur während des Investiturstreits 1076/1077 wurden die meisten Alpenpässe durch die Gegner Heinrichs IV. (1056–1106) gesperrt und zwangen ihn zum Übergang über den Mont Cenis (auf etwa 2.000 m Höhe) bis zur Burg von Canossa (▶ Q 8.2).[7]

Tageslängen und Jahreszeiten: Abgesehen von geringen Schwankungen sind die großklimatischen Verhältnisse Europas seit etwa 800 v. Chr.

gleichgeblieben. Allerdings haben Rodung, intensive Landnutzung und Industrialisierung das bodennahe Klima (und dieses ist ausschlaggebend für Vegetation, Boden- und Wasserverhältnisse) seit der Antike entscheidend verändert: Durch die Intensivierung der Landwirtschaft und die Rodung der dichten Wälder, die große Teile Europas noch in Antike und Mittelalter bedeckten, hat das Offenland stark zugenommen. Offenland bedeutet eine höhere Sonneneinstrahlung, damit einhergehend stärkere Schwankungen zwischen Tages- und Nachttemperaturen und eine niedrigere Luft- und Bodenfeuchte.[8]

Natürlich sind auch astronomische Gegebenheiten von Bedeutung: Allein auf dem 55. Breitengrad dauert der längste Tag mehr als 17 Stunden und der kürzeste weniger als 7 Stunden. Diese stark wechselnde Tageslänge spielte für das Leben und Wirtschaften der Menschen eine große Rolle, ganz zu schweigen von den Schwankungen in der Tageslänge zwischen Nord- und Südeuropa, die sich im Mittelalter auf die gezahlten Löhne auswirkten (▶ Q 2.2).

Q 2.2: Jahreslöhne von Nürnberger Steinmetz-Maurergesellen zwischen 1445 und 1484 in Pfennigen

Jahr/Lohn	1445/ 1446	1447/ 1449	1462/ 1463	1463/ 1464	1466/ 1467	1481/ 1482	1483/ 1484
Winterlohn/Tag	15	15	16	16	18	18	18
Winterlohn/Jahr	1.395	1.395	1.488	1.488	1.674	1.674	1.674
Sommerlohn/Tag	20	20	20	20	22	22	22
Sommerlohn/Jahr	3.440	3.440	3.440	3.440	3.784	3.784	3.784
GESAMT	4.991	4.991	5.084	5.084	5.562	5.562	5.562

Kommentar: Im Mittelalter wurden Löhne für Bauhandwerker in der Regel täglich bezahlt. Zum Vergleich verschiedener Einkommensarten muss der Tageslohn auf den Jahreslohn umgerechnet werden. Anhand von Bauabrechnungen der Stadt Nürnberg aus dem Jahre 1507 geht man bei 48 kirchlichen Feiertagen und 52 Sonntagen von insgesamt 265 Arbeitstagen aus. Dazu ein Vergleich mit der modernen Arbeitswelt: Das Jahr hat 365 Tage, wovon etwa 104 Tage auf einen für viele Arbeitnehmer in Deutschland freien Samstag oder Sonntag entfallen. Hinzu kommen pro Bundesland zwischen 9 und 13 Feiertage pro Jahr. Außerdem stehen jedem Angestellten bei einer 5-Tage-Woche mindestens 20 Tage Urlaub zu. Manche Arbeitnehmer haben sogar bis zu

2.1 Europäische Geografie

> 35 Urlaubstage pro Jahr. Daraus ergibt sich, dass heute in Deutschland zwischen 213 und 232 Tage im Jahr gearbeitet wird. Mit anderen Worten: Mittelalterliche Bauhandwerker arbeiteten etwa 33 bis 52 Tage mehr im Jahr. Von den 265 angenommen Arbeitstagen wurde 93 Tage lang Winterlohn (in Nürnberg 16.10.–22.02.) und 172 Tage lang Sommerlohn (in Nürnberg 23.02.–15.10.) gezahlt. Der Winterlohn war wegen der kürzeren Tageslänge (Sonnenstunden) ca. 20–30 % geringer als der Sommerlohn. Rechnet man den in Kleinmünzen (Pfennige – Silber) ausgezahlten Tageslohn der Maurergesellen in das Großgeld (Gulden – Gold) des Spätmittelalters um und berücksichtigt den Wertverfall der Kleinmünzen (Verringerung des Edelmetallgehaltes), so sank das Jahreseinkommen zwischen 1445 und 1484 von 31,6 Gulden auf 22,1 Gulden. Dabei nicht berücksichtigt ist allerdings die Tatsache, dass Kleidung und Verpflegung häufig zusätzlich zum Lohn vom Bauherrn gestellt wurden. Auch ist die Lohnentwicklung ohne eine Berücksichtigung der gleichzeitigen Preisentwicklung allein noch nicht aussagekräftig.
> **Tabelle aus:** Trapp/Fried 2006, S. 211.

Hinzu kommt als weiterer Faktor der Wechsel der Jahreszeiten, wenngleich man einräumen muss, dass für Europa gerade unperiodische Witterungswechsel typisch sind – also keine regelmäßigen, deutlich voneinander getrennten Regen- und Trockenzeiten wie in den Tropen und Subtropen. Dies hängt damit zusammen, dass das europäische Klima ozeanisch geprägt ist.[9] Die Folge ist eine klimatische Mannigfaltigkeit, die auch regenreiche Sommer und milde Winter zulässt, aber für die Historische Klimatologie auch eine Gesamtanalyse der Entwicklung des Klimas im Mittelalter erheblich erschwert.

Der europäische Kontinent ist reich an Bodenschätzen. Erdöl und Erdgas waren für die mittelalterliche Wirtschaft als Energielieferanten noch unbedeutend. Edelmetalle dienten in roher (Barren) oder geprägter (Münzen) Form als Zahlungsmittel. Regionen wie der Harz oder das Erzgebirge entwickelten sich bereits im Mittelalter zu bedeutenden Bergbaugebieten. Die vom jeweiligen Stand der Bergbautechnik abhängige Verfügbarkeit von Silber beeinflusste entscheidend die Geldwirtschaft des Hoch- und Spätmittelalters sowie die Entstehung bargeldloser Zahlungsmethoden (▶ Kap. 7). Ergänzend zu diesen wesentlichen Fakten der europäischen Geografie bietet es sich an, zur Untersuchung insbesondere regionaler Aspekte entsprechende Spezialliteratur und Kartenmaterial zu den zeitgenössischen Klima-, Boden- und Vegetationsverhältnissen heranzuziehen.

2.2 Klimageschichte des Mittelalters

Im Unterschied zum Wetter als situationsbezogenem Einzelereignis (Regen, Schnee, Hitze etc.) werden der fortlaufende Wechsel und die Summe einzelner Wettererscheinungen als Klima bezeichnet. In einer Zeit, in der ein Großteil der Gesellschaft mit der Erzeugung von agrarischen Rohstoffen beschäftigt war, hatten Klimaschwankungen einen besonderen Einfluss auf das gesamte Wirtschaftsleben.[10] In der Form klimatischer Verschlechterungen (Kälte, Unwetter oder Dürre) haben Wetterphänomene ihren Eingang in die Quellen gefunden (▶ Q 2.3).

Klimatische Primärquellen: Schriftliche Überlieferungen sind neben physisch-geografischen Klimazeigern wie Baumringen, Pollenanalysen, Eiskernbohrungen, Gletscherständen oder Isotopenanalysen (sogenannte Proxydaten) eine der wichtigsten Quellen der historischen Klimatologie.[11] Besonders Chroniken und Annalen liefern jahresbezogene Angaben zur Klimaentwicklung, die sich aber im Wesentlichen auf negative Wetterereignisse und außergewöhnliche Wetterphänomene konzentrieren.

Q 2.3: Eine verheerende Hungersnot
„Sahe man zwen Cometen, und war ein naßer Sommer, große hungersnot, so an etlichen orten die leüt gezwungen, das sie allerleyß, hund, pferd, und dieb von Galgen gefräßen, und galt zumß hoff in Waitlandß ein Schöffel korns 32 fl. und weilen es sonsten den ganzen Sommer über geregnet, sint weit und breit, den Menschen, Viehe, und Getraid, durch die anlauffente Waßer, großer schaden geschehen, Zum gedachtnus dießer großen Sündflut, und hungersnot, sind diese Verßlin gemacht worden [...]."
Kommentar: Die Chronik schildert in schonungslosen Worten die Auswirkungen einer Schlechtwetterperiode mit nassen und kühlen Sommern (extreme Niederschläge und Überschwemmungen), die von 1311 bis 1315 in Mittelfranken anhielt und eine Reihe von Missernten zur Folge hatte. Als Anzeichen für

kommendes Unheil wird zunächst ein Himmelsphänomen genannt: Zwei Kometen künden das Unglück an. In ihrer Not verzehren die Menschen Hunde und Pferde und scheuen selbst vor Kannibalismus nicht zurück – ein wiederkehrendes Narrativ von Katastrophenschilderungen. Zusätzlich gibt es einen Hinweis auf die Teuerung von Lebensmitteln, indem gesagt wird, dass ein Scheffel Korn „32 fl." – also 32 Gulden (Florin) – kostete. Der Scheffel war ein bis in die Neuzeit gebräuchliches Hohlmaß (v. a. für Getreide), das jedoch regional sehr stark schwanken konnte.
Zitiert nach: Chronik von Bad Windsheim (1315), Transkription nach Glaser 2013, S. 64–65.

Dabei sollte die Vergesslichkeit des Menschen im Hinblick auf Vergleiche mit vergangenen Wetterereignissen nicht unterschätzt werden: Zwar liefern die Quellen zahlreiche Angaben zu „besonders langen Wintern" oder „ungewöhnlich heißen Sommern", doch sollte man mit der gebotenen historischen Kritik an solche individuell beeinflussten Aussagen herangehen und anthropogene Daten mit natürlichen Daten abgleichen, um zu einer objektiveren Analyse der tatsächlichen klimatischen Verhältnisse zu gelangen. Die Zunahme der Schriftlichkeit spiegelt sich auch in klimatischen Aufzeichnungen wider: 1000–1099 sind rund 39 % der Jahre durch Aussagen über das Wetter belegt, 1100–1299 etwa 85 % und 1300–1499 sogar 90 %. So lassen sich erstmals seit dem Beginn des 11. Jh.s genauere Zeitreihen zu den Jahresverläufen erstellen. Vor dem Jahr 1000 sind die Überlieferungen allerdings nur sporadisch und unsystematisch (▶ Q 2.4).

Temperaturentwicklung: Genauere Daten zur Klimaentwicklung liefern Quellen, die den Ertrag in der Landwirtschaft verzeichnen: Ein warmer Sommer und ein milder Winter haben zur Folge, dass sich die Arbeit in der Landwirtschaft über einen längeren Zeitraum erstreckt, die Vegetationsperiode der Nutzpflanzen verlängert wird und die Ernteerträge steigen.[12] Solche Veränderungen der Ernteerträge können sich wiederum in Preisentwicklungen von Getreide niederschlagen.

Weiterhin ist zwischen verschiedenen Regionen Europas zu unterscheiden: Der Verlauf des Temperaturmittels und die Niederschlagsmenge sind zwar bedeutende Faktoren in Hinsicht auf den zu erwartenden Ernteertrag, aber geografisch betrachtet ist die Sonneneinstrahlung für Nordeuropa wichtiger, wohingegen für Südeuropa die Niederschlags-

Q 2.4: Klimaangaben in den fränkischen Quellen des 8. bis 10. Jh.s

Jahr	Klima und Niederschlag Winter	Klima und Niederschlag Sommer	Jahr	Klima und Niederschlag Winter	Klima und Niederschlag Sommer
709	streng		870		heiß/trocken
722		heiß	872		heiß/trocken
763	streng		874	streng/nass	
764	streng		876		nass
766	streng		880	streng	kühl
783		heiß	881	streng	
801	mild		886		kühl/nass
808	mild		887	streng	
809	mild/nass		891		trocken
811	streng		893	streng	kühl
814	streng		896		nass
820		kühl/nass	914	streng	
822	streng		921		heiß/trocken
824	streng/trocken		928	streng	
838	mild/nass	heiß	940	streng	
844	mild		944		kühl/nass
845	streng		964	streng	
846	streng/trocken		973		kühl
850	mild/nass		974		trocken
852		heiß/trocken	975	streng	
855	streng/trocken		988		heiß/trocken
860	streng/nass		993		heiß/trocken
863	mild		994	streng/nass	kühl/trocken

Kommentar: Die Tabelle zeigt, dass sich anhand der Schriftquellen für den Zeitraum von 709–994 (285 Jahre) gerade einmal 46 Angaben über das Klima machen lassen (16,14 %). In der Regel handelt es sich dabei um thermische oder hygrische Wetteranomalien, wie besonders heiße und trockene Sommer oder besonders strenge und nasse Winter. Im untersuchten Zeitraum werden außerdem 22 schwere Überschwemmungen und zehn verheerende Stürme erwähnt. Das besondere Augenmerk der Quellen lag auf dem einzelnen außergewöhnlichen und existenzbedrohenden Ereignis und verfolgte nicht die Absicht einer meteorologisch-systematischen Aufzeichnung. Auch sind die erwähnten Wetterphänomene lokal oder regional begrenzt gewesen und ermöglichen somit keine allgemeingültigen Aussagen über die Klimaentwicklung in größeren geografischen Räumen.
Tabelle nach: Glaser 2013, S. 56–57; Melville & Staub 2013, S. 244.

2.2 Klimageschichte des Mittelalters

mengen bedeutsamer sind. Dementsprechend haben selbst geringe klimatische Änderungen in geografisch extremen Gebieten größere Auswirkungen als in gemäßigten Regionen: Ein Temperaturanstieg von weniger als 1° C gepaart mit einem deutlichen Rückgang des Winterregens kann in mediterranen Gebieten bereits verheerende Folgen für den Ernteertrag haben.[13]

Es kann an dieser Stelle nicht darum gehen, den kausalen Zusammenhang zwischen dem Abgasausstoß seit der Zeit der Industrialisierung und der Erderwärmung zu diskutieren, zumal der Fokus dieser Betrachtung auf dem Mittelalter liegt. Fest steht allerdings, dass es auch in den letzten 2.000 Jahren einen ständigen Wechsel von Warm- und Kaltzeiten gegeben hat. Zwischen dem 10. und 13. Jh. gab es beispielsweise eine Warmperiode, die sich positiv auf die Landwirtschaft auswirkte.[14] Diese *mittelalterliche Warmzeit* – auch *Medieval Warm Period* (MWP), *Medieval Climate Anomaly* (MCS) oder *mittelalterliches Klimaoptimum* genannt – hatte in der Nordhemisphäre ihren wärmsten Zeitraum zwischen 950 und 1250. Während dieser Zeitspanne kam es zu einem starken Anstieg der Bevölkerung, der auf die günstige Klimaentwicklung und die damit zusammenhängenden Steigerungen der Ernteerträge zurückzuführen ist – allerdings wirkten sich auch technische und organisatorische Weiterentwicklungen in der Landwirtschaft positiv auf die Bevölkerungsentwicklung aus.[15]

Die eigentlichen Ursachen für die klimatischen Änderungen des Mittelalters werden in der Forschung immer noch diskutiert. Menschliche Einflüsse dürften kaum eine nennenswerte Rolle gespielt haben. Viel eher sind solare oder vulkanische Variabilitäten des Klimasystems zu vermuten. Klimagrafiken zum Mittelalter stellen häufig den Versuch einer Abbildung der Durchschnittstemperaturen dar, die naturgemäß nur eine grobe Schätzung sein können, da systematische Wetteraufzeichnungen fehlen. Am Anfang und Ende des Mittelalters stehen Kälteperioden, die für den Zeitraum vom 15. bis zum 19. Jh. auch als „Kleine Eiszeit" bezeichnet worden ist.[16] Doch bereits seit der Mitte des 14. Jh.s begann die Jahresdurchschnittstemperatur zu fallen, was zusammen mit daraus resultierenden Ernteeinbußen, der Pest und militärischen Konflikten zu einem deutlichen Bevölkerungsrückgang im Spätmittelalter führte. Neben diesen langfristigen Entwicklungen lassen sich auch mittelfristige Trends ableiten: Demnach war die Zu- und Abnahme der Jahresdurchschnittstemperaturen in Intervallen von 10 bis 40/50 Jahren die Regel und es wurden zeitweise deutlich höhere/niedrigere Temperaturen erreicht, als der langfristige Trend es erkennen lässt. So gab es insbesondere 1000–1080 sowie 1180–1200 trotz der insgesamt positiven Entwicklung immer wieder auch deutlich kältere Winter. Dagegen waren die Winter in der Dekade des Beginns der spätmittelalterlichen Krise 1341–1350 besonders mild.[17]

> Q 2.5: Dem Klima angemessene Kleidung für Mönche
> „Aber außer der Farbe gibt es noch anderes, was sie an unserer Tracht verschmähen, nämlich die Gewänder, die wir wegen der Kälte aus Schafspelz haben, da freilich der heilige Benedikt, wo er über Kleidung und Schuhwerk der Brüder spricht, Kleidung dieser Art nicht erwähnt [...] Aber jener meinte nicht, dass dies in allen Regionen genügt, sondern nur in klimatisch begünstigten. So nämlich beginnt er [sein Kapitel]: Die Kleidung soll den Brüdern entsprechend der Lage des Ortes und dem Klima zugeteilt werden, denn in kalten Gegenden braucht man mehr, in warmen aber weniger."
> **Kommentar:** Die Zisterzienser kritisierten die Kleidung der Cluniazenser (Benediktiner), die sich nicht an die Kleiderordnung des heiligen Benedikt (Regula Benedicti, cap. 55) halten würden. Rupert, 1120–1129 Abt des Klosters St. Heribert in Deutz (Köln), hält hier dagegen, dass sich Benedikt in seinen Kleidervorschriften eben auf die warmen Regionen des Mittelmeerraumes bezogen hätte und Ausnahmen zuließe, indem die Kleidung dem jeweiligen Standort des Klosters und seinem Klima angepasst werden sollte. Ohnehin gilt es zu bedenken, dass das Mittelalter noch keine spezielle Winterkleidung kannte, sondern man lediglich das Material (Wolle anstelle von Leinen) oder die Menge der angezogenen Kleidungsstücke den Witterungsbedingungen anpasste.
> **Zitiert nach:** Abt Rupert von Deutz (um 1070–1129), Übersetzung nach Nonn 2007, S. 53.

Die Entwicklung des Klimas zwischen 500 und 1500 wird in Grafiken häufig unter Kombination der beiden Variablen Temperatur und Niederschlagsmenge abgebildet.[18] Dabei ist zu berücksichtigen, dass sich die Angaben lediglich auf durchschnittliche Jahreswerte beziehen, die im Einzelfall (je nach Quellenlage) vom Jahresmittel bis zum Jahrhundertmittel schwanken können und zum Ende des Mittelalters hin präziser werden. Anstelle von konkreten Werten lassen sich deshalb nur Relationen zwischen „trocken und warm" sowie „nass und kühl" als Extreme abbilden. Dargestellt werden also Trends, die regional beschränkte Wetterverhältnisse oder extreme Wetterphänomene (▶ Q 2.6) nicht wiedergeben. Deutlich zeichnet sich allerdings immer wieder die Entwicklung von einer frühmittelalterlichen Kältezeit (500–900) zum hochmittelalterlichen Klimaoptimum (900–1300) und zum kühleren Klima im Spätmittelalter (1300–1500) ab.

Q 2.6: Naturkatastrophen im Frühmittelalter
„In diesem Jahr [820] entstanden durch ständige Regenfälle und allzu feuchtes Klima große Schäden [...] Auch das Getreide und die Hülsenfrüchte wurden durch den Dauerregen verdorben und konnten entweder nicht geerntet werden oder verfaulten nach der Ernte. [...] In manchen Gegenden aber wurde, da die Flüsse über die Ufer traten und das Wasser auf ebenem Gelände stehenblieb, die Herbstaussaat derart behindert, dass vor dem Frühjahr gar nicht ausgesät werden konnte."
Kommentar: Die anonymen Verfasser der fränkischen Annalen verzeichneten in chronologischer Abfolge die wichtigsten Ereignisse der Reichsgeschichte. Neben herrschaftspolitischen und militärischen Geschehnissen sind dies oft Wetterphänomene, die wiederum Missernten, Hungersnöte und Seuchen nach sich zogen. In jedem Fall zeigen sie die außerordentliche Abhängigkeit des mittelalterlichen Menschen von klimatischen und meteorologischen Gegebenheiten: Dauerregen lässt die Ernte verfaulen, Hagel vernichtet das Korn und Hochwasser verhindert die Aussaat des Getreides. Auch Gewitter, extreme Kälte oder besonders trockene Sommer werden wiederholt als Auslöser von schweren Agrarkrisen genannt.
Zitiert nach: Annales Regni Francorum (8./9. Jh.), Übersetzung nach Epperlein 2003, S. 20.

2.3 Energie und Umwelt

Zur Energiegewinnung standen im Mittelalter ausschließlich natürliche Ressourcen zur Verfügung. Die Systeme basierten im Wesentlichen auf Energie, die letztlich von der Sonne kam (Photosynthese), aber nur eine begrenzte wirtschaftliche Entwicklung zuließ, da auch ihre effiziente Nutzung technisch begrenzt war (▶ Kap. 8.1).[19] Die Gesellschaften der Vormoderne nutzten als natürliche reproduzierbare Energiequellen in erster Linie die aus der Nahrung gewonnene Arbeitskraft von Menschen und Tieren. Darüber hinaus kamen Energie aus Holz als Brennstoff sowie Wasser und Wind als Antriebskräfte für Mühlen und Segel zum Einsatz.[20]

Holz wurde im Mittelalter für viele Zwecke verwendet. Man hat deshalb die vorindustrielle Gesellschaft auch „Holzgesellschaft" genannt. Der Übergang zu nicht reproduzierbaren, fossilen und mineralischen Energiequellen, die eine größere Kraft entfalten konnten, fand erst allmählich seit dem 16. Jh. statt und entfaltete seine volle Wirkung erst mit dem Beginn des 19. Jh.s.

Im Gegensatz zur modernen Energiegewinnung (▶ Kap. 8.4) konnte das Mittelalter noch keine thermische Energie in mechanische Arbeit umsetzen: Mit Feuer heizte oder kochte man, es diente zum Schmelzen von Metall und Glas oder Brennen von Keramik. Für mechanische Arbeit aber wurden Menschen und Tiere (biologische Umwandler) oder Luft und Wasser (mechanische Umwandler) benötigt. Aber keine Maschine setzte Hitze in Bewegung um, wie beispielsweise bei modernen Verbrennungsmotoren.[21] Die Heizleistung von Holz hängt dabei stark von der Art des jeweiligen Baumes ab. Die Heizwerte von Laubhölzern und Nadelhölzern liegen dicht beieinander. Dagegen ist der Heizwert von Kohle annähernd doppelt und der von Heizöl fast dreimal so hoch wie der von Holz. Ein Blick auf die Dichte des Holzes macht aber einen Unterschied deutlich: Nadelhölzer haben zwar einen höheren Heizwert, verbrauchen aber aufgrund ihrer geringeren Massedichte mehr Platz. Um die gleiche Heizleistung zu erreichen, muss also eine größere Menge Holz eingeschlagen, gelagert und getrocknet werden.[22]

Kochen und Heizen verbrauchten die größte Menge Holz im Mittelalter. Deshalb lag das demografische Gewicht der Antike und des Frühmittelalters auch im Mittelmeerraum: Man brauchte in diesen Gebieten weniger Holz zum Überleben. Für Italien hat man einen durchschnittlichen Pro-Kopf-Bedarf von 1 kg Holz pro Tag ermittelt, für Skandinavien dagegen 7–8 kg. Auf dem europäischen Kontinent wurde jährlich das Holz von mehr als einem Hektar Wald benötigt, um den Bedarf einer Person zu decken.[23]

2.3 Energie und Umwelt

Das demografische Wachstum des Hochmittelalters wirkte sich dementsprechend auch auf den Naturraum aus: Während der Waldanteil in Europa um das Jahr 1000 noch bei 70 % der Fläche lag, ging er bis 1300 auf 40 % zurück, da große Waldflächen gerodet wurden, um Holz als Brennstoff und Baumaterial sowie neues Land zur Kultivierung zu gewinnen.[24] Erst im Spätmittelalter nahm, bedingt durch die Aufgabe von Acker- und Siedlungsflächen im Zuge eines Bevölkerungsrückgangs, der Waldanteil wieder bis auf 50 % um das Jahr 1500 zu. Zum Vergleich: Im Jahre 2013 waren etwa 42 % der Landfläche innerhalb der Europäischen Union mit Wald bedeckt.[25]

Auch die gewerbliche Produktion verbrauchte eine große Menge Brennholz: Keramik brannte man bei etwa 900° C,[26] für das Schmelzen von Glas benötigt man schon eine Temperatur von etwa 1.100° C,[27] Eisen schmilzt dagegen erst bei 1.538° C. Diesen Schmelzpunkt musste man mithilfe von Brennholz erreichen, da Steinkohle die Gefahr der Verunreinigung des Metalls mit Schwefel in sich barg. Auch war die Effizienz der Nutzung von Feuerholz durch den Gebrauch primitiver Öfen sehr gering und führte zu einem abermals erhöhten Bedarf an Holz. Um 50 kg Eisen zu gewinnen, mussten 200 kg Eisenerz verarbeitet und 25 m² Wald verbrannt werden.[28] Die meisten Schwerter des Mittelalters wogen zwischen 1,1 und 1,4 kg. Für die Herstellung von 35 bis 45 Schwertern mussten also allein zur Eisengewinnung 25 m² Wald verbrannt werden, ganz zu schweigen von der Menge an Holzkohle, die zum Schmieden benötigt wurde. Gehen wir also einmal davon aus, dass das Invasionsheer Wilhelms von der Normandie bei der Eroberung Englands 1066 wenigstens 5.000 Krieger umfasste und jeder mit einem Schwert bewaffnet gewesen wäre, dann hätten zum Schmelzen des Eisens für diese Schwerter etwa 2.800 m² Wald verbrannt werden müssen. Das Eisen für die benötigten Kettenhemden, Helme, Schildbuckel, Lanzenspitzen, Steigbügel und Hufeisen sowie für das Schmieden ist bei dieser Berechnung noch nicht berücksichtigt.

So groß die wirtschaftliche Bedeutung des Waldes aber auch war, so sehr verbanden sich mit ihm zahlreiche Gefahren, die von mittelalterlichen Autoren immer wieder beschworen wurden. Zu den natürlichen Risiken durch wilde Tiere (Bären, Wildschweine oder Wölfe) (▶ Q 2.7) gesellten sich Vorstellungen von übernatürlichen Mächten, wie Trollen, Feen und Geistern, die Menschen in die Irre lockten, damit sie sich im

Wald verliefen und verhungerten, wenn sie sie nicht gleich töteten.[29] Nicht umsonst ist der Wald in den Helden- und Artus-Epen des Mittelalters auch immer der Ort der Gefahren und der Bewährung des Protagonisten sowie der Heimlichkeit: Siegfried wird im Wald an einer Quelle von Hagen ermordet und Tristan trifft sich mit Isolde heimlich im Wald.

Q 2.7: Maßnahmen gegen Wolfsplagen
„Jederzeit soll man uns melden, wieviel Wölfe jeder Amtmann erlegt hat, und soll uns ihre Felle zusenden. Im Mai soll man die jungen Wölfe aufspüren und fangen, mithilfe von Gift, Wolfsangeln, Gruben und Hunden."
Kommentar: Die Anweisung aus der Landgüterverordnung (*Capitulare de villis vel curtis imperii*) Karls des Großen (768–814) zeigt einerseits die Sorge vor der Gefährlichkeit der Wölfe und andererseits die Mittel zu ihrer Bejagung auf. Die Wolfsangel – die auch als heraldisches Motiv seit dem Hochmittelalter begegnet – ist ein aus Eisen geschmiedetes und mit Widerhaken versehenes Gerät, das mit Ködern bestückt und hoch in einen Baum gehängt wurde. Schnappte der Wolf nach dem Köder, blieb er mit dem Maul in der Wolfsangel hängen und verendete (wenn er nicht verblutete) langsam und qualvoll. Dass die Amtmänner die Felle der erlegten Wölfe abliefern mussten, diente nicht nur dem Beweis ihres Jagderfolges: Die Pelze waren begehrt und schützten vor der Kälte des Winters besonders gut. Auch zeigt die Anweisung, junge Wölfe im Mai zu bejagen, eine gute Kenntnis der Lebensweise von Wölfen: Die Paarungszeit fällt in der Regel in den Zeitraum von Ende Januar bis Anfang März und die Tragzeit einer Wölfin beträgt neun Wochen. Die Wolfswelpen werden also im April und Mai geworfen und sind dann leichter zu erlegen.
Zitiert nach: Capitulare de villis (um 800), cap. 69. Übersetzung nach Nonn 2007, S. 65.

Letztlich bleibt noch festzuhalten, dass im 11. Jh. etwa 70 % der mechanischen Energie von Arbeitstieren (in der Regel Ochsen) kam und lediglich 30 % aus menschlicher Muskelkraft und der Kraft von Wassermühlen.[30] Besonders die Mühle aber war ein effizienter Energieerzeuger: Eine starke Wassermühle mit senkrechtem Wasserrad und 3 PS Leistung konnte die Arbeitskraft von 100 Männern ersetzen. Die meisten Mühlen hatten zwar nur eine Leistung von 2 PS, erzeugten damit aber immer noch 17.896 Wattstunden innerhalb von 12 Stunden – die Dampfmaschine von James Watt (1736–1819) freilich war zehnmal leistungsstärker.[31] Wasser- und Windmühlen waren aber insgesamt noch immer effizienter als „biologische Umwandler" (Menschen und Tiere).[32]

2.4 Zeitgenössische Umweltwahrnehmung

Der geografische Blick des mittelalterlichen Menschen auf die Welt war begrenzt und reichte selten weiter, als die Umstände des täglichen Lebens es erforderten: Das nächste Dorf oder der nächste Markt waren geografische Bezugsgrößen, deren Entfernung in Reisezeiten gemessen wurden.[33] Zeit maßen die einfachen Menschen in Tag und Nacht oder im Wechsel der Jahreszeiten, aber noch nicht in Stunden und Minuten – das änderten erst die Turmuhren der aufblühenden Städte des Spätmittelalters.

Gerade im Hinblick auf die Zeit muss man zwischen einer „physikalischen Zeit" (messbares Naturphänomen) und einer „sozialen Zeit" (persönliches Empfinden) unterscheiden.[34] Während in den Gebieten Europas, die zum römischen Reich gehörten, auch der römische Kalender mit seiner 7-Tage-Woche und 12 Monaten bekannt war, orientierte man sich in Ostgermanien und überhaupt im ländlichen Raum häufig am Ablauf der agrarischen Tätigkeiten. Der Arbeitstag wurde von Sonnenaufgang und Sonnenuntergang begrenzt.[35] Man könnte hier von einer „ökonomischen Zeitmessung" (Arbeitszeit) sprechen, die noch durch eine „kirchliche Zeiteinteilung" (Gebetszeiten oder Heiligentage) ergänzt wurde. Viele der Instrumente zur Zeitmessung dienten eher dazu, Zeiträume zu definieren (Sanduhr oder Kerzenuhr) als Zeitpunkte (eine genaue Uhrzeit) zu bestimmen.

Im klösterlichen Umfeld wechselten sich Gebets- und Arbeitszeiten ab (▶ Q 2.8). Erst die Wirtschaftssphäre der Städte ließ im Spätmittelalter eine „bürgerliche Zeit" entstehen, die genauer messbar wurde: Der Kaufmann musste seine Messe- und Kundentermine planen können. Tag- und Nachtstunden wurden gleich, was wiederum Einfluss auf die Handwerkerlöhne hatte, denn diese konnten nun nach Arbeitsstunden bezahlt werden und nicht mehr nach fertiggestellten Produkten oder dem Tagespensum eines Arbeiters (▶ Q 2.2). Aber selbst in der Frühen Neuzeit besaß so manche Turmuhr noch lediglich einen Stundenzeiger und ihre akustischen Zeitzeichen (Glockenschläge) gaben eher Zeiträume (ganze Stunden oder Viertelstundenabschnitte) an.³⁶

> **Q 2.8: Eine Wasseruhr als Feuerlöscher**
> „[23. Juni 1198:] Wir [die Klosterbrüder] aber rannten alle zusammen, fanden die unglaublich rasenden Flammen, die schon den ganzen Schrein [des heiligen Edmund] umfingen und schon fast zu den Balken der Kirche gelangten. Die jungen Männer unter uns liefen, um Wasser zu holen, manche zur Zisterne, manche zur Uhr, manche löschten unter größten Schwierigkeiten mit ihren Kutten den Angriff des Feuers und entrissen ihm noch rechtzeitig einige Reliquien."
> **Kommentar:** Die Quelle führt nicht nur die allgegenwärtige Feuergefahr deutlich vor Augen, sondern gibt auch einen Hinweis auf eine Wasseruhr, die offenbar ein derart großes Wasserreservoir besaß, dass die Mönche dieses zum Löschen des Brandes nutzen konnten. Zugleich zeigt sie, dass die natürlichen Uhren des frühen und hohen Mittelalters stets auf menschliche Bedienung angewiesen waren: Sanduhren mussten umgedreht, Wasseruhren nachgefüllt und Kerzenuhren angezündet werden. Aus der Benediktinerabtei Fruttuaria (Provinz Turin) wird beispielsweise über die morgendlichen Arbeiten eines Küsters berichtet: „Dann zündet er das Licht vor dem Altar und beim Sitz des Herrn Abt an, geht zur Uhr, füllt Wasser aus dem kleinen in das größere Becken, zieht das Seil und das Blei nach oben und schlägt dann die Glocke."¹ Lediglich Sonnenuhren liefen nach einmaliger Konstruktion und sorgfältiger Ausrichtung von Menschen unabhängig – sofern eine Sonne sichtbar war. Das in der Quelle mit dem Wort „Uhr" wiedergegebene Instrument zur Zeitmessung lautet im lateinischen Original *horologium* und verweist damit etymologisch auf eine Vorrichtung zur Feststellung der richtigen Zeit für das klösterliche Stundengebet (lat. *hora*) hin.
> **Zitiert nach:** Chronik des Klosters St. Edmund bei Cambridge (1173–1202) von Jocelyn de Brakelond, Übersetzung nach Nonn 2007, S. 45.

Ohnehin muss man sich das Mittelalter nicht als eine „metrische Epoche" vorstellen: Entfernungen oder Flächenmaße wurden nicht in mathematischen Zahlen und metrischen Einheiten ausgedrückt, sondern in körperlich erfahrbaren Bezugsgrößen. Dies lässt sich an den Längenmaßen „Elle" (Länge eines Unterarmes) oder „Fuß" erkennen. Aber auch das „Joch" bezeichnete die Fläche, die sich mithilfe eines Ochsengespanns an einem Tag pflügen ließ. Die Variabilität dieser Maßeinheiten macht es

2.4 Zeitgenössische Umweltwahrnehmung

dem modernen Wirtschaftshistoriker schwer, quantitative Quellenangaben vergleichend auszuwerten.

Zumindest in den gebildeten Kreisen gab es eine gewisse Vorstellung von der Beschaffenheit der Welt: Einerseits versuchte man, historische Ereignisse in einen geografischen Zusammenhang einzuordnen (Weltchroniken), und andererseits, die Erde auch grafisch darzustellen (Weltkarten). Auf den überlieferten Weltkarten (*mappae mundi*) lag Jerusalem stets in der Mitte als der Ort, an dem Christus gekreuzigt worden war. Asien lag vom Betrachter aus gesehen oben, Europa links und Afrika rechts unten. Die Gewässer des Mittelmeeres, des Nil und des Don bildeten ein T, das die drei Kontinente voneinander trennte. Der Ausdruck „die Orientierung verlieren" kommt also daher, dass Weltkarten des Mittelalters nach Osten hin – also in Richtung des Orients – ausgerichtet waren und nicht nach Norden, wie heute üblich. Die Karten des Mittelalters werden deshalb auch als TO-Karten bezeichnet: Das T der Gewässer und das O des Weltenrundes mit dem Weltenmeer bilden das Ordnungsschema des *Terrarum Orbis*. Ein beeindruckendes und einzigartiges Beispiel ist die Ebstorfer Weltkarte, die wohl um 1300 entstand und dem Betrachter eine Fülle geografischer Details mit erklärenden (teilweise fantastischen) Texten präsentiert (▶ Abb. 2.1).

Dass die Erde eine Kugel und keine Scheibe ist, war dagegen bereits im Mittelalter durchaus bekannt. Die Kartenzeichner waren zumeist Mönche und ihre Produkte dienten eher der Vergegenwärtigung des Heilsgeschehens als einer geografischen Orientierung. Sie waren eine Verbindung aus Geografie und Theologie – leere Stellen wurden oft mit Phantasiewesen versehen und die realistische Angabe von Entfernungen spielte noch keine Rolle. Karten mit Längenangaben und Möglichkeiten der genauen Navigation (*Portulane*) gab es erst seit dem Spätmittelalter, als die Seefahrt über die Straße von Gibraltar hinaus in den offenen Atlantik führte. Diese vermehrt seit dem 14. Jh. entstehenden Portolankarten konzentrierten sich allerdings vor allem auf die Küstenlinien/Hafenstädte und nicht auf die Abbildung der Landflächen des europäischen Kontinents.

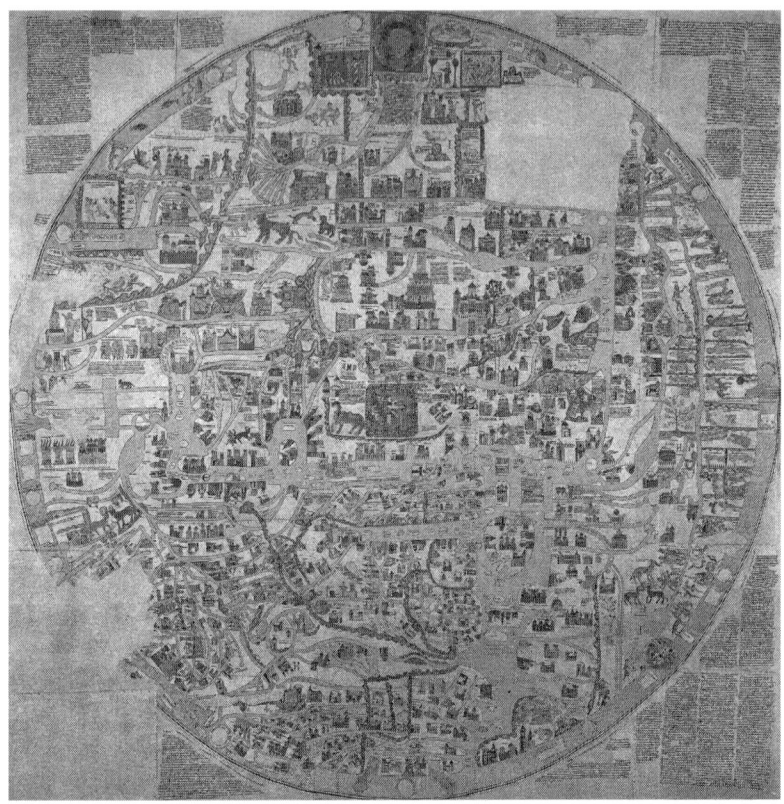

Abb. 2.1: Die Weltkarte (*mappa mundi*) aus dem norddeutschen Kloster Ebstorf ist mit 3,5 m Durchmesser und 30 zusammengenähten Pergamenten eine der größten und detailreichsten Karten des Mittelalters. Das Original verbrannte 1943, doch lassen sich ihr einstmaliger Zustand und die mehr als 2.300 Text- und Bildeinträge anhand von Fotografien rekonstruieren.

3 Bevölkerungsentwicklung und Bevölkerungsstruktur

Die Bevölkerungswissenschaft oder Demografie (von altgr. *démos* = „Volk" und *graphé* = „Beschreibung") untersucht die Entwicklung von Bevölkerungen und deren Strukturen. Die wichtigsten Untersuchungsgegenstände der Demografie sind dabei:

1. Geburten und Fruchtbarkeit (*Fertilität*)
2. Lebenserwartung und Sterbefälle (*Mortalität*)
3. Krankheitshäufigkeiten (*Morbidität*)
4. Wanderungsbewegungen (*Migration*)
5. Die Aufteilung nach Alter und Geschlecht (*Bevölkerungsbestand*)

Man schätzt, dass sich die Bevölkerung Europas und der Welt zwischen dem 10. und 19. Jh. fast verfünffacht hat, wobei besonders vom 10. bis zur Mitte des 14. Jh.s ein deutliches Bevölkerungswachstum, gefolgt von einer demografischen Krise im 14. und 15. Jh., zu verzeichnen ist.[1] Am Anfang (542–700) und am Ende (1348–1500) dieser Wachstumsphase stehen jeweils Perioden von Epidemien der Pest, durch welche die europäische Bevölkerung um jeweils 1/3 bis 1/2 dezimiert wurde.[2] Nicht nur aufgrund der großen Dynamik der Bevölkerungsentwicklung lohnt sich eine genauere Beschäftigung mit der mittelalterlichen Demografie: Das Ansteigen wie Absinken der Bevölkerungszahlen war jeweils mit deutlichen Veränderungen in der wirtschaftlichen Entwicklung und der sozialen Struktur der mittelalterlichen Gesellschaft verbunden.

Im folgenden Kapitel werden zunächst die Quellen der Historischen Demografie und deren jeweiliger Aussagewert vorgestellt. Anschließend erfolgt ein Überblick über die Bevölkerungsentwicklung des Zeitraums zwischen 500 und 1500. Zum Schluss werden die Altersstruktur und Geschlechterverteilung der mittelalterlichen Gesellschaft vorgestellt und die wesentlichen Einflussfaktoren auf deren Entwicklung benannt.

3.1 Quellen der Historischen Demografie

Genaue zeitgenössische Angaben über die Zahl der im europäischen Mittelalter lebenden Menschen liegen nicht vor. Auswertbares Material staatlicher und administrativer Verwaltung, wie die Kirchenbücher der Frühen Neuzeit, existieren für das Mittelalter nicht, so dass man sich bei demografischen Analysen nicht auf geografisch flächendeckende oder zeitlich langfristige Datenreihen stützen kann.[3] Nur punktuell lassen sich Zahlen aufgrund der Kombination verschiedener Forschungsmethoden ermitteln oder sind in Schriftquellen überliefert. Hinzu kommt, dass die in den zeitgenössischen Texten genannten Zahlen oftmals ungenau sind und lediglich auf Schätzungen beruhen oder zur Erreichung einer bestimmten Erzählabsicht über- oder untertrieben worden sind. Eine Stadt beispielsweise wird in der Regel als „volkreich" (lat. *numerosus* oder *frequens* = dicht besiedelt, häufig besucht) beschrieben, um ihre Prosperität zu unterstreichen, was quantitativ-statistisch allerdings nicht weiterhilft. Auch die Heeresstärken wurden – je nachdem, ob man den eigenen Sieg noch größer machen oder die eigene Niederlage besser begründen wollte – nach oben oder unten korrigiert.

Die skizzierte Quellenlage ist insofern problematisch, weil demografische Untersuchungen vor allem dann wertvoll sind, wenn sie sich auf eine große Datenmenge stützen können. Dennoch gibt es verschiedene Möglichkeiten, sich den Bevölkerungszahlen im Mittelalter zu nähern. Für das frühe Mittelalter stellen archäologische Untersuchungen von Siedlungen und die Güterverzeichnisse (Urbare) fränkischer Klöster eine wertvolle Quelle dar. So ergaben Untersuchungen des Urbars der Abtei Saint-Germain-des-Prés (829) eine Gesamtzahl von 1.378 Haushalten mit 7.975 Bewohnern[4] bis zu 1.742 Haushalten mit 8.633 Bewohnern[5] (▶ Q 3.1). Die Haushaltsgröße betrug also zwischen 4,96 und 5,79 (oder im Durchschnitt: 5) Personen. Ausgehend von diesem regionalen Befund hat man eine Bevölkerungsdichte von 34–39 Einwohnern pro km^2 im Karolingerreich der ersten Hälfte des 9. Jh.s errechnet.

Allerdings muss man zugeben, dass das Urbar von Saint-Germain-des-Prés insofern eine Ausnahme darstellt, dass es die Namen ganzer Familien und deren Verwandtschaftsverhältnisse angibt, und nicht lediglich den Namen desjenigen, der die jeweilige Hofstelle innehatte. Außerdem muss man festhalten, dass nur Personen erfasst wurden, die zu der eigenen Grundherrschaft der Abtei gehörten. Bauern und Knechte anderer Grundherren oder freie Bauern und Kleriker, die möglicherweise auf dem gleichen geografisch erfassten Gebiet lebten, wurden nicht genannt.[6] Auch schwankte die Bevölkerungsdichte offenbar regional sehr stark, wie andere Quellenauswertungen ergeben haben: 34 Einwohnern pro km² an der Isère standen 10 Bewohner pro km² in der Stadt Lille und lediglich 4 Einwohner pro km² im Moseltal gegenüber.[7] Im Durchschnitt wird man wohl mit etwa 8 Einwohnern pro km² für das frühmittelalterliche Frank(en)reich rechnen können.[8]

> **Q 3.1: Ein Güterverzeichnis der Karolingerzeit**
> „Der colonus Sigeboldus und seine Frau, eine colona namens Teudasia, Leute des heiligen Germanus, haben bei sich 5 Kinder mit diesen Namen: Sigebrandus, Ermenbrandus, Droctelindis, Teuthildis, Sigeburgis. Er bewirtschaftet 1 mansus ingenuilis, bestehend aus 8 bunuaria Ackerland, 2 aripenni Weinberg, 2 ½ aripenni Wiesen. Er zinst in gleicher Weise."
> **Kommentar:** Aus der Quelle erfahren wir, dass zum Haushalt des Hörigen (*colonus*) Sigeboldus noch seine Frau (Teudasia) und 5 Kinder gehören – 2 Jungen (Sigebrandus und Ermenbrandus) und 3 Mädchen (Droctelindis, Teuthildis und Sigeburgis) –, wie sich anhand der latinisierten Namensendungen auf *-us* (männlich) und *-is* (weiblich) erkennen lässt. Damit liegt der Haushalt des Sigeboldus mit 7 Personen über dem Durchschnitt in der gesamten Grundherrschaft der Abtei. Bemerkenswert sind außerdem die Namensbestandteile Sige- und Teu- der Eltern, die teilweise auf die Kinder übergegangen sind und einen Hinweis auf Verwandtschaftsverhältnisse geben können. Innerhalb von mittelalterlichen (Adels-)Familien begegnen uns sogenannte Leitnamen, die bevorzugt an Nachkommen vergeben werden: Beispielsweise Otto und Heinrich in der Familie der Liudolfinger, die zwischen 919 und 1024 die Herrscherdynastie des ostfränkisch-deutschen Reiches stellte (Ottonen).
> **Zitiert nach:** Urbar der Abtei Saint-Germain-des-Prés (829), Übersetzung nach Kuchenbuch 1991, S. 123.

Die Schriftquellen – Steuer- und Bürgerlisten: Systematische Aufzeichnungen über die Bevölkerungsgröße einer Stadt oder eines ländlichen Raumes entstanden erstmals im Spätmittelalter und hier zuerst in Italien. In Florenz wurde 1380 eine Zählung von Mündern (*bocche*) und Familienoberhäuptern (*poste*) durchgeführt, bei der im Durchschnitt 4,2 Münder (= Personen) auf ein Familienoberhaupt kamen.[9] Der zwischen 1427 und 1430 durchgeführte *Catasto* in Florenz ergab rund 60.000 Haushalte mit 260.000 Personen, was ebenfalls etwa 5 Personen pro Haushalt entspricht.[10] Weitere Zählungen sind für Castellón de la Plana in der Region Valencia (1438) oder Freiburg im Üchtland (1444/1448) bekannt. Die Haushaltsgrößen dort betrugen zwischen 3,5 und 5,5 Personen.

Volkszählungen wie im antiken Römischen Reich hat es im Mittelalter nicht gegeben. Die Ermittlung von Bevölkerungszahlen zur Nahrungsmittelversorgung in Notzeiten oder die Schätzung des städtischen Aufgebots für den Kriegsfall waren oftmals der Anlass für die frühesten Aufzeichnungen in Städten wie Straßburg (1444 und 1473/1477), Nördlingen (1459) und Nürnberg (1449) (▶ Q 3.2). Auch hierbei ergaben sich Haushaltsgrößen von 3,5 bis 5,5 Personen.[11] Generell lässt sich sagen: Die urbane Bevölkerung ist besser erfasst worden als die rurale und die vermögenden besser als die ärmeren Bevölkerungsschichten.[12]

Q 3.2: Die Straßburger Volkszählung von 1444
„Überschlag aller früchten, so by den bürgern und lantleuthen gefunden und wie viel volcks dargegen in der statt gewesen [...]. [2 Bezirke im Westen Straßburgs]:
[1.] Item Claus Spete und Claus Duntzenheim hant die under wagener geschriben geben, nemlich die statlüte und lantlüte untereinander ist 2834 personen, der sint 318 die kein korn haben; aber die übrigen hant 36 560 viertel frühte.
[2.] Item Claus Bômgarter und Kürin Gartener hant die an steinstrasse geschriben geben, nemlich 1119 statlüte, der sint 246, die kein korn hant, aber die übrigen haben 6087 viertel rocken, item 799 viertel weissen, item 209 viertel gersten, item 95 viertel habern, item 829 viertel bonen. Sü hant auch geschriben geben 1025 lantlüte, der sint 71, die kein korn hant; die übrigen haben 7878 viertel rocken, item 90 viertel weissen, item 89 viertel gersten, item 123 viertel bonen."
Kommentar: Die Straßburger Volkszählung von 1444 entstand im Rahmen einer Notsituation, bei der die Anzahl der Personen in der Stadt sowie deren Lebensmittelvorräte aufgezeichnet wurden. Die Quelle teilt die Stadt in vier Zählbezirke (West, Mitte, Süd und Ost) sowie Vororte ein und nennt jeweils zwei Verantwortliche für die Zählung – an dieser Stelle Claus Spete und Claus Duntzenheim sowie Claus Bômgarter und Kürin Gartener –, die Angaben zu

3.1 Quellen der Historischen Demografie

> den zwei westlichen Bezirken (Zirkel) machen. Im Bezirk Steinstraße [2.] befinden sich 1.365 Stadtleute und 1.096 Landleute, von denen zusammen 317 kein Korn haben. An Nahrungsmitteln werden Roggen (*rocken*), Weizen (*weissen*), Gerste (*gersten*), Hafer (*habern*) und Bohnen (*bonen*) oder einfach Feldfrüchte (*frühte*) genannt. Als Maßeinheit dient der „Viertel", ein Getreidemaß von etwa 111 Litern. Insgesamt werden in den beiden westlichen Stadtbezirken 4.978 (2.834 und 2.144) Menschen gezählt, von denen 2.598 (52,2 %) als „Stadtleute" angesprochen werden, also Personen sind, die dauerhaft innerhalb der Stadtmauern leben. Diese Stadtleute verteilen sich auf eine Fläche von 58 ha, was einer Bevölkerungsdichte von 44 Personen pro Hektar entsprechen würde. Am dichtesten ist die Stadtmitte mit 14.004 Menschen und damit 111 Personen pro Hektar besiedelt. Fasst man die genannten Zahlen innerhalb der ummauerten Stadt zusammen, so kommt man auf 24.374 Personen – von denen 15.210 Stadtleute (62,4 %) sind – und eine Bevölkerungsdichte von 76 Personen pro Hektar. Demnach dürfte Straßburg im 15. Jh. etwa 15.000 Einwohner gehabt haben und der Stadtkern war mit etwa 100 Menschen pro Hektar bebauter Fläche für das Mittelalter durchaus „normal" besiedelt.
> **Zitiert nach:** Aufzeichnung über eine Erhebung der städtischen Bevölkerung und der Getreidevorräte, Übersetzung nach Möncke 1982, S. 312–315.

Die häufigste Quelle für demografische Untersuchungen sind Aufzeichnungen der Steuern auf Grundlage der Mitglieder eines Haushaltes. Solche Steuerlisten, wie das umfangreiche *Domesday Book* (1087) oder die Liste der Herdstätten in Frankreich (1328), können wiederum die Grundlage zur Berechnung ganzer Bevölkerungszahlen eines Landes bilden. Als Herdsteuer bezeichnete man eine jährliche Abgabe, die pro Herd – also unabhängig von der Anzahl der Bewohner – erhoben wurde, wobei der Herd symbolisch den Haushalt vertrat. Als Grundlage für demografische Schätzungen ist sie deshalb nur bedingt zu gebrauchen, zumal Häuser reicherer Bürger oftmals mehrere Herdstellen besaßen, wodurch sich ihre Steuerlast vergrößerte. Im Regelfall rechnet man wieder mit 4–5 Personen pro Haushalt, um diese Unsicherheitsfaktoren auszugleichen (Reduktionskoeffizient), wenngleich einige Historiker auch von Haushaltsgrößen von 7–8 Personen im städtischen Umfeld ausgehen.[13]

Steuerlisten weisen eine höhere Verlässlichkeit auf, wenn sie nicht nur die Namen der Besteuerten, sondern auch die Anzahl der nichtbesteuerten Personen enthalten. Weiterhin gibt es Listen der wehrfähigen Männer im städtischen Umfeld, die allerdings die Frage aufwerfen, wie viel Prozent der Gesamtbevölkerung (inkl. Frauen, Kinder, Kleriker und

Greise) diese Gruppe eigentlich ausmachte.[14] Auch Bürgerlisten eignen sich nur bedingt für demografische Untersuchungen, da in ihnen eben nur die Personen mit Bürgerrecht verzeichnet wurden. Im Durchschnitt machten die „Bürger" aber nur etwa 60 % der erwachsenen Männer einer Stadtgemeinde aus.[15] Es ist also notwendig, im Hinblick auf den rechtlichen Status zwischen „Bürgern" und „Einwohnern" zu unterscheiden. Frauen, Kinder und Einwohner ohne Bürgerrecht erscheinen in den genannten Listen ebenso wenig wie Kleriker oder Arme. Dafür liefern sie interessante Informationen über die in der Stadt ausgeübten Berufe, Migrationsbewegungen oder den sozialen Status bestimmter Gruppen von Bürgern (▶ Q 3.3). Wertvolle Quellen in Bezug auf die Bevölkerungszahl einer Stadt sind auch die Mitgliederverzeichnisse von Zünften und Gilden.

Angaben über Truppenstärken und Verluste im Zusammenhang mit militärischen Aktionen, aus denen sich Aussagen über den Anteil der wehrfähigen männlichen Bevölkerung gewinnen ließen, sind nur bedingt demografisch zu verwerten, da die Chronisten je nach Erzählabsicht die Zahlenangaben manipulierten (wenn sie sie denn überhaupt kannten). Bei der berühmten und am besten dokumentierten Schlacht des Mittelalters bei Azincourt während des Hundertjährigen Krieges (25. Oktober 1415) nennen die englischen Quellen – die ihren Sieg besonders herausragend gestalten wollten – 60.000 bis 150.000 französische Krieger, wohingegen die französischen Chronisten – bei denen die eigene Niederlage heruntergespielt werden sollte – nur 8.000 bis 50.000 Mann zählen.[16] Nüchterne Aufzählungen aus dem Umfeld des Verwaltungsschrifttums wie der *Indiculus loricatorum* aus der Zeit Ottos II. (973–983) sind in diesem Zusammenhang selten (▶ Q 3.4).

Das Heer, mit dem Wilhelm der Eroberer 1066 nach England übersetzte, wird auf 5.000 bis 15.000 Mann geschätzt.[17] Zum Ersten Kreuzzug 1096 könnten vielleicht 4.500 berittene Krieger und 30.000 Fußkämpfer[18] aufgebrochen sein, andere Schätzungen gehen von bis zu 70.000 Kriegern aus[19] – die Anzahl der nicht-kämpfenden Begleitpersonen bleibt in der Regel verborgen, könnte aber noch einmal 1–2 Personen pro Krieger betragen haben. Ohnehin wurden bei kriegerischen Auseinandersetzungen zumeist nur die adligen Kombattanten gezählt, die Masse der Gefolgsleute, bäuerlichen Aufgebote oder städtischen Söldner interessierte die

> **Q 3.3: Die Liste der Mitglieder der Händlergilde von Dublin**
> „[...] Galfridus de Cardif 7 ½ Sol.
> Petrus frater Willelmi 9 ½ Sol.
> Rogerus de Gernemue 9 ½ Sol.
> Willelmus de Harundel 9 ½ Sol.
> Radulfus de Lane 9 ½ Sol.
> Benedictus de Laspine 9 ½ Sol.
> Elias Palmer 8 ½ Sol. [...]"
>
> **Kommentar:** Die zwischen 1190 und 1265 entstandene *Dublin Guild Merchant Roll* verzeichnet auf 43 Pergamentblättern die Namen von mehr als 8.400 Männern und 3 Frauen, die Mitglieder in der Gilde der Händler von Dublin waren. Der Begriff „Händler" mag jedoch irreführend sein, da neben als *mercator* angesprochenen Personen auch zahlreiche Handwerksberufe Erwähnung finden. Die einzelnen Namen enthalten Hinweise auf die Herkunft der Person (*Galfridus de Cardif* = Galfrid aus Cardiff/Wales), Verwandtschaftsverhältnisse (*Petrus frater Willelmi* = Peter, der Bruder von William) oder Berufe (*Robertus le mercer* = Robert, der Händler). Auch ist die zu zahlende Aufnahmegebühr in Schillingen (lat. *solidus*) vermerkt und erlaubt somit Rückschlüsse auf die Vermögensstruktur. Gelegentlich erscheinen körperliche Merkmale bestimmter Personen (*Adam Niger* = Adam, der Schwarze – wahrscheinlich ein Hinweis auf seine dunkle Haarfarbe), um diese von anderen Personen mit gleichem Namen zu unterscheiden. Die Nennung der Ortsnamen reicht von England über Frankreich, Spanien und Deutschland bis nach Skandinavien und gibt somit einen Hinweis auf die geografische Mobilität spezifischer sozialer Gruppen im Mittelalter. Da die jeweils für die Verzeichnung verantwortlichen Notare namentlich genannt sind, lässt sich eine ungefähre zeitliche Schichtung der einzelnen Einträge vornehmen.
>
> **Zitiert nach:** The Dublin Guild Merchant Roll (ca. 1190–1265), Connolly & Martin 1992, S. 4.

Chronisten nicht. Insgesamt dürften hochmittelalterliche Heere aufgrund der mangelhaften Transportlogistik und Infrastruktur aber nur selten mehr als 10.000 bis 20.000 Krieger umfasst haben.[20]

Q 3.4: Ein Aufgebot an Panzerreitern für Italien
„Bischof Erkembald [von Straßburg, 965–991] soll 100 Panzerreiter schicken; der Abt von Murbach führe 20 mit sich; Bischof Balzzo [Balderich von Speier, 970–986] 20; Hildebald von Worms führe 40; der Abt von Weißenburg schicke 50; der Abt von Lorsch führe 50; der Erzbischof von Mainz schicke 100; der Erzbischof von Köln 100; der Bischof von Würzburg 40; der Abt von Hersfeld 40; Graf Heribert führe 30 und der Sohn seines Bruders komme entweder mit 30 oder schicke 40; Megingaus soll mit Hilfe Burkhards 30 führen; Kuno, der Sohn Kunos, führe 40; vom Herzogtum Elsaß sollen 70 geschickt werden; Bezolin, der Sohn des Arnust, führe 12; Azolin, der Sohn Rudolfs, schicke 30; Otto, der Bruder Gebizos, schicke 20; Graf Hezel führe 40; der Abt von Fulda schicke 40; Graf Gunthram führe 12; Unger führe 20; Herr Sikko, des Kaisers Bruder, führe 20; Otto führe 40; Herzog Karl [von Lothringen, 978–991], als Wächter des Vaterlandes nach Hause entlassen, soll den Boso mit 20 schicken; der Bischof von Lüttich schicke 60 unter Hermann oder Immo; der Bischof von Cambrai schicke 12; Gedulf führe 12 mit Hilfe der Äbte [von Inden und Stablo]; Graf Theoderich schicke seinen Sohn mit 12; Graf Ansfred schicke 10; die Markgrafen Gottfrid und Arnulf schicken 40; Graf Sikkos Sohn führe 30 mit sich; der Abt von Prüm führe 40; der Erzbischof von Trier führe 70; der Bischof von Verdun führe 40; der von Toul schicke 20; der Erzbischof von Salzburg schicke 70; der Bischof von Regensburg ebensoviel; Abraham [Bischof von Freising, 957–993/994] schicke 40; Bischof Reginald [von Eichstätt, 966–991] führe 50; Bischof Alboin [von Säben] führe 20; der Bischof von Augsburg führe 100; der Bischof von Konstanz schicke 40; der Bischof von Chur führe 40; der Abt von Reichenau führe 60; der Abt von St. Gallen führe 40; der Abt von Ellwangen führe 40; der Abt von Kempten führe 30."
Kommentar: Bei der vorliegenden Quelle handelt es sich um ein Aufgebotsschreiben Kaiser Ottos II. (973–983) aus dem Jahre 980/981 für dessen Italienzug. Von den 2.040 in der Liste angeforderten Panzerreitern wurden 1.112 (54,51 %) durch die Bischöfe, 410 durch die Äbte (20,10 %) und 518 (25,39 %) durch die weltlichen Großen einzelner Reichsteile gestellt. Geht man davon aus, dass jeder Panzerreiter noch 1–2 Mann Begleitung bei sich hatte, so ergibt sich eine Heeresstärke von etwa 4.000–6.000 Mann. Deutlich zeigt sich die Belastung der Reichskirche durch die Heerfolgepflicht, die immerhin 74,61 % des Gesamtaufgebots stellt. Welchen Anteil das aufgelistete Heeresaufgebot am Gesamtheer Ottos für den Italienzug hatte, geht allerdings aus der Quelle nicht hervor. Aus wirtschaftshistorischer Perspektive lässt sich anhand der Größe einzelner Kontingente sowohl auf die ökonomische Leistungsfähigkeit des weltlichen und geistlichen Adels schließen, wie auch auf das personelle Potential der dazugehörigen Grundherrschaften, die in der Lage sein mussten, derartige Truppenkontingente zu stellen und zu unterhalten.[i]
Zitiert nach: Indiculus loricatorum Ottoni II in Italiam mittendorum (980/981), Übersetzung nach Hartmann 1995, S. 183–184.

3.1 Quellen der Historischen Demografie

Siedlungsgrößen, Gräberfelder und Ackerflächen: Anhand der Größe von Siedlungsplätzen lässt sich ebenfalls die Bevölkerungszahl eines Ortes abschätzen. Für die Bevölkerung einer antik-römischen Stadt hat man mit 125–150 Personen pro Hektar urbaner Fläche gerechnet.[21] Mittelalterliche Städte mögen noch etwas dichter besiedelt gewesen sein, da sie nicht über ausgedehnte Parkanlagen oder große öffentliche Bauten wie Amphitheater oder Thermen verfügten. Andererseits gab es dort aber auch keine mehrstöckigen Mietshäuser wie die *insulae* der römischen Antike. Außer dem Dom- oder Marktplatz fehlten offene Flächen und die Bebauung war in der Regel eng und gleichmäßig. Gelegentlich wurden die Stadtmauern über den tatsächlichen Bedarf hinaus gebaut und nach den Pestwellen der zweiten Hälfte des 14. Jh.s mögen manche Stadtmauern schlicht überdimensioniert gewesen sein.[22] Die Angaben in der Forschungsliteratur schwanken dementsprechend zwischen 100 und 200 Menschen pro Hektar urbaner Fläche im Mittelalter.[23]

Beim Blick auf einen modernen Stadtplan von Köln fällt der durch einige Ringstraßen (u. a. Hohenzollernring, Salierring und Ubierring) im Norden, Westen und Süden sowie den Rhein im Osten begrenzte mittelalterliche Stadtkern auf. Addiert man die Fläche der heutigen Stadtteile Altstadt-Nord (2,46 km^2) und Altstadt-Süd (2,36 km^2), so kommt man auf 4,82 km^2 oder 482 ha. Bei 100 Personen pro Hektar Siedlungsfläche müsste man also mit 48.200 Einwohnern Kölns im Spätmittelalter rechnen, wobei noch „unbewohnte Gebäude" (Kirchen, Rathaus etc.) und öffentliche Plätze abzuziehen wären. Tatsächlich sind in der Forschungsliteratur auch Zahlen von etwa 40.000–50.000 Einwohnern[24] für Köln zwischen dem 12. und 15. Jh. angegeben worden. Selbst mit einem modernen Stadtplan kann man sich der mittelalterlichen Einwohnerzahl nähern, wie das skizzierte Beispiel zeigt.

Innerhalb von Siedlungen gibt auch die archäologische Untersuchung von Gräberfeldern (Friedhöfen) Hinweise auf die Bevölkerungsgröße und Bevölkerungsstruktur (Alter, Geschlecht und Gesundheitszustand der Verstorbenen). Allerdings sind nur selten komplette Friedhöfe archäologisch erforscht worden. Für Verzerrungen können hierbei auch regional unterschiedliche und sich zeitlich verändernde Bestattungsriten sorgen.[25] Es wird von einem regelmäßigen Verhältnis der Größe einer Siedlung und der Gesamtbevölkerung einer Region bei normaler wirtschaftlicher Tätigkeit im Mittelalter ausgegangen (Bevölkerungsphysik):

In vielen Fällen weisen die Haupt- oder Großstädte des Mittelalters eine Bevölkerung von etwa 1,5 % der Gesamtbevölkerung des dazugehörigen Territoriums auf.[26] Es lassen sich also trotz einer ganzen Reihe von Unsicherheitsfaktoren Rückschlüsse von der Stadtbevölkerung auf die Einwohner einer Region ziehen, um daraus wiederum Schätzungen der Gesamtbevölkerung abzuleiten.

Letztlich ermöglicht auch die Untersuchung des Umfangs der landwirtschaftlich genutzten Fläche (beispielsweise durch Pollenanalysen) einen Rückschluss auf die Versorgungsmöglichkeiten und damit auf die zu ernährende Bevölkerungszahl.[27] Auch in Wäldern lassen sich noch Spuren von Pflanzenpollen finden, die auf einen Wandel in der Pflanzendecke und damit eine ehemalige landwirtschaftliche Nutzung hindeuten. Diese paläobotanischen Befunde können durch Ergebnisse der Toponomastik (Ortsnamenkunde) oder andere Flurmerkmale (Hochraine oder Ackerfurchen) sowie Erkenntnisse der Luftbildarchäologie ergänzt werden, die Hinweise zum Entstehen und Verschwinden von Siedlungen erlauben.

Quellen zur Bevölkerungszahl und Bevölkerungsdichte aus dem Mittelalter gibt es also in größerer Menge, allerding ist ihre Aussagekraft sehr unterschiedlich zu bewerten und es empfiehlt sich, verschiedene Methoden anzuwenden und die gewonnenen Daten miteinander zu kombinieren, um den Schätzungen insgesamt mehr Gültigkeit zu verleihen.

3.2 Bevölkerungsentwicklung

Die Bevölkerung des Römischen Reiches hat man für das 4. Jh. auf nicht mehr als 50 Mio. Menschen veranschlagt, von denen wohl die Hälfte auf die asiatischen und afrikanischen Provinzen entfiel.[28] Allein für die Bevölkerung der Metropole Rom rechnet man aber mit 600.000 bis zu einer Million Einwohner.[29] Demnach hätten also 1,2–2,0 % der Bevölkerung des Imperiums in dessen Hauptstadt gelebt. Die Zuwanderung barbarischer Gruppen im Umfeld der „Völkerwanderung" dürfte nur geringe demografische Auswirkungen gehabt haben: Einerseits machten diese im Westen des Reiches wohl höchstens eine Million Barbaren gegenüber 16 Mio. Romanen aus[30] und andererseits dürfte es im Zusammenhang mit der kriegerischen Landnahme auch zu Bevölkerungsverlusten gekommen

3.2 Bevölkerungsentwicklung

sein, die den Zuwachs wieder ausglichen. Einzelne dieser „Völker" (lat. *gentes*) hat man auf etwa 10.000–30.000 Mann geschätzt, unter Hinzuziehung von Frauen, Kindern und Älteren also wohl nicht mehr als 30.000–90.000 Menschen insgesamt.[31] Grundsätzlich hat man dabei zwischen reinen Kriegerverbänden und solchen Gruppen zu unterscheiden, die mit ihren Familien unterwegs waren – nicht immer sind die römischen Quellen an dieser Stelle besonders eindeutig.

Die allgemeinen Schätzungen gehen von einer deutlichen Abnahme der europäischen Bevölkerung[32] seit der Mitte des 6. Jh.s durch die erstmals 541/542 ausgebrochene „Justinianische Pest" aus. In den dicht besiedelten Regionen um das Mittelmeer könnten der Seuche etwa 40 % der Bevölkerung zu Opfer gefallen sein, in locker besiedelten Gebieten wohl bis zu 10 %.[33] Um das Jahr 650 ist eine Gesamtbevölkerung von 18 Mio. für Europa angenommen worden. Bis zum Jahr 1000 sei diese auf 38,5 Mio. angewachsen und dann weiter bis zum Jahr 1340 auf 73,5 Mio. In Frankreich und England hat sich die Bevölkerung zwischen dem 10. und 14. Jh. verdoppelt bis verdreifacht.[34]

> **Q 3.5: Die Pest in Schleswig-Holstein**
> „Im Sommer desselben Jahres [1350] von Pfingsten bis zum Sankt-Michaelistag [16. Mai bis 29. September] war ein großes Sterben der Leute in allen deutschen Ländern. Das hatte noch keiner erlebt, und das Sterben hieß „der große Tod", weil er in vielen Ländern schrecklich wütete und viele Menschen tötete, so dass in vielen Städten nur jeder Zehnte überlebte. In der Stadt Lübeck starben am Sankt-Laurentiustag [10. August] von einer Vesper zur anderen [innerhalb eines Tages] 25 hundert Menschen. [...] Warum das Sterben und alles, was danach kam, herrschte, das hat nur Gott gekannt und wird von den verborgenen Schatten seiner grenzenlosen Weisheit verdeckt. [...]"
> **Kommentar:** In dieser Quelle aus der Zeit der ersten großen Pestwelle der Jahre 1347–1353 lässt sich das Bedürfnis des Chronisten erkennen, die Masse der Verstorbenen in Zahlen zu fassen, indem einerseits berichtet wird, dass an manchen Orten 90 % der Bevölkerung der Epidemie zum Opfer fielen und andererseits für Lübeck von 2.500 Toten allein an einem Tag berichtet wird. Geht man von etwa 18.800 Einwohnern Lübecks um 1350 aus,[i] so würde dies bedeuten, dass innerhalb von 24 Stunden mehr als 13 % der Stadtbevölkerung verstarben. Insgesamt raffte die Pest in Lübeck 1350 wohl 25 % der Bevölkerung hinweg; die nächste Pestwelle 1367 kostete dann noch einmal 16 % das Leben.[ii]

> Auch in diesem Fall sind die Zahlenangaben der Chronisten trotz der sicherlich enormen Verluste an Menschenleben im Umfeld des „Schwarzen Todes" mit Vorsicht zu bewerten und wahrscheinlich übertrieben.
> **Zitiert nach:** Detmar: Croneke van Lubeke (1368/1394). Übersetzung nach Reitemeier 2008, S. 107.

Danach kam es erneut zu einem dramatischen Bevölkerungsrückgang durch die seit 1347/1353 auftretenden Pestepidemien („Schwarzer Tod", ▶ Q 3.5),[35] die in der ersten Welle vielleicht 20–25 % der Gesamtbevölkerung das Leben kosteten, mancherorts sogar 25–50 % (▶ Abb. 3.1).[36] In Teilen Europas ging die Bevölkerung vom Ausbrechen der Seuche 1348 bis zum Ende des 15. Jh.s um über 60 % zurück.[37] Punktuell sind die Opferzahlen der Pestjahre sehr gut überliefert: So starben 1350 in Bremen 6.966 namentlich bekannte Bewohner der Stadt. Bei einer geschätzten Einwohnerzahl von etwa 12.000 Menschen entspricht dies 58 % der Bevölkerung.[38] In der Stadt Florenz lebten 1338 noch rund 120.000 Einwohner. Nach dem Pestausbruch von 1348 waren es nur noch 42.000. Für die Region Florenz (Stadt und ländliches Umland) wird ein Rückgang von vielleicht 440.000 auf 140.000 Menschen zwischen 1338 und 1427 vermutet.[39] Im Deutschen Reich könnte die Bevölkerung von 11–14 auf 7–10 Mio. Menschen zurückgegangen sein.[40] Die enormen Bevölkerungsverluste in den Zeiten der Pest wurden hier größtenteils erst in der Neuzeit wieder kompensiert.

Die Beobachtung der mittelalterlichen Zeitgenossen, dass häufig eher junge als ältere Menschen von der Pest betroffen waren, korrespondiert mit Untersuchungen zur frühneuzeitlichen Pestepidemie in England (1591–1592), bei der 60 % der Toten Kinder waren. Diese erhöhte Kinder- und Jugendsterblichkeit dürfte einer der Hauptgründe für die verheerenden demografischen Auswirkungen der Pest gewesen sein, denn hier starb vor allem die zukünftige Elterngeneration.[41] Dass häufig auch die Armenviertel der Städte besonders stark betroffen waren, mag an der Mischung aus schlechter Ernährung, beengten Wohnverhältnissen und einer noch mangelhafteren Hygiene gelegen haben.

3.2 Bevölkerungsentwicklung

Abb. 3.1: Die Illustration aus der Chronik des Abtes Gilles Li Muisis (1272–1352) zeigt die Beerdigung von Pestopfern in der Stadt Tournai (Belgien).

Im Einzelnen ist folgendes Bild der Bevölkerungsentwicklung Europas im Mittelalter errechnet worden:

Gebiet/Jahr	500	650	1000	1340	1450
Südeuropa	13	9	17	25	19
West- und Mitteleuropa	9	5,5	12	35,5	22,5
Osteuropa	5,5	3,5	9,5	13	9,5
Gesamteuropa	27,5	18	38,5	73,5	50

Tab. 3.1: Entwicklung der europäischen Bevölkerung (in Mio.) zwischen 500 und 1450 nach Regionen (nach Russel 1983, S. 21).

Anhand dieser Schätzungen lassen sich einige allgemeine Trends formulieren: Den stärksten Anstieg erlebte die europäische Bevölkerung zwischen 950 und 1300.[42] Am Anfang (Mitte 6. Jh.) und am Ende (Mitte 14. Jh.) des Mittelalters stehen durch Epidemien, Hungersnöte und Kriege hervorgerufene demografische Krisen. Die Bevölkerung wuchs in West- und Mitteleuropa stärker als in Südeuropa. So kam es zu einem allmählichen demografischen Übergewicht des europäischen Nordens gegenüber dem Süden, wodurch sich vorübergehend auch das wirtschaftliche und kulturelle Zentrum Europas vom mediterranen in den nordalpinen Raum verschob. Wir haben es also zwischen 500 und 1000 nicht nur mit einem Wachstum in einzelnen Regionen, sondern auch mit einer Neuverteilung des demografischen Gewichts mit erheblichen sozio-ökonomischen Auswirkungen zu tun:

Region/Jahr	500	1000	Differenz 1000/500
Nord- und Zentraleuropa	9,0	12,0	+ 33 %
Südeuropa	13,0	17,0	+ 31 %
Osteuropa	5,5	9,5	+ 73 %
Kleinasien, Syrien, Ägypten, Nordafrika, südliches Afrika	22,5	12,5	- 45 %
Gesamtbevölkerung in Millionen	50	51	+ 2 %

Tab. 3.2: Entwicklung der europäischen Bevölkerung (in Mio.) zwischen 500 und 1000 nach Regionen (nach Malanima 2010, S. 25).

3.2 Bevölkerungsentwicklung

Bezogen auf das Gebiet des Deutschen Reiches hat man folgende Berechnungen angestellt:

Jahrhundert	9. Jh.	11. Jh.	12. Jh.	14. Jh.
Bevölkerung	2,5–3	3–3,5	7–8	13–15

Tab. 3.3: Entwicklung der Bevölkerung (in Mio.) auf dem Gebiet des Deutschen Reiches zwischen dem 9. und 14. Jh. (nach Kellenbenz 1980, S. 509).

Allerdings sind hierbei auch Veränderungen innerhalb des jeweils als Reichsgebiet definierten geografischen Raumes zu beachten, da für das 9. und 11. Jh. das Territorium des ostfränkischen Reiches berücksichtigt wurde, das sich in den folgenden Jahrhunderten sukzessive nach Osten erweiterte (Landesausbau). Überhaupt eröffnet die Berechnung der Bevölkerungsdichte zu einem bestimmten Zeitpunkt interessante Einblicke und erlaubt Rückschlüsse auf die Sozialstruktur: Die Bevölkerungsdichte auf dem Gebiet des Deutschen Reiches lag bei 4–5 Personen pro km² um das Jahr 800 und wuchs bis zur Mitte des 12. Jh.s auf knapp 15 Personen pro km² an.[43] Der Vergleich mit der modernen Bevölkerungsdichte der Bundesrepublik Deutschland von 230 Personen pro km² verdeutlicht aber dennoch, wie gering besiedelt weite Landstriche im Mittelalter gewesen sein müssen, zumal, wenn man berücksichtigt, dass sich die Bevölkerungsdichte nicht gleichmäßig auf die gesamte Fläche verteilte, sondern sich auf Siedlungsinseln konzentrierte. Auch ein Blick auf die geschätzte Bevölkerungsdichte in verschiedenen europäischen Ländern des Spätmittelalters zeigt ein interessantes Bild:

Land/Jahr	1300	1400	1500	Differenz 1500/1300
Skandinavien	2,1	1,2	1,3	61,9 %
England (mit Wales)	29,8	17,9	23,2	77,9 %
Schottland	12,7	8,9	10,1	79,5 %
Irland	16,7	8,3	9,5	56,9 %
Niederlande	24,2	18,2	28,8	119,0 %
Belgien	46,7	40,0	43,3	92,7 %

Frankreich	29,4	22,1	27,6	93,9 %
Italien	41,5	26,6	29,9	72,0 %
Spanien	10,9	8,9	9,9	90,8 %
Portugal	14,1	11,4	13,0	92,2 %
Schweiz	19,5	12,2	19,5	100,0 %
Österreich-Ungarn	16,0	14,4	18,4	115,0 %
Deutschland	23,9	14,7	20,3	84,9 %
Polen	8,3	6,3	8,3	100,0 %
Balkan	11,6	9,7	10,7	92,2 %
Europa gesamt	15,8	11,4	14,0	88,6 %

Tab. 3.4: Entwicklung der Bevölkerungsdichte (Einwohner pro km^2) zwischen 1300 und 1500 nach Ländern (nach Malanima 2010, S. 29).

Demnach lag die höchste Bevölkerungsdichte im Spätmittelalter entlang einer Achse zwischen der Toskana im Süden bis nach England im Norden und nahm sowohl nach Westen wie nach Osten ab. In jedem Fall hatten sowohl der Anstieg der Bevölkerung wie auch deren abrupter Rückgang erhebliche Auswirkungen auf die Wirtschaft des Mittelalters, da beispielsweise im Hochmittelalter neue agrarische Flächen zur Ernährung der Bevölkerung erschlossen werden mussten und teilweise im Spätmittelalter wieder aufgegeben wurden.

Dementsprechend war es vor allem der Ausbau bereits bestehender ländlicher Siedlungen (Binnenrodung), der den entstehenden Bevölkerungszuwachs auffing.[44] Der Anteil der sogenannten „Ostkolonisation" war dagegen vergleichsweise gering. Es wird geschätzt, dass insgesamt nicht mehr als 400.000 Menschen im Hochmittelalter ihre Heimat verließen, um im Zuge des Landesausbaus im Osten ein neues Leben zu beginnen – mit anderen Worten nur 7 % der Bevölkerung des Deutschen Reiches (▶ Kap. 4.3.2).[45] Auch die Neugründung von Städten und der Ausbau bereits bestehender Siedlungen wirkten als Ventile für den entstehenden Bevölkerungsdruck. Für das 15. Jh. kann man die deutsche Städtelandschaft nach Einwohnerzahlen folgendermaßen gliedern:

3.2 Bevölkerungsentwicklung

weniger als 1.000 Einwohner	2.800 Städte
1.000–2.000 Einwohner	900 Städte
2.000–10.000 Einwohner	250 Städte
10.000–20.000 Einwohner	12 Städte
mehr als 20.000 Einwohner	8 Städte

Tab. 3.5: Einwohnerzahl deutscher Städte im 15. Jh. (nach Henning 1991, S. 508–509).

Die acht größten Städte waren Bremen, Danzig, Köln, Lübeck, Magdeburg, Nürnberg, Straßburg und Ulm. Die bevölkerungsmäßig größte Stadt des Reiches war Köln mit 40.000 Einwohnern. Städte mit weniger als 1.000 Einwohnern bezeichnet man als *Kleinstadt*, solche mit 1.000–5.000 Einwohnern als *Mittelstadt* und Gemeinwesen mit mehr als 5.000 Einwohnern als *Großstädte*.[46] Ein Großteil der etwa 3.500 deutschen Städte des gesamten Mittelalters (ca. 90–95 %) zählte dabei zu den Städten mit weniger als 2.000 Einwohnern.[47]

Gesamteuropäisch betrachtet gab es um das Jahr 1000 mit Córdoba und Byzanz wohl nur zwei Städte, die eine Bevölkerungszahl von 50.000–100.000 Einwohnern besaßen.[48] Im christlichen Westeuropa erreichte um diese Zeit wohl keine Stadt diese Größe.[49] Erst zwischen 1000 und 1350 konnten weitere Städte wie Paris, Venedig, Genua und Florenz Einwohnerzahlen von annähernd 100.000 Menschen vorweisen und italienische Metropolen wie Rom, Mailand und Bologna, aber auch London, Gent oder Brügge zählten mehr als 50.000 Einwohner. Nach den Pestwellen des 14. Jh.s dürften auch hier die Einwohnerzahlen zunächst merklich zurückgegangen sein, bevor sie durch eine vermehrte Zuwanderung (Landflucht) wieder ausgeglichen werden konnten.

Neben den natürlichen (klimatischen und geografischen) Grundbedingungen für eine Population (beispielsweise Kultivierbarkeit der Böden, Verfügbarkeit von Wasser und Menge der Bodenressourcen) beeinflussen vor allem drei Faktoren die Bevölkerungsentwicklung:

1. Mortalität: Die Anzahl von Individuen einer Population, die eine bestimmte Altersgrenze erreichen.
2. Morbidität: Das Ausmaß von Krankheiten innerhalb einer bestimmten Gruppe von Menschen.

3. Fertilität: Die Anzahl der Nachkommen, die eine Frau durchschnittlich innerhalb einer Population zur Welt bringt.

Im Mittelalter musste jede Frau im Durchschnitt etwa 3,6 Kinder zu Welt bringen, um den Bevölkerungsstand zu erhalten. Für das 11.–13. Jh. hat man Geburtenraten von 42 % geschätzt, denen aber gleichzeitig eine Sterblichkeitsrate von 36 % gegenüberstand. Der normale Zeitraum des gebärfähigen Alters liegt etwa zwischen dem 20. und 40. Lebensjahr, wurde im Mittelalter aber durch die frühe Sterblichkeit von Frauen auf den Zeitraum zwischen dem 20. und 35. Lebensjahr reduziert. Dadurch erhöhte sich wiederum die Anzahl der notwendigen Geburten zur Erhaltung des Bevölkerungsstandes auf 4,2 oder eine Geburt alle 3,6 Jahre. In den Quellen lassen sich tatsächliche Abstände von etwa 2,5 Jahren zwischen den Kindern nachweisen.[50] Dies korreliert auch mit der Annahme, dass die meisten Frauen ihre Kinder im Mittelalter selbst stillten. Lediglich im adeligen Umfeld wurden damit Ammen beauftragt, wodurch sich die Anzahl der Geburten deutlich steigern ließ.[51]

Wenngleich es schwierig ist, genaue Angaben zum durchschnittlichen Heiratsalter zu machen – da dieses oftmals nur aus adligen Kreisen überliefert ist, wo es besonderen statusbedingten Faktoren unterworfen war –, so hat man bei den slawischen Völkern des Frühmittelalters ein Heiratsalter von 12–14 Jahren für Mädchen und 15–17 für Jungen ermittelt.[52] Im langobardischen Recht des 8. Jh.s wurde verordnet, dass Mädchen nicht vor dem 12. und Jungen nicht vor dem 14. Lebensjahr verheiratet werden sollten. Wir können davon ausgehen, dass im ländlichen Raum erst geheiratet wurde, wenn der Mann genügend Land besaß, um eine Familie ernähren zu können, was oftmals erst der Fall war, wenn der Vater starb oder körperlich nicht mehr in der Lage war, die Felder selbst zu bestellen. Es ist vermutet worden, dass der Bevölkerungsanstieg des Hochmittelalters weniger mit den agrartechnischen Errungenschaften als vielmehr mit einem allgemeinen Sinken des durchschnittlichen Heiratsalters aufgrund der Erschließung neuer landwirtschaftlicher Flächen zu tun gehabt hat.[53] Ebenso schwierig gestaltet es sich, das Heiratsalter der städtischen Bevölkerung des frühen und hohen Mittelalters zu ermitteln. In der Stadt Prato in der Toskana heirateten Frauen im Jahre 1372 im Durchschnitt mit 16 Jahren. Ein Jahrhundert später lag das Heiratsalter bei durchschnittlich 21 Jahren.[54] Insgesamt nimmt man an, dass das durchschnittliche Heiratsalter im Verlauf des Mittelalters anstieg.

In verschiedenen Zeiträumen der Weltgeschichte waren unterschiedliche Altersgruppen auch in unterschiedlichem Ausmaß von bestimmten Todesursachen betroffen – von der Spätantike bis zur Frühen Neuzeit traf es aufgrund ihres schwächeren Immunsystems in der Regel die Jüngsten am härtesten. Eine erhöhte Sterblichkeit im Kindesalter als Folge von Epidemien führte zwangsläufig zu einer niedrigeren Anzahl von Hochzeiten und Geburten in der nachfolgenden Generation. Von einem krankheitsbedingten Ausfall des Großteils eines Jahrgangs erholte sich eine Gesellschaft im Mittelalter also nur sehr langsam.

3.3 Bevölkerungsstruktur

Die mittelalterliche Bevölkerung zeigt in ihrer Struktur einige Merkmale, die auch für andere Epochen der Geschichte gelten: Bei der Geburt kommen etwa 104–105 Jungen auf 100 Mädchen.[55] Fast überall zeigt sich ein deutlicher Männerüberschuss in den mittelalterlichen Quellen. Im Güterverzeichnis von Saint-Germain-des-Prés (829) werden 4.064 Männer und 3.404 Frauen verzeichnet.[56] Allerdings werden in dem Urbar auch 507 Personen ohne genau erkennbare Angabe des Geschlechts verzeichnet, was die Statistik natürlich beeinflusst. Die Angaben in diesem karolingischen Verzeichnis erlauben leider keine Aussagen über die Altersstruktur, die aber ein wesentlicher Faktor der Demografie ist: Hinweise auf ein Wachstum der Bevölkerung vom Hoch- zum Spätmittelalter gibt beispielsweise der Anteil der unter 21-Jährigen, der in einigen Teilen Europas um 1300 wahrscheinlich auf 50 %, und jener der unter 14-Jährigen auf 25 % gestiegen war. Dieser hohe Anteil junger Menschen ist nur durch ein deutliches Bevölkerungswachstum zu erklären.[57]

Altersstruktur: Ein Vergleich der Altersstruktur von Verstorbenen, wie sie sich aus der Untersuchung von mittelalterlichen Friedhöfen gewinnen lässt,[58] liefert weitere interessante Ergebnisse: Männer hatten im Durchschnitt eine höhere Lebenserwartung als Frauen. Ihr Anteil an der Gesamtzahl der auf den Friedhöfen Bestatteten ist in der Altersspanne

40–59 Jahre besonders hoch, wohingegen er bei Frauen in der Altersspanne 20–29 Jahre am Höchsten ist. Die hohe Sterblichkeit von Frauen im gebärfähigen Alter resultierte vor allem aus den kurz hintereinander erfolgenden Schwangerschaften, Entbindungen unter schlechten hygienischen Umständen und der gleichzeitigen schweren körperlichen Arbeit bei oftmals mangelhafter Ernährung. So lag das Verhältnis männlich zu weiblich in der Altersspanne von 14–40 Jahren bei etwa 120–130:100, hatte sich also deutlich zugunsten der Männer verschoben. Insbesondere alte Frauen dürften also im Gegensatz zu heute eine demografische Seltenheit in der mittelalterlichen Gesellschaft gewesen sein. Lediglich in den Städten des Spätmittelalters seit dem 14. Jh. lässt sich dann ein Frauenüberschuss feststellen, der dort wohl einer einem höheren Berufsrisiko im Handwerk sowie einer höheren Knabensterblichkeit in den ersten Lebensjahren geschuldet ist. Auf 100 männliche Erwachsene kamen 1383 in Frankfurt a. M. 110, 1436 in Überlingen 113, 1449 in Nürnberg 110–123 und 1454 in Basel 125 Frauen.[59]

Lebenserwartung: Man hat die Lebenserwartung im Mittelalter mit durchschnittlich 25–32 Jahren angegeben.[60] Allerdings sind die jeweils ermittelten Zahlen nach Zeit und Region sehr verschieden. Einen allgemeinen Trend zur Lebenszeitverlängerung vom frühen bis zum späten Mittelalter abzuleiten, wäre verfehlt: Die durchschnittliche Lebenserwartung konnte regional stark schwanken und sich durch verschiedene Einflussfaktoren in kurzer Zeit schnell verändern. Die Auslöser der sich ändernden Bevölkerungsentwicklung können im Einzelfall nicht immer aus den verfügbaren Quellen erschlossen werden. Überhaupt entspricht die durchschnittliche Lebenserwartung nicht dem tatsächlichen mittleren Sterbealter, sondern wird durch den hohen Kinderanteil an der Gesamtbevölkerung und die ebenfalls hohe Kindersterblichkeit maßgeblich beeinflusst.[61]

Abschließend lässt sich festhalten: Die Bevölkerung einer Region oder eines Staatsgebildes ist ein wesentliches Kriterium für die Leistungsfähigkeit und die Konjunktur seiner Wirtschaft. Die Bevölkerungsgröße steht in einer bestimmten Proportion zu deren Produktion. Vereinfacht ausgedrückt bedeutete ein Bevölkerungswachstum in den mittelalterlichen Gesellschaften in der Regel gleichzeitig auch ein Wirtschaftswachstum. Andersherum bedeutete ein Bevölkerungsrückgang Arbeitskräftemangel, Preisverfall und wirtschaftlichen Rückgang.

4 Landwirtschaft

Die Landwirtschaft war der wichtigste Wirtschaftssektor in der vormodernen Ökonomie.[1] Sie stellte den größten Teil der Produktion, beschäftigte die meisten Arbeitskräfte und lieferte die Überschüsse, auf deren Grundlage sich die Herausbildung spezialisierter Handwerksberufe und die Entwicklung von Städten vollziehen konnte. In der vor allem auf den französischen Ökonomen Jean Fourastié zurückgehenden Drei-Sektoren-Hypothese der Volkswirtschaftslehre gehört die Landwirtschaft zum Primären Sektor.[2] Dieser Sektor wird auch Urproduktion genannt, da er zumeist die Rohstoffe liefert, die der Sekundäre Sektor (auch Industrieller Sektor = Handwerk und Gewerbe) dann weiterverarbeitet. Zum Primären Sektor gehören neben dem Anbau und der Ernte von landwirtschaftlichen Erzeugnissen auch die Forstwirtschaft, der Fischfang, die Viehhaltung, das Erlegen von Wild auf der Jagd und die Nutzung von Wasser- und Windkraft.

In den Wirtschaftswissenschaften wird zwischen einer engeren und einer weiteren Definition des Primären Sektors unterschieden. Gemäß der engeren Definition werden nur Landwirtschaft, Forstwirtschaft und Fischerei dem Primärsektor zugeordnet, nach einer weiter gefassten Definition auch der Bergbau. In den vergangenen Jahrzehnten waren weniger als 5 % der arbeitenden Bevölkerung Westeuropas in der Landwirtschaft tätig.[3] In Deutschland waren es im Jahr 2012 gerade noch 1,6 % (41.613 Personen).[4]

Durch den Einsatz fossiler Brennstoffe, moderner Maschinen und effizienter Düngemethoden konnten seit dem 19. Jh. immer weniger Menschen immer mehr Nahrung erzeugen. Davor war die Situation eine völlig andere: Der technische Fortschritt in der Landwirtschaft entwickelte sich im Vergleich zu Innovationen im sekundären und tertiären Sektor nur langsam. Dennoch kam technischen Neuerungen wie dem Räderpflug, dem Hufeisen oder dem Kummet (Zugtier-Geschirr) eine immense Bedeutung bei der Produktionssteigerung und der Erwirtschaftung von agrarischen Überschüssen zu. Im Mittelalter waren stets mehr als 80 % der Bevölkerung in der Landwirtschaft tätig und ernährten nicht nur sich selbst, sondern auch den Adel, den Klerus, das höfische Verwaltungspersonal, Handwerker und die Bewohner der Städte.[5] Nach dem Rückgang der urbanen Strukturen in der Spätantike und Völkerwanderungszeit, und damit auch einem entsprechenden Absatzmarkt für agrarische Güter, konzentrierte sich der Landbau des Frühmittelalters zunehmend auf die Eigenproduktion von Nahrungsmitteln. Erst im Hochmittelalter entstanden durch die Zunahme der Städte wieder Marktverflechtungen, in die auch die Bauern eingebunden wurden.

Weltweit bilden nur etwas mehr als ein Viertel der 13,5 Mrd. Hektar Land über dem Meeresspiegel den landwirtschaftlichen Raum (3,6 Mrd. Hektar). Vor der industriellen Revolution war diese kontinuierlich bebaute Fläche noch weitaus geringer.[6] Sie wurde erst allmählich durch die Rodung bewaldeter Gebiete oder die Trockenlegung von Sümpfen ausgebaut (extensive Landwirtschaft), um den steigenden Bedarf an Nahrungsmitteln zu befriedigen. Je weiter die landwirtschaftliche Fläche ausgedehnt wurde, desto mehr nahm auch die Bevölkerungsdichte zu. Dementsprechend haben Bevölkerungen von Nomaden, Hirten oder Fischern eine geringere Bevölkerungsdichte als vorwiegend agrarisch geprägte Kulturen.

Hinsichtlich der landwirtschaftlichen Ökosysteme unterscheidet man in der Wirtschaftsgeschichte zwischen Wanderanbau (Rodungswirtschaft), Nassanbau (Bewässerungswirtschaft) und Trockenanbau (Wechselwirtschaft), wobei sich jeweils die Methode unterscheidet, mit der ein Fruchtbarkeitszyklus der agrarischen Nutzpflanzen wiederhergestellt und damit der Nutzungszeitraum einer agrarischen Fläche verlängert wird. Dies kann durch Unterbrechung der Bewirtschaftung (Wanderanbau), durch zusätzliche Bewässerung (Nassanbau) oder durch eingeschobene Zeiten der Brache (Wechselwirtschaft) geschehen. Über drei bis fünf Jahre intensiv bewirtschaftetes Land braucht etwa 20–30 Jahre, bevor die Fruchtbarkeit der ausgelaugten Böden auf natürlichem Wege wiederhergestellt ist.[7] Durch verschiedene Formen der Düngung, Bewässerung und Brache lässt sich der Zeitraum der agrarischen Bodennutzung jedoch verlängern (intensive Landwirtschaft).

Über einen langen Zeitraum der Weltgeschichte war die Landwirtschaft nicht nur der bedeutsamste Teil der Gesamtwirtschaft, sondern zudem eine soziale und rechtliche Bezugsgröße. Die Landwirtschaft entwickelte sich zu einem Gesellschaftssystem, in das der Einzelne aufgrund verwandtschaftlicher und herrschaftlicher Verflechtungen eingebunden war. Sie bestimmte also zahlreiche Faktoren des wirtschaftlichen und sozialen Lebens der mittelalterlichen Bevölkerung und ist insofern ein weitgespanntes Themenfeld. Auch war der bäuerliche Haushalt mit dem Boden, den er bestellte, eng verbunden: Haushalt (soziales Umfeld) und Unternehmen (wirtschaftliches Umfeld) waren während des Mittelalters noch keine getrennten Sphären.

Die drei Hauptarbeitsgebiete[8] der historischen Forschung zur Agrargeschichte des Mittelalters sind Agrarwirtschaft, Agrarverfassung und ländliche Sozialstruktur:

1. *Agrarwirtschaft* ist die Geschichte der landwirtschaftlichen Produktion, der naturräumlichen Bedingungen, der landwirtschaftlichen Produktionsmittel und der zur Verfügung stehenden Arbeitskräfte und ihrer Arbeitserfahrungen. Neben dem Getreideanbau geht es um Spezialkulturen wie Obst- und Weinbau oder Industriepflanzen wie Flachs oder Krapp sowie um die Entwicklung von Preisen und Löhnen oder die Ertragsraten von Ackerbau und Viehzucht.

2. Die *Agrarverfassung* untersucht die rechtlichen Strukturen in der Landwirtschaft und im ländlichen Siedlungsraum. Es geht um die rechtliche Stellung der Bauern, ihr Verhältnis zum Bodeneigentum, ihre Abgaben und Dienste, ihr Eigentum an Produktionsmitteln und die verschiedenen Organisationsformen, beispielsweise in der Dorfgemeinschaft,[9] aber auch ihr Verhältnis zum Grundherrn (▶ Q 4.1).

3. Die Geschichte der *ländlichen Sozialverhältnisse* wiederum beschäftigt sich mit der ländlichen Sozialstruktur, der bäuerlichen Lebens- und Arbeitsweise, den Wohn- und Siedlungsformen der bäuerlichen Familie, der Situation verschiedener sozialer Gruppen und ihrer Auseinandersetzungen untereinander sowie gegenüber den Grundherren. Im Vordergrund stehen dabei die in den Quellen besser belegten Konflikte der verschiedenen Gruppen untereinander und der Widerstand gegen den Feudalherrn.

Aus diesem komplexen Untersuchungsgeflecht wird deutlich, dass an der Erforschung der Agrargeschichte noch viele andere Wissenschaftsdisziplinen beteiligt sind. Genannt seien an dieser Stelle beispielsweise die Archäologie, die Botanik und Zoologie, Toponomastik (Ortsnamenkunde) und Ethnologie, die Genealogie und Sachkulturforschung, aber auch die Historische Geografie, Demografie und Technikgeschichte. Natürlich ist das Verhältnis wechselseitig – ein Botaniker oder Ethnologe würde sich wohl kaum als Hilfswissenschaftler der Agrargeschichte betrachten. Umgekehrt kann aber die Agrargeschichte dem Botaniker und Zoologen hilfreiche Erkenntnisse zu den angebauten Pflanzenarten und gezüchteten Tierrassen innerhalb eines bestimmten Zeitraums und einer Region bereitstellen.

Das folgende Kapitel wird zunächst die Quellen zur Erforschung der Landwirtschaft im Mittelalter vorstellen und sich anschließend der Agrarproduktion zuwenden. Abschließend folgt eine Darstellung der wichtigsten Entwicklungsphasen der Landwirtschaft von Früh- zum Spätmittelalter.

4.1 Quellen zur mittelalterlichen Landwirtschaft

Aufgrund der einfachen Anbaumethoden und der nicht weit entwickelten Agrartechnik[10] (▶ Kap. 8.1) war die Landwirtschaft des Mittelalters in hohem Maße abhängig von natürlichen Faktoren wie Bodenqualität oder Klima. Dementsprechend waren die Probleme eines Viehbauern in der spanischen Hochebene der Meseta andere als diejenigen eines Getreidebauern der norddeutschen Tiefebene oder eines französischen Weinbauern an der Rhône. Noch komplexer wird eine europäische Gesamtschau, welche die geografischen Gegebenheiten in weitaus größeren Räumen ebenso berücksichtigen muss wie den unterschiedlichen agrartechnischen und agrarrechtlichen Entwicklungsstand in den Siedlungsräumen des Mittelalters. Dabei muss die in der älteren Forschung verbreitete Ansicht von einem „tausendjährigen Stillstand" in der Agrarwirtschaft der eines „tausendjährigen Fortschritts" weichen, der sich aber nur allmählich über größere Zeiträume und nicht überall mit der gleichen Geschwindigkeit vollzog. Die Agrargeschichte seitens der Mediävistik auszublenden, würde allerdings bedeuten, 80–95 % der mittelalterlichen Bevölkerung und ihre Geschichte auszublenden und die Grundlage ökonomischer Existenz und sozialer Abhängigkeit nicht zu erfassen.[11] Die Vorstellung vom quasi „geschichtslosen Bauern" ist nicht zuletzt der äußerst ambivalenten Quellenlage zur Landwirtschaft im Mittelalter geschuldet.[12]

4.1 Quellen zur mittelalterlichen Landwirtschaft

> **Q 4.1: Die Bauern in der Gesellschaftsordnung des Mittelalters**
> „Der andere Stand ist der der Unfreien.
> Diese unglückliche Gruppe besitzt nichts, außer dem, was sie mit Mühe erwirbt.
> Wer könnte durch das Aufzählen mit dem Rechenbrett die Mühe, den Lauf und so schwere Arbeiten der Unfreien wiederholen?
> Geld, Kleidung, Nahrung beschaffen die Unfreien für alle.
> Denn kein freier Mann vermag ohne Unfreie zu leben.
> Wenn eine Arbeit anfällt und wenn sie sehr wünschen etwas zu haben, scheinen der König und der Priester als Unfreier zu dienen.
> Der Herr wird vom Unfreien ernährt, den er zu ernähren hofft. [...]
> Diese drei Teile sind eins und dürfen nicht auseinandergerissen werden:
> So beruhen die Werke der beiden anderen auf der Pflicht des einen,
> im Zusammenleben spenden sie sich gegenseitig Trost."
>
> **Kommentar:** In seinem Gesellschaftsmodell entwickelte der Bischof Adalbero von Laon (um 947–1030) eine Vorstellung von der Dreiteilung der mittelalterlichen Gesellschaft, die sich über die Funktion der einzelnen Gruppen definierte (trifunktionale Gesellschaftsordnung): Betende (*oratores*), Kämpfende (*bellatores*) und Arbeitende (*laboratores*). Der Textauszug verdeutlicht zum einen die Selbstverständlichkeit von Unfreiheit im Mittelalter und zum anderen das Bewusstsein der Abhängigkeit des Adels und Klerus von den Bauern, ohne deren Arbeit „kein freier Mann [...] zu leben" vermag. Vereint sind die drei Stände im „Haus Gottes", also in ihrem christlichen Glauben. Interessant ist weiterhin, dass Handwerk und Handel in diesem noch frühmittelalterlich orientierten Gesellschaftsbild keinen eigenen Platz haben – beide wirtschaftlichen Tätigkeiten fanden im 11. Jh. noch überwiegend im Rahmen der Grundherrschaft statt, bevor das Wachstum der Städte im Hochmittelalter für eine Ausdifferenzierung der Arbeit und eine ökonomisch-funktionale Trennung von Stadt und Land sorgte.
>
> **Zitiert nach:** Adalbero von Laon: Carmen ad Rotbertum regem (ca. 1020), Übersetzung nach Reitemeier 2008, S. 75–76.

Die Schriftzeugnisse zur Agrargeschichte sind nach Zeit und Raum ungleich verteilt und unterscheiden sich zudem stark nach Aussagewert, Inhalt und Form. Bei einer normativen Rechtsquelle (wie fränkischen Kapitularien oder spätmittelalterlichen Weistümern) ist immer zu fragen, inwieweit die in Schriftform festgehaltenen Rechtsnormen auch der tatsächlichen Rechtspraxis, entsprachen oder lediglich einen anzustrebenden Idealzustand darstellen (▶ Q 4.2). Quantitative Quellen wie Rechnungen, Inventare oder Güterverzeichnisse (Urbare) haben den

Anspruch einer größeren Objektivität und sind statistisch auswertbar. Auch ermöglichen sie Aussagen zum Grund- und Güterbesitz sowie zu den Ernteerträgen und Einnahmen. Allerdings sind auch hier Diskrepanzen zwischen dem in einem Urbar festgehaltenen Ist-Zustand und der sich innerhalb eines Zeitraums wandelnden historischen Realität einzukalkulieren. Insbesondere die Frage, inwieweit die in der Quelle genannten Natural- oder Geld-Leistungen tatsächlich auch in dieser Form gezahlt worden sind, entzieht sich aufgrund fehlender Rechnungen oftmals unserer Kenntnis.[13]

Hinzu kommen besonders im Spätmittelalter literarische und ikonografische Quellen, die Hinweise auf die bäuerliche Alltagswelt (Sitten und Gebräuche, Kleidung und Gerätschaften oder Wohnverhältnisse und Funktionsgebäude) liefern (▶ Q 4.4 und ▶ Q 4.10).[14] Ergänzt werden diese Zeugnisse durch Ergebnisse aus den Disziplinen der Archäologie, Archäobotanik oder Toponomastik, die Rückschlüsse auf die Entwicklung und den Untergang ländlicher Siedlungen, landwirtschaftlicher Begriffe, die eingesetzten Arbeitsgeräte[15] und der Flurnutzung erlauben.

Während im 9. Jh. im karolingischen Herrschaftsraum die Quellenlage relativ dicht ist, nimmt sie im 10./11. Jh. deutlich ab. Es sind aus diesem Zeitraum nahezu keine Texte über die Beziehungen zwischen Bauern und Grundherrn überliefert, da diese auf symbolträchtigen Handlungen beruhten und nicht auf dem geschriebenen Wort. Auch überliefern die wenigen erhaltenen Quellen keine größeren Datenmengen, die sich statistisch zuverlässig auswerten ließen. Lediglich aus Italien, das eine größere Schriftlichkeit aufwies, und durch das *Domesday Book* aus England sind einige umfangreichere Datenreihen aus diesem Zeitraum erhalten. Erst in der zweiten Hälfte des 12. Jh.s kehrte die Schriftlichkeit und damit die Aufzeichnung „alltäglicher Dinge" wieder zurück.[16] Inventare und Rechnungsbücher, Urkunden und Rechtssammlungen erleichterten die Verwaltung der Güter und geben einen Einblick in die Verwaltung der grundherrschaftlichen Wirtschaft.

Mit dem 14./15. Jh. entsteht dank einer immens zunehmenden Quellenüberlieferung ein deutlich sichererer statistischer Boden zur Analyse landwirtschaftlicher Güter und deren Produktion. Darüber hinaus nimmt die archäologische Überlieferung zu und Malerei sowie Bildhauerei werden immer realitätsbezogener, so dass die Textüberlieferung ergänzt werden kann. Letztlich öffnet die spätmittelalterliche Überlieferung auch

4.1 Quellen zur mittelalterlichen Landwirtschaft

Q 4.2: Weistum eines spätmittelalterlichen Benediktinerklosters
„Wizzet, lieber Herre [gemeint ist der Bischof von Bamberg], daz ich die arm Luet in dem Gerihte ze Terreis besant [vorgeladen] han und sie alle gefragt han uf ir Eide, was ir Rehtes habet in dem Gerihte zue Terreis, die ich von Euwern wegen innen han. Nue hoert iren Gebrechen:
Wizzet, lieber Herre, daz sie in genuemmen haben ir Nuetzung und ir Weidech [mit Weiden bewachsenes Grundstück], daz in daz Dorf gehoert ze Terreis und ir reht Gemein [gemeint ist die Allmende] ist.
Wizzet, daz sie in genuemmen haben uf derselben Nuetzung wol 32 Swein oder mer; und dieselben han ich allweg von euwern wegen uf Reht uzgefordert [zurückgefordert] der kond mir nicht auzwerden; und haben auch die vertan. [...]
Wizzet, daz ir auch habt ze Ostern [gemeint ist Obersten = Dreikönigstag, 6. Januar] jerlich ein Swein oder dreu Phunt Haller; ze Ostern ein Pachen [Bache] oder dreu Phunt Haller. [...]
Wizzet, Herre, daz man alle Jar zweier [zweimal] erteilt Kornmaz, Habermaz, Weinmaz, alle Gewihte, alle die Reht, die sullen si von Bambberg haben, und Muencz [Münze]."
Kommentar: Das Benediktinerkloster Theres gehörte zum bischöflich-bambergischen Amt Ebersberg. Der unbekannte Verfasser des Weistums war möglicherweise der Amtmann oder Vogt. Die Weistümer stellen eine besondere Form der (überwiegend spätmittelalterlichen) Aufzeichnung des (meist ländlichen) Gewohnheitsrechts nach Befragung unter Eid dar. In der Regel sind Weistümer ereignisbezogen und dienen der Klärung von strittigen Fragen in Rechtsverhältnissen zwischen Bauern und ihrem Grundherrn. Sie sind Ausdruck der dörflichen Selbstverwaltung und finden ihre urbane Parallele in den Stadtrechten. Weistümer sind eine hervorragende Quelle für bäuerliches Leben und Brauchtum, das sie allerdings nur zum Teil (sofern für die Rechtsfindung relevant) erfassen. Auch geben sie Auskunft über die materielle Kultur, die agrarischen Wirtschaftsverhältnisse und das Verhältnis zwischen dem Grundherrn und seinen Bauern.[i] Zu den Rechten des bischöflichen Grundherrn gehört laut Aussage des Textes die jährliche Abgabe eines Schweins am Dreikönigstag und einer Bache (geschlechtsreifes weibliches Schwein) an Ostern. Beide Naturalabgaben können aber auch in Geldbeträgen abgeleistet werden – jeweils drei Pfund Heller (eine Münzsorte, benannt nach dem ursprünglichen Prägeort Schwäbisch Hall). Ohne entsprechende Parallelquellen (Rechnungen) entzieht sich jedoch unserer Kenntnis, was die Bauern in jedem Jahr tatsächlich geleistet haben. Maße, Gewichte und Münzsorten beziehen sich (um Missverständnisse und Manipulationen zu vermeiden) auf das, was in Bamberg gültig ist. Auch wird deutlich, dass die Bauern die Weiden (Wiesen) gemeinschaftlich für ihr Vieh nutzen (Allmende = Gemeindeflur).
Zitiert nach: Weistum von Theres im Bistum Bamberg (Mitte des 14. Jh.s), Übersetzung nach Franz 1974, S. 463–464.

eine Betrachtung der agrarischen Entwicklungen über den Standpunkt von Adel und Klerus hinaus, da erstmals auch die Agrarproduzenten selbst in größerer Zahl in den Schriftquellen erscheinen.[17]

4.2 Agrarproduktion

4.2.1 Getreide, Obst und Gemüse

Getreide war das Grundnahrungsmittel des Mittelalters. Es wurde sowohl als Brot und Kuchen verzehrt als auch zu gekochtem Brei aus plattgewalztem Korn verarbeitet oder an die Tiere verfüttert. Während Brot aus fein gemahlenem Mehl noch lange Zeit einer geistlichen und adligen Oberschicht vorbehalten war, bildete vor allem Hafer- oder Hirsebrei das Hauptnahrungsmittel der Landbevölkerung.[18] Daneben benötigte man Korn (überwiegend Gerste) auch zum Brauen von Bier, dem eigentlichen Volksgetränk in den kälteren und gemäßigteren Klimazonen des Mittelalters, das man auch in Form einer nahrhaften Suppe zu sich nahm.[19] Allerdings besaß das Bier im Mittelalter noch einen geringeren Alkoholgehalt und war deshalb nur begrenzt lagerbar.[20] Die Identifikation von angebauten Getreidesorten stößt oftmals auf sprachliche Schwierigkeiten.[21] Die Agrargeschichte hat lange Zeit ihr Hauptaugenmerk vor allem auf die Schriftquellen gelegt. Diese sind allerdings in der Benennung von Pflanzenarten nicht besonders konkret.[22] Vor allem klösterliche Abgabenverzeichnisse notieren die angebauten Getreidearten und erlauben damit Rückschlüsse auf die Bodennutzung in der jeweiligen Region. Allerdings ist nicht immer klar, welche Begriffe in den jeweiligen Volkssprachen den lateinischen Quellen entsprechen und ob es nicht auch in den jeweiligen Sprachstufen Bedeutungsverschiebungen gegeben hat. Ist also das lateinische Wort *triticum* für „Weizen" in einer ostfränkischen Quelle des 9./10. Jh.s gleichbedeutend mit dem althochdeutschen Äquivalent *weizīn** oder meinte der Autor vielleicht nur „Getreide" im Allgemeinen?

Folgende Getreidesorten[23] wurden nach Lage der Quellen im Mittelalter vornehmlich angebaut:

4.2 Agrarproduktion

a) *Gerste* (lat. *hordeum*) war bereits in der römischen Antike aufgrund ihrer vielfältigen Verwendungsmöglichkeiten sowie aufgrund ihres Anpassungsvermögens an verschiedene Arten von Klima und Boden beliebt. Auch im Frühmittelalter war Gerste die am weitesten verbreitete Getreidesorte in Mittel- und Nordeuropa. Erst im Hochmittelalter wurde sie als Brotgetreide zunehmend durch den Roggen verdrängt, um dann im 14. Jh. mit der Ausweitung der Viehzucht wieder zurückzukommen.

b) *Roggen* (lat. *arinca* oder *secale*) war ein vergleichsweise junges Ackergewächs, das wohl von Turkestan aus über die slawischen Gebiete zu den Germanen und den Römern gelangt war. In der Völkerwanderungszeit scheint sich Roggen dann über Europa verbreitet zu haben. Allerdings reichten sein Verbreitungsgebiet und die Anbaumenge niemals an die der Gerste und des Dinkels heran. Erst im Hochmittelalter wusste man seine Winterfestigkeit, seinen hohen Ertrag und die Haltbarkeit des aus Roggen gebackenen Brotes zu schätzen.

c) *Dinkel* oder *Spelz/Spelt* (lat. *ador* oder *far*) wuchs auch auf weniger fruchtbaren Böden. Er war bereits in der Spätantike bekannt, wurde dort aber nicht übermäßig angebaut. Dies änderte sich im Mittelalter, wo Dinkel etwa innerhalb eines Gebietes von den Alpen bis ins Rheinland und vom Osten Belgiens bis nach Bayern offenbar sehr verbreitet war und in der Karolingerzeit die am häufigsten nachgewiesene Getreideart[24] darstellt.

d) *Weizen* (lat. *frumentum* oder *triticum*) wurde in Regionen mit einem strengen Klima (slawisches Osteuropa und skandinavisches Nordeuropa) nur selten angebaut. Auch in Westeuropa bevorzugte man aufgrund der Ansprüche, die die Pflanze an Klima und Boden stellt, andere Getreidesorten. Weizen braucht nämlich ein warmes Klima, fruchtbare Böden und ist darüber hinaus sehr anfällig für Pflanzenkrankheiten. Weizen wurde damit außerhalb der mediterranen Wirtschaftszone zum agrarischen Luxusprodukt aus dem man Oblaten und Brot für den Grundherrn herstellte: Weißbrot war Herrenbrot.[25]

e) *Hirse* (lat. *milium* oder *cenchros*) ist besonders für den Anbau in trockenen und warmen Gebieten geeignet und war deshalb in der Antike vor allem im Mittelmeerraum verbreitet, wo sie überwiegend zu Kuchen verarbeitet wurde. Über die Araber kam im 9. Jh. eine afrikanische Sorte der Hirse nach Spanien und Italien, die schnell Verbreitung fand und einen wichtigen Platz auf dem Speisezettel der armen Bevölkerung Südeuropas einnahm.

f) *Hafer* (lat. *avena* oder *bromos*) wurde überwiegend in Nordeuropa angebaut, da er wegen seines schnellen Wachstums auf mageren Böden auch noch nach einem langen Winter ausgesät werden konnte und nicht sehr anfällig für Feuchtigkeit ist. Gegessen wurde Hafer zumeist als Brei, mit Wasser oder Milch aufgekocht. Eine größere Verbreitung fand Hafer erst, als die Bedeutung des Pferdes als Zugtier in der Landwirtschaft und Reittier im Kriegseinsatz zunahm und er als hervorragendes Pferdefutter erkannt wurde.

Weitere Getreidesorten waren ebenfalls bekannt: *Hartweizen* kam wahrscheinlich mit den Arabern im 7./8. Jh.s über Spanien und Süditalien nach Europa. *Einkorn*, *Zweikorn* und *Emmer* waren in der Frühzeit des europäischen Ackerbaus ebenso bekannt und verbreitet, verschwanden aber wegen ihres geringen Ertrages im Mittelalter weitestgehend von den Äckern, um erst in der Neuzeit mit ihren verbesserten Anbaumethoden wieder zurückzukehren.

Bei alledem muss man beachten, dass Getreide im Mittelalter oft als Gemenge oder sogenanntes „Mischkorn" ausgesät wurde. Weizen und Roggen, Weizen und Gerste oder Gerste und Hafer wurden gemeinschaftlich aufs Feld gebracht. Durch diese Vermischung hoffte der Bauer die Verluste durch weniger Niederschlag oder eine Pflanzenkrankheit an einer Getreideart einzuschränken. Fiel das Wintergetreide schlecht aus, säte man oftmals die gleiche Getreideart im Sommer noch einmal aus.

Der Ertrag der Böden[26] war aufgrund wenig entwickelter Anbaumethoden recht gering: Auf karolingischen Landgütern in Nordfrankreich hat man die Erträge für das Jahr 810 mit dem 2,7-fachen der Aussaat bei Weizen, dem 2,6-fachen der Aussaat bei Roggen und dem 2,8-fachen der Aussaat bei Gerste berechnet.[27] Man konnte also für ein Korn, das man in den Boden steckte, nach mühevoller Feldarbeit mit maximal drei geernteten Körnern rechnen. Von diesem Ertrag wiederum musste noch die neuerliche Aussaat im Folgejahr abgezogen werden. Von dem verbleibenden Ernteertrag – etwa dem 1,6- bis 2-fachen der Aussaat – mussten die Familie ernährt, die Pacht bezahlt oder der Zehnte entrichtet werden.

Unter diesen Umständen war es schwer, noch Vorräte für schlechte Zeiten zurückzuhalten. Jede Missernte bedeutete also faktisch die Bedrohung durch den Hungertod (▶ Q 4.3).

Bei den überlieferten Zahlen ist nicht immer klar, ob es sich um den Bruttoertrag (also die Gesamtmenge des geernteten Kornes) handelt, oder lediglich um den Nettoertrag abzüglich der Abgaben und der zur Aussaat im nächsten Jahr einbehaltenen Menge. Urbare, wie die der Klöster San Tommaso di Reggia Emilia (1:1,7–1:3,3) oder Bobbio und Santa Guilia in Brescia (1:2–1:3,25) aus dem 10. Jh., bestätigen allerdings solche geringen Erträge im Frühmittelalter.[28] Der Hunger war ein ständiger Begleiter der Bevölkerung – zwischen 750 und 900 sind 18 große Hungerkrisen in den karolingischen Annalen überliefert, also eine Hungersnot alle 8,3 Jahre. Bereits Karl der Große versuchte in Höchstpreisedikten der Kapitularien durchzusetzen, dass Notleidende gespeist und keine Nahrungsmittel gehortet würden, um sie später mit Gewinn an die Hungernden zu verkaufen. Die häufigen Wiederholungen solcher Anordnungen sprechen dafür, dass sie nur selten befolgt wurden. Auch ein Ausgleich von schlechteren Ernten durch von anderen Orten herbeigeschafftes Getreide war aufgrund der geringen Ernteerträge und beschränkten Transportmöglichkeiten (▶ Kap. 8.2) nur im bescheidenen Rahmen möglich.

Erst im Hochmittelalter verbesserten sich die Ernteerträge: Für Mitteleuropa rechnet man mit einer Steigerung des Bodenertrags vom 9.–13. Jh. von durchschnittlich 1:3 auf 1:5–1:7.[29] In Einzelfällen, auf besonders guten Böden und bei effizienter Bewirtschaftung, sind für Frankreich sogar Ernteerträge von 1:8 (Abtei St. Denis) und 1:15 (Klostergut im Artois) ermittelt worden.[30] Mit derartigen Überschüssen ließ sich auch die Bevölkerung der Städte miternähren, wenngleich sie im Vergleich zu modernen Ertragsraten von 1:20–1:30 immer noch sehr gering sind.[31]

Der Ertrag einer landwirtschaftlichen Fläche lag im Frühmittelalter je nach Getreide bei etwa 450–550 kg pro Hektar. Wenn man eine Ertragsrate von 1:3 zugrunde legt, betrug also die Differenz zwischen Aussaat (160–200 kg pro Hektar) und Ertrag etwa 300–350 kg. Da zur Ernährung einer Person jährlich 250–300 kg Getreide (60–70 % des Kalorienbedarfs) gebraucht wurden und die Haushalte im Durchschnitt 5 Personen zählten, benötigte man also mindestens 5 Hektar zu deren Ernährung.[32] Bei der Dreifelderwirtschaft standen allerdings jährlich nur 2/3 der Anbaufläche zur Verfügung, weshalb sich die benötigte Agrarfläche noch einmal auf mindestens 7,5 Hektar erhöhte.[33] Für den Umfang des Landbesitzes (Hufe) eines freien Bauern hat man in der Forschung etwa 15 Hektar und für einen unfreien Hörigen etwa 10–12 Hektar bebautes Land angenommen.[34] Auf Grundlage der genannten Zahlen hat man wiederum versucht, eine natürliche Wachstumsgrenze dörflicher Siedlungen im Mittelalter zu berechnen: Die Ernährung von 50 Höfen mit zusammen 250 Einwohnern erforderte etwa 10 km² Land.[35]

> **Q 4.3: Verlust der Saat**
> „In diesem Jahr [= 1254] gab es große Ausfälle an Feldfrüchten, besonders in der Donaugegend, so dass man nicht einmal Saatgut hatte. In der Nacht des Festtages des heiligen Evangelisten Markus [= 25. April] sind aber auch die Weingärten und Obstbäume durch die sehr strenge Kälte vernichtet worden, so dass nur sehr wenig Wein wuchs und dieser äußerst sauer war."
> **Kommentar:** Die Quelle verdeutlicht nicht nur die Abhängigkeit der mittelalterlichen Landwirtschaft von der Witterung, sondern zeigt auch die Probleme auf, die sich durch eine schlechte Ernte für die zukünftige Aussaat ergeben konnten. Bei einem Ertragsverhältnis von 1:3 und einer Aussaat von 200 kg pro Hektar ergibt sich eine Ernte von 600 kg. Wird beispielsweise durch Sturm oder Kälte 1/3 der Ernte (200 kg) vernichtet, bleiben noch 400 kg Getreide übrig. Durch die Menge an Getreide, die für die nächste Saat gebraucht wird, reduziert sich die Ernte nochmals um 1/3 (200 kg) und es bleiben noch 200 kg zum Leben übrig. Bei einem jährlichen Bedarf einer Person von 250–300 kg, ist man also gezwungen, 50–100 kg des Saatgutes zu verzehren und reduziert dadurch die Aussaat für die nächste Wachstumsperiode von ehemals 200 auf 100–150 kg pro Hektar mit entsprechenden Auswirkungen auf die nächste Ernte.[i] Die zusätzlichen Abgaben an den Grundherrn sind in dieser Rechnung noch nicht berücksichtigt.
> **Zitiert nach:** Kloster Altaich, Hermannus abbas Altahensis (1254), Übersetzung nach Epperlein 2003, S. 22.

Die schlechten Ertragsraten bei der Ernte[36] im Mittelalter hatten mehrere Ursachen:
1. Die Getreidearten waren noch wenig entwickelt: Systematische Kreuzungen zur Steigerung von Erträgen und Widerstandsfähigkeit gab es noch nicht.

4.2 Agrarproduktion

2. Die Bodenbearbeitung schuf noch nicht die Voraussetzungen für eine volle Ausschöpfung der Ertragsfähigkeit. Die Pflugtiefe betrug noch bis zum Ende des 18. Jh.s nur 12–15 cm. Heutige Pflüge erreichen dagegen bis zu 35 cm Pflugtiefe. Die schweren Böden Mittel- und Nordeuropas mussten deshalb oftmals noch zusätzlich mit einer Schaufel und Hacke bearbeitet werden. Die landwirtschaftlichen Geräte wiederum wurden in der Regel von den Bauern selbst aus Holz hergestellt.
3. Im Mittelalter brachte man die Körner als Breitsaat auf die Felder, d. h. die Samenkörner wurden vom Sämann aus dem Saatgutsack auf der ganzen Fläche des Saatbetts verteilt. Dadurch entstanden keine Gassen beim Pflanzenwuchs, mit deren Hilfe sich Unkraut leichter hätte bekämpfen lassen.
4. Die Produktivität der mittelalterlichen Landwirtschaft litt unter einem Mangel an Dünger. Dafür dienten neben tierischen Exkrementen verbranntes Gras, Stroh oder Asche von verbranntem Strauchwerk sowie Kalk, Mergel und Torf. Hinzu kam die Nutzung der Brache: Ein unbebautes Stück Land, das im nächsten Saatzyklus untergepflügt wird und dessen absterbende Pflanzen als Dünger für das angebaute Getreide dienen.

Exkurs: Hakenpflug und Beetpflug/Radpflug
Neben der Einführung der Dreifelderwirtschaft und dem Einsatz des Kummets gilt vor allem der Beet- oder Räderpflug als eine der wichtigsten technischen Innovationen in der Landwirtschaft des Mittelalters (▶ Abb. 4.1). Bei den frühesten Hakenpflügen handelte es sich um einfache angespitzte Stöcke, die im Hochmittelalter zunehmend mit Eisen verstärkt wurden. Dagegen besaß der Beetpflug ein über der Pflugschar angebrachtes Streichbrett, durch das tiefer liegende Erdschichten nach oben gebracht und gewendet wurden. Hierdurch wurde der Boden besser durchlüftet und mit Nährstoffen versorgt, Wasser konnte tiefer in den Boden eindringen und abfließen (Pounds 1994, S. 196–197). Beide Pflugarten wurden überwiegend von Ochsengespannen gezogen, neben denen sich seit dem 11. Jh. und mit der Erfindung des Kummets das Pferdegespann verbreitete (Hägermann & Schneider 1991, S. 380–392; Hägermann 1993; Rösener 1985, S. 119–124).

Abb. 4.1: Rekonstruktion eines mittelalterlichen Hakenpfluges (rechts) und eines Beetpfluges (links) im Freilichtlabor Lauresham – Kloster Lorsch.

Was lässt sich aus dem Gesagten zur Ernährungslage der Menschen im Mittelalter ableiten? Eine Ernte von 300 kg Getreide pro Jahr für den Eigenbedarf brachte pro Tag etwa 2.300 Kcal an Brot, Brei und Bier. Rechnet man Mal- und Brauverluste von 10–20 % mit ein, so käme man auf etwa 2.000 Kcal. Demnach wurden 60 % des Nahrungsbedarfs durch den Verzehr von Getreide gedeckt. Ergänzt wurde dieses Nahrungsangebot vor allem durch tierische Produkte. Geht man von etwa 90 kg Fleisch je Person und Jahr aus (250 g pro Tag), dann kann man 300 Kcal pro Tag ergänzen. Hinzu kommen noch Milch und Milchprodukte: Bei etwa 150–200 Liter Milch pro Person und Jahr (0,5 Liter am Tag), also noch einmal etwa 200–300 Kcal. Macht also zusammen 2.600 Kcal aus Getreide, Fleisch und Milchprodukten. Konnte man diese Menge noch durch etwa 1–2 kg Obst und Gemüse ergänzen, kam man auf etwa 3.000 Kcal, vielleicht sogar auf die 3.500 Kcal des Tagesbedarfs eines mittelalterlichen Menschen.[37]

Eine Möglichkeit zum Ausgleich von Missernten bot der Verzehr von Hülsenfrüchten (*Leguminosen*): Aufgrund ihres hohen Eiweißgehaltes und der Möglichkeit größerer Erträge auf kleineren Flächen konnten Hülsenfrüchte den Wegfall fleischlicher Kost kompensieren und zusätzliche Energie liefern. Erbsen, Bohnen und Linsen erweiterten den Speiseplan

4.2 Agrarproduktion

und wurden in schlechten Zeiten sogar zu Mehl und weiter zu Brot verarbeitet. Man baute sie in den eigenen Gärten, in manchen Regionen auch auf Äckern an.

Gemüse wurde entweder auf dem Feld oder in einem eigenen Garten gezogen, der in nahezu keinem Bauernhaushalt und keiner Stadt fehlte. Auch wenn vom Umfang der genutzten Fläche her der Ackerbau die wichtigste Form der Bodennutzung darstellte, darf die Bedeutung des Gartenbaus nicht unterschätzt werden. Er lieferte eine notwendige Ergänzung der Ernährung der Bauernfamilien.[38] Gemüseeintöpfe waren ein beliebtes Gericht der armen Bevölkerung. Im *Domesday Book* wird beispielsweise bei allen 43 Bauernhöfen von Westminster ein eigener Garten erwähnt, in dem unter anderem Bohnen, Erbsen, Pastinaken, Gurken, Möhren, Zwiebeln und verschiedene Laucharten angebaut wurden.[39] Der Klosterplan von St. Gallen unterscheidet zwischen Gemüsegarten, Obstgarten und Kräutergarten und auch in dem um 795 entstandenen *Capitulare de villis* werden bereits Karotten, Lauch, Zwiebeln, Rettich, Spargel und Gurken erwähnt.[40]

Man hat geschätzt, dass je nach Region etwa 10–25 % der täglich konsumierten Kalorien aus dem Gemüse- und Obstanbau stammten. Im Hochmittelalter erhielt der Gartenbau durch die zunehmende Verdichtung der Bevölkerung und die entstehenden Städte einen zusätzlichen Aufschwung. Dabei ist interessant, dass aufgrund des Flurzwanges – der vereinbarten oder erzwungenen Vorschrift seitens des Grundherrn für die landwirtschaftliche Bearbeitung einzelner Ackerflächen – auch Pflanzen in Gärten angebaut wurden, die man eigentlich effektiver hätte auf Feldern anbauen können. Aus der Größe der Bauerngärten im 19. Jh. und den archäologisch erforschten Grundrissen mittelalterlicher Dörfer hat man eine durchschnittliche Gartengröße von 500–1.700 m² berechnet.[41] Petersilie, Senf, Salbei, Fenchel, Dill und Anis fanden sowohl in der Küche als auch in der Klosterapotheke Anwendung – zwischen Nahrungsmitteln und Heilpflanzen[42] (Medizin) wurde noch nicht streng unterschieden. Pilze sammelte man wild und über die Araber verbreiteten sich auch Spinat und Salat, Endivien und Melonen im Mittelmeerraum.

Vervollständigt wurde die mittelalterliche Tafel noch durch Obst wie Äpfel, Birnen, Pflaumen, Pfirsiche, Kirschen und Quitten sowie durch Walnüsse, Haselnüsse und Kastanien. Zum Teil wurde Obst sicher noch von unveredelten Obstbäumen in Wäldern gepflückt. Die Araber brachten Feigen, Mandeln und Zitronen nach Europa. Obst wurde entweder frisch gegessen oder auch zu Obstsäften weiterverarbeitet.⁴³

Q 4.4/Abb. 4.2: Monatsbild aus einer Salzburger Handschrift des 9. Jh.s

Kommentar: Eine hervorragende Bildquelle für agrarhistorische Fragestellungen stellen Monatsbilder dar, bei denen die zwölf Monate durch typische landwirtschaftliche Tätigkeiten repräsentiert werden. Die Abbildungen lassen Rückschlüsse auf die Arbeit des Bauern im Jahresablauf, die gebrauchten Werkzeuge oder die getragene Kleidung zu. Zu den ältesten erhaltenen Monatsbildzyklen gehören dabei zwei um das Jahr 818 entstandene frühmittelalterliche Handschriften aus Salzburg, die sich heute in München (BSB Clm 210)

> und Wien (ÖNB Nr. 387) befinden. Die zentralen Themenfelder der Monatsbilder sind die Produktion und Verarbeitung von Getreide, der Anbau von Obst und Wein, das Holzschlagen und Feuermachen sowie die Viehhaltung und Fleischverarbeitung. Die einzelnen Bilder werden dabei im Verlauf des Mittelalters immer detailreicher und wandeln sich von statischen Motiven hin zu komplexen szenischen und perspektivischen Darstellungen. Ihre literarische Entsprechung finden sie in zeitgenössischen Monatsgedichten, die ebenfalls die Arbeiten des Bauern im Jahresverlauf zum Inhalt haben.
> Die hier abgebildete Salzburger Handschrift aus der Bayerischen Staatsbibliothek zeigt die 12 Monate in vier Bildzeilen, repräsentiert durch einzelne Figuren und ihre Tätigkeiten. Nicht alle Darstellungen lassen sich dabei zweifelsfrei deuten: Im Januar wärmt sich der Bauer am Feuer, im Juni wird der Acker mit einem Ochsengespann und Hakenpflug bearbeitet, im September das Wintergetreide ausgesät und im November/Dezember das Vieh geschlachtet. Rätselhafter dagegen ist die Abbildung des Mannes mit einer Schlange und einem kleinen Vogel im März. Möglicherweise flossen bei diesem frühen Beispiel eines Monatsbildes aber auch noch antike (heidnische) Vorbilder mit ein, die zumeist Jünglinge mit verschiedenen Gegenständen (bspw. Früchte und Krüge für den August) als Symbolfigur der Monate zeigten.
> **Abbildung:** Bayerische Staatsbibliothek München (Clm 210, fol. 91v).

Nicht zuletzt spielte Gemüse auch eine besondere Rolle als Nahrungsmittel während der Fastenzeit, in der der Fleischkonsum untersagt war. Bereits gegen Ende des 12. Jh.s bildeten sich im Rheingau und in Thüringen Anbaugebiete, die über den eigenen Bedarf hinaus Gemüse für einen städtischen Markt produzierten.[44] Solche „Gärtner" (*hortulani*) sind beispielsweise neben den „Ackerbauern" (*coloni*) in Erfurt erstmals 1133 nachzuweisen.[45]

4.2.2 Viehwirtschaft und Fleischkonsum

Die Viehhaltung im Mittelalter[46] diente der Versorgung der Menschen mit tierischen Lebensmitteln (Fleisch, Käse oder Milch), der Landwirtschaft mit Düngemitteln, der Textilproduktion mit Wollen und Fellen, dem Handwerk mit Leder, Knochen und Sehnen. Außerdem wurde Vieh im Transportwesen als Zugtiere sowie beim Militär als Reittiere eingesetzt.

Auskunft über die im Mittelalter gehaltenen Tierarten geben beispielsweise Knochenfunde an Siedlungsplätzen, bildliche Darstellungen in Handschriften (die aber nicht immer naturalistisch sind) und Bußbestimmungen in den germanischen Volksrechten. Dementsprechend hielt man Schafe, Ziegen, Schweine und Rinder oftmals zur unmittelbaren Versorgung der einzelnen Bauernhöfe. Rinder und Pferde wurden außerdem als Zug- und Reittiere genutzt. Hunde dienten als Wachhunde für Mensch und Tier.[47] Die große Bedeutung der Viehhaltung bereits bei den Germanen lässt sich aus der differenzierten Sprache in den Volksrechten erkennen, die bei einzelnen Tierarten sehr genau zwischen verschiedenen Gruppen nach Alter, Geschlecht und Verwendungszweck zu unterscheiden wussten und dafür eigene Begriffe kannten (▶ Q 4.5).

Die Tierhaltung (vor allem die Kleintierhaltung) war für die mittelalterlichen Familien insofern von entscheidender Bedeutung, weil sie in Zeiten einer Missernte als Kalorienreserve dienen konnte und sich selbst reproduzierte. Im Vordergrund stand dabei die Versorgung mit Fleisch, wobei nicht genau festzustellen ist, welche Fleischmengen pro Jahr und Person verzehrt wurden. Schätzungen auf Grundlage der Weideflächen haben einen Fleischverzehr von etwa 100 kg pro Kopf und Jahr bis zum 12. Jh. ergeben, der sich bis zur Mitte des 14. Jh.s aufgrund der zunehmenden Vergetreidung der Agrarflächen auf etwa 50 kg verringerte.[48] Damit lag er allerdings über einen langen Zeitraum des Mittelalters deutlich höher als heute: Der Fleischkonsum in der Bundesrepublik Deutschland wurde 2017 auf rund 60 kg Fleisch pro Kopf und Jahr geschätzt.[49] Seit der Frühen Neuzeit ging der Fleischkonsum immer weiter zurück, bis er im 19. Jh. bei etwa 14–25 kg Fleisch pro Kopf und Jahr lag. Dieser Vorgang einer steten Abnahme der Viehhaltung und damit zusammenhängend des Fleischverzehrs wird in der agrarhistorischen Forschung auch als *Depekoration* (von lat. *pecus* = Rind) bezeichnet. Erst in den 70er und 80er Jahren des 20. Jh.s stieg der individuelle Fleischkonsum zwischenzeitlich wieder bis auf 85 kg an.[50] Bei alledem darf man allerdings nicht vergessen, dass einerseits im Mittelalter deutlich mehr Tiere zur Erzeugung derselben Fleischmenge nötig waren als heute und andererseits die Tiere komplett verwertet wurden.

Der Anteil einzelner Tierarten an der Viehhaltung war regional sehr unterschiedlich: Große Flächen von Eichen- und Buchenwäldern begünstigten die Schweinemast im Herbst. Ausgedehntes Grünland im Gebiet

4.2 Agrarproduktion

> **Q 4.5: Bestrafung von Schweinediebstahl**
> „1. Wenn jemand ein saugendes Ferkel aus dem ersten oder mittleren Wurf stiehlt und dessen überführt wird, werde er zu 120 Pfennigen gleich 3 Schillingen außer Wertersatz und Weigerungsbuße verurteilt. [...]
> 5. Wenn jemand ein Ferkel stiehlt, das ohne Mutter leben kann, werde er zu 40 Pfennigen gleich 1 Schilling außer Wertersatz und Weigerungsbuße verurteilt. [...]
> 8. Wenn jemand ein einjähriges Ferkel stiehlt, werde er zu 120 Pfennigen gleich 3 Schillingen außer Wertersatz und Weigerungsbuße verurteilt.
> 9. Wenn jemand ein zweijähriges Ferkel stiehlt, werde er zu 600 Pfennigen gleich 15 Schillingen außer Wertersatz und Weigerungsbuße verurteilt. [...]
> 18. Wenn jemand 25 Schweine stiehlt und jene Herde nicht aus mehr besteht, werde er zu 2.500 Pfennigen gleich 62 1/2 Schillingen außer Wertersatz und Weigerungsbuße verurteilt."
>
> **Kommentar:** Der Schweinehaltung kam im Frühmittelalter besonders in Gebieten mit Eichen- und Buchenwäldern eine große Bedeutung zu. In den sogenannten „germanischen Volksrechten" (*Leges Barbarorum*) wurde der Diebstahl von Schweinen, die oftmals eine lebensnotwendige Fleischreserve der Bauernhöfe darstellten, härter bestraft als der von Feldfrüchten. Die nach dem fränkischen Stamm der Salfranken benannte *Lex Salica* enthält einen äußerst ausführlichen (20 Paragrafen) und differenzierten Bußgeldkatalog für den Schweinediebstahl, in dem nach Ferkeln, Mastferkeln, Leitsauen, Mutterschweinen, Ebern und Barchschweinen (wohl kastrierte Eber) unterschieden wird. Das zweijährige – also schlachtreife – Ferkel ist dabei 5-mal so viel wert, wie das einjährige Ferkel. Für die Geldgeschichte interessant sind die erwähnten Umrechnungen, aus denen hervorgeht, dass der Schilling zu 40 Pfennigen gerechnet wurde.
>
> **Zitiert nach:** Lex Salica (6. Jh.). Übersetzung nach Epperlein 2003, S. 116–117.

von Fluss- und Seemarschen förderte die Rinderhaltung. Im Gegensatz zur römischen Antike (Schweinemast) überwog im Mittelalter wohl die Versorgung mit Rindfleisch.[51] Die Jagd, die ohnehin überwiegend dem Adel vorbehalten war, spielte dagegen anscheinend keine besondere Rolle für die Ernährung der Menschen.[52] Bei den archäologischen Ausgrabungen in dem zur Abtei Saint-Denis gehörenden Villiers-le-Sec machten Wildtierknochen nie mehr als 1,4 % aus und auch in dem nordfranzösischen Dorf Brebières erreichten sie gerade einmal 3,9 %. Auch in der Schriftüberlieferung erscheinen so gut wie nie Abgaben der Bauern aus Jagdbeuten, sondern nahezu ausschließlich domestizierte Tiere.[53]

Allerdings folgte die Jagd auch wirtschaftlichen Notwendigkeiten: Sie schützte die Ernte vor der Verwüstung und das Nutzvieh vor Übergriffen wilder Tiere. Darüber hinaus waren Leder und Pelze von Wildtieren (Fuchs, Wolf, Eichhorn, Hermelin oder Bär) gefragte Luxusobjekte der mittelalterlichen Mode: Walther von der Vogelweide erhielt vom Passauer Bischof als Dank für seine Dienste am 12. November 1203 in Zeiselmauer einen Pelzrock im Wert von fünf Schillingen. So verraten es die Reiserechnungen (*Walthero cantori de Vogelweide pro pellicio v solidos longos*).[54]

Kleintiere und Geflügel machten gerade einmal 3 % der Knochenfunde im Umfeld mittelalterlicher Siedlungen aus, wobei Hühner wohl vor allem auch wegen ihrer Eier als wichtige Eiweißlieferanten in der Ernährung gehalten wurden. Eier waren auch beliebte Abgaben der großen Grundherrschaften: Die Bauern der Abtei Saint-Denis hatten im 9. Jh. jeweils zu Weihnachten, Ostern und am Fest des Hl. Dionysios (9. Oktober) 1.100 Eier abzuliefern und auch das Urbar der Abtei Prüm (893) verzeichnet jährlich 20.000 Eier und 4.000 Hühner von rund 200 Bauernhöfen.[55] Allerdings dürfte die Versorgung mit Eiern im Frühjahr und Frühsommer wesentlich besser gewesen sein als zu den übrigen Jahreszeiten.

Auch im sogenannten „Tafelgüterverzeichnis" aus dem 12. Jh., in dem die dem durchreisenden staufischen Königshof zu leistenden Abgaben (lat. *servitium regis* = „Königsdienst") verzeichnet wurden, sah ein „Dienst" in Sachsen die Abgabe von 50 Hühnern und 50 Eiern vor, was bei 405 verzeichneten Diensten für die Region 20.250 Hühnern und Eiern entsprechen würde.[56] Hühner und Gänse dienten darüber hinaus auch der Fleischversorgung im Winter, weshalb sie vorrangig im Herbst geschlachtet wurden (Martinsgans). Da der Martinstag (11. November) traditionell mit einem Markttag zusammenfiel (häufig finden sich in den Schriftquellen Fälligkeiten von Abgaben und Zinsleistungen in Zusammenhang mit dem Martinstag), bot es sich an, die abgelieferte Gans gleich zum Festessen umzuwandeln und zu verspeisen. Auch Gänseleber war bereits eine bekannte und geschätzte Delikatesse. Wegen ihres besonders feinen Geschmacks waren kastrierte Hähne (Kapaune) an der adligen Tafel besonders gefragt. Auch gibt es Berichte von Taubenhaltung, wenngleich diese die Saat und Ernte in einem weitläufigen Umfeld beeinträchtigen konnten und deshalb wohl eher nicht in bäuerlichen Wirtschaftshöfen gezüchtet wurden.

4.2 Agrarproduktion

Natürlich konnte der Anteil verschiedener Tierrassen an der Ernährung regional sehr unterschiedlich sein und bei Schwein und Rind zwischen 15 % und 70 % schwanken. In jedem Fall darf man davon ausgehen, dass ein Großteil des Tieres inklusive der Eingeweide für den Verzehr verbraucht wurde – Lunge, Leber, Nieren und sogar Füße und Maul waren lange Zeit ein Leibgericht der unteren Bevölkerungsschichten.[57]

Die Bevorzugung des Rindes vor dem Schwein mag an seiner vielfältigen Verwendbarkeit gelegen haben: Mit Fleisch und Milch lieferte es eine wichtige Grundlage der Ernährung. Darüber hinaus fanden Ochsen auch als Zugtiere in der Landwirtschaft und beim Transport Verwendung. Haut (Leder/Pergament) und Knochen konnten wiederum im Handwerk verwendet werden. Selbst Tierdärme konnten im getrockneten und gespannten Zustand als Behältnisse oder als lichtdurchlässiges und wetterbeständiges Mittel zur Abdichtung von Lüftungsöffnungen in Wohnhäusern verwendet werden.

Eine Analyse der Viehhaltung muss immer die körperlichen Eigenschaften der Nutztiere im Blick haben, um zu belastbaren Ergebnissen zu kommen. Aus Knochenfunden kann man ablesen, dass Rinder, Schweine und Schafe im Durchschnitt weniger als die Hälfte dessen wogen, was im 20. Jh. üblich war und auch deutlich kleiner waren als beispielsweise zur römischen Zeit. Ein Rind hatte eine durchschnittliche Widerristhöhe von etwa einem Meter. In römischer Zeit lag der Durchschnitt noch bei 1,30 m und heute sind Widerristhöhen von 1,50 bis 1,58 m bei Schwarzbunten und Fleckvieh durchaus normal.[58] Eine Kuh dürfte im Mittelalter kaum über 250 kg Lebendgewicht gehabt haben – heute ist es bei Schwarzbunten und Fleckvieh mit 750 kg das Dreifache. Geht man von einer etwa 50 prozentigen Fleischnutzungsmenge aus, bedeutet dies, dass bestenfalls 120–130 kg Fleisch bei der Schlachtung einer Kuh für den Verzehr abfielen. Bei heutigen Rinderrassen beträgt die Schlachtausbeute ca. 56 %, was 420 kg Fleisch bedeutet. Wenn man allerdings den durchschnittlichen Fleischkonsum des Mittelalters von etwa 100 kg pro Person und Jahr zugrunde legt, bedeutet dies, dass eine Kuh ausreichte, um den Jahresbedarf einer Person an Fleisch zu decken.

Am deutlichsten ist der Unterschied in der Milchleistung zu erkennen: Diese wird für das Mittelalter auf etwa 250–300 Liter Milch im Jahr geschätzt – im optimalen Fall bisweilen sogar auf 600–700 Liter, die sich im Wesentlichen auf die Monate mit guter Futterleistung – also Mai und

Juni – konzentrierte.[59] Zum Vergleich: 2007 lag in den EU-Ländern die Milchleistung pro Kuh und Jahr bei durchschnittlich etwa 6.500 Litern Milch.[60] Eine umfangreiche Versorgung der landwirtschaftlichen Bevölkerung mit Milch und Milchprodukten (Butter und Käse) oder eine Überschussproduktion für den städtischen Markt waren unter diesen Umständen im Mittelalter kaum möglich. Immerhin wurde die Milch auch benötigt, um die Kälber zu ernähren und war somit nicht ausschließlich für den menschlichen Verzehr zu verwenden.

Q 4.6: Magischer Schutz vor Tierkrankheiten

„Hast du Zauberknoten, Zaubersprüche oder jene verschiedenartigen Zaubermittel gebraucht, welche schändliche Menschen, Schweine- und Rinderhirten und manchmal auch Jäger herstellen, wobei sie teuflische Sprüche über Brot oder Kräuter hersagen, auch über irgendwelche schändlichen Zauberknoten, und diese dann in einem Baum verstecken oder auf einen Kreuzweg oder Dreiweg werfen, um entweder ihre eigenen Tiere und Hunde vor Krankheit und Unfall zu bewahren oder die von anderen zu verderben? Wenn du das getan hast, sollst du zwei Jahre lang an den vorgeschriebenen Tagen [Montag, Mittwoch und Freitag] Buße tun."

Kommentar: Da die medizinische Versorgung[i] von Menschen und Tieren im Mittelalter sehr primitiv ausgebildet war, versuchte man mit den verschiedensten abergläubisch-magischen Mitteln[ii] die Gesundheit der für das Überleben so wichtigen Nutz- und Haustiere zu erhalten. Zugleich sind die überlieferten Zaubersprüche und Segen (Hirten- und Hundesegen, Bienensegen oder die berühmten Merseburger Zaubersprüche) des 10./11. Jh.s ein deutliches Zeichen dafür, dass sich vorchristliche Vorstellungen noch lange in den Köpfen der Menschen hielten, obwohl sie von der Kirche energisch bekämpft wurden. Dabei waren die nun empfohlenen Methoden kaum andere: Anstelle von „teuflischen Zaubersprüchen" sollte das Brot nun mit christlichen Gebeten (12.–15. Jh.) besprochen und an die Tiere verfüttert werden. Das Mittel blieb, nur die beschworenen überirdischen Mächte hatten sich geändert.

Zitiert nach: Burchard von Worms (um 965–1025), Decretorum Libri XX. Übersetzung nach Epperlein 2003, S. 135.

Problematisch war vor allem die Fütterung des Viehs im Winter. Da Wiesen nicht im ausreichenden Maße vorhanden waren, konnte man keinen ausreichenden Heuvorrat für den Winter anlegen. Da andere Futtermittel speziell für Rinder in der Regel nicht extra angebaut wurden blieb eigentlich nur die Strohfütterung für die harten Wintermonate. Die einzig mögliche Lösung bestand also darin, die Weidenutzung möglichst weit in den Winter hineinzuziehen und im Frühjahr möglichst bald wieder damit zu beginnen. Dies wiederum beeinträchtigte die Qualität der Weideflächen negativ, da die empfindliche Grasnarbe in den feuchten Herbst- und Frühlingsmonaten schnell niedergetrampelt und damit unbrauchbar wurde. Man kann sich denken, dass solche Haltungsbedingungen auch die zu erwartende Fleisch- und Milchmenge negativ beeinflussten. Insgesamt überwog in den gemäßigteren nördlicheren Regionen Europas der Verbrauch von Butter, wohingegen man in den wärmeren südlicheren Regionen eher Pflanzenöl konsumierte, was mit den Möglichkeiten der Konservierung zusammenhing.[61]

Ein weiteres Problem stellte in diesem Zusammenhang der Landesausbau (▶ Q 4.7) im Hochmittelalter dar: Die Binnenrodung führte zu einer weiteren Reduzierung der Weideflächen in der Viehhaltung zugunsten von Ackerflächen für die Getreidesaat (Vergetreidung). In dem Maße wie die Bevölkerung wuchs, gingen also auch die Wald- und Weideflächen und damit die Anzahl der Tiere pro Einwohner zurück. Damit zusammenhängend dürfte wiederum die Menge tierischen Düngers zurückgegangen sein, was Auswirkungen auf die Ernteerträge gehabt haben müsste. Leider ist die Überlieferungslage zu dieser Kausalkette so gering, dass sich keine verlässlichen quantitativen Aussagen machen lassen, wenngleich Weiden (*pascua*) und Wiesen (*prata*) immer wieder in den Urbaren verzeichnet wurden.[62]

Wenngleich dem Schwein nicht mehr die Bedeutung als Fleischlieferant zukam, die es in der Antike gehabt hatte, so gehörte es dennoch zu den wichtigsten Haus- und Nutztieren: Die Widerristhöhe lag etwa bei 65–75 cm. Ein ausgewachsener Eber erreicht dagegen heute sogar eine Rückenhöhe von etwa 75–105 cm, die Sauen eine Rückenhöhe von 65–95 cm. Für ein Schwein im Mittelalter wird nach 2–2 ½ Jahren Lebensdauer ein Mastendgewicht von etwa 40–60 kg angenommen. Nur sehr selten werden bei Ausgrabungen Knochen von Tieren über vier Jahren Alter gefunden. Heute werden Schweinerassen dagegen zumeist mit 100 kg geschlachtet und haben eine Schlachtausbeute von 75–80 %. Die mittelalterliche Schlachtausbeute dürfte bei vielleicht 50–60 % gelegen haben.

Q 4.7/Abb. 4.3: Neugründung eines Dorfes „von wilder Wurzel" im Sachsenspiegel

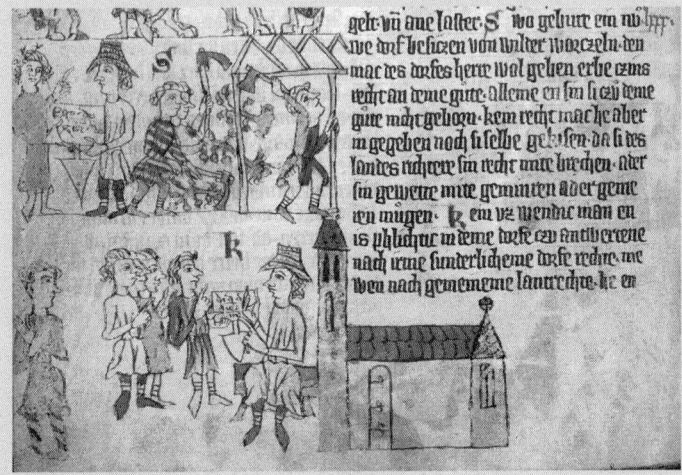

Kommentar: Der zwischen 1220 und 1235 von Eike von Repgow geschriebene Sachsenspiegel ist wahrscheinlich das bedeutendste volkssprachliche Rechtsbuch des Hochmittelalters in (mittelnieder-)deutscher Sprache. Er behandelt das Landrecht (das Recht der freien Leute) sowie das Lehnrecht (die Verhältnisse zwischen den Ständen) und gibt Einblicke in die agrarische Lebenswelt. Vom Sachsenspiegel gab es zahlreiche Abschriften, allerdings sind nur vier zwischen 1330 und 1375 entstandene illustrierte Handschriften erhalten, die den in der Rechtsprechung tätigen Laien den Inhalt des Textes in Bildern erläuterten und Anweisungen für die gebrauchten symbolischen Handlungen darstellten. Das gewählte Beispiel beschreibt die Dorfgründung im Zuge des Landesausbaus. Die Buchstaben über den Abbildungen finden sich im Text wieder und stellen so eine Verbindung zwischen Schrift- und Bildinformation her. Die Abbildung illustriert den Abschnitt 79 § 1–2 aus dem dritten Buch des Landrechts, in dem bei Dorfgründungen „von wilder Wurzel" den Bauern vom Grundherrn das Erbzinsrecht gegeben wird (*Wor gebure ein nuwe dorf besetzen von nuwer wortzelen, den mag des dorfes herre wol geben erbzinsrecht*).[i] Im oberen Bildteil erhält ein sogenannter Lokator oder Bauermeister (mit Strohhut dargestellt) eine Gründungsurkunde von einem Grundherrn, worauf Rodung und Bau eines Dorfes beginnen. Im unteren Bildteil agiert der Lokator sitzend vor der Kirche dann als Richter innerhalb der neu gegründeten bäuerlichen Siedlung und scheint den Bauern eine Urkunde als Beweismittel für ihre Rechte zu übergeben.[ii]

Abbildung: Universitätsbibliothek Heidelberg (Cod. Pal. Germ. 848, fol. 394a).

4.2 Agrarproduktion

20–30 kg Fleisch bei der Schlachtung eines mittelalterlichen Schweines stehen also 75–80 kg in der Moderne gegenüber.

Die Hausschweine waren insgesamt kleinwüchsig, flachrippig und ohne einen bedeutenden Speckansatz. Wie aus mittelalterlichen Abbildungen hervorgeht, ähnelten die Hausschweine in Wuchs und Aussehen noch stark dem Wildschwein – hochbeinig und schlank mit braungrauer Färbung und einer deutlichen „Mähne" auf dem Rücken.[63] Das Schwein wurde vornehmlich als Fleischlieferant gehalten. Nur gelegentlich findet sich die Erwähnung zur Trüffelsuche, zum Stöbern oder sogar zum Ziehen von kleinen Karren. Allerdings verwendete man auch die Borsten zur Herstellung von Bürsten und Pinseln sowie die Knochen für die Herstellung von Leim und kleineren Schnitzereien. Die mittelalterliche Schweinehaltung war eher extensiv und an das Vorhandensein von natürlichen Weidegründen wie Eichen- und Buchenwälder gebunden.[64] Darüber hinaus diente das Schwein auch als „Müllverwerter" auf den mittelalterlichen Bauernhöfen oder sogar in den Städten.

Allerdings hat das Schwein gegenüber dem Rind den Vorteil einer besonders hohen Fruchtbarkeit bei gleichzeitiger Anspruchslosigkeit, was das Futter betrifft: Eine Sau ist nach nur 9 Monaten geschlechtsreif und bringt nach 4 Monaten Tragzeit etwa 10–12 Ferkel zur Welt – und das alle 5 Monate, also zweimal im Jahr. Darüber hinaus sind Schweine Allesfresser. Rinder dagegen können nur einmal pro Jahr kalben und bringen in der Regel nur ein Jungtier zur Welt. Ein oder zwei Kälber stehen also 20–24 Ferkeln pro Jahr gegenüber. In der Symbolsprache des Mittelalters wurde das Schwein negativ bewertet und stand für Sünde und Laster. In der Heraldik wurde dagegen vor allem der wilde Eber als Zeichen für Stärke und Mut gebraucht.

Eine Sonderstellung nahm das Pferd als Nutztier ein.[65] Es diente sowohl als Reittier wie auch als Zugtier für Wagen und den Einsatz auf dem Feld.[66] Im Gegensatz zu anderen Tierrassen gab es deshalb bereits frühzeitig erste Zuchtansätze beim Pferd, die bei anderen Nutztieren nicht zu beobachten sind (▶ Q 4.9). Pferde wurden auf ihren Einsatzzweck (Zugtier, Reittier oder Schlachtross) hin gezüchtet und bestimmte Pferderassen waren teuer und hochgeschätzt.

Die Haltung von Pferden setzte die Ausweitung des Getreideanbaus auf Hafer voraus, was wiederum erhebliche Auswirkungen auf die Landwirtschaft hatte. Der genaue Umfang des Einsatzes von Pferden als Zugtiere ist schwer zu ermitteln: Ochsen waren zwar langsamer als Pferde, hatten aber den Vorteil, dass ihre Ernährung mit Grün- und Raufutter leichter organisiert werden konnte. Außerdem sind sie auch von unerfahrenen Bauern leichter zu führen als Pferde. Man geht deshalb davon aus, dass Pferde in der Landwirtschaft erst zwischen dem 11. und 15. Jh. extensiv eingesetzt wurden, obwohl bei der richtigen Anspannungstechnik (Kummet) Pferde eine Leistungssteigerung von 25–30 % gegenüber Ochsengespannen bewirken können, was Zugkraft und Schnelligkeit angeht.

Dabei gilt es noch etwas anderes zu bedenken: Die Mehrzahl der Bauernhöfe lag wohl unter 15 Hektar individuell genutzter landwirtschaftlicher Fläche. Für eine derartige Größe reichte ein Ochsengespann völlig aus – es kam nicht auf Schnelligkeit und gesteigerte Effizienz an, sondern auf eine Arbeit, deren (Neben-)Kosten möglichst niedrig gehalten werden mussten, um das Überleben der Menschen auf der jeweiligen Hofstelle zu sichern. Das sogenannte „Staffelsee-Inventar" liefert hierfür einen interessanten Hinweis: Es handelt sich dabei um eine Quelle, welche die Ausstattung eines Hofes auf der Insel Wörth im Staffelsee im Landkreis Garmisch-Partenkirchen beschreibt (▶ Q 4.8). Detailliert wird darin das Inventar eines Herrenhofs des um 740 gegründeten Klosters Staffelsee aufgeführt, darunter der Viehbestand, die vorhandenen Wirtschaftsgebäude, der Kirchenschatz und die Bibliothek. Dort heißt es zwar, dass die unfreien Bauern dem Kloster ein Vorspannpferd zu stellen haben, doch ist es fraglich, ob dieses als landwirtschaftliches Zugtier genutzt wurde oder beispielsweise auch für den Einsatz mit einem Karren gedacht war. Neben dem Pferd werden außerdem noch 26 Zugochsen erwähnt, was wohl bedeutet, dass die Mehrheit der landwirtschaftlichen Aufgaben mit Ochsen erledigt wurde. Zur Zeit des *Domesday Book* lassen sich etwa 5 % Pferde in England als Traktionstiere nachweisen, im 14. Jh. stieg deren Zahl auf 20–50 %, mancherorts sogar bis zu 75 % an.[67] Die hohe Zahl von Pferden, die in den Inventaren der karolingischen Güter in Nordfrankreich verzeichnet sind, erklärt sich durch den Bedarf an Streitrössern. Das Inventar von Annapes bei Lille nennt Anfang des 9. Jh.s 72 Pferde neben 86 Kühen (Kälber nicht mitgerechnet). Gerade im Zusammenhang

4.2 Agrarproduktion

mit klösterlichen Abgabenverzeichnissen wurde allerdings nur verzeichnet, was im Zusammenhang mit der Grundherrschaft stand. Nutz- und Kleintiere im Besitz der Bauern mögen sich deshalb nicht abbilden.[68]

> **Q 4.8: Inventar des Hofes Staffelsee**
> „Wir fanden [auf der Insel Stefanswert] einen Fronhof und einen Eigenhof, der mit den übrigen Gebäuden obengenannter Kirche gehört. Zu dem Fronhof gehören 740 Tagewerk [Stück Land, das an einem Tag bestellt werden kann] Ackerland und Wiesen mit einer Ertragsfähigkeit von 610 Fuder Heu. An Getreide fanden wir nichts außer den dreißig Fudern, die wir den Pfründnern gegeben haben; diese, 72 an der Zahl, empfangen Unterhalt bis zum St. Johannesfest [24. Juni]. Wir fanden ferner dort 12 Scheffel Malz, 1 Pferd, 26 Zugochsen, 20 Kühe, 1 Bullen, 61 Färsen [geschlechtsreifes, weibliches Rind], 5 Kälber, 87 Schafe, 14 Lämmer, 17 Böcke, 58 Ziegen, 12 Zickel, 40 Schweine, 50 Ferkel, 63 Gänse, 50 Hühner, 17 Bienenstöcke; 20 Speckseiten, ebenso viele Würste, 27 Pfund Schmer [Schmalz], 1 geschlachteten und aufgehangenen Eber; 40 Käse; ½ Sekel Honig; 2 Sekel Butter; 5 Scheffel Salz; 3 Sekel Seife; eine Bettdecke mit 5 Federkissen; 3 eherne und 6 eiserne Kessel, 5 Kesselhaken, 1 eisernen Leuchter, 17 mit Eisen gebundene Zuber, 10 große und 17 kleine Sicheln, 7 breite Hacken, 7 Äxte, 10 Bockshäute, 26 Schaffelle, 1 Fischnetz. Es gibt daselbst eine Tuchmacherei, in der 24 Frauen arbeiten. Wir fanden in ihr 5 wollene Gewänder mit 4 Gürteln und 5 Hemden. Es gibt dort ferner eine Mühle, die jährlich 12 Scheffel abgibt."
> **Kommentar:** Inventare sind eine besondere Form des Urbars, die nicht nur den Landbesitz und die Leistungen der Bauern, sondern den gesamten Besitzstand verzeichnen, wie sich an dem vorangegangenen Beispiel sehr gut zeigen lässt. Neben den Nutztieren werden auch eingelagerte Nahrungsmittel (Speckseiten oder Schmalz) sowie häusliches Inventar (Bettdecken und Federkissen), Werkzeuge und Gebrauchsgegenstände (Leuchter und Zuber) aufgelistet. Aus diesem Grunde liefern Inventare vor allem eine „Momentaufnahme" einer Grundherrschaft zu einem bestimmten Zeitpunkt und geben einen guten Einblick in die wirtschaftliche Leistungsfähigkeit eines Hofes und die zur Bearbeitung der Agrarflächen und anderer Tätigkeiten benötigten Gerätschaften (Sicheln, Hacken, Äxte und ein Fischernetz).
> **Zitiert nach:** Inventar des Hofes Staffelsee in Oberbayern (nach 801). Übersetzung nach Franz 1974, S. 66–71.

Ziegenfleisch galt im Mittelalter als von minderer Qualität, weshalb Ziegen vor allem wegen ihrer Milch und der daraus hergestellten Milchprodukte (Ziegenkäse) gehalten wurden. Weiter verbreitet war dagegen die

Schafzucht – gerade bei Muslimen und Juden deckte das Schaf den Fleischbedarf, wohingegen in den Mittelmeerregionen häufig Schwein konsumiert wurde. Wichtiger war das Schaf aber als Lieferant von Fellen (Leder und Wolle) und Häuten (Pergament).[69] Der Verbreitung der Schafzucht kam seine Anspruchslosigkeit sehr entgegen. Schafe finden Futter im Wald und auf der Heide, auf Grasland, bis ins Gebirge hinauf und selbst im salzhaltigen Pflanzenbewuchs entlang der Nordseeküste. Im rauen Klima Islands und Grönlands war die Schafzucht vielerorts die einzige Form der Landnutzung.

Bienenkörbe waren in zahlreichen Landwirtschaftsbetrieben vorhanden. Honig war der Süßstoff des kleinen Mannes – auch für Getränke wie Wein oder Bier. Ein beliebtes Volksgetränk war die Vermischung von Honig mit gekochtem Wasser, ganz zu schweigen von Met, einem alkoholhaltigen vergorenen Getränk aus Wasser und Honig. Bienen dienten aber nicht nur der Nahrungsmittelproduktion – Wachs war ein wichtiges Produkt für Kerzen und Siegel und Abgaben von Wachs waren besonders zahlreich auf Besitzungen der Kirche. Aus dem Heberegister der Abtei Corvey geht hervor, dass dieses Kloster im 9. Jh. jährlich 600 Pfund Wachs von seinen Gütern bezog und noch im Spätmittelalter waren Handwerker bei Eintritt in eine Zunft oftmals verpflichtet, eine bestimmte Menge Wachs für das Licht der Gildekapelle oder zur Beleuchtung des Zunfthauses zu spenden. Im Zuge der Entstehung der Grundherrschaften eigneten sich die Herren das Recht auf alle wilden Bienenschwärme auf ihrem Land an. Mit der Verteilung des Landes an hörige Bauern gehörten alle wilden Bienenschwärme dann dem jeweiligen Finder auf seinem Stück Land, der sie einfangen und nutzen konnte.[70]

Im Mittelalter wurde in allen Gewässern sowie auf dem Meer gefischt, weil an zahlreichen kirchlichen Feiertagen der Genuss von Fleisch verboten war. Auch gab es bestimmte Ordensregeln, die den Verzehr von Fleisch vollständig untersagten. Klöster wurden dementsprechend häufig an fischreichen Gewässern gegründet. Viele Abgaben von Hörigen bestanden in der Lieferung von Fischen. Aber auch Forelle, Hecht und Salm galten im Mittelalter als Delikatessen und der Stör war bereits damals wegen seines Kaviars geschätzt. Auch im Mittelalter gab es bereits beruflich spezialisierte Fischer und an allen Küsten Europas Seefischerei.[71] Die Verderblichkeit der Ware und die Langsamkeit der Transportwege beschränkten allerdings die Absatzmöglichkeiten, so dass Fisch entweder lebend transportiert oder eingesalzen wurde, um ihn auf nahe gelegenen Märkten zu veräußern. Eine Ausnahme bildeten Kabeljau, der zu Stockfisch gesalzen und getrocknet werden konnte, sowie Hering, der ebenfalls eingesalzen wurde. Eine regelrechte Fischzucht entstand dagegen erst im Spätmittelalter mit dem deutlichen Rückgang der Fangmengen bei gleichzeitig gestiegenem Bedarf der Städte.

4.2.3 Sonderkulturen

Neben Getreide, Obst und Gemüse wurden im Mittelalter eine Reihe von Sonderkulturen sowie Industriepflanzen angebaut. Den Genuss und Anbau von Wein[72] hatten bereits die Römer über ihr ganzes Reich verbreitet. Zunächst konzentrierte sich der Anbau im Deutschen Reich deshalb auf die ursprünglich zum Römischen Reich gehörenden Gebiete am Rhein und der Donau.[73] Für die weltliche Elite war der Genuss guten Weins ein Statussymbol und der Bedarf an Messwein erweiterte das Anbaugebiet bis weit in den Norden – auch in Klimazonen, die eigentlich nicht für den Weinanbau geeignet waren.[74] Hierbei half bereits in der Spätantike und im Frühmittelalter die Entwicklung neuer resistenter Rebsorten im Rhônegebiet (*allobrogica*), im Gebiet von Bordeaux (*biturica*) und in Spanien (*cocolubis*) sowie deren Vermarktung über schiffbare Flüsse wie die Garonne, Saôn, Loire oder Mosel. In den Weinbau des Frühmittelalters waren noch zahlreiche abhängige Bauern der Grundherrschaften mit jeweils kleinen Anteilen involviert, bevor sich spezialisierte Weinbauern, Weinregionen und Weindörfer seit dem 10. Jh. belegen lassen: Im Prümer Urbar (893) tauchen erstmals einige Orte in der Moselgegend auf, die ihre Abgaben in Getreide oder Wein leisteten.[75]

Den oftmals sauren Wein von ungeeigneten Böden aus schlechten Klimazonen versüßte man mit Honig oder man kaufte Wein aus besseren Anbaugebieten. Der besonders beliebte süße Wein aus Griechenland oder von der Iberischen Halbinsel war jedoch für die Mehrheit der Verbraucher des 8.–10. Jh.s nicht zuletzt aufgrund seiner hohen Transportkosten unerschwinglich.[76] Erst die verbesserten Anbaumethoden des Hochmittelalters – wie die Anlage von Terrassen und ausgeklügelte Bewässerungstechniken – machten auch deutsche und französische Weinsorten beliebt, erschwinglich und gegenüber italienischen und spanischen Produkten konkurrenzfähig. Mit dem Aufstreben der Städte im 12./13. Jh. stieg auch die Nachfrage nach Qualitätsweinen in den bürgerlichen Führungsschichten. Qualitätsweine kamen vom Rhein und der Mosel, vom Neckar und aus dem Elsass, aus der Pfalz und Südtirol.[77]

Aufgrund des langwierigen Prozesses der Weinkultivierung lohnte sich dessen Anbau nur auf Flächen, die nicht für eine landwirtschaftliche Nutzung gebraucht wurden. Stattdessen konnte man aber für die Feldwirtschaft eher ungeeignete Hanglagen nutzen, zumal die erhöhte Sonneneinstrahlung mit einem steinigen Untergrund für eine bessere Speicherung der Wärme und Abgabe während der kühleren Nacht sorgte. Besonders die Mönchsorden trugen den Weinanbau in hohem Maße, was mit dessen Gebrauch in der kirchlichen Liturgie begründet wurde. Bier und Branntwein wurden dagegen vor allem wegen des Rausches produziert und waren auch für breitere Bevölkerungsschichten erschwinglich.[78]

Im Zusammenhang mit der Herstellung von Textilien steht der Anbau von Färberpflanzen, wodurch die Verwendung von Wildpflanzen und Pflanzenteilen wie Ginster, Flechten oder Baumrinde zur Färbung von Kleidung in Braun- und Grautönen allmählich zurückging. Neue bunte Farbvarianten entstanden vor allem durch die Verwendung von Waid (blau) und Krapp (rot). Der Färberwaid (*Isatis tinctoria*) ist eine Pflanze aus der Familie der Kreuzblütengewächse und stammt ursprünglich aus Westasien, wurde aber bereits in der Antike in Europa als Färberpflanze kultiviert. Aus dem Färberwaid wurde in Deutschland Indigo gewonnen. Allerdings muss der Farbstoff erst an der Luft oxidieren, um sich langsam blau zu färben.

Färberkrapp (*Rubia tinctorum*) ist eine Pflanze aus der Familie der Rötegewächse. Von der Antike bis zur Entdeckung der synthetischen Herstellung des Farbstoffs Alizarin im Jahre 1869 spielte Krapp die zentrale Rolle im gesamten Mittelmeergebiet und in Mitteleuropa. Überhaupt ist es eines der ältesten Farbmittel der Menschheit und im Vergleich mit anderen Färbemitteln für Rot (wie das aus Schildläusen gewonnene Karminrot) preisgünstig. Das Färben mit Krapp war durchaus nicht einfach: Die Qualität der zum Färben benötigten Wurzeln schwankte stark und das

4.2 Agrarproduktion

Färbeergebnis war abhängig von der Außentemperatur. So lagen die erzielten Farbergebnisse zwischen einem hellen Orange, Rosa und einem dunklen Ziegelrot.

Für eine marktorientierte Produktion von Textilien war es wichtig, auch farbige Stoffe im Angebot zu haben, weshalb Krapp und Waid vor allem im Umfeld der Städte angebaut wurden. Eine Konzentration des Anbaus ist für Krapp in den Niederlanden (Seeland), Flandern, Nordfrankreich und am Oberrhein (Speyer) festzustellen. Waid dagegen fand sich vorwiegend in der Gegend von Jülich und Erfurt. Woher diese regionale Konzentration kommt, lässt sich nicht genau sagen, da der Anbau von Färberpflanzen weder eine bestimmte Bodenbeschaffenheit noch besondere Kenntnisse für den Anbau erfordert.[79]

Zu den Industriepflanzen gehörten auch die Gespinstpflanzen Flachs und Hanf, die überwiegend auf moorigen und sauren Böden angebaut wurden.[80] Flachs und Wolle waren die wichtigsten Rohstoffe für die Herstellung von Textilien. Flachs und gewebtes Leinen mussten aber auch als Abgaben an den Feudalherren geliefert werden. Im Hochmittelalter wurden Flachs und Hanf auch in bäuerlichen Gärten oder auf Teilen des Brachfeldes angebaut, um für einen überregionalen Absatz produzieren zu können.[81]

Bereits im *capitulare de villis* Karls des Großen werden im Kapitel 43 Frauen als Hersteller von Textilien in eigens dafür angelegten Wirtschaftsgebäuden erwähnt: „Zu unseren Frauenarbeitshäusern soll man, […] pünktlich Waren liefern lassen, das heißt Flachs, Wolle, Waid, Scharlach, Krapp, Wollkämme, Kardendisteln, Seife, Fett, Gefäße und die übrigen Dinge, die dort gebraucht werden." Die Quelle listet also detailliert die wichtigsten Rohstoffe und Werkzeuge zur Verarbeitung von Textilien auf. Allerdings dürfte die Textilproduktion im Frühmittelalter noch einen bescheidenen Umfang gehabt haben. Eine regelrechte Marktproduktion setzte erst ab dem 12. Jh. ein, als auch zunehmende Überschüsse in der Landwirtschaft die Spezialisierung einzelner Agrarproduzenten auf Industriepflanzen ermöglichten.

4.3 Phasen der Landwirtschaftsgeschichte

Wenngleich im Hinblick auf die Verhältnisse in der mittelalterlichen Landwirtschaft zahlreiche regionale Faktoren zu berücksichtigen sind, wie die vorangegangenen Kapitel gezeigt haben, so lassen sich doch einige zentrale Entwicklungslinien erkennen, die in den folgenden Abschnitten nachgezeichnet werden.

4.3.1 Die Zeit der „klassischen Grundherrschaft" (8.–12. Jahrhundert)

Eine Schwierigkeit bei der Erforschung der Landwirtschaftsgeschichte des Frühmittelalters stellt die Quellenlage dar, die sich fast ausschließlich auf kirchliche Institutionen beschränkt. Ein Kernelement der Agrarverfassung war die Grundherrschaft[82] (*potestas*, *dominium* oder *dominatio*) als wirtschaftliche Basis der weltlichen und geistlichen Herrschaft. Gemeint ist die Herrschaft über Menschen, die auf einem bestimmten Grund und Boden ansässig waren. Die Herrschaft begründete sich dadurch, dass der Grundherr Land an Bauern zur Bewirtschaftung verlieh, die diesem dafür Leistungen in Form von Abgaben und Diensten schuldeten. Der Grundherr wiederum schuldete seinen Hörigen Schutz und Hilfe, wobei dieses Verhältnis aufgrund der Abhängigkeit der Bauern nicht überbewertet werden sollte.[83]

Das frühmittelalterliche Grundherrschaftssystem entstand zum einen aus der spätantiken Agrarverfassung mit ihrem differenzierten Abhängigkeitsverhältnis zwischen Patron (*domus*) und Klient (*colonus*) sowie aus dem germanischen Sozialwesen mit seiner Führungsschicht (*duces* oder *nobiles*) und der großen Gruppe der Freien. Während Sklaven (*servi*) in der römischen Latifundienwirtschaft an Bedeutung verloren, wurden diese bei den Germanen auf eigenen Hofstellen angesiedelt, von denen sie Abgaben an ihren Herrn entrichten mussten.[84] Es handelte sich also um eine Herrschaft über Personen. Aus der Verbindung beider Elemente entwickelte sich die frühmittelalterliche „Herrschaft über Land und Leute". Ihre Ausbreitung über Europa erfuhr sie vom Frankenreich des 6.–9. Jh.s

4.3 Phasen der Landwirtschaftsgeschichte

aus, wobei wir aufgrund der Quellenlage (Urbare und Inventare)[85] besonders gut über die klösterlichen Grundherrschaften der Karolingerzeit informiert sind.[86]

Die seit dem 9. Jh. bekannte „klassische Grundherrschaft" wird auch als „Villikationssystem", „Fronhofsverfassung" oder „zweigeteiltes Grundherrschaftssystem" (*domaine bipartite*) bezeichnet. Im Zentrum stand der vom Grundherrn selbst bebaute Fronhof (*curtis* oder *villa*) – auch Herrenhof oder Salhof genannt. Das zum Fronhof gehörende Sal- oder Herrenland (*terra salica*) wurde vom zur *familia domestica* gehörenden unfreien Hofgesinde des Grundherrn bewirtschaftet. Nicht zur *familia* gehörten die abhängigen, aber selbstständig wirtschaftenden, Bauernstellen des Hufenlandes.[87] Als Hufe (*mansus* oder *huoba*) bezeichnete man die normale Ausstattung einer dieser Bauernstellen mit Hof, Ackerland und Nutzungsrechten an der Allmende (gemeinschaftlich genutztes Land).[88] Das Verhältnis von herrschaftlichem Salland und bäuerlichem Hufenland betrug in den meisten Fällen 1:2 bis 1:4. Bei weit verstreuten Villikationen von Klöstern wurde eine differenzierte Gliederung mit zwischengeschalteten Sammelstellen eingerichtet: Ein Oberhof (*villa* oder *palatium*) bildete das wirtschaftliche und administrative Zentrum, dem wiederum mehrere Haupthöfe (*curtis*) mit einem Verwalter (*villicus*) unterstanden. Unter diesen befanden sich wiederum mehrere Nebenhöfe mit einem Meier (*maior*) als Verwalter.

Dieses frühmittelalterliche System der Grundherrschaft war auf die Versorgung des Herrenhofes mit Gütern des täglichen Bedarfs und damit auf eine weitgehende wirtschaftliche Autarkie ausgerichtet. Deshalb bestand neben der landwirtschaftlichen Produktion auch eine kleine gewerbliche Produktion, deren Arbeitskräfte miternährt werden musste. Je größer die Villikation, desto ausdifferenzierter das dort angesiedelte Handwerk – einzelne Klöster konnten zu Produzenten von Luxusgütern aufsteigen, die über weitere Strecken gehandelt wurden.[89]

Neben dem zweigeteilten Villikationssystem gab es auch Grundherrschaften, die nur bäuerliche Zinsabgaben erhoben (Renten- oder Abgabengrundherrschaft) und solche, die ihr Land ausschließlich von unfreien Gesindekräften bewirtschaften ließen (Gutswirtschaft). Hinsichtlich der Herrschaftsträger lassen sich königliche, adelige und geistliche Grundherrschaften unterscheiden. Streubesitz – der zugleich einen höheren Verwaltungsaufwand erforderte – war vor allem ein Kennzeichen der geistlichen Grundherrschaften, da diese sich aus zahlreichen Schenkungen, Tausch- und Kaufaktionen zusammensetzten. Insofern entstand vor allem im geistlichen Umfeld das Bedürfnis, die unterschiedlichsten Herrschaftsansprüche und die zu erwartenden Leistungen und Dienste dauerhaft festzuhalten.[90]

Innerhalb der Villikationen gab es zahlreiche rechtliche, wirtschaftliche und soziale Unterschiede zwischen den Personen. Der wesentliche Unterschied bestand darin, ob es sich um den Landbesitz eines freien Bauern (*mansus ingenuilis*), eines halbfreien Bauern (*mansus litilis*) oder eines unfreien Bauern (*mansus servilis*) handelte.

Q 4.9: Beschreibung einer großen Villikation
„Hier beginnen die Beschreibungen der Hufen, Familien, Ackerflächen, Vieh und von anderen Beständen jener Landgüter, die in Schwaben gelegen sind, wie sie seit der Zeit bewirtschaftet wurden, als sie zuerst von Pippin und Karl dem heiligen Bonifatius übertragen worden sind. In der villa Deiningen sind 23 Familien und 50 herrschaftliche Hufen, 400 Tagwerke [Ackerland], Wiesen [mit einem Ertrag] zu 400 Fuder, 52 Pferde, 54 Hühner, 80 ungezähmte Pferde, 58 Kühe mit 55 Kälbern, 200 Schafe, 90 Schweine, 28 lidi [Halbfreie] mit ihren Hufen, 9 Mühlen, 3 Kirchen mit ihren Hufen. In der villa Alerheim [sind] 3 Familien und der ganze Zehnteinzug zusammen mit der Kirche und mit ihren Hufen. In der villa, die Grosselfingen genannt wird 1 ½ Familien."
Kommentar: Das Inventar stellt ein Verzeichnis der innerhalb einer Grundherrschaft vorhandenen Personen, Nutzflächen, Gebäude, Werkzeuge und Nutztiere dar und notiert die Gesamtleistungen der abhängigen Bauernstellen. Es erlaubt daher einen Einblick in den Umfang und die Organisation einer großen Villikation wie die des Klosters Fulda am Beginn des 9. Jh.s. Der Beginn verweist auf die Gründung des Klosters durch den heiligen Bonifatius (um 673–754/755) im Jahre 744 und die Schenkungen durch die karolingischen Könige Pippin den Jüngeren (751–768) und Karl den Großen (768–814). Der Quellenausschnitt beschreibt die Herrenhöfe (*villae*) in den Orten Deiningen und Alerheim (Landkreis Donau-Ries). In Deiningen besitzen 23 Familien (Haushalte) 50 Hufen, also im Durchschnitt 2,17 Hufen pro Haushalt. Erstaunlich ist die große Anzahl von 132 Pferden (gezähmte und ungezähmte), die möglicherweise einen Hinweis auf die zu erbringenden militärischen Leistungen der großen Reichsabtei geben (▶ Q 3.4). Auch ansonsten gibt das Inventar einen Einblick in die umfangreiche Viehwirtschaft des Klosters mit Rindern, Schafen, Schweinen und Hühnern.
Zitiert nach: Inventar des Klosters Fulda (vor 830). Übersetzung nach Kuchenbuch 1991, S. 135.

Die wirtschaftlichen Unterschiede der Bauern beruhten auf der Größe des bewirtschafteten Landes (ökonomische Basis) und auf der Höhe der zu leistenden Abgaben (ökonomische Leistung). Die sozialen Unterschiede innerhalb der bäuerlichen Gemeinschaft ergaben sich zum einen aus den rechtlichen und wirtschaftlichen Unterschieden und zum anderen aus der Möglichkeit des sozialen Aufstiegs durch die Übernahme von Verwaltungsfunktionen im Dienst des Grundherrn. Dabei lassen sich einige Gesetzmäßigkeiten festhalten: Je weiter der einzelne Bauernhof vom Fronhof entfernt lag, desto geringer die Zahl der Naturalabgaben. Je niedriger die Rechtsstellung des Bauern, desto höher die Zahl der Abgaben und Dienste. Je größer die Villikation, desto größer die Möglichkeiten der sozialen Differenzierung durch Arbeitsteilung, Spezialisierung und einer Zunahme der Verwaltungsaufgaben.[91] Letztlich muss festgehalten werden, dass die besondere Form der Villikationsverfassung kein einheitliches System war, das den gesamten Teil des fränkischen Reiches umfasste. Regionale Unterschiede der Siedlungsbedingungen, der Bodenbeschaffenheit oder der traditionellen Gewohnheiten konnten zu unterschiedlichen Ausgestaltungen des Systems bei gleichen Grundzügen der Organisation führen.

4.3.2 Auflösung der Villikationen und Landesausbau (12.–14. Jahrhundert)

Die Agrarwirtschaft des Hochmittelalters ist vor allem durch die Auflösung des Villikationssystems seit dem 12. Jh. gekennzeichnet (▶ Q 4.11).[92] Diese Auflösung hatte mehrere Ursachen: Die Verwalter (Meier) der Grundherren versuchten zunehmend, die Besitzkontinuität innerhalb ihrer Familien durch Vererbung abzusichern. Besonders bei weit vom Oberhof gelegenen Haupt- und Nebenhöfen machte sich eine zunehmende Verselbstständigung bemerkbar. Schließlich verpachteten die Grundherren die selbst bewirtschafteten Flächen (Salland) dieser Höfe gegen Abgaben dauerhaft an die Verwalter.[93]

Die Vermehrung der Städte führte zu einer zunehmenden Intensivierung des Warenaustausches und der Marktverflechtungen, die wiederum eine Verbreitung der Geldwirtschaft (▶ Kap. 7) zur Folge hatten. Naturalabgaben und persönliche Dienstleistungen waren nicht mehr die einzigen Leistungsmöglichkeiten innerhalb einer Grundherrschaft, die es den Bauern ermöglichten, ihre agrarischen Produkte auf einem Markt abzusetzen. Gerade im Hinblick auf die eingeschränkten Konservierungsmöglichkeiten und die weiten Transportwege mochte es manchem Grundherrn praktischer erscheinen, die Naturalabgaben und Dienstleistungen durch Geldzinse zu ersetzen. Der Zugang der Bauern zum städtischen Marktgeschehen ermöglichte ihnen die Beschaffung von Geld zur Ablösung der Leistungen.

Q 4.10/Abb. 4.4: Grundherr und Bäuerin – Der Minnesänger Kunz von Rosenheim und die Schnitterin

4.3 Phasen der Landwirtschaftsgeschichte

> **Kommentar:** Der *Codex Manesse* (auch Große Heidelberger Liederhandschrift) ist die berühmteste deutsche Liederhandschrift des Mittelalters. Der aus 426 beidseitig beschriebenen Pergamentblättern bestehende Kodex entstand zwischen 1300 und 1340 in Zürich und enthält neben den Texten der hochmittelalterlichen Minne- und Spruchlyrik 138 Miniaturen der Dichter in idealisierter Form, die einen Einblick in die höfische Kultur jener Zeit geben. Die ausgewählte Miniatur zeigt den Dichter Kunz von Rosenheim, der bei der Falkenjagd in einem Feld einer jungen schönen Magd bei der Getreideernte begegnet. Sehr gut ist das adlige Gewand des Jägers der einfacheren Kleidung der Schnitterin mit Strohhut gegenübergestellt. Allerdings gibt es auch einige ungewöhnliche Elemente: Die auffällig rote Farbe und die Handschuhe passen nicht so recht zur Erscheinung der Bäuerin, wie auch der Falkenjäger außergewöhnlich zu Fuß und nicht zu Pferd dargestellt wird. Es handelt sich hierbei wohl um Hinweise auf die Anbandelung einer Liebelei (Niedere Minne) zwischen der Magd und dem Dichter, dem man einen Hang zur Vogelfängerei und unstandesgemäßen Liebschaften nachsagte.[i] Insofern mahnt uns dieses Bildzeugnis den historischen Kontext – in diesem Fall die Kleidervorschriften des Hochmittelalters und die Person des dargestellten Dichters – bei der Interpretation im Blick zu haben.[ii] Darüber hinaus zeigt es, dass im Früh- und Hochmittelalter bei der Getreideernte allein die Sichel zum Einsatz kam, wodurch der Körnerverlust gering gehalten wurde.[iii] Der Nachteil lag darin, dass ein großer Teil des Halms bei der Ernte stehen blieb und als Tierfutter nicht zur Verfügung stand.
> **Abbildung:** Universitätsbibliothek Heidelberg, Cod. Pal. Germ. 848, fol. 394a.

Das demografische Wachstum des Hochmittelalters verbunden mit einer Vergrößerung der Städte sowie den Abwanderungsmöglichkeiten im Rahmen der Erschließung neuer landwirtschaftlicher Nutzflächen im Inneren (Binnenrodung) und an der Peripherie (sogen. „Ostsiedlung") schufen neue Freiräume bäuerlicher Entfaltung (▶ Exkurs: Hochmittelalterlicher Landesausbau).[94] Gleichzeitig entwickelten sich so Möglichkeiten, sich dem Einfluss des Grundherrn zu entziehen, der seinerseits die Arbeitskraft seiner Bauern erhalten wollte und attraktive Bedingungen zu deren Verbleib schaffen musste. So konnten die Bauern als Gegenleistung für ihre Neulanderschließung niedrigere Abgabenquoten, eine bessere Rechtsstellung oder eine Übertragung des Bodens zu Erbrecht erreichen.

> **Exkurs: Hochmittelalterlicher Landesausbau ("Deutsche Ostsiedlung")**
> Unter dem Begriff der "Ostsiedlung" (aus der umfangreichen Forschungsliteratur seien an dieser Stelle genannt Erlen 1992; Quirin 1986; Higounet 1986; Schlesinger 1975; Kuhn 1972 und Müller-Sternberg & Nellner 1969) versteht man die Wanderung von Personen überwiegend aus dem Rheingebiet in Regionen östlich der Elbe zwischen dem 11. und 13. Jh. Durch gezielte Rodungen in den dünn besiedelten Gebieten zwischen Elbe, Saale und Oder sowie zwischen Böhmerwald, Enns und Leitha wurde die agrarische Produktionsfläche enorm vergrößert. Die Anwerbung von Siedlern geschah durch die Aussendung von Boten (Lokatoren) in dicht besiedelte Gebiete wie Flandern und Holland. Hinzu kamen der innere Landesausbau (Binnenrodung) und die Abwanderung in die Städte. Auch die religiös motivierten Kriegszüge ins Heilige Land (Kreuzzüge), nach Osteuropa (Wendenkreuzzüge) und auf die Iberische Halbinsel (Reconquista) boten Möglichkeiten der Emigration und des Landgewinns, stellten also Ventile für den im Hochmittelalter herrschenden Bevölkerungsdruck dar (Pounds 1994, S. 174–179; Comín et al. 2016, S. 16–22). Die Begriffe "Deutsche Ostsiedlung" oder "Deutsche Ostkolonisation" werden aufgrund ihrer sprachlichen Nähe zum neuzeitlichen Kolonialismus und ihres ideologischen Missbrauchs während der Zeit des Nationalsozialismus heute in der Regel nicht mehr gebraucht. Stattdessen spricht man neutraler vom hochmittelalterlichen Landesausbau in der "Germania Slavica".

Auch den Grundherren war es möglich, sich gewerbliche Produkte auf den neu entstehenden Märkten zu besorgen, wodurch die Bedeutung des Handwerks innerhalb der Villikation sank. Die zunehmende Umwandlung von Arbeitsleistungen und Produktrenten in Geldzinse versorgte eine geistliche und weltliche Führungsschicht mit dem notwendigen Kapital zum Kauf von Luxusgütern. Innerhalb dieser wirtschaftlichen und sozialen Veränderungen verlor die "klassische Grundherrschaft" mit ihrer auf Selbstständigkeit ausgerichteten Organisation zunehmend an Bedeutung.

Die Auflösung der Villikationen sah so aus, dass nur noch ein kleiner Teil des Herrenlandes als grundherrliche Eigenwirtschaft erhalten blieb. Das restliche Land erhielten die Bauern zur Bewirtschaftung gegen Abgaben. Der ehemalige Herrenhof wurde damit vom Wirtschaftshof zum Verwaltungszentrum, Gerichtsort und Wohnsitz des Grundherrn. In einigen Fällen wurden die grundherrschaftlichen Eigenwirtschaften sogar gänzlich aufgelöst und das Land gegen Natural- und Geldabgaben sowie

4.3 Phasen der Landwirtschaftsgeschichte

Dienste an die Bauern verteilt (▶ Q 4.11).[95] Damit löste sich nicht nur die intensive ökonomische Verflechtung der einzelnen Bauernstellen, sondern auch die persönliche Abhängigkeit der Bauern von ihrem Grundherrn lockerte sich.

> **Q 4.11: Auflösung einer Villikation**
> „C. Im Namen der heiligen und ungeteilten Dreifaltigkeit. Wir geben allen Getreuen jetzt und für spätere Zeiten bekannt, wie der selige Abt von Brauweiler, Bertolfus, den Menschen, die zum Rechtsbereich unseres Hofes Kaifenheim [Ortsgemeinde in der Eifel im rheinland-pfälzischen Landkreis Cochem-Zell] gehörten, in Zeiten der Not zur Vermehrung ihrer Güter verhalf. [...] Damit die durch so große Unglücke völlig Verbitterten nicht fliehen und ihre Kirchengüter nach ihrem Weggang verwüsten, suchte er den Rat seiner Mitbrüder, [...], wie sie dieses verbessern könnten.
> Nach ihrer gemeinsamen Überlegung und Beratschlagung übergab er diejenigen Güter der Kirche, welche gemeinhin Salland genannt werden und zum vorgenannten Hof gehörten, besagten Menschen, die früher zu ihm gehört hatten, als Lehen, und bestätigte es unter dieser Bedingung, daraus zu einer festgeschriebenen Zeit vier Talente, acht Solidi und elf Scheffel Weizen und eben so viel Roggen zu zahlen. Auch am Festtag des heiligen Remigio [= 1. Oktober] zwei Talente, vier Solidi und das ganze Getreide. Am Fest des heiligen Martin [= 11. November] weitere zwei Talente und vier Solidi.
> Er beschloss, dass dies nicht irgendeinem beliebigen Meier, sondern dem von ihm direkt ausgewählten Gesandten anvertraut werden solle. [...] Im Übrigen solle, was auch immer an Nützlichem und Gerichtlichem besteht [...], nicht dem Meier, sondern dem Abt oder dessen Gesandten übergeben werden. Auch wenn sie etwas zurückbehalten oder wenn sie zum festgesetzten Termin die vorgeschriebenen Abgaben nicht leisten, liege – so entschied er – die rechtliche Zuständigkeit allein beim Abt oder bei jedem von ihm Gesandten. Darüber hinaus verhütete er, dass es geschehe, dass der Meier irgendeine Steuer oder irgendein Gastungsgeld [= Zahlung zur Unterbringung und Verpflegung des Meiers] von ihnen fordern könne oder anderes, was sie gewöhnlich in Gänze den Armen zukommen lassen.
> Ich, Geldolf, von Gottes Gnaden Prälat über diesen Ort, war bereit, den Bittenden selbst diese so zuträglichen Satzungen zu erneuern und, nachdem auf Beschluss des Klosterkonvents diese Urkunde im Namen des allmächtigen Gottes erstellt wurde, bestätige diese mit dem Siegel unseres Bischofs Vater Nicholai."
> **Kommentar:** Anhand der vorliegenden Quelle lässt sich die Auflösung einer klösterlichen Villikation nachvollziehen: Der Grundherr (Abt von Brauweiler, westlich von Köln gelegen) vergibt Teile seines Sallandes (Herrenlandes) an

> seine abhängigen Bauern, um deren Abwanderung zu verhindern. Er beschränkt deutlich die Rechte (Rechtsprechung und Gastungsrecht) der Verwalter (Meier) und unterstellt die Bauern direkt seiner Person oder seinen Gesandten. An die Stelle des Villikationssystems mit seinen Abgaben und Diensten tritt die Rentengrundherrschaft, indem zu bestimmten Zeitpunkten Geld- und Naturalabgaben festgelegt werden. Arbeitsleistungen der Hörigen (Hand- und Spanndienste) werden in der Urkunde nicht mehr erwähnt.
> **Zitiert nach:** Urkunde zur Auflösung der Villikation in Kaifenheim (1149). Übersetzung nach Reitemeier 2008, S. 89–91.

Der Landesausbau des Hochmittelalters führte auch zur Anlage planmäßiger Siedlungsformen[96] wie Straßendörfer, Waldhufen- oder Marschhufendörfer und Hagenhufendörfer.[97] Siedlungen, bei denen die Höfe linsen- oder kreisförmig um einen zentralen Platz angeordnet sind, nennt man Angerdorf (von ahd. *angar* = „Weide") oder Rundling.[98] Eine Konzentration bestimmter Dorfformen lässt sich noch heute innerhalb verschiedener Regionen Deutschlands beobachten.[99]

Eine Möglichkeit der Ertragsteigerung neben dem Landesausbau bot auch die Intensivierung der Landwirtschaft: Je nach Beschaffenheit und Fruchtbarkeit der Böden sowie der Einbeziehung von Sonderkulturen (Weinanbau oder Industriepflanzen) etablierten sich unterschiedliche Arten von Bodennutzungssystemen wie die Einfeld-, Zweifelder-, Dreifelder- und Mehrfelderwirtschaft. Die Dreifelderwirtschaft, bei der sich Wintergetreide, Sommergetreide und Brache abwechselten, stieg nun zur vorherrschenden Form des Ackerbaus auf (▶ Q 4.6). Bereits eine am 22. November 763 ausgestellte Urkunde[100] erwähnt einen Hörigen der Abtei St. Gallen, der dazu verpflichtet ist, jeweils im Frühling, im Juli und im Herbst zu pflügen, was wohl der erste schriftliche Hinweis auf die Dreifelderwirtschaft ist.[101] Die Einfeldwirtschaft und die Bebauung der Felder mit nur einer Frucht führte auf Dauer zur Auslaugung der Böden, der man nur mit Düngung begegnen konnte, war für den mediterranen Raum aber wiederum die geeignetste Art der Bodenbearbeitung.[102]

Folgen der Intensivierung der hochmittelalterlichen Landwirtschaft waren eine zunehmende „Vergetreidung" und der Anbau von Gartenpflanzen (Obst und Gemüse) auch auf Ackerflächen sowie damit einhergehend ein Rückgang des Weidelandes und der Viehwirtschaft. Dabei ist festzuhalten, dass die Fortschritte der hochmittelalterlichen Landwirtschaft weniger auf einer Erfindung neuer Methoden und Techniken beruhten als vielmehr auf einer Verbesserung und Intensivierung bereits bekannter Geräte (Beetpflug und Kummet) und Bodennutzungssysteme (Dreifelderwirtschaft) sowie einer Erweiterung der Anbauflächen.[103]

4.3.3 Bevölkerungskrise und Agrardepression (14.–15. Jahrhundert)

Der durch Kriege, Missernten in Folge einer Verschlechterung des Klimas und vor allem durch die Pest („Schwarzer Tod") hervorgerufene Rückgang der Bevölkerung um etwa ein Viertel in den meisten europäischen Regionen (▶ Kap. 3.2) war eines der entscheidendsten Ereignisse der Geschichte des Spätmittelalters und hat die wirtschaftlichen und sozialen Verhältnisse gravierend verändert.[104] In Folge des dramatischen Bevölkerungsrückgangs kam es zu zahlreichen verlassenen Hofstellen und aufgegebenen Ackerflächen (Wüstungen).[105] Schätzungen gehen davon aus, dass die Anzahl der Siedlungen im Deutschen Reich vom 14. zum 15. Jh. insgesamt um mehr als 20 % zurückgegangen ist. Je nach Region schwanken die Werte dabei zwischen 10 % (Nordwestdeutschland) und 40 % (Ostdeutschland).[106] Manche Bauern begaben sich in benachbarte Städte, die ihre Bevölkerungsverluste dadurch wieder auffüllen konnten.

Da durch den Bevölkerungsrückgang auch die Nachfrage nach Getreide sank, fielen die Getreidepreise in der zweiten Hälfte des 14. Jh.s. Demgegenüber behielten handwerkliche Produkte zumeist ihr relativ hohes Preisniveau, so dass sich eine Preisschere zwischen Agrarerzeugnissen und Gewerbeerzeugnissen zu öffnen begann: Bauern konnten ihre Agrarprodukte nicht mehr zu den vorher üblichen Preisen verkaufen und sich deshalb die Produkte des Handwerks oftmals nicht mehr leisten. Außerdem waren Arbeitskräfte Mangelware, weshalb die Löhne der Knechte in der Landwirtschaft stiegen. Insgesamt kam es also zu einer Steigerung der Kosten in der Agrarproduktion bei gleichzeitigem Fallen der Einnahmen, was in der Forschung als „Agrardepression" oder „Agrarkrise" des

Spätmittelalters bezeichnet wird.[107] Im Gegensatz zu den sporadisch immer wieder auftretenden Teuerungskrisen des Mittelalters war die Krise des 14./15. Jh.s langfristig und vor allem auf Getreide bezogen.[108]

Infolge der Agrarkrise zeigten sich einerseits Formen der Extensivierung – Felder wurden in Weiden umgewandelt und wieder zur Viehzucht genutzt – und der Intensivierung – besonders fruchtbare und verkehrsgünstig gelegene Böden wurden intensiver bewirtschaftet. Im Zuge der Zunahme von Wüstungen vergrößerten sich die Wald- und Buschzonen im Spätmittelalter wieder und so manche gerodete Fläche wurde wieder aufgegeben. Flurformen (Ackerterrassen oder Hochraine) und Flurnamen (bspw. Haferfeld oder Düngerschlag) zeugen mancherorts noch heute von diesen einstmals landwirtschaftlich genutzten Flächen. Die Kaufkraft der Städte führte zu einer Ausdehnung der Viehwirtschaft im Umfeld der urbanen Siedlungen und manche Bauern spezialisierten sich anstelle des verlustreichen Getreideanbaus auf die Kultivierung von Handels- und Industriepflanzen.[109]

Zusammenfassend muss festgehalten werden, dass sich nicht alle der skizzierten Entwicklungen in der Agrarwirtschaft in allen Regionen Europas mit der gleichen Intensität und Schnelligkeit vollzogen.[110] In Italien lösten sich manche Grundherrschaften bereits frühzeitig aufgrund der zahlreich vorhandenen städtischen Märkte auf, wohingegen in Nord- und Osteuropa die Geldwirtschaft erst allmählich im ländlichen Raum Einzug hielt. Auch soziale, kulturelle und herrschaftspolitische Faktoren spielten hierbei eine wichtige Rolle.

Q 4.12: Schuldenerlass zur Vermeidung von Wüstungen

„II. Imme jar 1500 und 18 jar des sondags na Dionisii [Tag nach dem Tag des hl. Dionysius = 10. Oktober] quam Marquart Snacke unde Gretke Emeken tor Arnsboken vor my Johannes prior, unde vorgemelte Marquart gedachte nehmen to den eren Gretken Emeken weret sake, da tick den beyden de olde schult wollte togheven, dede dat Closter my Gretken hadde, wilcker was 16 m 13 ß. Indeme se beyde in guder andacht weren unse arve to bewonende to Gutendorpp, upp dat wy des mochten hirnamals werden ghebetert, so hebbe ick Johannes prior ere beyder gude andacht anghesen, up dat unse arve nicht mochte verwostet warden, so idt befruchtende was, und hebbe en beyde sodane vorscreven gelt toghegheven, jodoch myt sulken boschede, dat se scholen under uns bliven bewonende, nicht uth unseme gude to varende. Averst

4.3 Phasen der Landwirtschaftsgeschichte

queme idt anders, dat se beyde wolden uth unseme gude varen, so scholen se deme closter noch gheven und betalen sodane 16 m und 13 ß. Ock ifft Marquart vorstorve yn Got den heren unde syne frunde wollen spreken ob arffgudt, so scholen so ock uthgeven den vorbescreven summen deme closter tor Arnsboken. Hir an unde aver is ghewest de procurator, in cuius presentia ante portas superiores hec acta sunt."

Kommentar: Johannes, der Prior des Klosters Ahrensbök erlässt in der vorliegenden Urkunde Gretken Emeken und Marquart Snacke ihre Schulden in Höhe von 16 Mark und 13 Schillingen, um zu verhindern, dass diese aus der Grundherrschaft fliehen und das Land dadurch nicht mehr bestellt wird. Dafür müssen sich beide verpflichten, dauerhaft in der Grundherrschaft wohnen zu bleiben. Sollten sie dennoch fliehen und gefasst werden, müssen sie die Schulden nachträglich zahlen. Der Wegzug von Bauern und die oftmals darauffolgende Wüstung einer landwirtschaftlichen Nutzfläche im Spätmittelalter und am Beginn der Frühen Neuzeit waren ein ernstes Problem für die Grundherren, denen dadurch die regelmäßigen Einnahmen verloren gingen. So versuchte man durch Schuldenerlass und rechtliche Privilegien Anreize zu schaffen, um die Bauern zum Bleiben zu bewegen und eine Abwanderung in die Städte zu verhindern.

Zitiert nach: Urkunde des Klosters Ahrensbök (1518). Text nach Reitemeier 2008, S. 161–162.

5 Handwerk

Wohl kaum eine Tätigkeit des Mittelalters ist so eng mit der Vorstellung von Wirtschaft und Stadt[1] verbunden wie das Handwerk.[2] Dabei liegen die Ursprünge des mittelalterlichen Handwerks nicht etwa in der Stadt, sondern auf dem Land. Die Quellenlage zu gewerblichen Tätigkeiten insbesondere zwischen dem 5. und 9. Jh. ist äußerst schlecht und oftmals ist man bei der Interpretation auf die Erzeugnisse handwerklicher Arbeiten in Gestalt von Objekten archäologischer Ausgrabungen angewiesen.[3] Eine theoretische Reflexion handwerklicher Tätigkeiten oder deren Beschreibungen finden sich kaum (▶ Kap. 8.1). Insoweit ist es nicht weiter verwunderlich, dass das Handwerk in den meisten Einführungen zur Wirtschaftsgeschichte des Frühmittelalters nur einen äußerst kleinen Raum einnimmt. Viele handwerkliche Tätigkeiten fanden im eigenen Haushalt statt, so dass spezifische Gewerbegebäude, wie sie noch aus der Antike bekannt sind, in der Regel nur selten von Wohnhäusern zu trennen sind. Das folgende Kapitel wirft zunächst einen Blick auf die Grundbedingungen des Handwerks im Mittelalter, bevor einzelne Gewerbezweige detailliert vorgestellt werden. Abschließend erfolgt eine Darstellung der Entstehung und Entwicklung der mittelalterlichen Zünfte.

5.1 Grundlagen des Handwerks im Mittelalter

Der mittelalterliche „Idealbetrieb" bestand aus einem Meister, seinem Gesellen und einem Lehrling, die in einer häuslichen Werkstatt zusammenarbeiteten. Größere Betriebe mit mehreren Mitarbeitern fehlten weitestgehend. Derartige Unternehmen entstanden zuerst in Gestalt von Schiffswerften und Bergwerken und wurden durch öffentliche (Stadtrepubliken) oder private (Handelsfamilien) Kapitalgeber unterstützt. Ein großes Problem des mittelalterlichen Handwerks lag darin begründet, dass es einerseits sehr kapitalintensiv war – Rohstoffe und Werkzeuge mussten beschafft werden – und andererseits der Absatz der Produkte (Verkauf) zu organisieren war. Häufig übernahmen spezialisierte Händler die Distribution der hergestellten Güter und investierten auch in deren Produktion, was die Handwerker von den Händlern wirtschaftlich abhängig machte.[4]

Wenngleich das Handwerk Dreh- und Angelpunkt für den technischen Fortschritt im Mittelalter war, geht man davon aus, dass zu keinem Zeitpunkt mehr als 10 % der Gesamtbevölkerung im Handwerk beschäftigt war. Selbst in den Städten dürften kaum mehr als 25 % der Einwohner im Handwerk gearbeitet haben.[5] Dabei ist allerdings noch einmal anhand der Größe der Städte zu differenzieren: In einzelnen Großstädten wie Köln, Nürnberg, Regensburg oder Lübeck mit mehr als 10.000 Einwohnern dürfte der Anteil der gewerblich-handwerklich orientierten Bevölkerung im 12.–14. Jh. bei etwa 50 % gelegen haben, was wiederum einer Zahl von mehreren Tausend Handwerkern entsprechen würde. Generell lässt sich sagen: Je größer eine Stadt wurde, desto höher war der Anteil der nicht-agrarisch wirtschaftenden Einwohner gemessen an der Gesamtbevölkerung. Das hängt damit zusammen, dass bis zu einer Größe von 2.000 Einwohnern die Städte in der Regel noch aus dem Umland (ca. 30 km Radius) mit Nahrungsmitteln versorgt werden konnten. Darüber hinaus mussten zusätzliche Handelsnetzwerke (Fernhandel) geschaffen werden und die Möglichkeit bestehen, sich mithilfe von Geld aus eigener Hände Arbeit (Handwerk) auf den Märkten mit Nahrungsmitteln zu versorgen.[6]

Werfen wir einen quantitativen Blick auf die Verhältnisse im Deutschen Reich des Spätmittelalters: In der Zeit um 1350 wohnten etwa 10 % der Bevölkerung in Städten, wobei das Handwerk kaum mehr als 50 % der Einwohner umfasst haben dürfte. Berücksichtigt man ferner das dörfliche und das auf Rohstoffgewinnung ausgerichtete Handwerk (Bergbau), so lässt sich wohl mit etwa 7 % der Gesamtbevölkerung rechnen, die einem Gewerbe nachging.[7] Geht man nun von einer Bevölkerung im Deutschen Reich von etwa 13–15 Millionen[8] aus, so hätten wir es immerhin mit rund einer Million Handwerkern zu tun. Auch lässt sich in großen Städten mit mehr als 5.000 Einwohnern eine deutlich größere Differenzierung des Handwerks beobachten (▶ Q 5.1): Für Regensburg hat man in der Mitte des 14. Jh.s 16 verschiedene Metallhandwerke, 11 Bekleidungs- und Textilhandwerke, 4 Bauhandwerke und zahlreiche weitere Gewerbe wie Wagner, Schreiner, Bäcker und Metzger feststellen können.

5.1 Grundlagen des Handwerks im Mittelalter

Eine aus dem Zeitraum 1292–1300 überlieferte Liste der Handwerksmeister von Paris verzeichnet 5.844 Personen in 448 verschiedenen Berufen, darunter Wollweber (360 Personen), Gerber (338 Personen), Goldschmiede (251 Personen), Bäcker (131 Personen) und Metzger (70 Personen).[9] Oftmals sind es die textilverarbeitenden Gewerke und die Goldschmiede, die in derartigen spätmittelalterlichen Listen mit den meisten Mitgliedern auftauchen.

Der Übergang von der Naturalabgabe zur Geldrente im Hochmittelalter steigerte die grundherrschaftlichen Einkommen und beförderte die Entwicklung der handwerklichen Wirtschaft in den Städten, die spezialisierte Produkte und Luxusgüter zu Repräsentationszwecken herzustellen begann. In kleineren Städten dagegen, bei denen die Beziehungen zwischen Stadt und Umland noch wesentlich stärker waren, prägte sich nur eine einfachere Gewerbestruktur aus, die im Wesentlichen auf die Versorgung des Umlandes mit Handwerksprodukten konzentriert war, von dem sie wiederum mit Nahrungsmitteln versorgt wurde.[10]

Nicht alle handwerklich Tätigen in den Städten waren auch ausschließlich Handwerker. Viele bewirtschafteten nebenbei oder gar hauptsächlich noch landwirtschaftliche Nutzflächen außerhalb der Stadt, um das Überleben der eigenen Familie zu sichern.[11] Letztlich kann man davon ausgehen, dass selbst Handwerksfamilien an ihren Wohnhäusern kleine Gärten besaßen und sich Kleintiere (Geflügel oder Kaninchen) hielten, um sich mit Fleisch sowie mit Obst und Gemüse aus eigenem Anbau versorgen zu können.

Handwerkliche Interessenvertretungen in Gestalt der Zünfte (▶ Kap. 5.3) entstanden erst ab dem 12. Jh. in den Städten. In Deutschland erscheinen zuerst 1099 die Zunft der Weber in Mainz[12], 1106 die der Fischer in Worms und 1128 die der Schuhmacher in Würzburg. Das Wort „Zunft" als Übersetzung des lateinischen Begriffs *confraternitas* (Bruderschaft) taucht erstmals 1226 in einer Urkunde des Basler Bischofs Heinrich II. von Thun (1216–1238) auf.[13] Das ebenfalls zahlreich vorhandene Handwerk auf dem Lande kannte keine vergleichbaren Institutionen oder genossenschaftlichen Vereinigungen von Handwerkern.

Q 5.1: Eine Handwerksmeisterliste aus Nürnberg
„Anno domini 1363 in festo nativitatis beate virginis [Tag Mariä Geburt im Jahr 1363 = 8. September]. Ditz buch ist von der ordenunge aller hantwerch in der stat, wievil igleichs hantwerks gesworn meister sint, unde die sich mit der burger willen und wort gesetzt haben, als si alle hernach geschriben sten [...].
Sartores [Schneider] 76 Meister
Mentler [Mantelschneider] 30 Meister
Platner [Harnischmacher] 12 Meister
Plechhantschuer [Metallhandschuhmacher] 21 Meister
Sarwürhten [Panzerhemdmacher] 4 Meister
Nadler und Drotsmit [Drahtschmied und Nadelmacher] 22 Meister
Messingsmit, Gürtler, Zingiezzer, Spengler [Messingschmied, Gürtelhersteller, Zinngießer, Blechbearbeiter] 33 Meister
Puetner [Fassbinder] 34 Meister
Wagner 20 Meister
Schreiner 10 Meister
Flaschensmide [Hersteller von Metallflaschen] 15 Meister
Haubensmit [Hersteller von Helmen] 6 Meister
Reuzzenslozzer [Schlosser] 24 Meister
Bizzer, Sporer, Stegraiffer [Zaumschmiede, Sporenhersteller, Steigbügelmacher] 19 Meister
Pantberaiter [Hersteller von Metallbändern, z. B. für Fässer] 12 Meister
Nagler 6 Meister
Frumwerker [kleinere Schlosserarbeiten] 17 Meister
Zigensmit, Flachsmit, Knopfsmit, Sleiffer [Zeugschmiede, Flachschmiede, Knaufmacher, Schleifer] 9 Meister
Hufsmit [Hufschmied] 22 Meister
Pfannensmit [Pfannenmied] 5 Meister
Kezzler 8 [Kesselschmied] Meister
Calciatores [Schuster] 81 Meister
Reuzzen [Flickschuster] 37 Meister
Goltsmit [Goldschmied] 16 Meister
Wehsler [Wechsler] 17 Meister
Cultellarii [Messermacher] 73 Meister
Klingensmit [Klingenschmied] 8 Meister
Kanelgiezzer [Kannengießer, Zinngießer] 14 Meister
Taschner [Hersteller von ledernen Behältnissen] 22 Meister
Hantschuer [Handschuhmacher] 12 Meister
Peutler [Beutelmacher] 12 Meister
Pistores [Beckenhersteller] 75 Meister
Swertfegen [Schwertfeger] 7 Meister
Kürsner [Bearbeiter von Tierfellen] 57 Meister

5.1 Grundlagen des Handwerks im Mittelalter

> Glaser 11 Meister
> Moler [Maler] 6 Meister"
> **Kommentar:** In der zwischen 1363 und 1370 in Nürnberg entstandenen Liste – die auch als älteste Gewerbestatistik Deutschlands angesehen wird – wurden die Meister, Gesellen und Lehrlinge der einzelnen Handwerkszweige in der Stadt verzeichnet. Nürnberg hatte im 14. Jh. etwa 5.000 Einwohner und gehörte damit zu den Großstädten des Reiches. Die Liste zeigt sehr gut die Bedeutung des metallverarbeitenden Gewerbes und hierbei vor allem der Waffenproduktion (Plattner, Schwertfeger, Klingen- und Haubenschmiede).[i] Auch lässt sich bereits eine deutliche Ausdifferenzierung einzelner Handwerksberufe erkennen: Aus den Schmieden entwickelten sich Grobschmiede, Zeugschmiede, Goldschmiede, Nagelschmiede und weitere Spezialisierungen. Anhand der Meister und ihrer Betriebsgrößen lassen sich auch Rückschlüsse auf die Bevölkerungszahlen der Städte ziehen. Insgesamt wurden für den angegeben Zeitraum zwischen 1.171 und 1.219 Meister aus 47 bis 50 Handwerksberufen genannt. Allerdings lässt sich aus der Statistik allein noch nichts über die soziale Stellung und die politischen Einflussmöglichkeiten der Handwerker in Nürnberg sagen. Seit 1370 waren acht Vertreter der angesehensten Gewerbe (Rindsmetzger, Kürschner, Tuchmacher, Rotbierbrauer, Bäcker, Blechschmiede, Schneider und Rotgerber) im Inneren Rat mit 42 Mitgliedern vertreten, doch kam die Mehrheit immer noch aus dem Kaufmannsstand.[ii]
> **Zitiert nach:** Nürnberger Handwerksmeisterliste (1363–1370). Möncke 1982, S. 226–228.

Auch gab es neben dem städtischen Gewerbe stets Handwerker, deren Produktionsstätten außerhalb der Städte lagen: Die Gewinnung von Erzen sowie die Produktion und Weiterverarbeitung von Metallen war ebenso wie „feuergefährliche" Gewerbe (Glas, Holzkohle oder Keramik) oftmals außerhalb der Städte in der Nähe der benötigten Rohstoffe angesiedelt. Auch gab es immer Handwerker, die direkt für den örtlichen (dörflichen) Markt produzierten (bspw. Dorfschmiede, Schreiner oder Wagenmacher). Bis zum Ende des Mittelalters wurde nebenbei auch für den eigenen häuslichen Bedarf produziert, besonders dort, wo der Kauf von Produkten des spezialisierten Handwerks aus finanziellen Gründen nicht möglich war (Haushandwerk). Es ist also stets zwischen den drei gewerblichen Sphären Stadthandwerk, Landhandwerk und Haushandwerk zu unterscheiden. Die handwerklichen Techniken und technischen Hilfsmöglichkeiten entwickelten sich dabei vor allem in dem auf die Produktion von Luxus- und Kunstgegenständen spezialisierten städtischen

Handwerk, was zu einer Verbesserung der Qualität und deren Ausstrahlung auf andere Handwerkszweige führte.[14] Auch die Ausdifferenzierung und Spezialisierung bestimmter Handwerksberufe fand seit dem Hochmittelalter vor allem im Umfeld der Städte statt. Der Schmied war im Frühmittelalter noch oft ein „Alleskönner" in der Metallbearbeitung und wurde erst im Spätmittelalter zum spezialisierten Waffenschmied, Kupferschmied, Grobschmied, Goldschmied, Hufschmied, Nagelschmied, Harnischfeger, Kesselschmied oder Werkzeugschmied.[15]

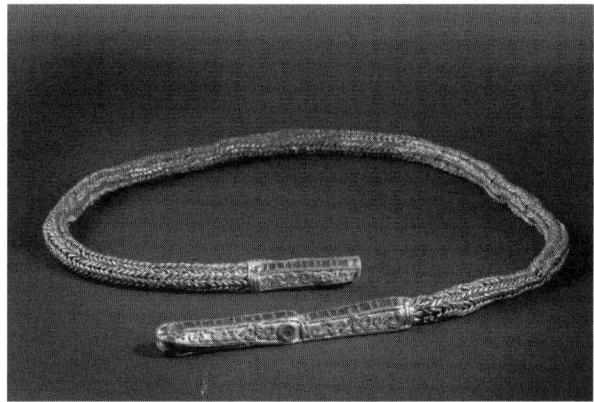

Abb. 5.1: Bei Isenbüttel (Kr. Gifhorn) gefundene Goldkette aus einem 42 cm langen Strickwerk aus dünnen Golddrähten. Ihre Enden werden von goldenen Hülsen in Tierkopfgestalt gebildet, die aufwendig mit roten Glasstückchen verziert sind. Sie ist ein Zeugnis der hohen Fertigungsqualität frühmittelalterlicher Goldschmiedearbeiten der Merowingerzeit.

Gewandfibeln mit aufwendigen Einlegetechniken aus Gold mit roten Halbedelsteinen (sogenannte Almandinen) oder auch liturgisch genutzte Goldblattkreuze aus dem 6./7. Jh. weisen auf ein Goldschmiedehandwerk auf technisch hohem Niveau hin, das sich wohl über die Völkerwanderungszeit hinweg hielt und sogar von der Antike unabhängige Designs entwickelte (▶ Abb. 5.1). Beispiele hierfür sind die sogenannten „gotischen Adlerfibeln" oder auch die „fränkischen Scheibenfibeln". Es sei an dieser Stelle angemerkt, dass eine „ethnische" Zuweisung bestimmter künstlerischer Ausprägungsformen für die barbarischen *gentes* nur mit

5.1 Grundlagen des Handwerks im Mittelalter

äußerster Vorsicht vorzunehmen ist. Gerade im Mittelmeerraum scheinen sich noch lange von der byzantinischen Formensprache beeinflusste Stile bei den Handwerkern gehalten zu haben.[16]

Dass der „Schmied" einer der wichtigsten Berufe des Mittelalters war, darauf verweist noch heute der Familienname „Schmidt", der mit rund 235.000 Eintragungen im Telefonbuch der zweithäufigste Familienname in Deutschland ist. Würde man alle homophoben und dialektal bedingten Schreibvarianten (also beispielsweise Schmitz, Schmidtke oder Schmitt) dieser ursprünglichen „Berufsbezeichnung" zusammennehmen, ergäbe sich sogar Platz 1 in einer Liste der häufigsten Familiennamen. Im Übrigen resultiert ein Großteil der 10 häufigsten Nachnamen[17] in Deutschland aus Ableitungen von ehemaligen Berufs- oder Funktionsbezeichnungen:

1. Müller (Berufsbezeichnung)
2. Schmidt (Berufsbezeichnung)
3. Schneider (Berufsbezeichnung)
4. Fischer (Berufsbezeichnung)
5. Weber (Berufsbezeichnung)
6. Meyer (Funktionsbezeichnung – Verwalter einer Grundherrschaft)
7. Wagner (Berufsbezeichnung)
8. Becker (Berufsbezeichnung)
9. Schulz (Funktionsbezeichnung – Beamter, der Abgaben einzieht und die niedere Gerichtsbarkeit ausübt)
10. Hoffmann (Funktionsbezeichnung – Abgabenpflichtiger Pächter eines Gehöfts)

Dies hängt mit der Zeit des Aufkommens von Nachnamen im Mittelalter und den zu dieser Zeit am weitesten verbreiteten Berufsgruppen zusammen.[18] Da die Anzahl der verwendeten Vornamen im Hochmittelalter weniger wurde, brauchte man signifikante Merkmale zur Unterscheidung gleichnamiger Personen: Die Redewendung „Hinz und Kunz" für „jedermann" verweist noch heute darauf, dass die Namen Heinrich (Kurzform: Hinz) und Konrad (Kurzform: Kunz) im deutschen Sprachraum am beliebtesten waren.[19] Gerade die zunehmende Bevölkerungsdichte in den Städten gepaart mit dem aufstrebenden urbanen Handwerk führte zur Herausbildung der noch heute geläufigsten Familiennamen.

5.2 Entwicklung einzelner Gewerbe

Das Handwerk im Frühmittelalter stellte nur in geringem Maße eine „autonome Wirtschaftsform" dar. Meist war es in den landwirtschaftlichen Rahmen der auf Selbstversorgung ausgerichteten grundherrschaftlichen Villikationen integriert.[20] Ein Großteil des Gewerbes bezog sich auf die Verarbeitung von Nahrungsmitteln sowie die Herstellung von Textilien. Eine Spezialisierung und Ausdifferenzierung gab es nur im geringen Maße, vor allem im Umfeld derjenigen Städte, die relativ unbeschadet die Völkerwanderungszeit überdauert hatten. Die Ursprünge der Verlagerung des Gewerbes von der Stadt aufs Land wurden in der Spätantike begründet: Die großen römischen Wirtschaftshöfe (*villae*) dienten ursprünglich als Verwaltungszentren der ausgedehnten Agrarflächen und als Landhäuser ihrer Eigentümer, die zumeist in den Städten residierten. In dem Maße, wie sich die Großgrundbesitzer in der Spätantike aus den Städten zurückzogen, verlagerten sie auch das (überwiegend von eigenen Sklaven betriebene) Gewerbe von der Stadt aufs Land. Die Wirtschaftshöfe wurden so auch handwerklich unabhängiger und finanzielle Investitionen konnten auf Luxuswaren konzentriert werden.[21] In Süditalien scheint sich dagegen noch längere Zeit ein unabhängiges Handwerk erhalten zu haben, dass sich in „Schulen" (*scholae*) organisierte, die möglicherweise aus den antiken „Kollegien" (*collegia*) hervorgegangen sind.[22]

Zwischen dem 6. und 9. Jh. klafft eine Überlieferungslücke von Informationen zu Handwerk und Gewerbe. Lediglich der Handel mit überregional gefragten Produkten erscheint in den Quellen. Allerdings stellen diese Luxusgüter gerade nicht die alltäglichen Gewerbeerzeugnisse dar. Schriftquellen der Karolingerzeit belegen durch unfreie Bauern geleistete handwerkliche Tätigkeiten wie die Ablieferung von Dachschindeln, Zaunlatten, Leinentüchern oder Kleidungsstücken.[23] Die überlieferten Forderungen von militärischer Ausrüstung an die königlichen und klösterlichen Wirtschaftshöfe setzen ebenfalls verschiedene Handwerksberufe in der Bearbeitung von Holz, Eisen und Leder voraus. Auch der berühmte Klosterplan von St. Gallen zeigt Handwerkshäuser von Schustern, Sattlern, Drechslern oder Gerbern.[24] Handwerksbetriebe und eigene Wohnquartiere sind auch für die Abteien Corbie oder Saint-Riquier belegt

5.2 Entwicklung einzelner Gewerbe

und in Murbach sollten im Jahre 816 die Handwerksbetriebe in die Klostermauern integriert werden.[25]

Zwischen dem 10. und 12. Jh. verlagerten sich die handwerklichen Produktionsprozesse zunehmend vom Land in die expandierenden Städte. Die zunehmende Marktverflechtung und die Entstehung von Handelsmessen ließen einen größeren Absatzmarkt für gewerbliche Produkte entstehen, der eine Konzentration des Einzelnen auf eine handwerkliche Tätigkeit erlaubte.[26] Insgesamt gesehen nahm die Nachfrage nach qualitätsvollen Produkten und Luxusgütern zu, die ihren Absatz weiterhin in der finanzstarken weltlichen und geistlichen Führungsschicht fanden, zu der sich allmählich auch das städtische Patriziat gesellte.

Im Spätmittelalter zwischen dem 13. und 15. Jh. lässt sich dann der umgekehrte Trend beobachten, dass sich das Handwerk wieder vermehrt von der Stadt aufs Land verlagerte. Für diese Entwicklung gab es mehrere Gründe: Der zunehmende Einsatz von Wassermühlen in der Produktion setzte geeignete Flussläufe voraus. Die durch die Zunahme eines städtischen Bürgertums bedingte gestiegene Nachfrage nach Produkten im mittleren Preissegment führte zur Verlagerung der Produktion aufs Land, weil die Arbeitskraft dort preiswerter war und die Arbeitsbedingungen nicht durch Handwerksvereinigungen kontrolliert wurden. Die Initiative ging hierbei von den Händlern aus, die das Handwerk neu im Verlagswesen organisierten (▶ Exkurs: Verlagswesen).[27]

Im Rahmen der skizzierten Entwicklungen fand allerdings nie eine vollständige Verlagerung des Handwerks in die Städte oder auf das Land statt, beides bestand stets nebeneinander. Auch war es möglich, dass Produkte wie Textilien zunächst auf dem Land hergestellt und dann in der Stadt veredelt wurden. Zur besseren Anschaulichkeit wird im Folgenden die Entwicklung einiger Gewerbezweige vorgestellt.

5.2.1 Müller, Bäcker und Brauer

Eine mit Wasserkraft angetriebene Mühle gab es wohl in den meisten mittelalterlichen Siedlungen. Im Frühmittelalter wurde Getreide von den bäuerlichen Höfen allerdings noch überwiegend in Handmühlen gemahlen. Teilweise gab es bereits auf den Grundherrschaften ansässige Mühlen mit einem angestellten Müller, der einen Teil des bei ihm gemahlenen Korns einbehielt und weiterverkaufte.[28] Für große klösterliche Grundherrschaften wie Corbie sind bereits für das 9. Jh. umfassendere Mühlenkomplexe mit nacheinander gesetzten Mühlen oder parallel geschalteten Mahlwerken belegt, um die 400–500 Personen des Klosters mit Brot versorgen zu können.[29]

Zwischen dem 5. und 8. Jh. lassen sich keine Wassermühlen in Mitteleuropa gesichert nachweisen, auch wenn davon auszugehen ist, dass es sie auch in nachrömischer Zeit gegeben hat. Der Rückgang der Sklavenarbeit mag die Verbreitung der Wassermühle beschleunigt haben. Die älteste Wassermühle Deutschlands – deren Überreste sich dendrochronologisch auf nach 743 datieren lassen – ist in Dasing in Südbayern ausgegraben worden.[30] Dass die Technologie des Zahnrad-Winkelgetriebes – zur Übersetzung der vertikalen Wasserkraft in eine horizontale Drehbewegung – aus der römischen Welt stammte, ist unzweifelhaft. Woher aber das plötzliche Wissen in spätmerowingischer Zeit kam, wie es sich verbreitete und warum nur eine Generation später in karolingischer Zeit ein regelrechter „Wassermühlenboom" einsetzte, kann aus den Quellen nicht erschlossen werden (▶ Kap. 8.4).

Dennoch stellte die Mühle die größte Innovationskraft und Arbeitserleichterung des Mittelalters dar. Die älteste bildliche Darstellung einer Wassermühle stammt aus dem *Hortus deliciarum* („Garten der Köstlichkeiten"), einem enzyklopädischen Werk aus der Zeit der Äbtissin Herradis von Landsberg (um 1175/1195) im Kloster Hohenburg auf dem Odilienberg im Elsass, dessen Original bei der Belagerung von Straßburg in der Nacht vom 24. auf den 25. August 1870 leider verbrannt ist. Sie zeigt ein unterschlächtiges Wasserrad – also ein Rad, das von unten mit Wasserkraft angetrieben wird – mitsamt einem Übersetzungsrad und Mühlstein.

Bäcker und Bäckereien sind ebenfalls schon früh nachweisbar und es ist sicherlich kein Zufall, dass in vielen Städten des Mittelalters die Initiative zur Gründung von Zünften erstmals von den Bäckern ausging, denn bei diesen handelte es sich um die ältesten ansässigen Handwerksbetriebe. Auf dem Land dagegen buken die Bauern ihr Brot noch selbst in kleinen Öfen in der Nähe des Hauses oder lieferten es zum Ausbacken in gemeinschaftlich genutzte Öfen. In manchen Zunftordnungen wurde das

Verkaufen von Brot auf den Wochenmärkten durch die Bauern der Umgebung geregelt, die somit zur Nahrungsmittelversorgung der aufstrebenden Städte beitrugen.[31]

Bier wurde in den landwirtschaftlichen Betrieben hausgebraut und Wein in kleineren Mengen selbst gekeltert. Die für das Brauen und Keltern im größeren Stil notwendigen Gerätschaften und Agrarprodukte waren oftmals kostspielig, weshalb sich einerseits relativ schnell ein spezialisiertes Handwerkertum von Brauern und Winzern entwickelte und andererseits in den Grundherrschaften die Kontrolle und Organisation der Bierbrauerei und des Weinkelterns durch den Grundherrn erfolgte. Die Verteidigung des Berufsmonopols war für die Zunft der Brauer aufgrund einer spezialisierten technischen Ausstattung einfacher möglich als in anderen Gewerben.

5.2.2 Textilhandwerk und Lederverarbeitung

Das Textilhandwerk war neben dem Metallhandwerk eines der wichtigsten Gewerbe des Mittelalters und häufig der Motor für zahlreiche ökonomische und technische Innovationen.[32] Außerhalb der Landwirtschaft waren die meisten Menschen im Textilhandwerk beschäftigt. Auch der Handel mit Textilien war weit gespannt und qualitätsvolle Produkte wurden entsprechend gekennzeichnet und damit urheberrechtlich geschützt. Die Verbreitung des Schafes in fast allen Regionen Europas sorgte für eine ausreichende Versorgung mit Wolle.[33]

Oftmals wurden der Rohstoff und die zur Herstellung von Stoffen benötigten Werkzeuge, gelegentlich auch Produktionsstätten, vom Grundherrn gestellt. Im Urbar der Abtei Saint-Germain-des-Prés finden sich wiederholt Hinweise auf Frauen – vor allem aus dem Stand der Unfreien und Halbfreien – die zur Abgabe von Stoffen aus Wolle oder Leinen verpflichtet wurden, die sie wohl zu Hause herstellten, wohin man ihnen auch den Rohstoff lieferte. Es gab aber auch von den Gütern getrennte Werkstätten (Webhäuser), in denen die Frauen zu bestimmten Zeiten zu arbeiten hatten. Den Bedarf größerer Grundherrschaften deckten bereits im Frühmittelalter große Webereien mit teilweise dutzenden von Arbeiterinnen, die an senkrecht stehenden Webstühlen tätig waren (▶ Abb. 5.2 und ▶ Abb. 5.3).[34]

Abb. 5.2: Rekonstruktion zweier senkrecht stehender Webstühle des Frühmittelalters im Freilichtlabor Lauresham – Kloster Lorsch.

Erst mit der Erfindung des horizontalen Webstuhls, der zunehmenden Arbeitsteilung und der quantitativen Ausweitung der Textilproduktion im Hoch- und Spätmittelalter ging die Arbeit mit Stoffen von Frauen auf Männer über. Der horizontale Webrahmen, der im Hochmittelalter die Herstellung längerer Tuchstücke ermöglichte, führte auch zu einer zunehmenden Arbeitsteilung und Ausdifferenzierung im Textilgewerbe: Frauen bereiteten oftmals als Kämmer- und Spinnerinnen den Faden vor, der dann von Männern zu Tuch verarbeitet wurde. Darauf folgten die Reinigung, das Walken und abschließend das Färben, bevor die Stoffe in den Handel gelangten.[35] Die zunehmende Technisierung des Arbeitsprozesses – beispielsweise das Walken mit einer Walkmühle – brachte allerdings auch Qualitätsverluste mit sich, die wiederum zu Handwerksregelungen und einer Ausdifferenzierung von Qualitätsstufen führten (▶ Q 5.2). Auf der anderen Seite setzte die Mechanisierung einzelner Produktionsschritte bereits im Frühmittelalter Arbeitskräfte frei, die an anderer Stelle innerhalb der Grundherrschaft eingesetzt werden konnten.[36]

5.2 Entwicklung einzelner Gewerbe

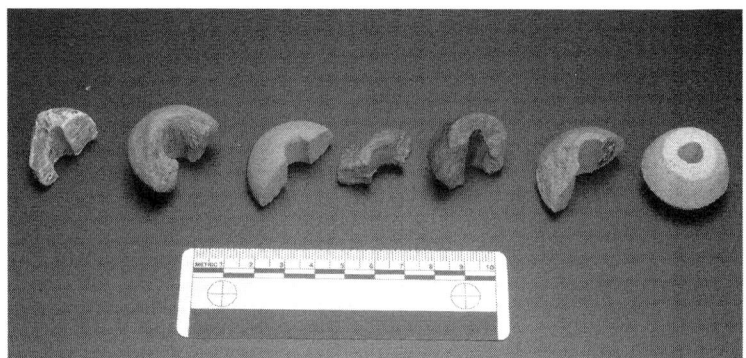

Abb. 5.3: Während die Holzelemente von Webstühlen vergangen sind, finden sich bei archäologischen Ausgrabungen häufig Webgewichte aus grob gebranntem Ton oder Stein wie hier von den archäologischen Ausgrabungen an der Kirchenburg zu Ankum (Landkreis Osnabrück).

Schafzucht und Wollverarbeitung galten übrigens als die vornehmste Industrie überhaupt und Wolle war das für die meisten Klimazonen günstigste Material zur Herstellung von Kleidung.[37] Neben die Schafswolle trat im 11. Jh. die aus Spanien, Malta, Sizilien und Nordafrika importierte Baumwolle, die u. a. in Verona, Parma oder Cremona verarbeitet wurde. Aufgrund der minderen Qualität europäischer Baumwolle gegenüber der afrikanischen wurde diese häufig mit Schafswolle verwoben und war damit besonders für die wärmeren Regionen Italiens gut geeignet, wo sie im 12./13. Jh. von der Toskana aus eine schnelle Verbreitung fand.[38] Seit dieser Zeit wurde auch vermehrt Seide verarbeitet, wobei sich Lucca zu einem Produktionszentrum entwickelte.[39]

Auch aus Flachs und Hanf wurde Kleidung hergestellt. Der Vorteil lag in der einfacheren Herstellung und Verarbeitung der Pflanzenfasern, zumal sich nicht jeder Bauer die Haltung von Schafen erlauben konnte. Die Einfachheit des Spinnens von Flachs führte dazu, dass in fast allen großen Klöstern des Frühmittelalters neben Wolle auch Leinen verarbeitet wurde. Der Nachteil von Leinen liegt darin, dass es im Gegensatz zu Wolle weniger Schutz vor Kälte bietet. Kleidung aus Hanf wiederum galt im Mittelalter als Zeichen von extremer Armut. Die Pflanze wurde deshalb eher zur Herstellung von Seilen und Tauen verwendet. Letztlich muss noch auf die Entwicklung von Barchent – ein Mischgewebe aus Leinen und Schafs-

oder Baumwolle – hingewiesen werden, das als preiswerter Textilstoff seit dem 14. Jh. weite Verbreitung fand. Die Hauptproduktionszentren lagen in Ulm, Augsburg, Kempten und Ravensburg.[40]

Die Bedeutung des Textilgewerbes, von dem ganze Landstriche wie Flandern lebten, lässt sich wiederum an der Aufteilung in einzelne Produktionsschritte erkennen, deren Handwerker sich schließlich auch in Zünften organisierten. In Florenz sollen nach dem Chronisten Giovanni Villani allein im Jahre 1338 etwa 30.000 Personen in 200 Wollweberbetrieben tätig gewesen sein und 70.–80.000 Stück Tuch produziert haben.[41] In der Steuerliste der Stadt von 1352 werden 1.381 Familienoberhäupter erwähnt, die den Beruf des Wollwebers ausübten – das sind 28,4 % aller genannten berufstätigen Personen.[42]

Die Alltagskleidung der breiten Masse der Bauern und ihrer Familien wird allerdings wohl noch über einen langen Zeitraum in heimischer Arbeit selbst hergestellt worden sein und im Wesentlichen aus ungefärbten Textilien oder aus grauen und braunen Tuchen bestanden haben.[43] Bestenfalls besaß man ein Kleidungsstück aus besserem und gefärbten Material als repräsentative Kleidung für den Kirchgang. Als Farbstoffe für teurere Gewebe dienten vor allem die Färberpflanzen Waid (blau) und Krapp (rot), deren Bedeutung bis weit ins 19. Jh. reichte (▶ Kap. 4.2.3).

Auch die Verarbeitung von Leder lag im Frühmittelalter oft schon in den Händen von darauf spezialisierten, abhängigen Handwerkern. Leder wurde zu Schuhen verarbeitet, aber auch für das Binden von Büchern, zur Herstellung von Schläuchen für Flüssigkeiten oder für Sättel und Zaumzeug verwendet. Es war außerdem ein wichtiger Rohstoff im militärischen Bereich: Für Schilde, Schwertgehänge, Gürtel und Rüstungsteile wurde ebenso Leder benötigt wie für die Fütterung von Helmen oder die Ausrüstung der Pferde. Begünstigt wurde die starke Verbreitung der Lederverarbeitung durch eine für die Haltung entsprechender Tierrassen (v. a. Schafe und Rinder) gut geeignete Naturlandschaft. Auffällig ist in diesem Zusammenhang die Vielzahl an Straßennamen aus mittelalterlichen Städten, die einen Hinweis auf lederverarbeitendes Gewerbe geben, wie die Lederzeyl in Wasserburg oder die (nicht nur) in Koblenz zu findende Gerbergasse.[44]

5.2 Entwicklung einzelner Gewerbe

> **Exkurs: Mittelalterliches Verlagswesen**
> Im Zusammenhang mit der Textilproduktion steht auch die Entstehung des mittelalterlichen Verlagswesens. Dabei kaufte ein Unternehmer (Verleger) den Rohstoff (Wolle) und übergab diesen dann an Lohnarbeiter (Verlegten, z. B. Spinnerinnen) zur Herstellung des Garns. Dieses wiederum übernahm er zu einem vereinbarten Stücklohn und übergab es einem Weber, der daraus Tuche herstellte. Auch diese wurden dann zu einem festgesetzten Stücklohn abgekauft und in weiteren Schritten von anderen Handwerkern weiterveredelt (Färber und Schneider). Bei den Unternehmern handelt es sich zumeist um Händler mit dem erforderlichen Kapital, der notwendigen Marktkenntnis und weitreichenden Handelsverbindungen. Notwendig für den rentablen Absatz der Produkte waren sowohl die Möglichkeiten des günstigen Einkaufs der Rohstoffe wie des lukrativen Absatzes der Endprodukte über den Fernhandel. Der Begriff Verlag leitet sich von Vorlage ab, da der Verleger mit seinem Geld oder Rohstoffen in Vorlage trat. Auch im Buchdruck des Spätmittelalters gab es aufgrund des teuren Produktionsvorgangs ähnliche Organisationsstrukturen, weshalb der Begriff Verlag in der Neuzeit auf die Druckmedienproduktion übergangen ist.

Die ersten Arbeitsschritte der Lederverarbeitung umfassten das Abziehen der Haut und das Entfernen von Fleisch und Haaren. Hierbei kamen verschiedene ätzende Chemikalien wie Alaun und Jauche zum Einsatz. Damit gehörte das Gerben zu den anrüchigen und aus heutiger Sicht gesundheitsgefährdenden Berufen des Mittelalters und war sozial nicht sehr angesehen. Normalerweise wurden Gerbereien am Rande der städtischen Siedlungen und in der Nähe von fließenden Gewässern errichtet.[45] Durch die allgegenwärtige Viehhaltung war Leder ein preiswerter und widerstandsfähiger Rohstoff für spezielle Kleidungsstücke und die ausgedehnten Waldgebiete lieferten die für das Gerben nötigen Rohstoffe. Erst die zunehmende Vergetreidung und die Rodung ausgedehnter Waldgebiete im Hoch- und Spätmittelalter ließen die Viehzucht und damit auch die Lederproduktion zurückgehen.

> **Q 5.2: Qualitätskontrolle durch den Frankfurter Rat**
> „Sollte es der Fall sein, dass an dem Leder oder an den Schuhen, die von den beiden Ratsabgeordneten kontrolliert werden, ein Mangel gefunden wird, so soll darüber nach alter Gewohnheit geziemend gerichtet werden. Die Gerber sollen an den Markttagen genug von ihrem Leder auf ihren Verkaufsbänken auslegen, das so trocken sein soll, dass, wenn es der Käufer über seine Finger biegt, kein Mangel daran erkenntlich ist. Sollte es aber passieren, dass von den Ratsabgeordneten schlechte Schuhe oder gänzlich falsches Leder auf dem Markt oder in den Häusern gefunden würde, das soll auf dem Markt vor allen Leuten öffentlich verbrannt werden. Aber der Verkäufer soll das und nicht mehr als Bestrafung erleiden."
> **Kommentar:** Häufig kontrollierten die Zünfte die Qualität der Waren ihrer Mitglieder. In einigen Städten, wie hier Frankfurt am Main, übernahm aber auch der Rat diese Kontrollfunktion. Die Untersuchung durch städtische Beamte fand an den öffentlichen Markttagen statt, an denen die Handwerker ihre Produkte zum Kauf auslegten. Kontrolliert wurde hierbei einerseits die Qualität des Rohstoffs (Leder) und andererseits das fertige Produkt (Schuhe). Anscheinend kam es auch vor, dass die Herkunft des Leders falsch deklariert wurde, um einen höheren Preis zu erzielen, was ebenfalls kontrolliert werden sollte. Als Bestrafung für fehlerhafte Waren wurden die Rohstoffe und Produkte des Verkäufers verbrannt. Dies bedeutete einerseits eine soziale – indem der Verkäufer öffentlich bloßgestellt wurde – und andererseits eine ökonomische Bestrafung – indem ein Großteil des ohnehin knappen Kapitals des Handwerkers vernichtet wurde. Dieses Kapital bestand im Falle des städtischen Handwerks oftmals aus den zur Herstellung der Produkte benötigten Rohstoffen (Leder, Stoffe, Edelmetalle etc.) und den Werkzeugen.
> **Zitiert nach:** Qualitätskontrolle der Schuster in Frankfurt am Main (1335). Reichmann et al. 1921, S. 219 und Kümper & Pastors 2008, S. 101.

5.2.3 Baugewerbe und Baukunst

Ein deutlicher Rückgang zwischen Spätantike und Frühmittelalter ist im Baugewerbe zu verzeichnen: Zwar wurde auch zwischen dem 6. und 10. Jh. bisweilen in Stein gebaut, aber solche Bauten waren teuer und einer weltlichen und geistlichen Oberschicht vorbehalten (▶ Abb. 5.4). Es fehlte einerseits die ausgeklügelte Technik der Antike und andererseits das Mäzenatentum, um im großen Umfang Repräsentations- und Verwal-

5.2 Entwicklung einzelner Gewerbe

tungsbauten entstehen zu lassen. Somit fehlte auch die „Auftragsgrundlage", um ein breites und spezialisiertes Baugewerbe entstehen zu lassen. Auch ging die Kenntnis antiker Technik offenbar zurück: Um das Jahr 500 dürften die meisten Aquädukte in Gallien nicht mehr funktioniert haben und man begann, Wasser über einfache Holzleitungen in die Städte zu bringen. In jedem Fall war das Bauhandwerk von Bedeutung, weil es der einzige „Betrieb" des Mittelalters war, in dem mehrere hundert Menschen verschiedener Handwerkszweige gleichzeitig an einem „Produkt" arbeiteten.[46] Während sich das städtische Bauhandwerk in der Regel in Zünften organisierte, fanden sich Arbeiter auf Großbaustellen zu Bauhütten und Steinmetzbruderschaften als Interessenvertretung zusammen.

Abb. 5.4: Zu den wenigen erhaltenen Steinbauten des Frühmittelalters in Deutschland gehört die um 900 gebaute Torhalle (auch Königshalle) des Klosters Lorsch, deren genaue Funktion bis heute unbekannt ist.

So waren Kirchen-, Pfalzen- oder Burgenbaustellen ebenso wie Bergwerke oder Werften die einzigen Orte, an denen Handwerker mit verschiedenen Kenntnissen direkt aufeinandertrafen und ihre Erfahrungen austauschen konnten, was diese Baustellen wiederum zu technischen Innovationszentren machte. Bei einem Kirchenbau beispielsweise waren Spezialisten in Stein-, Holz-, Metall- und Glasverarbeitung gefragt. In einer Zeit, in der die technische Ausbildung ausschließlich in der Praxis erfolgte, ergab sich auf Baustellen die Gelegenheit, „etwas Neues zu lernen" oder einen Lehrmeister zu finden. Da aber vom 11.-13. Jh. (der Blütezeit der Steinmetzbruderschaften im Zusammenhang mit dem einsetzenden Kathedralbau) nur die wenigsten Menschen das Lesen und Schreiben beherrschten, wurde das technische und handwerkliche Wissen ebenso wie Handwerksbräuche und -gesetze vor allem mündlich tradiert und entziehen sich somit oftmals unserer Kenntnis. Dennoch entfalteten die großen Sakralbaustellen des Hochmittelalters (wie die Abteikirche von Cluny, 1088–1120) eine wirtschaftliche Dynamik, die ganze Regionen in ihrer Konjunktur positiv beeinflussen konnte. Aber auch der Bau von Burgen, Stadtmauern, Brücken und den wenigen Steinhäusern ließ den Bausektor weiter wachsen.

Die Anzahl der Bauhandwerker im Einzelfall zu schätzen, ist schwierig, da es einerseits ein sesshaftes städtisches Handwerk gab, aber Handwerker auch von Baustelle zu Baustelle reisten, um Arbeit zu finden (Wanderhandwerk).[47] Darüber hinaus gab es eine große Zahl von im Bauhandwerk beschäftigten Tagelöhnern, die einfache Tätigkeiten verrichteten und bei statistischen Erfassungen nicht mitgezählt wurden. So gab es 1300 in Paris 383 Bauhandwerker, die Steuern zahlten: 122 Maurer, 108 Zimmerleute und 31 Dachdecker. Gemessen an der Gesamtbevölkerung der Städte stellten Maurer und Steinmetze also nur einen kleinen Teil der Einwohner, da auch im Spätmittelalter die meisten Gebäude noch aus Holz errichtet wurden.[48]

Q 5.3: Löhne der Bauhandwerker in Speyer
„Wir der rat von Spire veriehent offenlichen und duont kunt allen den, die disen brief iemer sehent oder horent lesen, daz wir beretenlichen, einmuetlichen unde einhelleclichen dar uber gesessen sind unde betrahtet hant, wie daz ein ieglicher arbeiter wirdig ist sines lones [vgl. Lukas 10,7 und 1. Timotheus

5.2 Entwicklung einzelner Gewerbe

5,8], den er verdiente, selig were aber, der sich mit sime verdienten lone wollte lazzen begnuogen. [...]. So han wir durch des besten willen und ouch durch friden, nutz unde notdurft unserre burgere gemeinlichen den wergleuten hie zuo Spire, mit namen steinmetzen, murern, zimerleuten, deckern [Dachdecker], cleibern [Handwerker, die Lehmwände machen und verputzen] unde den bendern [Faßbinder] einen lon geschoepfet unde uf gesetzt mit solicher bescheidenheit, als hie nach stat, unde wir als wir ouch wellent, daz furbazer me stete gehalten werde von allen unsern burgern unde allen den, die under unserme gerihte sint unde hie zuo Spire wonen woellent:
Zuom ersten die steinmetzen, murer, zimerleute, decker unde kleiber, wem die erbeitent zwuschent dem sunnentage so man singet letare zuo halbfasten unde sante Gallen dag [zwischen dem 4. Fastensonntag und dem 16. Oktober], den sol man lonen alsus: Dem meister alletage drissig hellere fur rehtes, fur koste unde lon, oder ahtzehen heller und sinen kosten, unde dem knehte, der ein lere knehte ist, daz erste iar funfzehen hellere fuer rehtes ane koste, oder aber sehs hellere unde sinen kosten, unde das ander iar ein unde zweintzig hellere fuer rehtes ane kosten, oder aber einen schilling heller unde sinen kosten, unde daz dridte iar, so er dreu iar das antwerg gewircket hat, dages drissig heller fur rehtes ane kosten, oder aber ahtzehen heller unde sinen kosten."

Kommentar: In der vorliegenden Quelle werden die Löhne der im Bauhandwerk beschäftigten Arbeiter durch den Speyrer Rat geregelt. Eingangs finden wir die im mittelalterlichen ökonomischen Denken auftauchende Sorge um den „gerechten Lohn". Darauf wird eine Reihe von beteiligten Gewerken genannt: Steinmetze, Maurer, Zimmerleute, Dachdecker, Verputzer und Fassbinder (Küfer). Bei der Festsetzung der Löhne begegnet uns die bereits bekannte Aufteilung in Sommer- und Winterlohn. Der Sommerlohn wird vom 4. Fastensonntag (Letare) bis zum Tag des Heiligen Gallus (16. Oktober) gezahlt und nach Meister- und Lehrlingslohn unterschieden. Die Lehrlinge wiederum werden gestaffelt nach drei Lehrjahren entlohnt. Ein Meister erhält 30 Heller, wenn er sich auf der Baustelle selbst verpflegt und 18 Heller bei voller Verpflegung durch den Bauherrn.[1] Ein Lehrling erhält dementsprechend im ersten Lehrjahr 15 oder 6 Heller, im zweiten Lehrjahr 21 oder 12 Heller und im dritten Lehrjahr 30 oder 18 Heller wie sein Meister. Die Löhne werden täglich ausgezahlt. Im weiteren Verlauf der Quelle wird noch untersagt, dass einem Meister oder Lehrling, der auf eigene (Verpflegungs-)Kosten arbeitet, Kleidungsstücke (Hosen oder Röcke) gegeben werden, und verfügt, dass diese während der Arbeit keinen Wein trinken dürfen. Beides wird mit harten Strafen (10 Schillingen) belegt. Auch tauchen in der Quelle Hinweise für Tagelöhner auf, die für niedere Tätigkeiten wie das Herstellen von Mörtel oder das Tragen von Baumaterialien herangezogen werden.

Zitiert nach: Festsetzung der Bauhandwerkerlöhne in Speyer (20. Dezember 1342). Möncke 1982, S. 190–193.

Die beschriebene Bautätigkeit kann jedoch nicht darüber hinwegtäuschen, dass die Masse der europäischen Bevölkerung sich nach ihren Bedürfnissen eine eigene primitive Behausung selbst baute. Dafür genügte in den meisten Fällen ein Rahmenbau aus Fachwerk, dessen Wände mit Mörtel aus Lehm und Stroh aufgefüllt wurden. Aus Stroh bestand in der Regel auch die Dachbedeckung. Es ist bezeichnend für den Arbeitsaufwand des Hausbaus, dass man selbst dort, wo Steine für Mauern oder Schiefer für Dächer in ausreichender Menge zur Verfügung gestanden hätten, oftmals lieber mit Holz und Stroh baute. Selbst in den Städten wurde auf diese einfache Weise gebaut, obwohl hier bereits spezialisierte Handwerker (Maurer, Zimmerleute oder Dachdecker) für die Behausungen reicherer Bürger hinzugerufen wurden (▶ Q 5.3).[49] Insofern wird unser heutiges Bild vom mittelalterlichen Bauwesen verzerrt, wenn vor allem besonders langlebige Gebäude aus Stein und Werkzeuge aus Metall überliefert sind.[50]

Die Schwierigkeiten des Steinbaus lagen einerseits in der Gewinnung des Baumaterials – die Steine mussten erst von Menschenhand behauen werden – und andererseits bei den hohen Transportkosten – die Steine mussten mühselig auf primitiven Karren oder auf dem Wasserweg transportiert werden. So bezog Paris seine Steine aus der Grafschaft Brie und sein Holz aus dem Herzogtum Burgund, nach Südengland wurden Quadersteine aus der Normandie geliefert und nach Venedig aus Dalmatien.[51] In diesem Zusammenhang wird auch verständlich, warum oft die Steine eines bestehenden Gebäudes wieder benutzt wurden, um deren Bearbeitung zu sparen. Die Ruinen römischer Bauwerke dienten als preiswerte Steinbrüche, um sich mit Baumaterial zu versorgen. Auch für die Errichtung aufwendiger Bauten vor allem im kirchlichen Bereich bediente man sich gerne antiker Baumaterialien – sogenannter Spolien. Definitorisch sind Spolien (von lat. *spolium* = „Beute" oder „Raub") Bauteile und andere Überreste wie Teile von Reliefs oder Skulpturen, Säulen oder Kapitellen, die aus Bauten älterer Kulturen stammen und in neuen Bauwerken wiederverwendet werden. Spätestens seit der um das Jahr 1000 einsetzenden Romanik wurden Spolien auch geplant eingesetzt: Manche Kirchen enthalten komplette antike oder völkerwanderungszeitliche Portale. Zugleich wird hierin das Unvermögen der frühmittelalterlichen Handwerker deutlich, etwas Vergleichbares selbst zu erschaffen. Wie einfach dagegen die Behausungen der normalen Bevölkerung waren, zeigt sich

5.2 Entwicklung einzelner Gewerbe

daran, dass es für die Bauern gängige Praxis war, bei der Verlegung eines Feldes durch Rodung oder Brache gleich das alte Haus abzubrechen und an anderer Stelle ein neues zu errichten.

Das einzige Steingebäude auf dem Land war oftmals eine Kirche, die dementsprechend in Zeiten der Bedrohung auch als Rückzugsort und befestigter Platz fungierte. So manche frühmittelalterliche Steinkirche erinnert mit ihren dicken Mauern und kleinen Fenstern eher an den Vorläufer einer Burg als an ein Gotteshaus (sog. Wehrkirchen). Vor allem die Wikingerüberfälle des 8. und 9. Jh. haben in einigen Teilen Europas dazu geführt, dass man Kirchen und Klöster nun in Stein errichtete und als befestigte Plätze nutzte. Der Ziegelbau in größerem Stil verbreitete sich erst im 15. Jh. wieder in Nordeuropa, wo mit der Backsteingotik unter anderem in Lüneburg und Lübeck, Riga und Danzig sogar ein eigener Baustil entwickelt wurde.[52] Der Backsteinbau kam dort in Gang, wo ein Mangel an natürlichen Steinvorkommen herrschte, gleichzeitig aber ausreichend Holz für den Brennprozess vorhanden war. Die Feueranfälligkeit der wachsenden Städte mag ebenfalls ein Grund dafür gewesen sein, dass vermehrt in Backstein anstelle von Holz gebaut wurde.[53]

Auch unter den „Burgen" des Früh- und Hochmittelalters darf man sich keine beeindruckenden Steinburgen vorstellen, wie man sie – oftmals fantasievoll im 19. Jh. „restauriert" – entlang des Rheins findet. Die Burg des niederen Adels war eine einfache hölzerne Turmhügelburg in der Nähe der Wirtschaftsgebäude.[54] Dieser Motte (von frz. *motte* = „Erdsode") genannte Burgentyp bestand aus einem künstlichen Erdhügel mit Graben und einem darauf stehenden turmförmigen Gebäude (▶ Abb. 5.5). Solche Erdhügelburgen oder Erdkegelburgen konnten in relativ kurzer Zeit errichtet werden und ermöglichten bei den Belagerungsmethoden des 10.–12. Jh.s eine effektive Verteidigung. Erst danach wurden viele Motten aufgrund verbesserter Belagerungsmaschinen aufgegeben oder in Stein weiter ausgebaut. Solche Wohntürme finden sich von Italien ausgehend als Behausungen reicher Patriziergeschlechter in Städten wie Regensburg (Geschlechtertürme).

Abb. 5.5: Rekonstruktion einer hölzernen Turmhügelburg anlässlich der Ausstellung AufRuhr 1225! auf dem Außengelände des LWL-Museums für Archäologie in Herne. Die Motte befindet sich heute in Neuenrade (Küntrop) in der Nähe des historischen Burgplatzes Gevern.

5.2.4 Salzgewinnung (Meersalz und Steinsalz)

Ein wichtiger Gewerbezweig war vielerorts die Erzeugung von Salz, das man nicht nur zur Konservierung von Lebensmitteln benötigte. Ein Mensch braucht jährlich etwa 1,5–2 kg Salz, ein Pferd 18 kg und eine Kuh sogar bis zu 33 kg.[55] Mit Salz stellte man Käse her und konservierte vor allem Fisch, weshalb sich die Nachfrage entlang der Fischfanggebiete des Mittelmeeres und der nördlichen Meere konzentrierte. Die Bedeutung von Salz zeigt sich auch in der Verbreitung des Ortsnamenbestandteils -hall in Deutschland (bspw. Halle an der Saale oder Bad Reichenhall), das wohl auf das germanische Wort für Salz zurückgeht.[56]

5.2 Entwicklung einzelner Gewerbe

Salz konnte im Bergbau oder durch Kochen von Meerwasser und salzhaltiger Sole im Binnenland gewonnen werden. Das Wasser von Nord- und Ostsee eignet sich allerdings wegen seines geringen Salzgehalts nicht für die Methode des Salzsiedens. So kam es zu teilweise sehr weiten Handelswegen, was das Produkt zusätzlich verteuerte („weißes Gold"). Im *Domesday Book* (1086) werden nicht weniger als 1.195 Salzsiedereien für Meerwasser (lat. *salinae*) verzeichnet.[57] Der billigere Schiffs- gegenüber dem Landtransport begünstigte häufig das Meersalz gegenüber dem Steinsalz.[58] Immer wieder finden sich in den karolingischen Urkunden Zollprivilegien für den Salztransport oder in den Güterverzeichnissen Hinweise auf die Salzproduktion (▶ Q 5.4), zum Beispiel in Vic, Marsal oder im Gebiet von Reichenhall. Seit dem 13. Jh. versuchte Venedig, den Salzhandel des Mittelmeerraumes unter seine Kontrolle zu bringen, und zerstörte sogar die Salinen auf Kreta, um den Preis in die Höhe zu treiben.

Steinsalz wurde bergmännisch u. a. in den österreichischen Alpen, in Lothringen oder in Spanien bei Cardona gewonnen. Eine größere Produktion erlaubten neuere Bergbauverfahren in Reichenhall im 12. Jh. Hier leitete man Süßwasser in tiefere, soleführende Schichten ein, um die so gewonnene Sole dann abzuschöpfen und zu sieden. In Lüneburg konnte man durch den Einsatz neuer Techniken zwischen 1200 und 1300 die Produktion von 5.200 Tonnen auf 15.000 Tonnen sogar verdreifachen. Auch der Reichtum der Hanse beruhte indirekt auf Salz: Für die Herstellung von Salzheringen, die ein Haupthandelsgut des Verbunds nach Schweden, Norwegen, Island und England darstellte, benötigte man ein Fass Salz für ein Fass Heringe.[59]

> **Q 5.4: Salzsieden in der Abtei Prüm (893)**
> „Wir haben in Vic-sur-Seille, das im Salzgau ist, 2 Werkstätten, d. h. zwei Hütten, in denen sind drei inae, die volkssprachlich Pfannen heißen. Der Ertrag jeder Pfanne beträgt monatlich 24 Traglasten. Von diesen Traglasten bekommt der operator 4, der maior 2, wenn der Meister sie ihm einräumt; so bleiben für den Abt 18 Traglasten, d. h. täglich eine. Von den Nachbarn oder besser gestellten ist zu erfragen, ob unser operator nicht treu gewesen ist, wie es oft geschieht. Deshalb befehlen wir, dass untersucht wird, wann und um wieviel die Traglast steigt oder fällt. Er beträgt nämlich nur zwei, manchmal 16 Pfennige und manchmal eine Unze [20 Pfennige]. Über ihren Auftrag legen die Rechenmeister alle vier Wochen Rechnung. Mitte April beginnen die Traglasten und dauern bis Anfang Dezember. Später aber wird die Pfanne in canlo

[zur Benutzung im Winter frei] gegeben, wenn der Meister es will. Wir trafen dort 4 Brüder mit folgenden Namen an: Ingillard, Ermenard, Adelard, Teodald und Gibuin mit 4 Kindern sowie Folbert. Jeder zahlt 5 Pfennige für seinen Kopf. Weiter sind dort 6 Frauen. Jede zahlt 6 Pfennige, macht zusammen 3 Schillinge [36 Pfennige]. Adelard hat einen kleinen Hof, dafür sind zu geben: 10 Pfennige, 2 Sester Wein, und Brot und Fleisch zusammen im Wert von 2 Pfennigen. Engilard hat einen Hof und zahlt 4 Pfennige. Ebenso Ermenard. Ebenso Gibuin. Eine Witwe hat einen Hof und zahlt 4 Pfennige. Aus dem Betrieb des Werkmeisters kommen 16 Pfennige, das sind für alle drei Pfannen zusammen pro Monat 48 Pfennige. Aus dem Weiderecht kommen im Mai 5 Schilling. Aus jeder Pfanne kommen 48 Fackeln, macht für alle drei Pfannen zusammen 144. Wenn der Propst keine Fackeln haben will, wird ihm von jeder Pfanne eine Karre voll Salz gegeben. Vom Solbrunnen, d. h. dem Ort, wo der operator steht, wenn er die Sole schöpft, sollst du pro Jahr für jede Pfanne, die er mit Sole versorgt, je 5 Schillinge erheben. An Tribut gehen jährlich 11 Pfennige pro Pfanne ein, macht zusammen 33 Pfennige. Wenn es erlaubt war und wurde, den ganzen Winter lang Salz zu machen, soll jede Pfanne Mitte April 100 Scheffel geben, macht zusammen 300 Scheffel."

Kommentar: Die Passage aus dem Urbar der Abtei Prüm beschreibt die Salzgewinnung und die zu leistenden Abgaben in Vic-sur-Seille.[i] Hier wird salzhaltiges Wasser (Sole) an einem Brunnen geschöpft und in Metallpfannen geleitet, wo es gekocht wird, bis sich Salzkristalle bilden. Es werden sechs Männer genannt, von denen einer als *maior* die anderen bei ihrer Arbeit beaufsichtigte. Bei drei der vier genannten Brüder ist die Verwandtschaft am zweiten Namenglied *-ard(us)* auszumachen: Ingillard, Ermenard und Adelard. Der Umstand, dass Adelard mit zehn Pfennigen und Naturalabgaben den höchsten Zins zu zahlen hat, könnte vielleicht dafürsprechen, dass er der *maior* ist. Fast alle genannten Personen bewirtschaften neben der Arbeit an der Salzpfanne einen kleinen landwirtschaftlichen Hof zur Selbstversorgung. Ein Großteil der abzuleistenden Zinse beruht nicht mehr auf Naturalien oder Arbeitsdiensten, sondern auf Geld: Fünf Schillinge werden beispielsweise pro Pfanne erhoben, für die Höfe sind zehn und vier Pfennige zu entrichten und als Kopfzins zahlen die Männer fünf und die Frauen sechs Schillinge. Die Salzproduktion erfolgte in den wärmeren Monaten von Mitte April bis Anfang Dezember. Das Salz wiederum wurde von den Bauern auf Ochsenkarren nach Metz transportiert (Spanndienste), von wo aus es auf dem Wasserweg weiter nach Prüm gebracht wurde.[ii] Einen Teil des gewonnenen Salzes konnten die Arbeiter selbst verkaufen, um Geld für ihre Abgabenleistungen zu erhalten. Bemerkenswert ist der Verdacht der Untreue gegen den *operator*: Die schwankenden Preise für die Traglasten kann sich das Kloster nicht erklären, weshalb der Vorfall vor Ort durch eine Befragung untersucht werden soll.

Zitiert nach: Urbar der Abtei Prüm (893). Übersetzung nach Brauer 2013, S. 57–58 und Kuchenbuch 1991, S. 177–178.

5.2.5 Glas und Keramik

Die Glasproduktion im Frühmittelalter lässt sich ebenfalls aufgrund der Quellenlage nur schwer rekonstruieren. Allerdings scheint sich dieser Gewerbezweig im Norden Frankreichs sowie im Rhein- und Moselbecken kontinuierlich von der Römer- bis in die Karolingerzeit gehalten zu haben. Dafür sprechen Gefäßfragmente und die Überreste von Produktionsstätten in den genannten Gebieten. Günstig für die Glasherstellung war das Vorkommen vulkanischer Mineralien im Sand in der Gegend von Köln, die als Ausgangsstoff dienten.[60] Im 9. Jh. begann sich ein neuer, von der Antike unabhängiger Stil zu entwickeln, der auch als „karolingischer Stil" bezeichnet wurde und sich in farbigen Trinkgefäßen unterschiedlichster Formen erhalten hat.

Für die Glasherstellung wurden größere Mengen an Holz benötigt: Es wurde zur Bereitung des Flussmittels Pottasche verwendet und in den Schmelzöfen musste eine Temperatur von etwa 1.100 °C erreicht und kontinuierlich gehalten werden. Durch die zunehmende Christianisierung verschwanden oftmals die reichhaltigen Grabbeigaben, die Glaserzeugung des Frühmittelalters lässt sich daher vorrangig aus „Exportgütern" rekonstruieren, die ihren Weg in die Gräber nord- und osteuropäischer Gebiete gefunden haben.

Noch weniger weiß man über die Organisation der Werkstätten im Frühmittelalter – in den Städten scheint es unabhängige Handwerker (*vitrarii*) gegeben zu haben. Aber es sind auch Glashersteller im Umfeld der Villikationen belegt, die neben der Glasproduktion auch ein Stück Ackerland besaßen. Am Übergang vom Früh- zum Hochmittelalter nahm die Glasproduktion noch einmal ab: Die breite Bevölkerung konnte sich Glasgefäße nicht leisten und trank vorrangig aus Bechern aus gebrannter Erde. Bei den reicheren Bevölkerungsschichten setzte sich dagegen Metall, Zinn oder Edelmetall, als Material für Trinkgefäße durch.[61]

Die Ausstattung von Fenstern mit Glas war bis zum Ende des Mittelalters auf repräsentative und prunkvolle Gebäude (Kirchen) beschränkt. Die weniger Wohlhabenden verschlossen ihre Fenster mit hölzernen Laden oder bestenfalls mit geöltem Pergament. Die Glasmalerei, die durch die Zugabe eines farbigen Metalloxids zum Glas möglich wurde, hielt sich von der Antike bis zum Mittelalter in Form von bunten Gefäßen oder farbigen Kirchenfenstern, war aber auf eine reiche Konsumentenschicht beschränkt.[62] Erst die Kathedralen des Hochmittelalters mit ihren großformatigen Fenstern ließen eine spezialisierte Handwerkerschicht entstehen – aus dieser Zeit sind uns auch die ersten Erwähnungen von Glashütten überliefert, die sich in der Nähe waldreicher Gebiete befanden. Die hochwertige Glasproduktion in Venedig wurde wegen der immensen Feuergefahr 1291 vollständig auf die benachbarte Insel Murano (sog. Muranoglas) verlagert, wo sie strengster Geheimhaltung unterlag. Mithilfe von Natronasche und Soda gelang es, farbloses Glas herzustellen – der Großteil des im Mittelalter üblichen Glases wies durch Verunreinigungen eine grünliche oder bräunliche Färbung auf.[63] Im Spätmittelalter wurden auch Adelssitze und Bürgerhäuser zunehmend mit Glasfenstern ausgestattet. Zunftstuben mit Glasfenstern sind heute wichtige Bildzeugnisse zu Handwerkstätigkeiten, Alltagsgegenständen und Zunftwappen.

Abb. 5.6: Auf der Klosterbaustelle Campus Galli (bei Meßkirch) errichten Handwerker und Ehrenamtliche auf Grundlage des St. Galler Klosterplans Gebäude mit den Mitteln des 9. Jh.s. Dazu gehört auch das Brennen von Keramik, wie es in karolingischer Zeit durchgeführt worden sein könnte.

5.2 Entwicklung einzelner Gewerbe

Die Herstellung von Keramik hat mehr Spuren hinterlassen – möglicherweise, weil ihre Erzeugnisse enger mit dem täglichen Leben verbunden waren. Tongefäße und Schüsseln spielten eine bedeutende Rolle bei der Zubereitung, Aufbewahrung und dem Verzehr von Speisen.[64] Im fränkisch-karolingischen Herrschaftsgebiet lässt sich dabei eine bemerkenswerte Kontinuität von der Spätantike bis zum 9. Jh. feststellen (▶ Abb. 5.6).

Auch andere Formen und Herstellungstechniken hielten sich in verschiedenen Teilen des *Regnum Francorum* erstaunlich lange, manchmal über Jahrhunderte. Vielleicht spielte hierbei auch die lange Tradition und Beliebtheit der *terra sigillata* des gallischen Raums der Spätantike eine Rolle. Die Werkstätten – die es vor allem in den Rhein- und Mosellanden, in Nordfrankreich und Belgien sowie in Bayern gab – scheinen dabei zwei Arten von Töpferwaren produziert zu haben: Einfache Formen für den alltäglichen Bedarf und bessere, dekorierte Ware für eine gehobene Kundschaft.

War die frühe Gebrauchskeramik noch im Rahmen der Grundherrschaften hergestellt worden, begannen seit dem 7. Jh. wieder spezialisierte Handwerker für einen überregionalen Markt zu produzieren. Die Erzeugnisse der rheinländischen Keramikwerkstätten (*Badorfer Keramik*) wurden über den Rhein nach Norden bis in die Handelszentren von Friesland – dort vor allem Dorestad – gebracht und fanden weiter ihren Weg über Haithabu bis Birka in Schweden. Auch Keramik aus dem friesisch-flandrischen Raum (*Muschelgruskeramik*) fand ebenso wie qualitätsvolle slawische und jütländische Produkte im 9. Jh. ihren Eingang in die Handelswege für Töpferwaren.[65]

Die Produktionsstätten von Keramik lagen im Frühmittelalter meist in der Nähe der tonhaltigen Erden, denn ein Transport des Rohstoffs über weite Strecken hätte sich nicht gelohnt. Erst im 10./11. Jh. begannen sich die Formen der Töpferwaren, teilweise durch einen intensiveren Kontakt mit dem Orient gefördert, wieder zu verändern. Aus dem maurischen Spanien kam der Brauch, dem Tonteig Zinn beizumischen, der im gebrannten Zustand der Ware (*Majolika*) einen besonders farbenreichen Glanz verlieh.[66] Im Spätmittelalter entstand im rheinländischen Töpferort Siegburg eine besondere Gefäßkeramik, die in großen Mengen in ganz Europa gehandelt wurde und zu den dominierenden Keramikarten in Deutschland wurde. Das sogenannte „Siegburger Steinzeug" ist damit auch ein wichtiger Hinweis zur Datierung archäologischer Fundstellen (▶ Abb. 5.7).

Abb. 5.7: Das Siegburger Steinzeug – hier ein etwa 20 cm hohes Beispiel aus einem archäologischen Fund bei Völksen (Springe) – wurde im Spätmittelalter zur dominierenden Gebrauchskeramik in Deutschland.

5.2.6 Eisenverarbeitung

Nicht nur aufgrund ihrer militärischen Bedeutung waren die Eisengewinnung und Eisenverarbeitung äußerst wichtige Gewerbezweige des Mittelalters. Der Schmied (lat. *faber*) war ein gefragter Handwerker mit einem wichtigen Spezialwissen. Dementsprechend finden sich zahlreiche Passagen zum Schutz von Schmieden in den germanischen Volksrechten wie der *Lex Salica* oder *Lex Alamannorum*. Eisen benötigte der Schmied für die Herstellung seiner eigenen Werkzeuge und derjenigen anderer Gewerbe.

5.2 Entwicklung einzelner Gewerbe

In der Landwirtschaft kamen bereits gelegentlich Eisenwerkzeuge zum Einsatz. Schaufeln wurden vorwiegend noch aus Holz hergestellt, die allenfalls mit einer eisernen Verstärkung am Blatt ausgestattet waren. Auch Äxte, Sicheln, Sensen, Hämmer, Kessel, Messer, Fassbänder oder Pflugscharen wurden aus Eisen hergestellt. Hinzu kam der militärische Gebrauch von Eisen für Luxusgegenstände wie Schwerter, Lanzenspitzen, Helme und Brustpanzer sowie Kettenhemden.

Schmiede konnten selbstständige Handwerker sein oder aber auch zum Personal eines fränkischen Gutshofes gehören. Inwieweit es sich bei den Metallhandwerkern der *villae* um spezialisierte Handwerker oder geschickte Bauern im Nebenerwerb handelt, lässt sich dabei anhand der Quellen nicht immer eindeutig entscheiden. Im *Capitulare de villis* heißt es im Kapitel 45: „Dass jeder Amtmann in seinem Amtsbezirk gute Handwerker halten soll, das sind Eisenschmiede (*fabros ferrarios*), Goldschmiede (*aurifices*), Silberschmiede (*argentarios*), Schuster, Drechsler, Stellmacher, Schildmacher, [...]" und so weiter. Die metallverarbeitenden Gewerbe stehen bei dieser Auflistung an erster Stelle der Handwerker, was einen Hinweis auf ihre Bedeutung gibt.[67]

Auch in den frühmittelalterlichen Statuten des Abtes Adalhard für das Kloster Corvey an der Weser werden Eisenschmiede genannt. Auf den königlichen Domänen des Frankenreiches waren neben den Truppenkontingenten auch deren eiserne Ausrüstung (*ferramenta*) instand zu halten und neu zu produzieren. Die Produktion von Schwertern muss im fränkischen Reich des 6. bis 9. Jh.s erheblich gewesen sein. Die langen und damaszierten zweischneidigen Klingen der fränkischen Waffen waren von hervorragender Widerstandsfähigkeit und bei Freund und Feind gleichermaßen heiß begehrt. Dementsprechend war der Verkauf von Schwertern an Fremde in der Karolingerzeit verboten. Dennoch fanden zahlreiche Klingen, vielleicht auch als Schmuggelware oder Plündergut, ihren Weg nach Norden, wo sie in skandinavischen Gräbern auftauchen.

> **Q 5.5: Die Nürnberger Schmiedeordnung**
> „1. Man hat auch gesetzet, daz alle smide suln niht e aufsten zu irm werck ze wuercken, danne so man pfarremetten leutet, und suln auch also niht lenger wuercken, danne biz daz man feurgloggen leutet. Wer daz brichet, der muoz geben von ieder naht 60 haller. Und daz suln si auch tuon und stete halten ie von von sant Michestac biz auf sant Walpuorgwetac [29. September bis 1. Mai].
> 2. Man hat auch gesetzet, daz ein ieclich smidekneht, swie er genant ist, der maister hie werden will, der sol vor burckreht gewinnen. Werder wer, der daruber maister sein wolt, der muoz geben 2 lb hl [2 Pfund Heller] und muoz dannoch hin noch burckreht gewinnen oder man pfent ie also ofte umbe 2 lb hl, biz daz er ez gewinnet.
> 3. Man hat auch gesetzet, daz alle maister under den smiden suln dehainen kneht hie mer leren in fuenf iaren, er sei dann einez burgers sun von Nueremberg. Wer daz brichet, der gibt ie als ofte 10 lb hl.
> [...]
> 8. Ez sol auch dehaine smide, di daz vorgenant plechwerck wurckent, hie dehaine werck verkaufen, si haben ez danne vor zu sinem rehten berait, und sol auch dehaine gelt darauf nehmen. Wer daz brichet, der muz geben die vorgenant puzz, daz ist der vierde haller.
> 9. Und daruber sint maister gesetzet, di daz ruegen suln."
>
> **Kommentar:** Die Nürnberger Schmiedeordnung des Spätmittelalters spiegelt sehr gut die Arbeitswelt dieses Gewerbes und die Zunftordnungen der Zeit wider. Meister konnte nur werden, wer das Bürgerrecht in Nürnberg erwarb oder jährlich eine Abgabe von 2 Pfund Münzen zahlte. Auch sollten fünf Jahre lang nur Söhne von Nürnberger Bürgern als Lehrlinge angenommen werden, was ein Beleg für die Ausschließlichkeitsregelung der städtischen Zünfte ist, die versuchten, das Handwerk in den eigenen Städten zu stärken. Festgelegt wurde unter anderem eine Arbeitszeit zwischen dem Läuten der Mette vor Sonnenaufgang und dem Läuten der Feuerglocke zum Löschen des Feuers bei Anbruch der Nacht im Zeitraum 29. September bis 1. Mai. Auch war es verboten, fremde Produkte weiterzuverkaufen oder Geld gegen Warenlieferungen zu verleihen (Geldverlag). Über alles wachten die Meister der Zunft und verhängten bei Zuwiderhandlung empfindliche Strafen.
> **Zitiert nach:** Ordnung der Schmiede von Nürnberg (um 1320/1330). Möncke 1982, S. 167–168.

Aber auch im Inland konnte sich bei weitem nicht jeder ein gutes Schwert leisten. In der *Lex Ribuaria* (XXXVI, § 11, 2) wird der Wert eines Schwertes mit Scheide mit sieben Schillingen angegeben. Es ist damit genauso teuer

5.2 Entwicklung einzelner Gewerbe 131

wie ein gutes Schlachtross. Ein Zentrum der Schwertproduktion lag nördlich von Köln – von hier kamen die berühmten Schwerter, die im 9. Jh. ein Schmied namens VLFBERHT signierte und die zahlreich nachgeahmt wurden (▶ Abb. 5.8). Neben VLFBERHT sind aber auch andere Inschriften von Schmieden bekannt, wie zum Beispiel LEVTFRIT oder INGELRII (▶ Kap. 6, ▶ Abb. 6.2 und ▶ Abb. 6.3). Hierin kann man wohl bereits eine „frühmittelalterliche Werbemaßnahme" erblicken.

Abb. 5.8: Bei Großenwieden (Hessisch Oldendorf) gefundene frühmittelalterliche Klinge (8.-11. Jh.) mit dem Schriftzug VLFBERHT. Das fast einen Meter lange Schwert wurde 2012 bei Baggerarbeiten im Flussbett der Weser gefunden.

In Regionen mit Eisenvorkommen hatten die Unfreien auch Eisenerz als Abgaben zu leisten, das dann von einem Gutsschmied verarbeitet und über den Eigenbedarf hinaus von der Grundherrschaft verkauft wurde. Im Urbar der Abtei Saint-Germain-des-Prés wurden von den *servi casati* der Villa Boissy (Orne) sogar Abgaben in Höhe von 100 Pfund Eisen (ca. 800 kg im Jahr) verlangt.[68] Dabei ist es wichtig zu wissen, dass sich für fast alle Gegenden Mitteleuropas Funde von Eisenerz und Raseneisenstein nachweisen lassen. Bei Raseneisenstein handelt es sich um durch Eisenminerale verfestigte Sedimentschichten des Bodens. Diese bestehen meist aus Sand oder Ton, manchmal auch Kies mit einem hohen Metallgehalt an der Erdoberfläche oder in nur geringer Bodentiefe.

Insgesamt muss man festhalten, dass Metalle im Gefüge der frühmittelalterlichen Wirtschaft eine deutlich geringere Rolle spielten als beispielsweise in der Zeit der Industriellen Revolution, auch wenn ihnen ein großes Prestige zukam (▶ Abb. 5.9). Im Falle von Eisen lag das Problem in seinem hohen Schmelzpunkt bei 1.538° C, den man mithilfe von Brennholz erreichen musste, da Steinkohle die Gefahr der Verunreinigung des Metalls mit Schwefel in sich barg.[69] Wo man konnte, zog man Metalle mit einem niedrigeren Schmelzpunkt wie Kupfer (1.085° C) oder Zinn (232° C) vor. Bronze ist eine Legierung aus Zinn mit mindestens 60 % Kupfer und ergab ein stabileres Metall, ebenso wie Messing, das man aus Kupfer und Galmei (schwefelfreie Zinkerze) herstellte. Gold und Silber spielten darüber hinaus noch eine bedeutende Rolle für die Schmuckherstellung und Münzprägung.

Abb. 5.9: Kleine mittelalterliche Metallobjekte (9.–13. Jh.) von den archäologischen Ausgrabungen an der Kirchenburg zu Ankum (Landkreis Osnabrück). Von links: ottonische Gewandnadel (Bronze), Riemenzunge (Bronze, vergoldet), Riemenzunge (Eisen), Messerscheidenbeschlag (Bronze), Knopf vom Typ „Harzburg" (Bronze, vergoldet).

Bei den Germanen wurde Metall noch in kleinen Öfen geschmolzen, die zwar die erforderlichen Temperaturen erreichten, aber nur etwa ein Liter Fassungsvermögen hatten. Dafür wurde das Roheisen von den germanischen Schmieden aber zu hervorragendem Stahl verarbeitet, den auch die Römer schätzten. In der Völkerwanderungszeit verschmolzen offenbar Elemente beider Handwerkstraditionen. Die Verarbeitung der Erze war für heutige Verhältnisse recht primitiv: Es wurde mit dem Hammer in kleine Stücke gebrochen und in einfachen Öfen verhüttet. Oftmals handelte es sich bei dem „Ofen" um eine Grube im Abhang, die mit Erz und Holzkohle gefüllt wurde. Unten gab es ein Loch, durch das Luft mit einem Blasebalg hinzugeführt wurde. Dabei ging allerdings ein Großteil des Erzes mit der Schlacke verloren, weil keine konstant hohen Temperaturen erreicht werden konnten. Erst im Spätmittelalter verbesserten sich die Öfen und Blasebälge wurden auch mit Wasserkraft betrieben, so dass sich nun hochwertigeres Eisen herstellen ließ.[70] Die wichtigste Methode, um den Sauerstoff- und Kohlenstoffgehalt des Eisens zu verringern, blieb allerdings das intensive Behämmern des Metalls. In frühmittelalterlichen

Öfen erzeugtes Eisen dürfte noch eine weiche Masse gewesen sein, wohingegen die Herstellung von flüssigem Eisen (Gusseisen) späteren Zeiten vorbehalten blieb.[71]

Insgesamt sind wir über die Eisengewinnung und Eisenverarbeitung über weite Strecken des Mittelalters nur schlecht informiert: Die Gewinnung fand im ruralen und die Verarbeitung im urbanen Raum statt. Es handelt sich also um zwei getrennte Überlieferungssphären. Die Handwerker selbst schrieben nichts auf, sondern gaben ihre Kenntnisse in der Regel mündlich weiter. Da Eisen ein kriegswichtiger Rohstoff war, wurden die Herstellungsprozesse besonders hochwertiger Klingen zudem oftmals geheim gehalten.[72] Die Menge des im Mittelalter insgesamt produzierten und verarbeiteten Eisens zu schätzen, ist deshalb schwierig. Für einzelne Regionen wie die Steiermark ist eine Jahresproduktion von 2.000 Tonnen ermittelt worden und eine einzelne Eisenschmelze mag im England des 14./15. Jh. vielleicht 3 Tonnen im Jahr erzeugt haben.[73] Die gesamteuropäische Produktion könnte um 1400 bei 30.000 Tonnen und um 1500 bei etwa 40.000 Tonnen gelegen haben.[74]

5.3 Handwerk und Zünfte

Wohl kaum ein Begriff scheint so eng mit dem mittelalterlichen Handwerk verbunden zu sein, wie der der Zunft.[75] Mit der Ausdifferenzierung und Konzentration des Handwerks in den Städten entstanden Zusammenschlüsse (lat. *coniuratio* oder *collegium*) von Handwerkern, die in der Forschung als „Zünfte" (von mhd. „sich ziemen") bezeichnet werden, wenngleich sie in den zeitgenössischen Quellen regional sehr unterschiedliche Bezeichnungen wie Einung, Amt, Gilde, Gewerk, Gaffel, Stube oder Zeche haben konnten. Eine sprachliche Unterscheidung in „Kaufmanns-Gilde" und „Handwerker-Zunft" ist anachronistisch.[76]

Für den Ursprung dieser Genossenschaften gibt es mehrere Erklärungen: Bereits in den spätrömischen Städten hatte es Handwerkervereinigungen (*collegia*) gegeben, die neben sozialen Elementen auch Aufsichtsfunktionen erfüllten. Auch im byzantinischen Reich überdauerten diese Zusammenschlüsse und wurden an Italien vermittelt, dem wiederum eine Transferfunktion bei der Entstehung der ersten deutschen Zünfte zukam. Allerdings wird eine direkte Verbindung zwischen den antiken und byzantinischen Kollegien zu den mittelalterlichen Zünften in der Forschung mittlerweile abgelehnt.[77] Bereits in den Villikationen des Frühmittelalters bildeten Handwerker eigene Verbände in Abhängigkeit vom Grundherrn, deren Zusammenhalt sich in die Städte des Hochmittelalters gerettet haben könnte. Schließlich bliebe noch die Möglichkeit des völlig unabhängigen Entstehens genossenschaftlicher Strukturen innerhalb der einzelnen Gewerbe. Wahrscheinlich war es ein Konglomerat verschiedener Ansatzpunkte zwischen herrschaftlichem Einfluss (v. a. im 11./12. Jh.) und freiem Entschluss (v. a. seit dem 13. Jh.), das zur Entstehung der ersten Handwerksvereinigungen führte.[78]

Die Zünfte waren Zusammenschlüsse der (theoretisch) gleichberechtigten Meister einzelner Handwerksberufe, die zunächst vom Stadtherrn und später vom Stadtrat kontrolliert wurden. Im Spätmittelalter kam es zu Bürgerkämpfen, bei denen die reicheren Zünfte ihren Anteil an der politischen Macht gegenüber dem zumeist aus Kaufleuten bestehenden Patriziat gewaltsam durchzusetzen versuchten.[79] Die Forderungen wurden zumeist in Zeiten finanzieller Schwierigkeiten laut, wenn der Rat die Lasten auf die Bevölkerung umzuwälzen versuchte und diese der Führungsschicht Korruption und schlechte Ämterführung vorwarf. Das Resultat der Aufstände war zumeist ein Teilerfolg: Der Stadtrat wurde zwar häufig um Vertreter des Handwerks erweitert, aber die Händler verlagerten nun ihre Produktion zunehmend aufs Land (Verlagssystem).[80]

Die Zünfte erfüllten für ihre Mitglieder und die Städte, in denen sie ansässig waren, verschiedene wirtschaftliche, soziale und religiöse Funktionen. Die Bezeichnungen „Stube", „Kerze" oder „Zeche" geben einen Hinweis auf die religiösen und geselligen Aufgaben. Soziale Absicherungen wie die Unterstützung von Kranken, Witwen und Waisen bildeten in einer Zeit ohne staatliche soziale Sicherungssysteme ebenfalls eine wichtige Komponente. Hinzu kam die herrschaftspolitische Interessenvertretung gegenüber dem Stadtherrn und/oder Stadtrat. Für die Stadtverwaltung waren Zünfte häufig für die fiskalische Kontrolle von Abgaben wichtig. Die weitaus bedeutsamsten Aufgaben lagen jedoch im wirtschaftlichen Bereich, wo Qualitäts- und Preiskontrollen, Rohstoffbeschaffung, Arbeitsteilung und fairer Wettbewerb wichtige Themenbereiche darstellten.[81] Das Verbot einer handwerklichen Produktion durch Nichtmitglieder (Ausschließlichkeitsanspruch) schützte die Zünfte darüber

5.3 Handwerk und Zünfte

hinaus vor Konkurrenz, die ihnen teilweise aus den geistlichen Orden (Zisterzienser) erwachsen konnte.[82] Niemand sollte den Zunftmeistern „ins Handwerk pfuschen" – also ein Gewerbe außerhalb der zünftischen Organisation ausüben (▶ Q 5.6). Die strenge Kontrolle der Produkte und die scharfe Abgrenzung einzelner Gewerbe – ein Sattler durfte nur Sättel herstellen, die Riemen aber wurden vom Riemenschneider (▶ Abb. 5.10) gefertigt – haben den Zünften auch den Ruf der Innovationsfeindlichkeit und der Behinderung des technischen Fortschritts eingetragen (▶ Kap. 8.1).

Abb. 5.10: Das um 1425 entstandene Bild aus dem Hausbuch der Nürnberger Zwölfbrüderstiftung zeigt den Riemenschneider Hans Ryemer. Er schneidet mit einem großen Halbmondmesser Streifen aus einem Lederstück und hängt diese an einer Stange an der Wand hinter sich auf.

Q 5.6: Beschwerde über weibliche Konkurrenz
„Zum ersten ist es unsere Meinung, dass fortan keine Frauen, seien es weltliche oder geistliche Beginen, oder sonst jemand, etwas anderes weben dürfen als Trauerschleier und Schleier. Sie sollen kein Halbtuch oder Meisterwerk mehr weben, denn das Halbtuch ist das Haupterzeugnis, von dem sich die meisten Weber ernähren müssen. Auch ist es unsere Meinung, dass, wenn solche Frauen, die Trauerschleier oder Schleier weben, dazu Lehrtöchter anstellen wollen, so sollen sie diese Lehrtöchter vor das Zunftgericht bringen und dort den Lehrvertrag unterzeichnen und bestätigen lassen, damit sie wissen, was man sie lehren soll. Sonst lernen sie am Ende Halbtuch, Mitteltuch und Meisterwerk zu machen, können aber nicht, was sie können sollten oder was ihnen gebührt. Außerdem schicken die Weberinnen ihre Lehrtöchter oft herum, so dass sie nichts Rechtes lernen. Und dann gibt es niemanden, der sich um sie kümmert, und vor dem sie das klagen können. Wenn nun aber der Vertrag vor dem Gericht gemacht wird, dann kann man im Streitfall darüber leicht entscheiden."

Kommentar: Die in der Quelle genannten Beginen (auch Begarden) waren eine Folge der Armutsbewegung im 13. Jh.: Es waren Frauen, die sich allein oder in Gemeinschaft einem frommen und karitativen Leben widmeten und ihren Lebensunterhalt durch Handarbeit verdienten.[i] Zumeist waren sie im Textilgewerbe tätig und besaßen einen sozialen Status zwischen Laien und Nonnen. Die Bedeutung des Beginenwesens lässt sich daran erkennen, dass es in Köln im 15. Jh. ganze 106 Beginenhäuser gab. Die Beschwerde der Straßburger Weber spiegelt die Furcht der Zünfte vor der Konkurrenz durch die Frauen wider, deren Produktion auf das Herstellen von Schleiern beschränkt und deren Lehrtöchter durch das Zunftgericht kontrolliert werden sollen.[ii] Frauen kam im städtischen Wirtschaftsleben insgesamt eine besondere Bedeutung zu: Sie arbeiteten in den Handwerksbetrieben mit und Witwen konnten den Betrieb ihres Mannes häufig selbstständig weiterführen und sogar Mitglied in Zünften werden. In Köln gab es sogar rein weibliche Zünfte der Seiden- und Garnspinnerinnen und in der Steuerliste der Stadt Basel von 1429 tauchen eine Reihe von Frauen als Mitglieder einer Zunft auf: 16 von 100 Metzgern, 12 von 69 Bäckern oder 23 von 93 Webern, im Durchschnitt sind es 15,7 % aller Zunftmitglieder.[iii] Insbesondere durch geistliche Gemeinschaften wie die Zisterzienser und ihre Stadthöfe erwuchs dem Handwerk innerhalb der Stadtmauern des Spätmittelalters eine starke Konkurrenz, da diese durch den Einsatz von Laienbrüdern (Konversen) preiswerter produzieren konnten und durch ihren Status als Kleriker außerhalb der städtischen Rechtsprechung standen.
Zitiert nach: Beschwerde der Straßburger Weber (15. Jh.). Kümper & Pastors 2008, S. 98 und Sonnleitner 1997, S. 44–45.

5.3 Handwerk und Zünfte

In letzter Instanz führte die Organisation der Handwerker in Zünften zur zunehmenden Strukturbildung innerhalb der Gewerbe, bei der auch die Zahl und Ausbildung von Gesellen und Lehrlingen geregelt wurde.[83] Überhaupt ist die Differenzierung der im Handwerk tätigen Personen in Meister, Gesellen und Lehrlinge eine Innovation der zünftischen Organisation gewesen. Auch die Gesellen schlossen sich bald zu eigenen Vereinigungen zusammen, um ihre Interessen (Lohn und Arbeitszeiten) gegenüber den Meistern vertreten zu können. Die in einigen Zünften vorgeschriebenen Wanderjahre sollten den ausgelernten Gesellen die praktische Ausübung ihres Berufs (ohne Konkurrenz zum Meister) und das Erlernen neuer Fertigkeiten ermöglichen. Im Spätmittelalter wurde aus dem Gesellen als Zwischenstation zwischen Lehrling und Meister allerdings oftmals auch ein Dauerzustand als abhängiger Lohnarbeiter. Ein Gesamtbild der Zünfte im Mittelalter zeichnen zu wollen, erweist sich als schwer, da es große Unterschiede zwischen verschiedenen Regionen, großen und kleinen Städten sowie innerhalb der Zünfte gab, die jeweils gesondert zu betrachten sind.[84]

6 Handel

Eine Darstellung des Handels im Mittelalter muss vor allem zwei quellenbedingte Herausforderungen berücksichtigen: Zum einen ist die schriftliche Überlieferung für das Frühmittelalter äußerst spärlich und muss durch archäologische Funde ergänzt werden. Zum anderen bevorzugt die gesamte Quellenüberlieferung des Mittelalters den Fernhandel und damit die Großkaufleute. Der quantitativ weitaus umfangreichere regionale Handel mit seinen teilweise selbstproduzierenden Kaufleuten schlägt sich dagegen kaum nieder. So entziehen sich insbesondere der agrarische Tauschhandel auf den nahegelegenen Märkten und die Praxis seiner alltäglichen Aushandlungsprozesse weitestgehend unserer Kenntnis.

Erst mit dem Aufblühen der Städte und der zunehmenden Partizipation von Händlern an deren Selbstverwaltung sowie der zunehmenden Schriftlichkeit und einer damit zusammenhängenden Buchführung entsteht ein facettenreicheres Bild der Person des Händlers. Allerdings wird hierbei der städtische gegenüber dem ländlichen Handel bevorzugt. Generell lässt sich jedoch eine relativ konstante Trias der kommerziellen Infrastruktur des Mittelalters nachzeichnen: Über zentrale Handelsstädte und große (Jahr-)Märkte oder Messen wurde der Austausch überregionaler Handelsgüter mit fremden Kaufleuten abgewickelt, während periodisch abgehaltene städtische und ländliche (Wochen-)Märkte als Schnittstellen sowohl der Versorgung mit Fernhandelswaren wie auch der Deckung des agrarischen und gewerblichen Grundbedarfs dienten. Ländliche Kleinmärkte wiederum waren am unmittelbaren agrarischen Bedarf (Getreide und Vieh) orientiert.

Deshalb folgt die Darstellung in diesem Kapitel zunächst einer weitestgehend chronologischen Entwicklung des Handels, bevor einzelne Handelsgüter, Handelsregionen und Handelsverflechtungen näher ins Blickfeld gerückt werden. Am Ende wird die Entwicklung der Hanse und ihrer Organisation beschrieben, da diese Kaufmannsvereinigung als bedeutender korporativer Zusammenschluss den Kaufmann des Spätmittelalters und sein ökonomisches Umfeld in besonderer Weise illustriert.

6.1 Das Frühmittelalter (7.–10. Jahrhundert)

Die weltlichen und geistlichen Grundherrschaften des 7.–10. Jh.s waren auf eine weitestgehende ökonomische Unabhängigkeit ausgerichtet. Weil jedoch im Umfeld der Klöster und Bistümer immer wieder Luxusgüter zur Herstellung liturgischer Gerätschaften oder kostbarer Handschriften benötigt wurden, deren Bedarf nicht durch die eigene Produktion gedeckt werden konnte, war man auf einen Zukauf über den Fernhandel und einen Markt angewiesen. Die finanziellen Mittel hierzu wurden über den Verkauf von agrarischen Überschüssen und die Abgaben der Bauern erwirtschaftet. Einen Hinweis auf die Einbeziehung der Klöster in den Handel geben die zahlreichen Markt-, Münz- und Zollprivilegien für geistliche Gemeinschaften (▶ Q 6.1). Der Austausch innerhalb dieser frühen Marktverflechtungen fand häufig noch direkt zwischen Produzenten und Konsumenten statt, wobei sich die kirchlichen Institutionen bereits eigener Agenten bedienten, durch die dringend benötigte Güter in den Handelszentren des Frühmittelalters beschafft wurden. Für den Transport von Waren wurden bäuerliche Frondienste (Spanndienste) genutzt, wobei die großen Abteien über eigene Schiffe und Wagen verfügten.

> **Q 6.1: Die Markt-, Münz- und Zollrechtsverleihung für das Kloster Gandersheim (990)**
> „Im Namen der heiligen und ungeteilten Dreifaltigkeit. Otto [III., 983–1002], durch das Walten von Gottes Gnaden König.
> Es möge der frommen Ergebenheit aller Unserer Getreuen, der gegenwärtigen wie der zukünftigen, offenkundig sein: Aus Liebe und auf Bitten unserer geliebten Mutter Theophanu, also der erhabenen Kaiserin, und Unserer lieben Schwester, der Nonne Sophia, sowie auch aufgrund frommer Fürsprache Unserer geliebten Tante Gerberga, der hochwürdigen Äbtissin des Klosters Gandersheim [...] haben Wir dem Kloster, das sie leitet, und ihr selbst verliehen, aufgrund einer Erlaubnis Unserer königlichen Macht in dem Ort namens Gandersheim [...] Markt und Münze einzurichten und zu besitzen sowie künftig den Zoll dort zu erhalten. Damit aber unter der Herrschaft des genannten Klosters [...] der genannte Markt mit Münze und Zoll Bestand hat, haben Wir dorthin Unsere königliche Banngewalt gegeben, so dass jeder Rechtssache, die sich an diesem Ort gegen Recht und Gesetz erhebt durch eine Verfügung der Äbtissin, die jeweils über dieses Kloster Gandersheim waltet, dadurch dass sie

Unsere königliche Banngewalt in ihre Hände empfangen, geschlichtet und rechtmäßig geahndet wird; und niemand, weder eine höhere noch niedere richterliche Person, soll künftig in diesem Ort irgendwelche Befugnis haben zur Ausübung irgendwelchen Rechts, es sei denn die gegenwärtige Äbtissin und ihre künftigen Nachfolgerinnen sowie derjenige, den sie zu diesem Amt und Dienst erwählen und als Vogt einsetzen. Dazu wollen Wir auch und gebieten kraft königlicher Gewalt, dass die Handelsleute und Einwohner dieses Ortes nach demselben Recht leben wie die übrigen Kaufleute von Dortmund und anderen Orten, ohne Widerspruch jeglicher neidischen Personen.

Und damit diese Urkunde Unserer Schenkung in gegenwärtiger und zukünftiger Zeit unverletzlich bleibt, haben Wir dieses daraufhin verfasste Gebot Unserer Herrschaft mit dem Aufdruck Unseres Siegels versehen lassen und, wie man unten sieht, mit eigener Hand rechtskräftig gemacht.

Kommentar: Diese Urkunde stammt aus der Zeit der Vormundschaftsregierung für den minderjährigen König Otto III. (983–1002), die zunächst 985–991 von seiner Mutter Theophanu und nach deren Tod 991–994 von seiner Großmutter Adelheid ausgeübt wurde. Sie verleiht die königlichen Markt-, Münz- und Zollrechte gemeinsam mit dem Königsbann und der Gerichtsbarkeit. In diesem Fall handelt es sich bei der Äbtissin um Ottos Tante Gerberga (959–1001), der seine Schwester Sophia (hier noch als Nonne bezeichnet) im Amt folgte (1002–1039). Das 852 von Liudolf, dem sächsischen Stammvater der Ottonen (Liudolfinger), gegründete Kloster besaß eine besondere Bedeutung für die Memoria der Herrscherdynastie und wurde wiederholt von Familienangehörigen geleitet. Die geradezu stereotyp für verschiedene Institutionen wiederholte Verleihungstrias von Markt, Münze und Zoll stellte eine herausragende ökonomische Privilegierung dar: Durch den Markt wurden lokale und überregionale Händler angezogen, die sowohl ihre agrarischen und handwerklichen Produkte als auch Luxusgüter des Fernhandels anbieten konnten. Durch die Verleihung des Münzrechts besaß die Äbtissin vor Ort ihre eigene Währung und konnte aus dem Wechsel mit anderen Geldsorten ebenso Gewinne erwirtschaften wie durch die Erhebung des ihr verliehenen örtlichen Zolls. Durch die Übertragung eigenständiger Gerichtsbarkeit durch die Äbtissin und ihren Vogt wurde ein sicherer Rechtsraum für die Kaufleute geschaffen. Bemerkenswert ist auch die Erwähnung eines nicht näher ausgeführten Kaufmannsrechts (*ius negotiatorum*), das demjenigen von Dortmund entsprechen soll. Diese Kaufmannsrechte – die sich an verschiedenen voneinander abhängigen Orten wiederfinden – lassen den Schluss zu, dass sich bereits in ottonischer Zeit Kaufmannsniederlassungen mit bestimmten Organisationsformen herausgebildet hatten.

Zitiert nach: Markt, Münze und Zollrechte des Klosters Gandersheim. 4. August 990. MGH D.O.III. Nr. 66. Übersetzung nach Weinrich 1977, S. 68–71.

Bereits im Frühmittelalter gab es Personen, die ausschließlich als Händler tätig waren. In den Quellen der merowingisch-karolingischen Zeit[1] begegnen immer wieder Griechen, Syrer und Juden in Verbindung mit dem Fernhandel, deren Rolle in der Vergangenheit aber wohl überschätzt worden ist: Zwar besaßen sie häufig Handelsniederlassungen in den südfranzösischen Hafenstädten (Marseille, Narbonne oder Arles) und Marktorten (Orléans, Bourges oder Clermont)[2], dürften aber selten in die Warenverteilung im Inland involviert gewesen sein. Diese wurde von den Handelsagenten der Grundherrschaften übernommen.[3] Dieser Personenkreis wird auch als Palast- (im Auftrag des Königs oder eines hohen Adligen Handelnde) oder Abteikaufleute (im Auftrag eines Klosters) bezeichnet. Der Ausdruck „Syrer" bezeichnete in den Quellen genauso allgemein christliche Völker des Nahen Ostens (auch Armenier oder Kopten), wie der Begriff „Griechen" generell griechischsprachige Personen des byzantinischen Herrschaftsbereiches umfasste.[4]

Exkurs: Pirenne-These
Die Pirenne-These geht auf eine 1937 posthum erschienene Publikation (*Mahomet et Charlemagne*) des belgischen Historikers Henri Pirenne (1862–1935) zurück. Demnach sei die wirtschaftliche und kulturelle Einheit des Mittelmeerraumes nicht mit der Völkerwanderungszeit, sondern erst durch die islamische Expansion des 7./8. Jh.s beendet worden. So habe die Errichtung der barbarischen Reiche auf römischem Boden keine einschneidenden Änderungen für die Verwaltung und das Wirtschaftsleben der betroffenen Regionen bedeutet. Der Handel zwischen Orient und Okzident sei weiterhin ungestört abgelaufen, wofür der Import von Luxuswaren ins Merowingerreich und die langanhaltende Goldmünzenprägung im Westen Indizien seien. Mit der islamischen Eroberung des Nahen Ostens, Nordafrikas und Spaniens seien die Handelsverbindungen in den östlichen Mittelmeerraum unterbrochen worden und das Karolingerreich habe seine ökonomische Potenz nach Norden verlagert. Das Gesamtvolumen des Handels sowie der Geldumlauf hätten sich daraufhin drastisch reduziert und auf eine im Binnenland angesiedelte lokale Tauschwirtschaft verlagert. Große Teile der Pirenne-These gelten heute als widerlegt, über Detailfragen wird in der Geschichtswissenschaft aber immer noch diskutiert (vgl. v. a. die umfangreiche Analyse von McCormick 2001 zum Handel im Frühmittelalter). Die genauere Untersuchung lokaler Verhältnisse zwischen dem 5. und 9. Jh. hat gezeigt, dass kommerzielle und merkantile Aktivitäten durchaus nicht überall zum Erliegen kamen und zwischen regional unterschiedlichen Entwicklungen zu differenzieren ist.

6.1 Das Frühmittelalter (7.–10. Jh.)

Das Vorhandensein solcher Händler setzte eine funktionierende Infrastruktur (Straßen, Brücken und Gasthäuser) ebenso voraus, wie er die Einrichtung von Märkten und Zollstationen beflügelte.[5] Zwar fand der Fernhandel im Frühmittelalter gegenüber der Antike auf einem quantitativ reduzierten Niveau statt und war saisonal orientiert, doch verschwand er nicht völlig mit der islamischen Expansion, wie es die ältere und viel diskutierte „Pirenne-These" nahelegte (▶ Exkurs: Pirenne-These).

Im Verlaufe des Frühmittelalters zeichnete sich eine Verlagerung der Handelswege ab: Hatte das römische Reich noch vor allem im Mittelmeerraum agiert und verlief der Handel des muslimisch kontrollierten Europa noch entlang einer Achse von Gibraltar über Nordafrika und Ägypten bis nach Persien, so verlief nun die zukünftige Hauptachse von Italien über das Rheintal bis zur Nordsee und den Britischen Inseln.[6]

Der Rückgang der urbanen Strukturen und die kriegerischen Auseinandersetzungen der Völkerwanderungszeit hatten zu einem Rückgang von Handwerk und Handel geführt, da sich ein Großteil der ökonomischen Energie auf die Grundbedürfnisse der Menschen und die Sicherung des Besitzes konzentrierte. Doch gab es Regionen, die nicht so stark von den Veränderungen betroffen waren, und auch in karolingischer Zeit lief der Handel zwischen West- und Osteuropa noch häufig über die gleichen Wege wie in der Spätantike. Sowohl merowingische als auch karolingische Quellen erwähnen wiederholt diplomatische Gesandtschaften und merkantile Aktivitäten, die gegen ein vollständiges Erliegen des fränkischen Handels- und Kommunikationsnetzes im Mittelmeerraum sprechen.[7] Darüber hinaus geben die Rechtsquellen des Frühmittelalters einen Einblick zumindest in die normative Regelung von Angelegenheiten der Fernhändler (*negotiatores transmarini*).[8]

Diese Handels- und Kommunikationswege waren zumeist Wasserwege, denn das römische Straßennetz hatte nicht ganz Europa erfasst und wurde nicht mehr überall instandgehalten. Doch gibt es in den Urbaren und Kapitularien des 9./10. Jh.s Hinweise auf verschiedene Land- und Wassertransporte von Handelsgütern, die im Zusammenhang mit der Zollerhebung zu sehen sind (▶ Q 6.2).[9] So tauchen im Diedenhofener Kapitular von 805 Erfurt, Halle und Magdeburg als Zollstationen für den Handel zwischen Sachsen und Slawen auf.[10] Offensichtlich gelang es den

Karolingern, ein dichtes Netz von Zollstellen an wichtigen Verkehrsknotenpunkten zu errichten, mit dem sie die gehandelten Waren und die beteiligten Personengruppen kontrollierten.[11]

> **Q 6.2: Die Zollordnung von Raffelstetten (904/906)**
> „Es möge der Aufmerksamkeit aller getreuen rechtgläubigen Christen, und zwar der jetzigen wie der zukünftigen, nicht entgehen, dass Klage und Empörung aller Bayern [...] vor König Ludwig [IV. „das Kind", 900–911] gekommen waren, die besagten, sie würden in diesen Gegenden mit ungerechtem Zoll und ungerechtfertigter Maut belastet und belästigt. Er aber hat [...] dieses mit gütigem Ohr angehört und dem Markgrafen Aribo befohlen, er solle mit den Ostmärkischen Richtern [...] eine Untersuchung über Zollrechte durchführen und die Zollerhebung genau erkunden; seinen Gesandten, Erzbischof Dietmar [von Salzburg, 873–907] und Burkhard, Bischof der heiligen Kirche von Passau [903–914], sowie Graf Ottokar, gab er den Auftrag, sie sollten dies an seiner Statt gerecht und rechtmäßig in Ordnung bringen. [...] Diese [...] wurden nach geleistetem Eid vom Markgrafen Aribo in Gegenwart des Erzbischofs Dietmar und des Bischofs der Kirche von Passau Burkhard, sowie unter Beisitz des Grafen Ottokar, auf dieser Versammlung im Ort namens Raffelstetten befragt; und sie nannten die Zollstätten und die Zollerhebungen, wie der Zoll zu Zeiten Ludwigs [II. „der Deutsche", 817–865], Karlmanns [von Bayern, 876–879/880] und der übrigen Könige ganz gerecht entrichtet wurde.
> 1. Die Schiffe, die aus den westlichen Gebieten, nachdem sie den Passauer Wald hinter sich gelassen haben, zu Rosdorf oder auch sonstwo anlegen und Markt halten wollen, sollen als Zoll einen Halbpfennig geben, das heißt 1 Skot. Wenn sie weiter abwärtsfahren wollen, sollen sie zu Linz für je ein Schiff 3 Halbmaß, das heißt 3 Scheffel Salz geben. Für Sklaven aber und sonstige andere Waren sollen sie dort nichts zahlen, wohl aber sollen sie die Erlaubnis haben, danach anzulegen und Markt zu halten, wo immer sie wollen, bis zum böhmischen Wald.
> 2. Wenn einer von den Bayern sein Salz zu seinem eigenen Haus schaffen will, brauchen sie nichts zu zahlen, falls der Steuermann des Schiffes dies mit einem Eid bestätigt, vielmehr können sie unangefochten weiterziehen.
> 3. Wenn aber ein freier Mann an diesem rechtmäßigen Markt vorbeizieht und dabei nichts zahlt oder sagt, und wenn er dessen überführt wird, sollen ihm Schiff und Waren fortgenommen werden. Wenn aber jemandes Knecht dies vollführt, soll er dort gefangen gehalten werden, bis sein Herr kommt und die Schuld bezahlt.
> 4. Wenn jedoch Bayern oder Slawen aus diesem Land in diese Gegend zum Kauf von Lebensmitteln kommen mit Sklaven, Pferden, Ochsen und sons-

tigem von ihren Fahrzeugen, dürfen sie in diesem Gebiet wo sie wollen zollfrei das kaufen, was sie brauchen. Wenn sie aber an der Marktstätte vorbeireisen wollen, sollen sie auf der Hauptstraße vorbeireisen, ohne irgendwelche Behelligung; auch in anderen Orten dieses Gebiets dürfen sie zollfrei einkaufen was sie können. Wenn es ihnen mehr gefällt, auf diesem Markt Waren zu handeln, müssen sie den vorgeschriebenen Zoll zahlen und dürfen dann einkaufen, was sie wollen und wie sie es am besten können.

5. Salzkarren aber, die auf dem rechtmäßigen Handelsweg durch die Furt der Enns fahren, brauchen nur an der Url einen vollen Scheffel abzugeben, dürfen aber nicht gezwungen werden, irgendwie mehr abzugeben. Jedoch brauchen dort die Schiffe, die aus dem Traungau kommen, nichts abzuliefern, vielmehr dürfen sie ohne Zins durchziehen. Dies soll bei den Bayern beachtet werden.

6. Die Slawen aber, die von den Russen oder von den Böhmen her zum Handeltreiben kommen, sollen überall dort, wo sie am Donauufer oder bei den Anwohnern der Rodel und den Riedmärkern Handelsplätze finden, für eine Saumtierlast vom Wachs zwei Klumpen abliefern, von denen jeder einen Skot wert sein soll; für die Last eines Mannes einen Klumpen im gleichen Wert; wenn einer aber Sklaven oder Pferde verkaufen will: für eine Magd 1 Tremise, für einen Hengst ebensoviel, für einen Knecht 1 Saige, ebensoviel für eine Stute. Bayern aber und Slawen dieses Landes, die dort kaufen oder verkaufen, dürfen nicht gezwungen werden, etwas abzuliefern.

7. Ferner hinsichtlich der Salzschiffe: Nachdem sie durch den böhmischen Wald gefahren sind, sollen sie an keinem Ort die Erlaubnis haben zu kaufen, zu verkaufen oder anzulegen, bevor sie nach Ebersburg gelangen. Dort sollen sie für jedes rechtmäßige Schiff, das heißt eines, das drei Männer fahren, an Salz 3 Scheffel abgeben, und nichts weiter soll von ihnen gefordert werden, vielmehr sollen sie weiterfahren nach Mautern oder wo sonst gerade der Salzmarkt abgehalten wird; und dort sollen sie genauso viel entrichten, also 3 Scheffel an Salz, und sonst nichts, und danach sollen sie die freie und unbehelligte Erlaubnis haben zum Verkauf und Kauf, ohne irgendwelche Bannhoheit des Grafen oder Einschränkung von irgendeinem Herrn; aber für welch hohen Preis Verkäufer und Käufer untereinander ihre Waren handeln wollen – sie sollen in allem freie Erlaubnis dazu haben.

8. Wenn sie aber zum Markt der Mährer ziehen wollen, soll der Schiffer nach der Schätzung der jeweiligen Marktbehörde 1 Schilling für ein Schiff zahlen und dann frei weiterziehen; bei der Rückkehr aber sollen sie nicht zur Leistung von rechtmäßigem Zoll gezwungen werden.

9. Die Kaufleute, also die Juden und anderen Kaufleute (ganz gleich woher sie kommen, aus diesem Land oder aus anderen Ländern) sollen den gerechten Zoll zahlen für Sklaven wie für andere Handelsgüter – so wie es stets in den früheren Zeiten der Könige war."

> **Kommentar:** Die sogenannte „Raffelstettener Zollordnung"i ist eines der frühesten Dokumente, das Rückschlüsse auf den Fernhandel im Donauraum erlaubt. Der Ort liegt in Oberösterreich zwischen den Nebenflüssen Traun und Enns. König Ludwig IV. lässt durch seine Großen vor Ort – zwei Weltliche (Markgraf Aribo und Graf Ottokar) und zwei Geistliche (Erzbischof Dietmar von Salzburg und Bischof Burkhard von Passau) – unter Eid eine Befragung durchführen, wie die Zölle seit alters her gewesen sind. Unter den Befragten befinden sich drei Amtmänner (lat. *vicarius*), sowie eine Reihe von nicht näher spezifizierten Personen (wahrscheinlich Adlige). Bemerkenswert sind außerdem die Namen Isaak und Salomon, bei denen es sich um jüdische Händler handeln könnte.
> Sehr deutlich kommt in der Quelle die Bedeutung der Donau als wichtigstem Verkehrsweg zum Ausdruck. Unterschieden wird in Waren- und Wegezölle (Maut), die in Geld oder Abgaben eines Teils der Waren zu entrichten sind. Bei Unterschlagung drohen empfindliche Strafen. Hierbei ist bemerkenswert, dass es offensichtlich freie und unfreie Händler gibt. Die Höhe und Art der zu entrichtenden Abgaben wird nach der gehandelten Ware, dem zurückgelegten Transportweg, dem Zielort des Geschäfts und der ethnischen Zugehörigkeit der Händler festgelegt. Die Donau wurde in einzelne Abschnitte unterteilt und für den Weg zwischen den jeweiligen Zollstellen/Marktplätzen eine Abgabe erhoben. An Waren sind v. a. Salz und Wachs verzeichnet – beides Handelsgüter, die häufiger in den Quellen auftauchen. Bayern waren abgabenmäßig in der Regel begünstigt. Auch war es möglich, einige Waren zollfrei für den Eigenbedarf zu transportieren. Als „Transportmittel" werden Schiffe, Wagen, Saumtiere und Sklaven genannt.
> **Zitiert nach:** Raffelstettener Zollweistum (904/906). Buchner 1977, S. 14–19.

Im östlichen Mittelmeerraum etablierte sich im Frühmittelalter ein reger Dreieckshandel zwischen Süditalien, Nordafrika und Byzanz: Handelsstädte wie Gaeta, Amalfi oder Bari lieferten Getreide, Holz, Textilien und Wein in die Handelshäfen zwischen Tunis und Alexandria, wo sie in Olivenöl, Wachs und Gold umgetauscht wurden, die man wiederum nach Byzanz lieferte. Dort wurden die Waren abermals gegen Seide, Gewürze und Edelsteine getauscht, die man nun zurück nach Italien handelte. Luxusgüter wie Rohseide, Baumwolle, Elfenbein oder Gewürze kamen aus weit entfernten Gegenden wie dem Persischen Golf oder dem Iran zum Schwarzen Meer und von da aus weiter nach Byzanz, von wo aus sie in den Westen gehandelt wurden.[12] Da die Handelsbilanz des Westens ge-

6.1 Das Frühmittelalter (7.–10. Jh.)

genüber dem Osten allerdings negativ war, flossen auf diese Weise langfristig große Mengen an Gold als Zahlungsmittel von Europa nach Asien ab.[13]

Ein wichtiges Handelsgut des Westens gegenüber dem (islamischen) Osten waren Sklaven, die zumeist in den slawischen Gebieten des Ostens gefangengenommen wurden, worauf die etymologische Verknüpfung von Slawe und Sklave in lateinischen und arabischen Quellen einen Hinweis gibt.[14] Allein in Córdoba sollen im 10. Jh. etwa 14.000 als *skaliba* bezeichnete Sklaven slawischer Herkunft gelebt haben.[15] Der Sklavenhandel zwischen der christlichen und der islamischen Welt hatte einen seiner Hauptumschlagplätze in der südfranzösischen Hafenstadt Marseille. Aber auch in Verdun wurden Sklaven aus den osteuropäischen Gebieten auf die Iberische Halbinsel weitergehandelt.[16]

Eine andere wichtige Handelsroute verband im Norden Europas das karolingische Reich mit Skandinavien und dem Baltikum. Fränkische Keramik, Glas, Textilien und Salz wurden gegen Holz, Wachs, Felle und Fisch getauscht, wodurch Handelsplätze wie Haithabu[17], Birka, Sigtuna oder Stockholm im Wechsel aufblühten und wieder an Bedeutung verloren. Viele städtische Siedlungen dieser Regionen entstanden aus Handelsniederlassungen der Wikinger. Im norddeutschen Raum gibt die Endsilbe -*wik* (von nordgerm. „Bucht") noch einen Hinweis auf diese Siedlungen (vgl. Quentowik, Bardowick, oder Braunschweig – *Brunoneswik*). Der Handel im Nord- und Ostseeraum hat sich in zahlreichen Silberschatzfunden in den skandinavischen Ländern niedergeschlagen, in denen sich islamische, byzantinische und schließlich deutsche und englische Münzprägungen in großen Mengen neben Barrensilber und Schmuck finden.[18] Inwieweit die Wikinger bei ihren Fahrten zwischen Handel, Piraterie[19] und Plünderung unterschieden haben, ist fraglich – die Übergänge zwischen handelndem Krieger und kriegerischem Händler dürften hier fließend gewesen sein. In jedem Fall stellten sie mit ihren see- wie binnengewässertüchtigen Booten eine dauerhafte Handelsverbindung zwischen dem Ostseeraum und dem Kaspischen Meer her.

Eine wichtige Vermittlerrolle zwischen dem skandinavischen, angelsächsischen und fränkischen Wirtschaftsraum kam den Friesen zu, die sich bereits frühzeitig auf den Handel als Erwerbsquelle verlegten. Die wichtigsten friesischen Handelsstützpunkte waren Dorestad (heute Wijkbij-Duurstede) und Quentowik. Von hier aus liefen Handelskontakte über Schweden und die Ostsee bis in den russischen Raum.

Über die Person des Händlers jener Zeit sind wir schlecht informiert: Bei einer Reise von der Handelsmetropole Köln nach Venedig waren etwa 950 km zurückzulegen, was bei den Reisegeschwindigkeiten des Mittelalters etwa 32 Tagen entsprach. Auf diesem Weg musste der Händler sich selbst, seine Begleiter und die Zug- oder Tragetiere der Handelsgüter versorgen und sich unterwegs vor Übergriffen schützen. Er musste Zölle und Flussüberquerungen (Fährmänner) bezahlen. Mit anderen Worten: Er brauchte eine größere Menge Kapital, um die Reise überhaupt durchführen zu können. So ist es nicht weiter verwunderlich, dass vor allem solche Güter gehandelt wurden, die einen hohen Profit versprachen. Viele Fragen bleiben jedoch für den modernen Forscher offen: Wurden die Geschäfte bereits mit Geld (Münzen) abgewickelt oder tauschten die Händler vornehmlich ihre Waren gegeneinander? Wie hoch waren die Ausgaben, mit denen sie auf ihrer Reise rechnen mussten, und wie hoch die Gewinnmargen aus den Handelsgeschäften? Hatten sie alle diese Bilanzen im Kopf oder schrieben sie sich etwas auf? Worin investierten die Händler ihre Gewinne und besaßen sie ein Zuhause, zu dem sie immer wieder zurückkehrten? Gab es bereits Zusammenschlüsse von Händlern oder arbeiteten sie in der Regel auf eigenes Risiko? Wie verständigten sie sich in der Fremde mit ihren Handelspartnern?

Zumindest einige Antworten zu skandinavischen Händlern lassen sich aus altnordischen Sagas gewinnen: Die Händler unternahmen als Einzelunternehmer wahrscheinlich eine Reise pro Saison und bewirtschafteten mit ihrer Familie in der Zwischenzeit zusätzlich noch eine Agrarfläche. Möglicherweise gehörten ihnen die Schiffe, aber die Besatzung musste aus den Gewinnen entlohnt werden.[20] Neben Münzen tauchen in den Schatzfunden auch Barren und Schmuck auf – ein Teil der Exportprodukte scheint also tatsächlich in Edelmetall (Silber) bezahlt worden zu sein. Diese Münzfunde wurden im Haus aufbewahrt und vielleicht den Geschäftspartnern präsentiert (▶ Abb. 6.1).[21] Ein Teil mag sicherlich auch wieder in wertvolle Objekte oder Landbesitz investiert worden sein.

6.1 Das Frühmittelalter (7.–10. Jh.)

Abb. 6.1: Im 10./11. Jh. gelangten Tausende dieser Otto-Adelheid-Pfennige aus dem ostfränkisch-deutschen Reich über die Handelsverbindungen der Wikinger nach Nordeuropa, wo sie noch heute massenhaft in schwedischen und norwegischen Schatzfunden auftauchen.

Eine herrscherliche Einflussnahme auf den Handel wiederum lässt sich anhand des Diedenhofener Kapitulars aus dem Jahr 805 nachweisen, in dem der Export von Schwertern und Rüstungen zu den verfeindeten benachbarten Slawen und Awaren untersagt wird. Dass der Waffenhandel offenbar ein einträgliches Geschäft darstellte, darüber geben auch die hohen Abgaben auf Schwerter in den Zolltarifen einen Hinweis. Beliebte Klingen wie die sogenannten VLFBERHT-Schwerter entwickelten sich zu einer Art „Handelsmarke des Frühmittelalters", wurden über weite Strecken transportiert und offensichtlich sogar gefälscht. Ursprünglich stammen sie wohl aus Rheinfranken, wurden aber in Skandinavien ebenso gefunden wie in Osteuropa oder dem Nahen Osten.[22] Etwas später anzusetzen sind die INGELRII-Schwerter des 10. bis 12. Jh.s (▶ Abb. 6.2), und es gibt noch eine Reihe anderer solcher Marken für qualitätvolle Waffen.

Kulminationspunkte des Handels waren regelmäßig abgehaltene Wochen- oder Jahrmärkte wie derjenige, den der fränkische König Dagobert I. (629–639) bereits um 634/635 in St. Denis vor den Toren von Paris stiftete. In regelmäßigen Abständen konnten hier sowohl die Agrar- und Handwerksprodukte der näheren Umgebung veräußert als auch Luxusgüter des Fernhandels angeboten werden. Häufig wurden diese Märkte mit Kirchenfesten kombiniert, um eine ausreichende Menge an Händlern und potenziellen Käufern zu versammeln.²³

Abb. 6.2: Das abgebildete Schwert aus dem 11. Jh. trägt die Werkstattmarke INGELRII und wurde 1933 im Teufelsmoor geborgen.

6.2 Das Hochmittelalter (11.–13. Jahrhundert)

Die steigenden Überschüsse der Landwirtschaft und die Zunahme der Bevölkerung lösten ab dem 10./11. Jh. eine deutliche Zunahme von Handel und Gewerbe aus. Die fortschreitende Arbeitsteilung der Gesellschaft erlaubte die handwerkliche Produktion größerer Stückzahlen und spezialisierterer Waren, die über den Handel abgesetzt werden konnten. Die steigenden Einkünfte der weltlichen und geistlichen Eliten aus ihren Ländereien, Abgaben und Privilegien erhöhten zudem die Nachfrage nach Luxusgütern.²⁴ Die stärkere Marktverflechtung und der sich ausbreitende Binnenhandel lassen sich anhand der Vermehrung der Zollstellen und Märkte durch herrscherliche Urkunden und an frühen Zolltarifen – wie denen von Koblenz (1104)²⁵ oder Jaca/Pamplona (vor 1094)²⁶ – zeigen, in denen auch Luxusgüter wie kostbare Stoffe, wertvolle Schwerter sowie Falken oder Pferde verzeichnet sind.

Eine bedeutende Rolle bei der Ausweitung des Seehandels im Mittelmeer kam den Städten im Norden (Pisa, Venedig oder Genua) und Süden (Neapel, Amalfi oder Salerno) Italiens zu, denen es gelang, die Übermacht

6.2 Das Hochmittelalter (11.–13. Jh.)

des Islam zur See zu brechen und sarazenische Überfälle auf christliche Schiffe und Hafenstädte zu beenden. Allmählich dehnte sich das Handelsdreieck zwischen Italien, Ägypten und Byzanz aus und immer mehr Handelskolonien wurden in der Levante gegründet – dieser historische Begriff bezeichnet die Mittelmeerländer östlich von Italien. Hatten sich im frühmittelalterlichen Italien noch byzantinische, päpstliche, arabische und langobardisch-fränkische Interessen gekreuzt, so verselbstständigten sich Städte wie Pavia, Mailand oder Venedig zunehmend in rechtlicher, politischer und vor allem wirtschaftlicher Hinsicht. Durch das herrschaftliche Ausgreifen der Städte auf ihr Umland bildeten sich dichte Netze von Groß- und Handelsstädten in Ober- und Mittelitalien, die zugleich wichtige Absatzmärkte für verschiedenste Warengruppen darstellten.

Die Entstehung von Städten wirkte sich auch positiv auf den Handel in Mittel- und Nordeuropa aus. Bis zum 12. Jh. hatten dort vor allem „Ausgleichsvorgänge" im Mittelpunkt des Warenaustauschs gestanden. Nun kam es vermehrt zu Güterumgruppierungen und Leistungsanpassungen. Es bildete sich ein Qualitäts- und Preisbewusstsein heraus. Durch das vielerorts von Händlern getragene Verlagssystem wurden neue Arbeitsplätze und damit Einkommensmöglichkeiten auch für untere Bevölkerungsschichten geschaffen.[27] Noch immer profitierten in Mitteleuropa vor allem die verkehrsgünstig gelegenen Städte an Rhein, Mosel und Donau vom Handelsaufschwung. Besonders aufschlussreich sind in diesem Zusammenhang Zollprivilegien und Zollfreiheiten in Kombination mit den ersten städtischen Rechtssammlungen und Zunftordnungen, die einen Einblick in die Handelstätigkeiten und Handelsverbindungen gewähren. Der „mongolische Frieden" (*Pax Mongolica*) zwischen etwa 1250 und 1350 beflügelte zusätzlich den europäischen Handel mit dem Orient, da die Christen nun Steuern und Abgaben des muslimischen Raums umgehen und ihre Gewinne steigern konnten. Über Karawanen gelangten Seide, Pfeffer und andere Gewürze, aber auch Teppiche und Edelsteine von China nach Westen. Im Gegenzug lieferte Europa Silber, Tuche sowie Pferde.[28]

Beim Handel sind immer zwei Sphären zu unterscheiden, die sich im Einzelfall jedoch überlagern konnten: Zum einen gab es stets einen *lokalen* und *regionalen Handel*, der vor allem direkt zwischen Produzenten und

Konsumenten stattfand und die städtische Bevölkerung auf den Wochenmärkten mit Nahrungsmitteln aus der unmittelbaren Umgebung versorgte. Auch konnten Gewerbeprodukte direkt bei den ortsansässigen Handwerkern über Verkaufsstände erworben werden. Hinzu kamen Kleinhändler (Krämer), die regionale Produkte in einem geografisch begrenzten Raum austauschten und eine wichtige Mittlerfunktion zwischen beiden Sphären erfüllten.

Der *überregionale Handel* wurde dagegen von hauptberuflichen Händlern betrieben, die zumindest bis ins 13. Jh. ihre Waren häufig noch begleiteten und deshalb aufgrund dauernder Abwesenheit keiner anderen Tätigkeit nachgehen konnten. Der überregionale Handel wurde entweder zwischen einzelnen Kaufleuten direkt abgewickelt oder an bedeutenden Handelszentren zu festgelegten Terminen konzentriert (Jahrmärkte oder Messen). Da die Fernkaufleute als Fremde von Ort zu Ort zogen, entstanden zur Reglementierung kaufmännischer Tätigkeiten eigene (Markt-)Rechte.[29] Frühe Marktrechte werden in den Urkunden zwar immer wieder erwähnt, sind aber in der Regel nicht im Detail überliefert.[30]

Die Handelsmessen hatten ihre Blütezeit im 11. und 12. Jh.[31] Unter einer Messe versteht man eine periodische Zusammenkunft von Händlern für mehrere Tage oder Wochen, die normalerweise nicht mehr als zweimal pro Jahr abgehalten wurde. Auf einer Messe trafen Händler aus weiter entfernten Gebieten zusammen und handelten zumeist teurere Produkte in größeren Mengen. Die Regelmäßigkeit der Messetermine machte Handelsgeschäfte nun planbarer. Dagegen erfüllte der häufig wöchentlich abgehaltene Markt die Bedürfnisse eines lokalen Handels. Hier wurden eher preiswertere Waren wie Lebensmittel oder einfache Handwerksprodukte in kleineren Mengen gehandelt. (Größere) Messen und (kleinere) Märkte waren im System der mittelalterlichen Distribution allerdings aufeinander bezogen: Händler verkauften auf den Messen auch Waren, die sie beim Besuch einiger Märkte erworben hatten und so konnte auch der „einfache Mann" auf einem Markt bei einem durchziehenden Händler ein teureres Produkt erwerben, das dieser von einer Messe mitgebracht hatte.[32]

Im Laufe der Zeit wurden Messetermine saisonal aufeinander abgestimmt, um den Händlern die Teilnahme an mehreren Orten zu ermöglichen. In der Champagne entstand gegen Ende des 12. Jh.s ein Messezyklus, der sich zu einem Zentrum des Handels entwickelte und bei dem

6.2 Das Hochmittelalter (11.–13. Jh.)

niederländische Händler ihre Produkte mit italienischen Händlern tauschen konnten. Es handelte sich um sechs Messen im Jahr, von denen je zwei in Troyes und Provins und je eine in Lagny und Bar-sur-Aube stattfanden. Zwischen den Messeterminen lagen in der Regel ein bis zwei Wochen. Die Messen liefen dabei stets gleich ab: Nach einer Einführungswoche zum Aufbau der Stände folgten zehn Tage zum Handel mit Tuch, gefolgt von elf Tagen zum Handel mit Leder und 19 Tage zum Handel mit anderen Gütern. Danach wurden die gegenseitigen Schlussrechnungen (*pagamentum*) und die Messebriefe ausgestellt. Auf diese Weise konnten die Geschäfte weitestgehend bargeldlos abgewickelt werden, da die Kredite gegeneinander aufgerechnet und über die Differenz Wechselbriefe ausgestellt wurden. So sparte man sich den gefährlichen Transport von größeren Mengen an Bargeld.[33] Messen entwickelten sich dadurch auch zu Orten von umfangreichen Geldgeschäften und schließlich zu einer Verschmelzung der Person des Händlers, Bankiers und Unternehmers (▶ Q 6.3).

Schon bald begannen die Kaufleute, nicht mehr selbst zu den Messen zu reisen, sondern sich durch Agenten oder Geschäftspartner vertreten zu lassen. Die Waren wurden von professionellen Fuhrleuten (*vectuarii*) transportiert.[34] Der rasche Niedergang der Champagnemessen an der Wende vom 13. zum 14. Jh. hatte mehrere Gründe: Zum einen war es eine verfehlte Wirtschaftspolitik. Nach der Heirat der Erbin des letzten Grafen der Champagne, Johanna I. von Navarra, mit dem französischen König Philipp IV. (1285–1314) führten dessen Krieg gegen Flandern und der Ausschluss flämischer Händler von den Messen zu einer Abnahme der Attraktivität. Auch kam es zu Exportverboten und Besteuerungsmaßnahmen sowie Gefangennahmen von Händlern, die den freien Zugang zum Handel und die Sicherung des Eigentums nun nicht mehr als gewährleistet erscheinen ließen.[35] Auf der anderen Seite verloren die Messen an Bedeutung, weil sich Handelsgeschäfte einfacher über die entstandenen Bankhäuser und Transportunternehmen abwickeln ließen und die Waren standardisierter wurden, was eine persönliche Qualitätskontrolle überflüssig machte.[36]

Q 6.3: Brief des Kaufmanns Andrea de Tolomei an seinen Neffen in Siena.
„Im Namen des Herrn, Amen. Brief [befördert] durch den ersten Boten von der Messe von Troyes im Jahr 65, geschrieben am Sonntag, dem vorletzten Tag im November, und zu befördern am nächsten Tag. Herr Tolomeo und Ihr anderen Teilhaber, Andrea grüßt Euch. [...] Ihr sollt wissen, dass ich von Federico Doni einen Brief bekam. Er teilte mit, dass er heil und gesund in London angekommen ist und einen Boten nach Coventry geschickt hat; der war aber noch nicht zurückgekommen. Und ich glaube, dass dank der Güte von Herrn Ottobuono (Fieschi), dem Kardinal, die Schuldner von Coventry richtig zahlen werden, wenn es Gott gefällt [...]. Und wenn Ihr mir noch nicht angegeben habt, wie viel Geld die Schuldner von Coventry aufgrund ihrer Vereinbarung mit uns gezahlt haben, so teilt es mir mit, wie ich Euch in einem anderen Brief schon geschrieben habe. Und der König von England [Heinrich III.] und Herr Eduard sind in ihrem Land völlig obenauf, wie es sich gehört. [...]
Herr Simon (de Brion), der Kardinal, bemüht sich nach Kräften, den Zehnten zu bekommen, der für das Unternehmen von König Karl [I. von Anjou] gezahlt werden soll. Und ich glaube, man wird zwischen jetzt und nächster Lichtmess [= 2. Februar] eine große Menge davon sammeln, und ich glaube, der besagte König wird viel davon verkaufen lassen, um dafür in Rom und in der Lombardei Geld zu bekommen. Und wenn es so wäre, so scheint es, dass die Währung von Provins im Preis fallen müsste. Und andererseits glaube ich, dass die Leute dieses Landes, die dem besagten König zu Hilfe kommen, jetzt schon in der Lombardei sind, und sie haben einen großen Bestand an Geld und Wechseln bei sich. Und da glaube ich, sie werden eine große Menge davon ausgeben, so dass die Währung von Tours und die Wechsel dort ganz billig zu haben sein müssen; das habe ich Euch in einem anderen Brief schon mitgeteilt. Und wenn Ihr einen Weg seht, daraus Nutzen zu ziehen, so versucht es sogleich. Und man sagt, dass noch viele angesehene Männer dieses Landes das Kreuz nehmen werden, um dem besagten König zu Hilfe zu kommen. Ob das wahr ist oder nicht, weiß ich nicht. Gott der Herr möge dafür sorgen und daraus für uns und die ganze Christenheit das Beste machen.
Gewichtswaren gehen hier schlecht, so dass es scheint, man könne hier überhaupt nichts verkaufen, und das Angebot ist ziemlich groß. Und Pfeffer ist hier 46 [?] Pfund die Ladung wert und lässt sich nicht gut verkaufen. Ingwer: zwischen 22 und 28 Pfennig, je nach Qualität. Safran war hier sehr gefragt und geht für 25 Schilling das Pfund ab, und es gibt hier keinen! Wachs aus Venedig: 23 Pfennig das Pfund. Wachs aus Tunis: 21 ½ Pfennig. Wachs aus Byzanz: 21 ½ Pfennig. Der Teilhaber von Scotto hat einen großen Posten Gewichtswaren hier und kann kein Bargeld dafür bekommen; und jetzt verhandelt er, um ihn zum Verkauf nach England zu schicken. Sterling, Wechsel: 59 Schilling die Mark. Freiburger Feinsilber: 57 Schilling 6 Pfennig die Mark. Gold nach Tari [sizilische Goldmünze]: 19 Pfund 10 Schilling die Mark. Goldstaub: je nach

6.2 Das Hochmittelalter (11.–13. Jh.)

Qualität. Augustalen: 11 Schilling das Stück. Florentiner Gulden waren bei der Sankt Aigulfsmesse 8 Schilling plus 1 Pfennig das Stück wert, wegen des Kreuzzugs; und jetzt glaube ich nicht, dass man sie für mehr als 8 Schilling minus 3 Pfennig verkaufen könnte. Geld von Le Mans ist ein Fünfzehntel wert, das heißt 15 [Schilling] von Le Mans [entsprechen] 2 Schilling von Tours. Mischgeld: ein Fünfzehntel und ein Halb.
Wenn Ihr der Frau des Giacomino del Carnaiuolo die zehn Pfund Sieneser Kleinwährung noch nicht gezahlt habt, wie ich Euch bei der letzten Sankt Aigulfsmesse mitteilte, so zahlt sie ihr, denn sie sind für die drei Pfund Provinzwährung, die ich von besagtem Giacomino erhielt. Und schreibt sie zu meinen Lasten für die letzte Sankt Aigulfsmesse, denn ich habe sie für die besagte Messe eingetragen und vergessen, es in dem Brief zu schreiben, den ich Euch von der besagten Sankt Aigulfsmesse schickte. Und wenn Ihr der besagten Frau des Giacomino den Kamelin geliefert habt, wie ich Euch mitteilte, so gebt mir davon Nachricht, denn dann würde ich mir dafür den Betrag zahlen lassen, den Ihr mir angebt; und er (Giacomino) hofft nach wie vor, dass sie den besagten Kamelin erhalten hat. Deswegen, wenn Ihr ihn noch nicht geliefert habt, so tut es, wenn Ihr es für richtig haltet, und teilt mir die Kosten mit. [...]"
Kommentar: Aus dem Brief des Kaufmanns spricht die Nervosität eines Mannes, der einerseits auf die Kommunikationswege seiner Zeit angewiesen ist und andererseits das Ende der Handelssaison vor Augen hat: Die Händler aus Siena hatten einen gemeinsamen Botendienst organisiert, aber offensichtlich brauchten die erwarteten Briefe viel zu lange. Deutlich wird, dass Andrea de Tolomei vor allem mit Geld handelte, dessen Kursentwicklungen er genau beobachtete. Genannt werden die wichtigsten überregionalen Währungen seiner Zeit: Goldmünzen (Tari und Augustalen) aus Sizilien, Sterlinge aus England, Gulden aus Florenz und französische Silbermünzen aus Tours, Le Mans und Provins. Eher nebenbei handelte er auch mit „Gewichtswaren" – Handelsgüter, die nach Gewicht verkauft wurden – wie Pfeffer oder Wachs. Der bargeldlose Zahlungsverkehr für die gehandelten Waren scheint an mehreren Stellen durch, wenn einzelne Posten gegeneinander aufgerechnet werden, um die Differenz dann an anderen Orten in der dort gültigen Währung auszubezahlen oder zu erhalten.
Deutlich ist der Einfluss politischer Entwicklungen auf den Handel zu erkennen: Siena wurde von Parteigängern des Kaisers (Ghibellinen) regiert – in diesem Fall der Stauferkönig Manfred von Sizilien (1258–1266). Die Familie der Tolomei aber stand auf der Seite der Gegenpartei der Welfen (Guelfen) und des Papstes Klemens IV. (1265–1268). Dieser unterstützte die Eroberungspläne des Grafen Karl von Anjou, der den Staufern Sizilien entreißen wollte. Für diese militärischen Unternehmen wurde viel Geld gebraucht, mit dessen Wechseln sich wiederum Geschäfte machen ließen. Auch die Geschäfte in England waren von diesem Streit betroffen: Die Firma hatte sich dort auf Geldgeschäfte ein-

> gelassen, die von dem päpstlichen Legaten und Guelfenfreund Ottobuono Fieschi (der spätere Papst Hadrian V., 1276) unterstützt wurden. Da sich der dortige König Heinrich III. (1216–1272) aber gerade in einem Bürgerkrieg befand (Zweiter Krieg der Barone, 1264–1267), war unsicher, ob die Schuldner pünktlich zahlen würden.
> An dem Brief des Kaufmanns lässt sich die Bedeutung der Champagnemessen für den kombinierten Waren- und Geldverkehr Europas im Hochmittelalter sehr gut erkennen. Aber auch die Abhängigkeit von der Infrastruktur und den Kommunikationswegen wird deutlich – der Unfall eines Kuriers, die Sperrung einer Straße oder der Verlust eines Schreibens konnten ein Geschäft ernsthaft gefährden, weshalb die Briefe mehrfach auf unterschiedlichen Wegen verschickt wurden. Die Messen waren aber auch ein Umschlagplatz von Informationen und Gerüchten. Selbst die kleinsten Hinweise auf einen bevorstehenden Krieg oder ein Bündnis konnten nützlich sein, um sich mit Waren und Währungen einzudecken.
> **Zitiert nach:** Brief aus der Messestadt Troyes 1265. Übersetzung nach Borst 1999, S. 401–403.

Seit dem 12. Jh. wurden vermehrt Kaufleute sesshaft und man begann zwischen „fremden" und „(stadt-)eigenen" Kaufleuten zu unterscheiden. Damit entstand zunehmend Konkurrenz zwischen fremden und städtischen Produkten und zwischen Händlern und Handwerkern. Verschiedene Bestimmungen halfen, den Ablauf der Handelsgeschäfte in geordnete Bahnen zu lenken, was aber nicht immer im Interesse der Händler lag. Das Stapelrecht (Niederlagsrecht) verpflichtete Kaufleute, beim Passieren eines Ortes ihre Waren für eine bestimmte Zeit dort anzubieten („aufzustapeln" oder „niederzulegen"). Nach Ablauf der Frist durfte der Händler weiterziehen oder die Ware an andere Personen (durch Zwischenschaltung eines ortsansässigen Maklers) weiterverkaufen. Auch Maße, Gewichte und Münzen wurden durch die Marktaufsicht (Stadtherr oder Stadtrat) festgelegt und kontrolliert.[37]

Seit dem Hochmittelalter bildete also die Stadt in vielerlei Hinsicht die wirtschaftliche Basis des Händlers: In ihr besaß er seine ökonomische Zentrale und legte dort sein gewonnenes Kapital an. Viele Handelsfamilien legten ihre Gewinne auch in Grundbesitz an, der sich bei Bedarf rekapitalisieren ließ. Darüber hinaus investierten Kaufleute zunehmend nicht nur in Handels-, sondern auch in Geldgeschäfte (Kredite und Versicherungen). In der Stadt fand der Händler nun auch den Geschäftspartner, mit dem er sich das Risiko einer Unternehmung teilen konnte (*compagnie*).[38] Große Familienunternehmen und Handelsgesellschaften, die sowohl über die nötigen Beziehungen als auch über ausreichend Kapital verfügten, begannen den Handel zu dominieren.

6.3 Das Spätmittelalter (14.–15. Jahrhundert)

Der (Groß-)Händler des Spätmittelalters hatte mit dem des Frühmittelalters nur noch wenig gemein: Er war zumeist sesshaft, besaß Handelsvertretungen in entfernten Städten, agierte in Gemeinschaft mit anderen Kaufleuten und investierte parallel in zahlreiche Handels- und Geldgeschäfte.[39] Auch nahm er direkten Einfluss auf die Produktion und die Politik seiner Stadt und ihres Umlandes. In seiner Heimatgemeinde genoss er den städtischen Schutz. In der Fremde konnte er sich auf Vereinbarungen zwischen verschiedenen Städten oder Vereinigungen der fremden Händler verlassen: In Venedig existierte seit dem 13. Jh. am Canale Grande neben der Rialtobrücke der *Fondaco dei Tedeschi* als Niederlassung deutscher Händler.[40] 1296 schlossen sich baskische und kantabrische Städte zusammen, um ihren Atlantikhandel bis nach Flandern zu organisieren und sich gegen die aragonesische und portugiesische Konkurrenz zu wehren.

Aus dem auf eigenes Risiko arbeitenden Einzelkämpfer war ein gut vernetzter Großunternehmer geworden. Seine Söhne konnte er zur Ausbildung und Bewährung in eine seiner Niederlassungen entsenden. Auch standen erstmals Handbücher wie die *Practica della Mercatura* des Francesco Balducci Pegolotti (um 1290–1347) zur Verfügung, anhand derer man sich über die Grundlagen der Währungen, Qualitätsstufen bei Gewerbeprodukten oder bedeutende Handelsplätze informieren konnte.[41] In diesem Werk sind allein 288 verschiedene Gewürze und 23 Arten von Rohseide verzeichnet, die ein angehender Händler kennen sollte.[42] Die zahlreichen Veränderungen des Handels und der Geldwirtschaft sind auch als „Kommerzielle Revolution" bezeichnet worden (▶ Exkurs: Kommerzielle Revolution).

> **Exkurs: Kommerzielle Revolution**
> Der Begriff der Kommerziellen Revolution wurde erstmals von Karl Polanyi (1944, S. 69) gebraucht und dann von Robert Lopez (1976) in einer eigenständigen Publikation behandelt. Analog zur Industriellen Revolution der Neuzeit sah Lopez in den ökonomischen Veränderungen des 13. und 14. Jh.s einen der großen Meilensteine der wirtschaftlichen Entwicklung Europas. Als wesentliches Merkmal gilt die Ausweitung des kaufmännischen Aktionsraums bei dessen gleichzeitiger Sesshaftigkeit, die durch Entwicklung der Buchführung, die Verbesserung des Transportwesens und die Verbreitung der Schriftlichkeit möglich wurden. Aber auch die Ausbreitung der Geldwirtschaft und bargeldloser Zahlungsmethoden sind wichtige Indikatoren der Kommerziellen Revolution sowie die Möglichkeit, das eigene Risiko durch den Zusammenschluss von Kaufleuten und die Entstehung von Versicherungen zu minimieren. Die Entstehung von Banken, die Ausweitung des Dreieckshandels im Mittelmeerraum oder die Gründung von Handelsniederlassungen mit eigenständigen Vertretern werden in diesem Zusammenhang ebenfalls häufig genannt. Ihren Ausgang nahmen die skizzierten Entwicklungen von Italien, das eine der bedeutendsten Wirtschaftsregionen des Mittelalters darstellte.

Im Spätmittelalter konnte sich der einzelne Handwerker in der Stadt nicht mehr selbst um den Absatz seiner Waren kümmern, da größere Stückzahlen hergestellt, die Qualität der Produkte weiterentwickelt und diese über weitere Entfernungen als eine Tagesreise gehandelt wurden. Spezialisierte Handwerker benötigten also die Vermittlerfunktion des ortsansässigen Fernhändlers, der über die notwendigen Beziehungen und Marktkenntnisse verfügte, um den Handel kostengünstig und gewinnbringend zu organisieren. Zugleich beschafften Fernhändler Rohstoffe für das spezialisierte Handwerk und Nahrungsmittel für die städtische Bevölkerung. Außerdem waren sie wichtige Arbeitgeber und sicherten die Einkommen eines wesentlichen Teils der Bewohner, die wiederum die Kundschaft des städtischen Handwerks darstellten. Auch wurden die Einnahmen der spätmittelalterlichen Städte zum Großteil von den reichen Kaufleuten aufgebracht, weshalb sie einen bedeutenden Faktor für das Finanzwesen und die Infrastruktur darstellten.[43]

Mit dem überregionalen Handel bildeten sich engere Wirtschaftsbeziehungen zwischen einzelnen Gebieten Europas heraus, deren Handelsaktivitäten über den Mittelmeerraum bis in den Orient und nach Asien

6.3 Das Spätmittelalter (14.–15. Jh.) 159

reichten (▶ Q 6.4). Man denke in diesem Zusammenhang an den Reisebericht des Kaufmanns und Gesandten Marco Polo (1254–1324).[44] An der Peripherie des christlichen Europas (Spanien, Sizilien oder Palästina) entstand über die kultur-religiösen Gegensätze hinweg ein reger Handel mit den islamischen Ländern, über die Luxusgüter des Orients nach Zentraleuropa gelangten. Für einen Großteil der (bäuerlichen) Landbevölkerung oder der städtischen Einwohnerschaft blieben derartige Handelsgüter allerdings unerschwinglich.

Q 6.4: Ein Brief aus der Breslauer Niederlassung an die Grubergesellschaft in Nürnberg (1444)

„[…] Item wist, lieber her, das wir wol vernomen, was pfenwert [„was einen Pfennig wert ist", hier: Ware] noch forhanden sind zu V [Venedig], das ist gut; wir haben noch nicht kaufft, weder gewand, noch yrich [weißgegerbtes Leder], noch wachs, auch kein rauche war [gegerbte Tierfelle]; yr ist nit fil hie, sonder wachs ist ein noturff; […] wir sind tur [tenemur = wir schulden] 2000 fl/u [ungarische Gulden], die wöl wir bezollen, was uns dan wirt uberloffen, das so wir hin auss bestellen […].

Item wist, lieber her, als yr yn dem her ein komen schriebt, so schlecht yr die 7 karten neseyden [Nähseide] allerley farb an 1 H [Gewichtspfund] umme 6 fl/rh [rheinische Gulden] und 9 ½ ß [Schilling], wie kann sie doch so fil kosten?! Ich halt, es sey verschrieben worden; wist yr doch wol, sie gult hie auff das aller hochst 9 ß und auch minus und so kost die portseyden [Seide zur Herstellung von Borten] allerley farb 15 fl 13 ß, die doch besser dan die neseyden etc.

Item wist, lieber her, als yr dan schreibt, wie das yr noch fast pfenwert auff der strasse habt und do haym et wir sullen euch lassen wissen, was uns noturfft und gitlich sey etc.; so wist, lieber her, das wir euch ein zettel senden in dissem prieff, so wert yr all sach wol ynen vernemen; und bestellet uns der gattungen auf mitefasten [der Breslauer Fastenmarkt für 1445] so yr maiste kont; und unser maynunge wer, was yr der pfenwerte het, das yr die mit dem allerersten von euch sendet gen Leypckz [Leipzig] und liest klaine pelin machen und schreibt Markart, das man es zu Leipckz yn waid lied gen Gorlicz [Görlitz] und gar nichtz auff Franckfurt und das man zu Leypckz haymlich mit ummer gienge; so hoff ich egetwil, es kom wol her hinder […].

Item wist, lieber her, […] dan was ich von solichen pfennwerten gehabt hab, sind das maist gar verkaufft: piper [Pfeffer] und arsaffran [marksaffran = Safran der Mark Ancona] ist fast gepruch mit uns gewesen; duschkan [Safran aus der Toskana] auch gar verkaufft zu 2 mark groschen die 2 secklin, trockener ingwer von Leypckz ouch gar verkaufft 4 H für die Mark, negel [Gewürznelken]

gar verkaufft zu 16 groschen, der schön kanell [Zimt] gar verkaufft zu 14 groschen; die schwarcz neseyden gar verkaufft, dar umme bestelt yr jo 10 karten auff mitefasten, eytel schwarcz neseyden sonst kein ander farb mit von neseyden, dan schwarcz und 3 karten gron portseyden und 1 rotte [...].
[...] und umme 40 ryß papirs mit dem ochssen haubt; yr habt den sin wol yn der zettel; aber es kann von Venedig auff michtz eraichen, [...] und was yr mit sendet oder schreibt von prieffen, so schreibt mir die hailigen tag yn der wochen for oder nach, nicht nach dem monden, ich bin kain Walich, ich verstehe mich nichtz dar auff etc.; nit mer dan der lieb got sey mit uns allen und weiss und das pastz yn allen sachen. Actum 1444 [...]"

Kommentar: Der Brief zeigt die Bedeutung der Schriftlichkeit in der Kommunikation zwischen dem Stammhaus der Handelsgesellschaft von Ludwig Gruber in Nürnberg und der Niederlassung in Breslau. Am Beginn des Briefes bestätigt der Schreiber Scheurl den Eingang mehrerer Briefe Grubers sowie Waren für den Herbstmarkt erhalten zu haben und berichtet dann von verschiedenen Geschäften in Halle, Chemnitz und Leipzig. Deutlich kommt das Angebotssortiment mit Lederwaren und Textilien sowie Wachs, Gewürzen (Pfeffer, Safran, Nelken und Zimt) und Papier zum Ausdruck. Eine große Rolle spielen noch ausstehende Zahlungen und Preisunterschiede bei verschiedenen Qualitätsstufen von Seide (Nähseide und Bortseide) sowie die Kenntnis unterschiedlicher Währungen und deren Wechselverhältnis. Bemerkenswert ist der Abschnitt über den Breslauer Fastenmarkt: Der Schreiber rät hier zu einem Umweg über Leipzig und die Tarnung der Sendung in Wagen mit Färberwaid bis Görlitz. Historischer Hintergrund ist die Werdenfelser Fehde, die den direkten Weg von Nürnberg nach Breslau über Hof, Zwickau, Dresden und Görlitz gefährlich machte. Auch handelte die Grubergesellschaft bereits mit Papier, dessen Menge man in ryß angab: Ein Rieß ist eine aus dem Arabischen abgeleitete Maßeinheit für Formatpapiere, die variable Mengen von Bögen bezeichnet, die in Ries-Papiere verpackt werden können. Der im Text erwähnte Ochsenkopf (ochssen haupt) bezieht sich auf das Wasserzeichen.

Zitiert nach: Gemeinsamer Brief Albrecht Scheurls und Andreas Ketzels aus der Breslauer Niederlassung der Grubergesellschaft an Ludwig Gruber in Nürnberg (29. November 1444). Möncke 1982, S. 307–312.

Die Entwicklung von Handelswegen und die Vermittlung von Handelstechniken waren vor allem den oberitalienischen Kaufleuten des Hochmittelalters zu verdanken, über die ökonomische Innovationen wie der Wechsel, der Kredit oder die Buchführung in nordalpine Regionen gelangten.[45] Bereits gegen Ende des 13. Jh.s ließen sich italienische Kaufleute in Paris, London oder Brügge dauerhaft nieder und agierten dort als

6.3 Das Spätmittelalter (14.–15. Jh.)

Vertreter (*Agenten* oder *Faktoren*) für andere Handelshäuser.[46] Hauptstädte zentralisierter Staaten wie Frankreich (Paris), England (London) oder Portugal (Lissabon) entwickelten sich damit auch zu Verwaltungs- und Wirtschaftszentren. In herrschaftlich stärker differenzierten Regionen wie Deutschland, Italien oder dem Baltikum bildeten sich dagegen verschiedene Wirtschaftsregionen heraus, die sich im Laufe der Zeit auch räumlich verlagern konnten.

Insbesondere Norditalien war vom 11.–14. Jh. eine der ökonomisch bedeutsamsten Regionen Europas: Venedig, Pisa und Genua entwickelten sich zu wichtigen Handelsstädten, Florenz zu einer Finanzmetropole. Die Lagunenstadt Venedig[47] besaß nicht nur eine strategisch günstige Lage für den Handel im Adriatischen Meer und im östlichen Mittelmeerraum. Ihre von mächtigen Patriziergeschlechtern getragene Regierung sorgte auch für die nötige innere Stabilität und garantierte den Schutz ihrer Kaufleute. Besonders die Kreuzzüge sorgten für den Aufstieg Venedigs, das den Transport und die Versorgung der Krieger organisierte und sich dafür nicht nur mit Geld, sondern vor allem mit Handelsprivilegien bezahlen ließ.[48] 1204 gelang es dem Dogen Enrico Dandolo (1192–1205), das Heer der christlichen Ritter nach Konstantinopel umzudirigieren. Die Eroberung und Plünderung der Stadt entledigte Venedig seines byzantinischen Handelsrivalen im Mittelmeerraum und erlaubte den Aufbau zahlreicher Handelskolonien in der Ägäis. Der venezianische Besitz auf Kreta oder Zypern diente als Stützpunkt für die Kumulation der Warenströme und deren Verschiffung nach Italien, wobei der venezianische Staat die diplomatische und militärische Unterstützung gewährleistete.

Im Jahre 1423 verfügte Venedig über 300 Schiffe sowie 45 Galeeren und die staatliche Werft beschäftigte 3.000 Zimmerleute, wie sich aus einer Bilanz des Dogen Tommaso Mocenigo (1414–1423) ergibt. Der jährliche Import und Export der Stadt belief sich auf 10 Mio. Dukaten, was 34.400 kg Gold entsprechen würde.[49] Die Handelsverbindungen der Venezianer erstreckten sich bis weit nach Norden, wo sie beispielsweise Eisen, Kupfer und Leinen aus dem Deutschen Reich sowie Wein aus Frankreich importierten.[50] Im Verlaufe des 15. Jh.s gelang es Venedig auch, Florenz fast vollständig aus der Handelsschifffahrt im Mittelmeerraum zu verdrängen, obwohl die Stadt zunächst mit der Annexion Pisas auch dessen Handelsnetz hatte übernehmen können. Florenz konzentrierte sich schließlich immer mehr auf das Bankengeschäft.[51]

Genuas[52] Lage erlaubte Handelsverbindungen mit den fruchtbaren Regionen der Lombardei und über die dahinter liegenden Alpenpässe mit Nordeuropa.[53] Da der Landbesitz Genuas relativ klein und verhältnismäßig unfruchtbar war, musste die wachsende Stadt einen Großteil ihrer Lebensmittel auf dem Seeweg heranschaffen: Getreide aus Spanien und dem Schwarzen Meer, Wein und Salz aus Spanien und Käse aus Süditalien. Auch Genua baute seine Handelsverbindungen ins östliche Mittelmeer im Umfeld der Kreuzzüge massiv aus, besetzte Regionen am Schwarzen Meer (Soldaia, Kaffa, Trapezunt oder Pera), die den Handel mit China und Indien ermöglichten. Seide und Gewürze, aber vor allem Getreide wurde von genuesischen Kaufleuten im gesamten Mittelmeerraum gehandelt. Insgesamt handelte Genua mit – im Vergleich mit Venedig – größeren Stückzahlen von Gütern mit geringerem Wert: Schafswolle und Baumwolle, Salz und Getreide sowie Alaun aus Phohäa (heute Foça in der Türkei).[54] Alaun besaß als Beizmittel Bedeutung für die Tuchherstellung, weshalb die Aufnahme des Seeverkehrs zwischen Italien und Nordeuropa über die Straße von Gibraltar den wirtschaftlichen Aufstieg Genuas zusätzlich beflügelte.[55]

Das Anwachsen der Städte, die Konzentration von Bevölkerungszahlen in bestimmten Regionen und die zunehmende Ausdifferenzierung der Arbeit führten dazu, dass Städte mit mehr als 3.000 Einwohnern zur Versorgung der eigenen Bevölkerung über das nähere Umland ausgreifen mussten. Daraus entstand allmählich ein Fernhandel mit Nahrungsmitteln, der die regelmäßige Zufuhr gewährleistete. In besonders auf Handel und Gewerbe ausgerichteten Ausnahmeregionen wie Flandern lebten zu Beginn des 14. Jh.s bereits 35–40 % der Bevölkerung in Städten, deren Versorgung gerade einmal zur Hälfte aus dem Umland gewährleistet werden konnte.[56] 1277 waren erstmals genuesische Schiffe in Brügge gelandet und hatten eine Handelsroute für Gewürze und Textilien zwischen der Nordsee und dem Mittelmeer eröffnet. Um 1500 zählte Brügge fast 100.000 Einwohner.[57] In Italien hatten Mailand und Venedig wohl um die 200.000 Einwohner, Florenz und Genua etwa 100.000[58] – derartige Bevölkerungszahlen waren nicht mehr von den Bauern der unmittelbaren Umgebung zu versorgen (▶ Kap. 3.3). Waren Geschäfte mit Lebensmitteln im Früh- und Hochmittelalter aufgrund ihres geringen Preises und ihres hohen Stückgewichts für die meisten Kaufleute noch uninteressant gewesen, wurden sie nun lukrativ.[59]

6.3 Das Spätmittelalter (14.–15. Jh.)

Das ökonomische Potential zusammen mit der rechtlichen Sonderstellung von Fernkaufleuten führte im Prozess von deren Sesshaftwerdung zur Herausbildung des städtischen Patriziats im 13./14. Jh., das sich in den meisten Fällen aus dem Stadtadel, Ministerialen und Kaufleuten zusammensetzte. Die Standesschranken waren in der Anfangszeit allerdings noch durchlässig: Viele Adelige und Ministeriale betätigten sich im Handel und umgekehrt erwarben vermögende Händler Landbesitz und im Spätmittelalter auch Adelstitel.[60] Infolge von Bürgerunruhen strebten dann auch zunehmend vermögende Handwerker in die politischen Ämter einer Stadt. Die Notwendigkeit, von anderer (körperlicher) Arbeit frei zu sein, um sich seinem politischen Amt widmen zu können, begünstigte allerdings weiterhin vor allem Adelige und Kaufleute im Stadtrat. Daraus wird ersichtlich, dass nicht jeder Handel treiben konnte: Die Gemeinschaften der unter dem Schutz eines Herrn (König, Graf oder Bischof) stehenden Kaufleute bedeuteten *Zusammenschluss* – das Befolgen gemeinsamer Regeln und Grundsätze sowie die Vertretung gemeinsamer Interessen – aber auch *Ausschluss* – das Verhindern oder Behindern von Konkurrenten. Die genossenschaftlichen Zusammenschlüsse von Kaufleuten waren also Rechts-, Interessen- und Gefahrengemeinschaften zugleich, später auch Kapitalgemeinschaften.[61]

Ein wesentlicher Fortschritt des Handels im Spätmittelalter bestand in der Entstehung der *commenda*, die es erlaubte, das Kapital eines Handelsgeschäfts zu erhöhen und zugleich das eigene Risiko zu vermindern. Dabei konnten Geldgeber sich an einem Handelsunternehmen beteiligen und dabei ihr Risiko auf Gewinn oder Verlust auf die Einlagesumme begrenzen. So war es erstmals für jedermann möglich, sich am Fernhandel zu beteiligen, ohne selbst direkt in die Handelsgeschäfte involviert zu sein. In Genua entstand der Kauf von Anteilsscheinen (*partes* oder *sortes*) auf Handelsschiffe, die zu gleichen Teilen erworben und sogar an Dritte weiterverkauft, verpfändet oder in neue Geschäfte reinvestiert werden konnten. Ein Kaufmann ohne eigenes Schiff konnte sich so an mehreren Schiffen beteiligen, ohne das Risiko einzugehen, sein eigenes durch Schiffbruch oder Piraterie zu verlieren. Auch über Land reisende Kaufleute konnten sich beispielsweise in Venedig Teilhaber suchen, die ihr Kapital in die gemeinsame Handelsunternehmung einbrachten (*colleganze*).[62]

Zur Verminderung des Risikos im Seehandel entstanden in Genua die ersten Versicherungen – bereits im Jahre 1350 lässt sich eine Versicherung gegen Prämienzahlung nachweisen. Der Wechsel ermöglichte bargeldlose Zahlungen zwischen Geschäftspartnern über weite Distanzen und verminderte das Risiko des Geldtransports: Man übergab einem Wechsler an einem Ort eine Summe in lokaler Währung und konnte sie an einem anderen Ort in der dortigen Währung wieder entgegennehmen. Die Geldwechsler konnten mit den bei ihnen hinterlegten Summen Ausleihungen tätigen, wodurch um 1300 die Frühformen von Banken entstanden.[63] Auch war es auf den *banchi di scritta* („Banken der Schrift") möglich, sein Konto zu überziehen, was erstmals „Buchgeld" hervorbrachte, das ausschließlich auf dem Papier existierte. Voraussetzung war die Führung eines Kontobuchs für jeden Kunden, in dem Soll und Haben akribisch verzeichnet wurden. Das Interesse der Einleger lag dabei zunächst vorrangig auf dem bargeldlosen Zahlungsverkehr und war noch nicht auf Kredit oder Zinsen ausgelegt. Beides entstand in größerer Form erst in der Frühen Neuzeit.

6.4 *Handelsgüter, Handelsregionen und Handelsverflechtungen*

Bereits im Frühmittelalter hatten sich bestimmte Strukturen im europäischen Handel herausgebildet: Juden spielten aufgrund ihrer Markt- und Sprachkenntnisse eine bedeutende Rolle im Handel mit Byzanz und dem Islam. In Nordeuropa trafen sich friesische Kaufleute zu bestimmten Terminen und errichteten Handelsniederlassungen wie Dorestad, Utrecht, Namur oder Brügge. In vielen Städten entlang des Rheins oder der Maas gab es eigene Friesenviertel, die für den Austausch mit Skandinavien eine herausragende Rolle spielten. Erst die Wikingereinfälle bereiteten diesem friesischen Handels- und Verkehrssystem ein Ende.[64]

Untersucht man den mittelalterlichen Handel, so überlagert die Vorstellung von Luxusgütern[65] wie Seide, Gold, Elfenbein oder Pfeffer oftmals den weitaus umfangreicheren Handel mit alltäglichen Gütern. Eine europäische Handelsbilanz einzelner Warengruppen zu berechnen, ist aufgrund der Quellenlage unmöglich. Dennoch lassen sich aufgrund einzelner Rechnungsbücher, Briefe oder Wechsel Handelsrouten und Handelsmengen sowie deren Werte nachvollziehen. Der Gewürzhandel wurde überwiegend von italienischen Händlern über die Levante abgewickelt. Pfeffer, Zimt, Muskat und Ingwer fanden so ihren Weg nach Mittel- und Westeuropa. In den im Mittelmeerraum kreuzenden Galeeren wurden noch keine riesigen Mengen transportiert, aber ihr Wert war außerordentlich hoch. Neben Gewürzen wurden aber auch Indigo, Zucker, Ebenholz und Edelsteine aus dem Orient nach Europa gebracht.[66]

6.4.1 Getreide

In der Antike wurde Getreide aus den Kornkammern des Römischen Reiches (Ägypten und Spanien) vor allem nach Rom und Konstantinopel verschifft. Im Frühmittelalter deckte die agrarische Subsistenzwirtschaft weitgehend die Bedürfnisse. Erst die Urbanisierung des Spätmittelalters machte den Getreidehandel[67] wieder lukrativ. Die Zentren des Getreideimports lagen in den Niederlanden und in den Handelsrepubliken Italiens, in deren Hinterland nicht ausreichend Getreide für die wachsende Stadtbevölkerung produziert werden konnte. Die aus Südfrankreich, Albanien, Nordafrika und dem Schwarzen Meer verschifften Getreidelieferungen bestanden in der Regel aus Weizen, seltener aus Gerste. Flandern bezog einen Großteil seines Getreides aus dem Artois und der Picardie im Norden Frankreichs, wobei es immer wieder zu Auseinandersetzungen um die Kontrolle der Wasserwege kam. Getreide wurde auch aus Geldern, Jülich und Kleve nach Holland transportiert und versorgte die Großstadt Köln – im Deutschen Reich hatten die Rheinlande mit ihren Handelsstädten einen hohen Bedarf an Getreidelieferungen. Im Spätmittelalter kamen größere Mengen auch aus Nordosteuropa (Mecklenburg, Pommern, Polen und Litauen).[68]

6.4.2 Salz

Ein Großteil des im Mittelalter konsumierten Salzes stammte aus Pfannen der Küstenregionen des südlichen Mittelmeeres. Von Südspanien, den Balearen und dem Languedoc aus wurde es nach Nordeuropa transportiert.[69] Mit dem Aufschwung des Hansehandels mit gesalzenem Fisch stieg auch der Bedarf an dem kostbaren Handelsgut. Venedig erschloss sich eigene Salzquellen in den Küstenregionen Albaniens und Dalmatiens und Byzanz ließ es in Makedonien und Thrakien produzieren. Bis zur Verbesserung der Bergbaumethoden im Spätmittelalter und der Möglichkeit, Steinsalz kostengünstig zu gewinnen, blieben Küstenregionen und salzhaltige Binnengewässer die wichtigsten Salzlieferanten.

6.4.3 Wein

Neben Salz gehörte Wein zu den frühesten Handelsgütern. Seit dem 11. Jh. wurde der Anbau von Wein in klimatisch ungünstigen Regionen aufgegeben, stattdessen verließ man sich dort auf Importe.[70] Vor allem die warmen mediterranen Zonen mit vorteilhaften Transportwegen traten als Lieferanten in Erscheinung. Die Venezianer handelten mit süßen und schweren Weinen aus Griechenland. Besonders bedeutsam als Weinproduzent aber war Frankreich, wo Bauer und Grundherr neue Rebflächen unter sich aufteilten, um die unproduktiven ersten 4–7 Jahre der Neuanlage finanziell ausgleichen zu können.[71] Aus der Guyenne und Gascogne wurde Wein nordwärts in die Normandie und Bretagne verbracht und weiter nach England gehandelt. Entlang der Garonne lagen Weinanbaugebiete, die jährlich 50.000 Fässer über Bordeaux in die Niederlande und auf die Britischen Inseln verkauften. Erst der Hundertjährige Krieg (1337–1456) zwischen England und Frankreich sowie die großen Pestwellen (1346–1353) bereiteten diesem Handel ein Ende, da viele Weinstöcke während der Kampfhandlungen zerstört oder nicht mehr bewirtschaftet wurden.[72]

Auch in der Umgebung von Paris und in der Champagne wurde Wein angebaut. Allerdings war er von minderer Qualität und wer es sich leisten konnte, trank lieber Wein aus Burgund, das günstige klimatische Voraussetzungen besaß, aber nur schlecht über Flüsse und Straßen an den Fernhandel angebunden war. Mit der Residenz römischer Päpste im südfranzösischen Avignon (1309–1377) erlebte auch der burgundische Wein einen Aufschwung, da ein großer Absatzmarkt durch den Hof der Kurie entstand und der Wein dorthin leichter über Saône und Rhône transportiert werden konnte.

Auch in den Rheinlanden von Bonn bis ins Elsass wurde Wein angebaut und verschifft. Köln war nach Paris zeitweise einer der größten Handelsplätze für Wein. In Städten wie Köln, Straßburg oder Trier machten die Abgaben auf Wein einen bedeutenden Teil der städtischen Einnahmen aus und Weinzölle sind vielfach in den Quellen belegt. Weinanbaugebiete entstanden im Umfeld der Städte und deren Bevölkerung engagierte sich in der Produktion und Distribution des Weins.[73]

6.4.4 Metall

Über den Handel mit Metallen[74] ist ebenso wenig bekannt wie über den mittelalterlichen Bergbau und die Metallverarbeitung im Allgemeinen – sowohl in Bezug auf das Handelsvolumen als auch die Handelswege. Man kann deshalb annehmen, dass vor allem Eisen dort verarbeitet wurde, wo man es gewann oder wo ausreichend Holz zu dessen Verhüttung und Verarbeitung vorhanden war. Nur in den Regionen, in denen es einen deutlichen Produktionsüberschuss gab, konnte auch ein Handel entstehen. Dies war beispielsweise in Nordspanien (Baskenland) oder in Schweden der Fall, wo die Hanse einen regen Metallhandel aufbaute.

Im Gegensatz zu Eisen kommen Kupfer, Zinn und Blei vergleichsweise selten vor und müssen dementsprechend vielerorts über den Handel besorgt worden sein. Zinn kam überwiegend aus England (Cornwall), das bereits in der Antike als „Zinninsel" bekannt war. Von dort aus fand es seinen Weg über London und die Niederlande bis in den Mittleren Osten. Die Montanregion des Harzes war ein wertvoller Lieferant für Kupfer. Ein wichtiger Umschlagplatz für dieses Metall war vom 12.–15. Jh. auch Dinant in Belgien, das seinen Rohstoff aus Goslar bezog, dessen Kaufleute vor Ort bereits im 13. Jh. mit einem speziellen Zoll belegt wurden.

6.4.5 Stoffe und Textilien

Zentren der Wollproduktion waren England, Spanien und Nordafrika.[75] Englische Wolle wurde in den Niederlanden zu Tuch weiterverarbeitet und von dort aus weiter nach Italien gehandelt. In die Niederlande wurden im 14. Jh. etwa 34.000 Säcke Wolle jährlich von England aus verschifft, das im Gegenzug etwa 12.000 Ballen feinen Tuchs lieferte.[76] Während des Spätmittelalters verlagerte sich die Handelsroute von Frankreich weiter nach Osten. Von Basel aus gelangte Wolle auf dem Rücken unzähliger Packtiere nach Italien.[77] Als seit Mitte des 14. Jh.s der englische Wollexport allmählich zurückging, trat Spanien an dessen Stelle, wo sich die Schafzucht innerhalb von 100 Jahren von 1,5 auf 2,7 Mio. Tiere fast verdoppelte.[78]

Über das Mittelmeer und den Atlantik wurde kastilische Wolle, insbesondere vom ursprünglich aus Nordafrika stammenden Merino-Schaf, nach Italien und Nordeuropa verschifft. Die Messen von Medina del Campo, etwa 90 km nordöstlich von Salamanca, waren der zentrale Umschlagplatz für die Wolle. 1307 wird das Wort Merino erstmals in einem genuesischen Kaufvertrag erwähnt.[79] In Kastilien bildete sich auch ein vom Königtum umfangreich privilegiertes und politisch einflussreiches Syndikat der Schafzüchter, der *Honrado Concejo de la Mesta* (kurz *Mesta* genannt).[80] Dem wirtschaftlichen Aufschwung der Schafzucht ist es zu verdanken, dass sich Kastilien früher als Katalonien von den Folgen der Pestjahre erholte. Dennoch kann auch das Mittelmeerreich der Krone Aragón als ein wesentlicher Faktor des mediterranen Wirtschaftsraums im Spätmittelalter betrachtet werden, wo erstmals um 1340 feste Seehandelsrouten zwischen Barcelona, Sardinien, Genua, Neapel, Syrakus und Tunis etabliert wurden.[81]

Textilien waren mit Sicherheit eines der wichtigsten Handelsgüter des Mittelalters, da es in keinem anderen Segment eine derartige Fülle von Qualitätsstufen, Farben, Schnitten und sich stetig wandelnden Modeerscheinungen gab, die überall in Europa nachgefragt wurden und ein wichtiges Statussymbol waren. Überlieferte Kaufverträge zeigen eine große Bandbreite an Textilien aus verschiedenen Gegenden Europas, die

6.4 Handelsgüter, Handelsregionen und Handelsverflechtungen 169

selbst in kleineren Städten zu haben waren.[82] Flandern und Brabant waren Zentren der Textilproduktion, deren Waren über die Messen der Champagne weiter nach Italien gehandelt wurden.

Nach dem Zusammenbruch der Messen verlagerte sich die Handelsroute auf den Rhein. Mit der Steigerung der Nachfrage nach Textilien von mittlerer Qualität entstanden neue Produktionszentren von Mischgewebe (Barchent) in Süddeutschland, deren Waren von Händlern aus Ravensburg nach Italien, von Händlern aus Nürnberg und Prag nach Osteuropa und über die Hanse ins Baltikum gehandelt wurden.[83] Der oberdeutsche Raum entwickelte sich aufgrund seiner zentralen Lage und trotz des Fehlens einer für den Handel günstigen Infrastruktur nun zu einem wichtigen Knotenpunkt des innereuropäischen Warenaustausches und zu einer Drehscheibe für Produkte zwischen Nord- und Süd- sowie West- und Osteuropa. Städte wie Nürnberg, Augsburg, München oder Regensburg profitierten von den über Brenner oder St. Gotthard reisenden Kaufleuten. Die Öffnung des Brennerpasses für Fuhrwerke um 1300 intensivierte die wirtschaftlichen Beziehungen zwischen Oberitalien und Oberdeutschland zusätzlich.[84] Der Rückgang des englischen Wollexports in der zweiten Hälfte des 14. Jh.s hing auch damit zusammen, dass die Verarbeitung zu qualitätvollen Tuchen nun direkt vor Ort erfolgte. In der Folge stieg der Export von Fertigtuchen aus England dafür um das Sechsfache an.[85]

Wirft man einen Blick auf die genannten Handelsgüter und Handelsrouten (▶ Karte 1), so lässt sich zusammenfassend sagen: Der (Nord-)Osten lieferte vor allem Agrarprodukte nach Westen, wobei anfangs vor allem wertkonzentrierende Güter wie Pelze, Holz oder Wachs im Vordergrund standen. Mit dem Anwachsen der Städte in Nordwesteuropa intensivierte sich auch der Handel mit Getreide. Der Westen lieferte dagegen vor allem Gewerbeprodukte wie Schmuck, Textilien, Waffen oder Wein, die mit dem Landesausbau im Osten eine zunehmend breitere Konsumentenschicht ansprachen. Differenzierter war der Warenaustausch entlang eines Korridors zwischen London im Nordwesten und Wien in Südmitteleuropa, mit einer merkantilen Schwerpunktregion im Osten Frankreichs (Champagne). Ein dichteres Netz von größeren Städten (London, Brüssel, Paris, Straßburg, Köln oder Frankfurt am Main) mit ihren gewerblichen Produktionszentren, einem spezialisierten Handwerk und einem steigenden Bedarf an Nahrungsmitteln führte innerhalb dieses Korridors zu einem intensiveren Austausch. Mit dem Ende der Kreuzfahrerstaaten (1292) und dem Zusammenbruch des mongolischen Reiches veränderte sich die Handelsgeografie des östlichen Mittelmeerraumes und Asiens, wovon vor allem die Italiener betroffen waren. Ein erhebliches wirtschaftliches Gewicht erlangte die Hanse im Nord- und Ostseeraum, die sich immer mehr von einem losen Zusammenschluss von Kaufleuten zu einem organisierten Städtebund mit gemeinsamen (handels-)politischen Interessen entwickelte. Die Geschichte dieser Handelsorganisation steht im Mittelpunkt des nächsten Unterkapitels.

6.5 Die Hanse – Geschichte und Organisation

Der Begriff Hanse[86] leitet sich von dem althochdeutschen Ausdruck *hansa* ab und bedeutet so viel wie „Gruppe" oder „Genossenschaft". Er bezeichnete einen Zusammenschluss von zu gleichen Zielen im Ausland reisenden Kaufleuten. Solche Zusammenschlüsse von deutschen Kaufleuten zur Wahrung ihrer gemeinsamen Interessen und dem Schutz ihrer Privilegien im Ausland gab es bereits seit dem 12. Jh.[87]

Während die alten Hansen im Wesentlichen Zusammenschlüsse von Kaufleuten (Personen) waren, entwickelten sich im Zuge des Landesausbaus und der Städtegründungswelle allmählich Zusammenschlüsse von Städten (Institutionen). Diese Städtebünde vertraten die wirtschaftlichen und rechtlichen Interessen ihrer nun zumeist sesshaften Kaufleute im Ausland, wo sich deren Vertretungen und ihre Agenten befanden, und bildeten eigene Organisationsorgane und Verfahrenssysteme heraus. Zu ihren Aufgaben gehörten unter anderem die Sicherung der Verkehrswege, der Schutz des kaufmännischen Patriziats gegen das politische Mitspracherecht der Handwerkszünfte[88] und der Erhalt der Freiheitsprivilegien gegenüber dem Landes- oder Stadtherrn.

Die Hanse war einerseits eine Organisation von (nieder-)deutschen (Fern-)Kaufleuten und andererseits ein Zusammenschluss von etwa 70 großen und 100–130 kleineren Städten.[89] Den Übergang von der „Kaufmannshanse" zur „Städtehanse" setzt man um die Mitte des 14. Jh.s an, wenngleich Überschneidungen und Gegensätze der Interessen von Kaufleuten und Städten während der gesamten Hansegeschichte fortbestanden.[90] Der geografische Raum, in dem die Hansestädte lagen und hansische Kaufleute von der Mitte des 12. bis zum 17. Jh. tätig waren, reichte in seiner größten Ausdehnung von der Zuidersee (Westen) bis nach Livland (Osten) und von Visby (Norden) bis nach Köln (Süden). Im Norden und Osten entstanden eigenständige Siedlungen mit Stadtrechten und Handelsniederlassungen (Kontore), wohingegen im Süden und Westen hansische Kaufleute oftmals nur als Gäste geduldet und privilegiert wurden. Wichtige Kontore unterhielt die Hanse in Antwerpen, Bergen, Brügge, London und Novgorod. Ihre Blütezeit erlebte die Hanse im 14. und 15. Jh. als ihr zwischenzeitlich mehr als 200 Städte angehörten.

Rechtlich muss man zwischen „echten Hansestädten" und Niederlassungen der Hanse zu unterscheiden, in denen hansische Kaufleute nur bestimmte Sonderrechte hatten. Auch ist die rechtliche Abhängigkeit der Städte selbst zu beachten: Dortmund, Goslar, Lübeck, Nordhausen und Mühlhausen in Thüringen waren Reichsstädte und unterstanden nur dem König, wohingegen sich alle übrigen Mitgliedsstädte in einer mehr oder weniger stark ausgeprägten Abhängigkeit von einem weltlichen oder geistlichen Stadtherrn befanden.[91] Zwar bringt man die Hanse in erster Linie mit dem Seehandel in Verbindung, doch es gab auch eine große Anzahl von Städten am Niederrhein und in Westfalen, die sich auf den Binnenhandel konzentrierten. Vielschichtig waren auch die Interessen der Einzelpersonen, von denen die Hanse getragen wurde und deren wirtschaftliche, verwandtschaftliche und politische Verbindungen sich über personengeschichtliche Netzwerkanalysen (Prosopografie) erschließen lassen.

Im Jahre 1358 ist zum ersten Mal von den „Städten von der deutschen Hanse" die Rede (▶ Q 6.5).[92] Bereits 1282 werden „Kaufleute der deutschen Hanse" (*mercatores de hansa Alemania*) in London erwähnt. In den Chroniken der Mitgliedsstädte wird die „Hanse" dagegen nur selten genannt und im Ausland wurde ihr Handel nur bedingt als „hansisch" wahrgenommen. Hier dominierte lange die Wahrnehmung von Kaufleuten, die aus dem Osten kamen und deshalb als *osterlinge* bezeichnet wurden. Die Wiege der Hanse lag dabei zwischen Niederrhein und Niederelbe, wo skandinavische und slawische Händler mit ihren Waren auf eine zahlungskräftige Kundschaft stießen.

Nach den Handelsniederlassungen der Frühzeit wurden verkehrstechnisch günstig gelegene und strategisch geplante Städte als Verwaltungs- und Wirtschaftszentren der sich ausbildenden Territorialherrschaften neu gegründet und mit wichtigen Rechten (Markt, Münze und Zoll) ausgestattet. Den Beginn der Expansion niederdeutscher Kaufleute in den Ostseeraum markiert die Gründung Lübecks durch Graf Adolf II. von Holstein im Jahre 1143, mit der der Siedlungstyp der mit eigenen Rechten ausgestatteten Stadt erstmals über die Elbe gelangte. Zwar gab es bereits eine lange Handelstradition, doch lebten die sich niederlassenden Kaufleute nun nach ihrem eigenen (sächsischen) Recht, kontrollierten einen wichtigen Handelsweg von Westfalen zur Ostsee und hatten direkten Zugriff auf den Handel mit Salz und Heringen.

> Q 6.5: Der Hansetag zu Lübeck (1358)
> „Wir haben das Folgende beschlossen, weil der Kaufmannschaft der deutschen Hanse in Flandern mancherlei Unrecht und Hinderung geschehen ist:
> Jede Stadt soll dafür sorgen und einstehen, dass keiner Ihrer Bürger oder deren Genossen oder sonst irgendjemand von der Hanse näher an Brügge in Flandern herangesegelt als bis an die Maas, auch soll er das Gut, das er heranführt, an keinen Flamen und weder nach Mecheln noch nach Antorf verkaufen, auch an keinen, von dem er weiß, dass er es den Flamen [...] bringt.
> Auch sollen sie von keinem Hafen aus irgendwelches Gut über Land in die drei genannten Orte senden. Käme ein Schiffer in großer Not wegen Wind und Wetter in einen Hafen westlich der Maas, so darf er seine Ware dort nicht ausschiffen oder verkaufen, sondern soll sich beeilen, so sehr er kann, dass er wieder zur Maas oder zu einem Hafen östlich der Maas zurücksegelt. [...]
> Kommt ein Schiff, ein Schiffer oder Kaufmann, der nicht in der deutschen Hanse ist, in eine Hansestadt und wollte Waren von dort ausführen, so soll er ausreichende und ehrbare Bürgen dafür stellen, dass er die Waren nicht nach Flandern bringen will. Kann er die Bürgen nicht aufstellen, so soll man ihm nicht gestatten, irgendwelches Gut auszuführen, sondern ihm nur Bier, Brot und Kost, die er braucht, geben und nicht mehr. [...]
> Kommt ein nichthansischer Kaufmann zu Lande oder zu Wasser in eine Hansestadt und will dort flandrische, Mechler oder Antorfer Tuche verkaufen, so soll ihm diese niemand abnehmen, sondern er soll sie wieder fortführen [...].
> Auch haben wir festgesetzt, dass alle deutschen Kaufleute der Hanse zwischen jetzt und dem 1. Mai 1358 Flandern, Mecheln und Antorf räumen und von dannen ziehen sollen und so lange fortbleiben, bis wir es sie einträchtig wissen lassen. [...]

6.5 Die Hanse – Geschichte und Organisation

Handelt ein Mann der deutschen Hanse gegen dieses Gesetz, flüchtet in eine andere Hansestadt, wird dort ergriffen und schuldig befunden, so soll ihm dort kein Geleit gegeben werden, sondern die Stadt soll über ihn richten und er alles Gut, was er mitgebracht hat, oder dessen Wert verlieren, und das soll man an die Stadt zahlen, deren Bürger er ist.

Wollte sich eine Hansestadt frevlerisch von diesem Gesetz ausschließen [...], so soll sie ewiglich aus der Hanse ausgestoßen sein und am Recht der Deutschen keinen Anteil haben.

Kommt es zu einem Ausgleich zwischen der Kaufmannschaft und den Flamen wegen des geschehenen Unrechts, so soll dies nur geschehen mit voller Einwilligung der obengenannten Städte und derer, die sie dazugerufen."

Kommentar: Im vorliegenden Rezess des Hansetags zu Lübeck 1358 wehren sich die wendischen und preußischen Mitgliedsstädte gegen den Handel behindernde Maßnahmen Flanderns. Unter dem Druck kam es zu einer Solidarisierung der Kaufleute – erstmals und mehrmals ist an dieser Stelle von der „Kaufmannschaft der deutschen Hanse" (*dudeschen hanse*) die Rede, so dass man geradezu von einem programmatischen „Kampfnamen" sprechen kann. Auslöser waren Streitfälle in Brügge, bei denen sich niederdeutsche Kaufleute übervorteilt fühlten. Dahinter standen allerdings Befürchtungen um die eigenen Handelsvorteile, da aufgrund des Hundertjährigen Krieges die Sicherheit der Handelswege bedroht war und aufgrund der Pestepidemien die Käuferschicht vorübergehend zurückging. Was folgte, war ein Handelskrieg, bei dem festgelegt wurde, dass zum 1. Mai 1358 alle Ein- und Ausfuhren niederdeutscher Kaufleute nach Flandern zu enden hatten (Handelsboykott). Ein Bezug über Zwischenhändler wurde verboten und die Schifffahrt ab der Maasmündung eingestellt. Wer sich den Maßnahmen widersetzte, dem drohte ebenfalls der Ausschluss aus dem Handelsverbund, und Einzelfälle belegen, dass man tatsächlich rigoros gegen Blockadebrecher vorging. Die Vereinbarungen trafen Flandern auf doppelte Weise: Einerseits war mit der Blockade ein wichtiger Handelsweg für Textilien gekappt und andererseits waren die bevölkerungsreichen Städte auf den Import von Lebensmitteln angewiesen, der nun stark zurückging. Als im Sommer 1359 die Ernte ungünstig ausfiel und die Flamen auf die Hilfslieferungen von Getreide angewiesen waren, lenkte man ein und traf sich zu Verhandlungen in Lübeck, dessen besondere Stellung hier deutlich wird. Am 14. Juni 1360 kam es zu einer Einigung, bei der die Stellung der niederdeutschen Kaufleute in Flandern deutlich aufgewertet und ihre Handelsprivilegien erheblich ausgeweitet wurden. Die Schlagkraft der Hanse bei Einigkeit ihrer Mitglieder hatte sich in dem Konflikt deutlich unter Beweis gestellt.

Zitiert nach: Hansetag zu Lübeck (20. Januar 1358). Übersetzung nach Moeglin & Müller 2000, S. 230–231.

Über Lübeck führte der Weg der hansischen Kaufleute nach Gotland (für die Küstenschifffahrt des Mittelalters eine handelsstrategisch wichtige Insel), Novgorod und Riga weiter nach Osten. Niederdeutsche und gutnische Kaufleute bildeten Fahrgemeinschaften und tauschten Pelze, Flachs und Wachs aus dem Norden gegen Gewürze, Seide und Weihrauch aus dem Osten sowie Tuche, Buntmetalle und Silber aus dem Westen. Auch die Eroberung und Missionierung Livlands führte zu einem ökonomischen Aufstieg durch den Handel mit Nachschub für die Kreuzfahrer.

Die Kaufleute waren zumeist auf bekannten Seewegen im Osten und Landwegen im Westen unterwegs und handelten an bekannten Orten. Es waren ihr gemeinsames Vorgehen und ihr rechtlicher Sonderstatus, die zu dem außergewöhnlichen Erfolg führten. Ihre Siedlungen entstanden zumeist neben bereits bestehenden skandinavischen und slawischen Orten, erhielten aber das Stadtrecht (Wismar 1229, Stralsund 1234, Greifswald 1250 und Königsberg 1255). Der Handel mit agrar- (Getreide, Mehl und Malz) und forstwirtschaftlichen (Holz, Teer und Pottasche) Produkten sowie Metallen (Kupfer und Eisen) befriedigte ein Bedürfnis der dicht besiedelten Regionen in Flandern, Brabant oder England (▶ Karte 2).[93] Jedenfalls schlossen sich unterschiedliche soziale Gruppen auf ihren Handelsfahrten zu freien Einungen (*coniuratio*) zusammen, um ihre Interessen im Ausland zu vertreten, wo sie mit Königen und Fürsten Handelsverträge vereinbarten.[94]

Eine wichtige Maßnahme war auch der „Handel auf Gegenseitigkeit", bei dem der einzelne Hansekaufmann darauf vertrauen konnte, dass sein Partner an einem anderen Ort seine Geschäfte wie die eigenen betreuen und regeln würde.[95] Auf diese Weise und gestützt durch ein gemeinsames Recht (Lübisches Recht) und eine gemeinsame Sprache (Niederdeutsch) entstanden weit gespannte Netzwerke und Interessenvertretungen, mit denen Forderungen leichter durchgesetzt und Geschäfte einfacher abgewickelt werden konnten.[96] Seit der zweiten Hälfte des 13. Jh.s begegnen erstmals vertragliche Vereinbarungen zwischen Städten, in denen Angelegenheiten der niederdeutschen Kaufleute geregelt wurden. Zentrales Beschlussgremium war der Hansetag, auf dem in Form von Rezessen organisatorische Fragen geregelt wurden.[97] Der erste Hanserezess (lat. *arbitrium* = Abschied) wurde 1264 zwischen Lübeck, Wismar und Rostock geschlossen und behandelte Vorkehrungen gegen Seeräuberei sowie Verhaltensrichtlinien für Kaufleute. Bei den Treffen berieten Vertreter

6.5 Die Hanse – Geschichte und Organisation

der Städte (Ratssendboten) und stellten einen gemeinsamen Willen her, der dann als Beschluss schriftlich festgehalten wurde. Die Grundlage der hansisch-niederdeutschen Stadtverfassung war die Gemeinde als oberstes Organ, wenngleich sich deren Zustimmung in der Regel in Stillschweigen äußerte. Die Geschäfte der Gemeinde wurden in drei Gruppen von unterschiedlichem Gewicht gestaffelt: Allgemeine Dinge konnte der Bürgermeister selbst entscheiden, bei „gewichtigen Angelegenheiten" musste der gesamte Rat entscheiden und bei „hochbeschwerlichen Geschäften" (u. a. Bündnis-, Kriegs- und Geldangelegenheiten) musste die Gemeinde zur Beratung hinzugezogen werden.

Dementsprechend musste zunächst die jeweilige Stadtgemeinde einen gemeinsamen Willen zu den auf den Hansetagen beratenen Angelegenheiten bilden und der Ratssendbote musste dann vor Ort beurteilen, inwieweit der Wille seiner Stadt noch mit dem Gesamtwillen der Städteversammlung übereinstimmte. Wich seiner Meinung nach der sich abzeichnende Gesamtwille zu sehr vom Willen seiner Stadt ab, wurde die Angelegenheit in die Heimatstadt zurückgebracht und dort erneut verhandelt. Entsprechend langwierig waren die Verhandlungen und die gemeinsame Willensbildung war schwierig.

Den Vorsitz bei den Hansetagen hatte der Bürgermeister der gastgebenden Stadt. Er erteilte den Sprechern das Wort, formulierte die konsensfähige Meinung und diktierte den abschließenden Rezess. Auch hierbei wurde stillschweigende Duldung als aktive Zustimmung gewertet: Erhob sich kein Widerspruch mehr, war der Beschluss gefasst. Die getroffenen Vereinbarungen wurden in den jeweiligen Städten öffentlich gemacht, indem sie in das Stadtrecht aufgenommen und verlesen wurden – zum Beispiel bei der „Morgensprache" (Versammlung) der Zünfte und Gilden.

Langfristig war die Hanse aufgrund ihrer fehlenden Verfassung und langwierigen Willensbildung den Anforderungen der Krisen des Spätmittelalters nicht gewachsen. Eine echte „Städtehanse" existierte in der Realität nicht, da nicht immer alle Städte an jedem Beschluss Anteil hatten. In der Literatur auftauchende Zahlen von 150–200 Städten meinen eher die Gesamtzahl der jemals in Beschlüssen auftauchenden Städtenamen und keinen geschlossenen Städtebund. Die überlieferten Listen umfassen zumeist 55–80 Städtenamen und bei offiziellen Schreiben wurde oftmals die eher symbolisch zu verstehende Zahl 77 genannt.[98] Ein Hindernis war auch die andauernde Rivalität der rheinisch-westfälischen und lübisch-wendischen Hansestädte mit ihren unterschiedlichen Handelszielen und -gütern. Zusätzlich negativ wirkten sich innerstädtische Unruhen des 14./15. Jh.s auf die Willensbildung der Stadtgemeinden aus: Ohne Eintracht war eine Stadtgemeinde weder nach innen noch nach außen handlungsfähig. Letztlich ist die Hanse weniger als eine rechtliche Institution anzusehen. Die überstädtischen – familiären und geschäftlichen – Verbindungen ihrer Führungsgruppe waren ein wesentliches Element des Zusammenhalts und bestimmten die Politik des Bundes. So gesehen blieb die Hanse bis zu ihrem Ende ein Zusammenschluss von Personen und nicht von Institutionen.[99]

Der Niedergang der Hanse[100] hängt mit einem ganzen Bündel von Faktoren zusammen, die sie nicht mehr zeitgemäß werden ließen: Spätestens mit Beginn des Transatlantikhandels seit dem 16. Jh. veränderten sich die europäischen Wirtschaftsräume und Handelswege so massiv, dass die hansischen Kaufleute international nicht mehr konkurrieren konnten. Auch ließ die zunehmende Staatenwerdung der Frühen Neuzeit die Handelsprivilegien der Kaufleute im Ausland obsolet werden. 1669 fand in Lübeck der letzte Hansetag der neun noch in der Hanse verbliebenen Städte statt: Braunschweig, Bremen, Danzig, Hamburg, Hildesheim, Köln, Osnabrück, Rostock und (natürlich) Lübeck.

7 Geldwirtschaft und Münzgeschichte

Nach einer modernen Definition muss Geld[1] drei Funktionen erfüllen: Es muss ein allgemein anerkanntes Tauschmittel sein, es muss eine Rechen- und Zähleinheit sein und es muss der Wertaufbewahrung dienen.[2] Theoretisch kann also jeder Gegenstand Geld sein, solange er diese Grundeigenschaften erfüllt und akzeptiert wird, wobei sich die Akzeptanz entweder aus einer Übereinkunft der am Austauschprozess Beteiligten (Konvention) oder einer gesetzlichen Bestimmung (Sanktion) ergeben kann. Geld ermöglicht die Überbrückung einer räumlichen und zeitlichen Distanz zwischen dem Kauf und Verkauf von Gütern durch Einschaltung eines berechenbaren Zwischengutes, das die Kaufkraft über längere Zeit konservieren kann, bevor diese „rekapitalisiert" wird.[3] Damit macht Geld verschiedene Waren und Dienstleistungen erst vergleichbar, da der jeweilige Wert eines Objekts oder einer Arbeitsleistung in einem Betrag ausgedrückt werden kann.

Geld in seiner materiellen Form begegnet uns im Mittelalter in der Regel in Gestalt von Münzen. Parallel wurden für größere Transaktionen auch immer Barren verwendet und seit dem Hochmittelalter kam es zu ersten nicht-monetären Formen des Buchgeldes. Die Münzen des Mittelalters waren überwiegend stoffwertgebundenes Geld – ihr Nennwert und ihre Zahlkraft ergab sich aus dem Wert ihres Materials (Silber oder Gold). Entscheidend waren also das Material und Gewicht (Raugewicht) der Münze sowie ihr Edelmetallgehalt (Feingewicht). Im Spätmittelalter kamen erste Formen des Kreditgeldes beim Kleingeld auf, bei denen sich Nennwert und Edelmetallwert unterschieden (Scheidemünzen). Diese Münzen waren eine Folge der stetigen Herabsetzung des Feingehalts bei gleichzeitiger Aufrechterhaltung des offiziellen Nominalwertes und Wechselkurses.

Der Begriff, die ökonomischen Funktionen und die sozialen Bewertungen des Geldes konnten sich im Mittelalter stark von modernen Vorstellungen unterscheiden und sind vor dem Hintergrund einer christlichen (Wirtschafts-)Ethik zu sehen (▶ Kap. 9). Darüber hinaus erfüllten Münzen auch bedeutsame Funktionen als Kommunikationsmittel von Herrschaft sowie im Rahmen von symbolisch-rituellen Handlungen, die über die moderne, rein ökonomisch orientierte, Definition von Geld hinausgehen.

Im Mittelalter gab es keine einheitliche Bezeichnung für „Geld", das sowohl in seiner ökonomischen und sozialen Funktion (*pecunia*) als auch in seiner materiellen Form (*denarius*) in den lateinischen Quellen erscheint. Auch das gemeinhin mit „Münze" übersetzte Wort *moneta* kann sowohl das Objekt (Münze) und seine Funktion (Geld), als auch den Ort seiner Herstellung (Münzstätte) und die Erlaubnis, es herzustellen (Münzrecht), bezeichnen.[4] Die einzelnen gebräuchlichen Münzsorten wurden in den Quellen nach ihren Werten bezeichnet oder besaßen einen gebräuchlichen Namen, der sich beispielsweise am Titel des Münzherrn, an der Bezeichnung des Münzgebäudes oder der Farbe des Metalls orientieren konnte und für sich noch keine Auskunft über den Wert der Münze gibt.[5] Doch lassen sich die meisten Münzbezeichnungen auf bestimmte Grundrechnungen in den Währungssystemen zurückführen oder sind schlichtweg die Teilmengen oder das Vielfache (Multipla) eines anderen (Grund-)Münzwertes.

Geld war im mittelalterlichen Alltag weniger präsent als im Römischen Reich und weniger wichtig als in der Frühen Neuzeit.[6] Reichtum (*divitiae*) bezog sich nicht allein auf den Besitz von Geld, sondern vor allem auf die „Herrschaft über Land und Leute". So lassen sich zwei Phasen der Bedeutung des Geldes im Mittelalter unterscheiden: Zwischen dem 4. und 12. Jh. lässt sich die Gesellschaft in die Begriffspaare mächtig (*potens*) und schwach (*humiles*) sowie frei (*liberi*) und unfrei (*servi*) einteilen: Ein Angehöriger der stauferzeitlichen Ministerialität konnte persönlich unfrei und dennoch mächtig sein, wenn er über viel Land und Leute aus der Hand seines Lehnsherrn verfügte. Die Gebotsgewalt über Menschen und Boden war bedeutender als die Verfügungsgewalt über materielle Güter.[7] Mit zunehmender Bedeutung des Geldes durch Ausweitung des Handels zwischen dem 13. und 15. Jh. gewann auch das Begriffspaar reich (*dives*) und arm (*pauper*) an Bedeutung, gekoppelt an den Aufstieg vermögender Familien von Händlern und Handwerkern in den Städten.

Mit der stärkeren Präsenz des Geldes stieg auch das Bedürfnis der Rechtfertigung von Reichtum auf persönlicher (individueller) und politischer (konstitutioneller) Ebene. Geld war aus der christlichen Perspektive insbesondere des Neuen Testaments (Evangelien) nahezu durchweg negativ konnotiert, wobei die vielleicht bedeutendste Stelle dem Matthäus-

Evangelium entstammt: „Leichter geht ein Kamel durch ein Nadelöhr, als dass ein Reicher in das Reich Gottes gelangt".[8] Die sich immer mehr durchsetzende Geldwirtschaft benötigte eine theologische Legitimation, die wiederum den ökonomischen Aufschwung beflügelte. Ihren kunsthistorischen Ausdruck fand diese Einstellung in den Stifterdarstellungen des Spätmittelalters und des reichen Kaufmanns mit den Attributen seines Standes (Waage, Münzstapel und Rechnungsbücher) in der Frühen Neuzeit.

7.1 Geldgeschichte des Mittelalters

Der Mittelpunkt des Austausches von Angebot und Nachfrage, und damit der Preisbildung und des Geldverkehrs, war der mittelalterliche Markt. Leider entzieht sich ein Großteil der alltäglichen Zahlungsvorgänge aufgrund mangelnder Quellen unserer Kenntnis, so dass es schwer ist, allgemein gültige Aussagen über Preise und deren Entwicklungen daraus abzuleiten.[9] Fallstudien zeigen, dass die Preise stark schwanken konnten. Diese Preisschwankungen können sowohl Hinweise auf einen Wechsel im Verhältnis von Angebot und Nachfrage geben als auch das Ergebnis einer veränderten Bewertung der gebrauchten Münzsorten sein. Allerdings sagt auch ein singulär überlieferter Preis wenig aus, wenn nicht bekannt ist, wie viel Geld die Personen zur Verfügung hatten. Ebenfalls bleibt unklar, wie viele Zahlungsvorgänge im Rahmen der Geldwirtschaft (Münzen) und der Naturalwirtschaft (Tausch) stattfanden oder auch Mischkalkulationen darstellten. Am besten informiert sind wir über Zahlungen im Bereich der ökonomischen oder politischen Hochfinanz da diese von den Zeitgenossen dokumentiert wurden.

Die mittelalterliche Geldgeschichte wurde von mehreren Faktoren beeinflusst:[10] Herrscher beeinflussten mit ihrer Wirtschaftspolitik die Geldentwicklung. Die Münzprägung wurde als Möglichkeit genutzt, Einnahmen zu generieren, und diente gleichzeitig als Medium herrschaftspolitischer Repräsentation. Mit seinem Münzbild garantierte der Herrscher für die Reinheit und Stabilität seiner Währung, selbst wenn Münzverschlechterungen an der Tagesordnung waren. Der jeweilige Münzherr konnte die auf seinem Territorium gültige Währung festlegen

(Währungszwang) und bestimmen, dass fremde Münzsorten zu einem ungünstigen Kurs in diese Währung umgetauscht werden mussten (Wechselzwang). Den Gewinn konnte man noch zusätzlich steigern, indem man die eigene Währung regelmäßig für ungültig erklärte und alte Münzsorten zu einem ungünstigen Kurs eintauschen ließ (Münzverrufung). Darüber hinaus bestand die Möglichkeit, die Münzen äußerlich unverändert zu lassen und nur den Edelmetallgehalt zu manipulieren. Solange der Wert der Münzen ihrem Edelmetallgehalt entsprach, startete jeder Münzherr mit einem Verlust in die Prägung, da er das Edelmetall beschaffen und die Handwerker ebenso bezahlen musste wie die benötigten Werkzeuge und Rohstoffe. Als im Spätmittelalter Münzstätten zunehmend verpachtet wurden und nun Münzherren und Münzunternehmer an der Prägung verdienen wollten, wurden Abwertungsspiralen in Gang gesetzt, die zu monetären Krisensituationen führten.[11] Da die Herstellungskosten für einen (geringwertigen) Pfennig und eine (hochwertige) Goldmünze die gleichen waren, bevorzugten die Münzherren zumeist die Herstellung von hochwertigen Münzsorten, was zu einem steten Kleingeldmangel führte.

Die zunehmende Ablösung von Natural- durch Geldabgaben in der Landwirtschaft sorgten für einen höheren Bedarf an Zahlungsmitteln im Hochmittelalter. Beschleunigt wurde dieser Prozess durch die Steigerung des Handels und das Bedürfnis nach Luxuswaren zur Herrschaftspräsentation. Dies führte zu einer erhöhten Nachfrage nach Edelmetall zur Münzprägung, die nur eingeschränkt durch die sich langsam entwickelnden Bergbaumethoden befriedigt werden konnte. Dies führte zur Herausbildung von bargeldlosen Zahlungsmethoden und einer Kreditwirtschaft. Allerdings waren auch diese Zahlungen an eine verfügbare Menge physischen Geldes gebunden, weshalb sich die Geldmenge nicht beliebig vergrößern ließ.

Die Geldwirtschaft des Mittelalters war also immer auch von der Rohstoffversorgung mit Edelmetall für die Münzprägung abhängig. Beim Silber spielte neben frischem Bergsilber auch das Einschmelzen von Altsilber (fremde und alte Münzen, Barrensilber, Schmuck und Kirchengeräte) eine große Rolle. Münzherren mit eigenen Bergwerken waren im Vorteil gegenüber solchen, die ihr Silber kaufen mussten. Da die Edelmetallförderung im Spätmittelalter endgültig nicht mehr mit dem Bedarf an materiellen Zahlungsmitteln Schritt halten konnte, kam es zur Verbreitung von Münzsorten, deren Kaufwert sich nicht mehr an ihrem Edelmetallwert orientierte.

Schließlich stellte die christliche Moraltheorie ein Hindernis für die Entwicklung der Geldwirtschaft dar, denn das gepredigte Armutsideal und der verurteilte Wucher beeinflussten die Einstellung der Menschen zu materiellem Reichtum und Gewinnstreben negativ (▶ Kap. 9). Eine Ausweichstrategie bot der Einsatz des Geldes für sozial-karitative Zwecke (Hospitäler und Armenhäuser).[12] Freilich blieb der Gegensatz von theologischer Theorie und ökonomischer Praxis ein Problem bis zum Ende des Mittelalters

7.2 Münzgeschichte des Mittelalters

Das Mittelalter lässt sich aus geldhistorischer Perspektive in drei Abschnitte unterteilen: Zwischen 500–750 wurden antike Traditionslinien auf dem Territorium des Römischen Reiches und in seinen Grenzgebieten fortgesetzt. Von 750–1250/1300 entstand ein vom Karolingerreich ausgehendes Münzsystem auf Basis des silbernen Pfennigs (*Denar*), das lange Zeit nahezu unverändert blieb. Der letzte Abschnitt zwischen etwa 1250–1500 war von der Entstehung differenzierter Währungssysteme und größerer Nominale in Gold (*Florene, Dukaten* etc.) und Silber (*Groschen*) geprägt. Die seit etwa 1500 aufkommenden Großsilbermünzen (*Taler*) läuteten dann den Beginn der Frühen Neuzeit ein.[13] Die geldhistorischen Entwicklungen folgten wirtschaftshistorischen Veränderungen und reflektieren diese in ihren Münzbildern und Münzwerten.

Münzen wurden im Mittelalter in der Regel durch Prägung hergestellt.[14] Zumeist sind sie rund und besitzen eine Vorder- und eine Rückseite. Gelegentlich wurden auch einseitige Münzen aus dünnem Metallblech mit nur einem Stempel geprägt. Als Ausdruck von Wertfestlegungen oder Wertveränderungen können äußere Merkmale wie Probekerben zur Prüfung des Edelmetalls oder Gegenstempelungen hinzukommen.[15] Bei der Münzprägung wurde zuerst eine Legierung hergestellt, die in ihrer Zusammensetzung festgesetzten Münzfuß (Verhältnis von Gesamt- und Feingewicht) entsprach. Feingehalte wurden in Karat

(Gold) oder Lot (Silber) angegeben, die wiederum in kleinere Einheiten unterteilt wurden:

Gold: 1 Mark = 8 Unzen = 24 Karat = 288 Grän
Silber: 1 Mark = 16 Lot(h) = 64 Quentchen = 288 Grän

Das fertige Münzmetall wurde in Barren gegossen und auf die erforderliche Dicke der Münzen ausgehämmert. Aus diesem Metallstreifen (*Zain*) wurden anschließend die Münzrohlinge (*Schrötlinge*) ausgeschnitten oder ausgestanzt. Der Prägevorgang erfolgte von Hand: Der Unterstempel (*Stock*) wurde fest in einen Amboss eingelassen und der Oberstempel (*Eisen*) frei geführt. Durch Hammerschläge auf den Oberstempel wurde das Metall des Schrötlings dann in die Vertiefungen der Stempel (Negativbild) getrieben und auf die Münze übertragen (Positivbild). Die Stempel wurden im Mittelalter von speziellen Stempelschneidern hergestellt, die vermutlich aus dem Goldschmiedehandwerk stammten.[16] Die Leitung der Münzstätte oblag den Münzmeistern, deren Namen gelegentlich in Schriftquellen oder auf den Münzen selbst überliefert sind. Die Münzmeister arbeiteten im Auftrag eines Münzherrn oder als Unternehmer in Eigenregie, wofür sie dem Münzherrn eine Pacht zahlten. Sie gehörten zum administrativen Personal und entstammten zumeist der gesellschaftlichen Elite. Im Folgenden wird die Münzprägung des Mittelalters[17] chronologisch abgehandelt.

7.2.1 Spätantike und Frühmittelalter (500–750)

Aus münzhistorischer Sicht beginnt das Mittelalter mit den ersten eigenständigen Prägungen germanischer *gentes* in der Völkerwanderungszeit.[18] Es handelt sich um Nachahmungen spätantiker und byzantinischer Münzen, bei denen der Name und das Bild des Kaisers anfänglich noch genau kopiert wurde (*pseudoimperiale Prägungen*). Während Kupfer allmählich aus der Münzprägung verschwand, wurde Silber noch länger verwendet. Diese Nachahmungen beispielsweise der Ostgoten, Westgoten, Langobarden oder Burgunder reichen vom 4. bis in die Mitte des 7. Jh.s.[19] In der zweiten Hälfte des 5. Jh.s erscheinen erstmals bei Sueben und Vandalen Prägungen mit eigenständigen Bildern und im Namen der

7.2 Münzgeschichte des Mittelalters

jeweiligen barbarischen Könige (*nationalisierte Prägungen*). Von den Nachfolgestaaten des Imperium Romanum überdauerten allerdings nur das gallische Frankenreich und das spanische Westgotenreich[20] lange genug, um eigene Strukturen in der Münzprägung zu entwickeln. Einen Bruch mit dem kaiserlichen Goldmünzenmonopol und damit gleichzeitig den eigentlichen Beginn des numismatischen Mittelalters dokumentiert die folgende Quelle (▶ Q 7.1).

> **Q 7.1: Ein unerhörter Vorfall**
> „Und sie richteten im Arelat Pferdewettkämpfe ein und schlugen aus den gallischen Bergwerken eine goldene Münze, setzten aber nicht das Bild des römischen Kaisers darauf, wie es üblich war, sondern ihr eigenes. Und doch würde der Perserkönig, der seine Silbermünzen nach seinem Willen prägen lassen kann, sein Bild nicht auf einen Goldstater setzen lassen. Dazu hat weder er das Recht, noch ein anderer König der Barbaren, obwohl er es eher könnte als Herr des Goldes. Aber er könnte dies Geld nicht in Umlauf setzen bei den Völkern, mit denen seine Untertanen Handel treiben, selbst wenn diese dem römischen Reich fremd wären. Das nun ist den Franken gelungen."
> **Kommentar:** In seinem „Gotenkrieg" notierte der frühbyzantinische Chronist Prokopius von Caesarea (um 500–562) die erste eigenständige Goldmünzenprägung des Frankenkönigs Theudebert I. (534–548). Als Arelat bezeichnete man den Herrschaftsraum um die burgundische Stadt Arles. Zwar hatten schon vor Theudebert zahlreiche Barbarenkönige Goldmünzen prägen lassen, dabei aber stets das Monopol des römischen Kaisers gewahrt, indem sein Name mehr oder weniger lesbar auf den Münzen zu sehen war. Nun aber propagierten Münzlegenden wie DN THEODEBERTVS VICTOR den Franken als Urheber der Prägung. In diesem Zusammenhang sind auch die erwähnten Pferdewettkämpfe zu sehen, denn auch diese waren ursprünglich ein kaiserliches Privileg. Viel mehr noch scheint den Geschichtsschreiber aber die Tatsache schockiert zu haben, dass die in Umlauf gebrachten Münzen im Handelsverkehr als legale Zahlungsmittel akzeptiert wurden.
> **Zitiert nach:** Prokopius, De bello gothico III, 33. Übersetzung nach Jesse 1924, S. 1–2.

Unter den Merowingerkönigen bildete sich ein Münzsystem heraus, das den Numismatikern noch heute Rätsel aufgibt: An die Stelle des Königs treten die Namen von mehr als 2.000 Personen aus über 800 Orten, die sich selbst auf den Münzen als *monetarius* bezeichneten.[21] Die genaue Funktion und der Status dieser merowingischen „Münzbeamten" ist in

Ermangelung von Schriftquellen bis heute nicht zweifelsfrei geklärt. Es dürfte sich um eine staatliche Elite (Münzbeamte) und nicht um einfache Handwerker in den Münzstätten (Stempelschneider) gehandelt haben. Der einzige sicher zu fassende Monetar ist der später heiliggesprochene Eligius (ca. 590–660), der es bis zum Vertrauten zweier Könige und Bischof von Noyon brachte. Der Zeitraum der merowingischen Monetarprägung erstreckt sich von 570–670. Mit dem Verfall des Merowingerreiches begann auch die Münzprägung mehr und mehr zu verfallen, was sich in einer Verringerung des Goldgehalts der Gepräge zeigte. Diese Entwicklung leitete zu einer reinen Silberwährung über.

7.2.2 Das Zeitalter des silbernen Pfennigs (750–1250)

Die karolingischen Herrscher Pippin der Kurze (751–768) und Karl der Große (768–814) begründeten in der zweiten Hälfte des 8. Jh.s ein Münzsystem, das für die nächsten 500 Jahre in Europa maßgeblich sein sollte.[22] Fortan gab es mit dem Pfennig (*Denar*) in Silber nur noch einen einzigen Münzwert (Mononominalismus) und ein einziges Münzmaterial (Monometallismus). Für größere Summen rechnete man 1 Pfund (lat. *libra*) = 20 Schillinge (lat. *solidi*) = 240 Pfennige (lat. *denarii*) (▶ Q 7.2). Karl der Große reduzierte die Anzahl der Münzstätten des Frankenreiches, verbesserte den Stil der Münzen und ließ sich selbst auf einigen wenigen Prägungen als antiker Herrscher mit der Umschrift *Imperator Augustus* abbilden.[23] Eingebettet wurde die Münzreform in ein größeres Reformwerk, wobei auch das römische Pfundgewicht von ca. 327 g angehoben wurde. Das neue „Karls-Pfund" (*pondus Caroli*) ergibt sich aus dem Durchschnittsgewicht der geprägten Denare von 1,70 g und dürfte 408 g gewogen haben.

Unter Karls Sohn und Nachfolger, Ludwig dem Frommen (814–840), wurde das Nominalsystem um den *Obol* erweitert – einen halben Pfennig, bildgleich mit dem *Denar* nur kleiner und halb so schwer. Mit dem Christiana-Religio-Pfennig wurde eine einheitliche „Reichsmünze" geschaffen: Die Vorderseite zeigt ein Kreuz mit Kugeln in den Winkeln und nennt den Namen des Herrschers, auf der Rückseite sind ein antiker Säulentem-

> **Q 7.2: Das Kapitular der Synode von Frankfurt (794/795)**
> „Bezüglich der Pfennige sollt ihr ganz gewiss unsere Verordnung kennen, dass an jedem Ort, in jeder Stadt und an jedem Markt jene neuen Pfennige in gleicher Weise umlaufen und von allen angenommen werden sollen, sofern sie nämlich unseren Namen tragen, von reinem Silber sind und das volle Gewicht haben."
> **Kommentar:** Das Kapitular der Synode von Frankfurt wird allgemein mit der Einführung der neuen Münztypen in Verbindung gebracht, da in ihm von „neuen Pfennigen" (novi denarii) die Rede ist. Diese neuen Münzen zeigten fortan das Monogramm des Herrschers, wie es auch auf den Urkunden erscheint, und nennen ihn in der Umschrift als CAROLVS REX FR (Carolus Rex Francorum). Auf der Rückseite wird um ein Kreuz mit einer Kugel in jedem Winkel die Münzstätte angegeben. Als Merkmale für die Akzeptanz der Prägungen werden außerdem ein korrekter Feingehalt an Silber und ein vollwertiges Gewicht genannt. Auslöser der Reformsynode war eine Reihe verheerender Hungersnöte, durch die sich der Frankenherrscher genötigt sah, Höchstpreise für Lebensmittel festzusetzen und in diesem Zusammenhang auch Maße und Gewichte sowie die damit zusammenhängenden Münzen zu vereinheitlichen.[i]
> **Zitiert nach:** MGH Capitularia I 28, c. 5. Übersetzung nach Rey 1983, S. 183.

pel mit Kreuz (Kirche) und die Umschrift XPISTIANA RELIGO zu sehen (▶ Abb. 7.1). Die fehlende Nennung einer Münzstätte macht es schwer, diese massenhaft auftretende Münzsorte genau zu verorten. Einige wenige bekannte Goldmünzen Ludwigs des Frommen sind wohl nur zu Repräsentationszwecken geprägt worden. Ihre Nachahmungen belegen aber ein Bedürfnis nach Zahlungsmitteln mit einem höheren Wert für den Fernhandel, ebenso wie der *Obol* die Notwendigkeit einer kleineren Münze für den alltäglichen Zahlungsverkehr reflektiert.

Gegen Ende des 9. Jh.s ging die karolingische Münzprägung stark zurück, auch die Münzbilder wurden zunehmend gröber gearbeitet und das Münzrecht gelangte vermehrt in die Hand weltlicher und geistlicher Fürsten. Dagegen nahmen Geldwirtschaft und Münzproduktion im benachbarten ostfränkisch-deutschen Reich einen rasanten Aufstieg, dessen Prägungen vor allem nach Nord- und Osteuropa abflossen („Epoche des Fernhandelsdenars"), wo sie noch heute in großen Mengen gefunden werden.[24] Gab es östlich des Rheins und nördlich der Donau in der Zeit Heinrichs I. (919–936) bis auf Würzburg noch keine Münzstätte, so bauten die folgenden Herrscher ein Prägestättennetzwerk mit etwa 160–180 Orten auf. Anscheinend stellten deutsche Silbermünzen für die slawischen und skandinavischen Händler ein besonders wertvolles Äquivalent für ihre Handelsgüter dar. Im Reich wurde das Münzrecht in großem Umfang an weltliche (Adel) und geistliche (Klerus) Institutionen vergeben, so dass neben dem König auch Bischöfe, Äbte, Grafen und Herzöge im Münzbild und in den Legenden erscheinen.

Abb. 7.1: Der Christiana-Religio-Pfennig aus der Regierungszeit Ludwigs des Frommen (814-840) zeigt auf der Rückseite einen antiken Säulentempel und die namensgebende Umschrift XPISTIANA RELIGIO.

Die Zahl der Münzstätten im Reich stieg von etwa 150 am Ende des 11. Jh.s noch einmal bis auf über 450 in der Mitte des 13. Jh. an (▶ Q 7.3). In den Gesetzgebungen der *Confoederatio cum principibus ecclesiasticis* (April 1220) und des *Statutum in favorem principum* (Mai 1232) legte Friedrich II. (1212-1250) mit dem Verzicht auf die Neuanlage von königlichen Münz- und Zollstätten sowie der Anerkennung des fürstlichen Prägerechts den Grundstein für die Zersplitterung des deutschen Münzwesens bis ins 19. Jh.

Q 7.3: Friedrich I. Barbarossa richtet in Aachen Markt und Münze ein (1166)
„Daher haben wir bestimmt, dass in Aachen zweimal im Jahr allgemeine und feierliche Jahrmärkte abgehalten werden gemäß dem Rat der Kaufleute der

benachbarten Städte [...] Außerdem haben wir aufgrund des Rates unseres Hofes dort eine Münze schlagen lassen, die fortwährend gleiche Reinheit, Schwere, Aussehen und Zahl haben soll, damit nicht eine häufige Veränderung der Münze, die mal schwerer, mal leichter zu sein pflegte, zum Schaden des berühmten Ortes in Zukunft überhandnimmt. Aus der Mark sollen 24 Schilling geprägt werden, 12 Schillingen Kölner [Pfennige] immer gleichwertig, und zwar so, dass man aus diesen 24 Schillingen 12 Kölner Schillinge erhalten kann und die 12 Schillinge Kölner [Pfennige] gegen 24 Schillinge Aachener [Pfennige] ungehindert gewechselt werden können. Das Aussehen aber der Pfennige soll derartig sein, dass auf der einen Seite das Bild des hl. Karl und sein Name, auf der anderen Seite unser Bild mit der Aufschrift unseres Namens stehe. [...] Weil aber durch ein ungerechtes Gesetz verurteilt wird, wer eine andere Münze als die Aachener angenommen oder gewechselt hatte, so befehlen wir dagegen, dass jede Münze gemäß ihrer Qualität an unserem Ort umlaufe und entsprechend dem, was sie selber an Wert darstellt. Ebenfalls gewähren und bestätigen wir unseren Kaufleuten aus dem vorgenannten Ort Aachen, dass es ihnen aufgrund unserer Ermächtigung gestattet sei, außerhalb des Münzhauses und Daches Silber oder Geld zu wechseln, wenn sie zu Handelsgeschäften wegzugehen beschlossen haben."

Kommentar: Die Urkunde Kaiser Friedrichs I. „Barbarossa" für Aachen enthält erstmals im Rheinland den Begriff der Mark als einer Gewichtseinheit für die Münzprägung. Der Kaiser schreibt die Prägung von 24 Schillingen aus der Mark vor, die 12 Kölner Schillingen wertgleich sein sollen. Da ein Schilling aus je 12 Pfennigen bestand, wurden also aus der Aachener Mark 288 Pfennige geprägt. In einer späteren Urkunde von 1173 werden die Aachener Münzen auch als Obole, also Halbpfennige, bezeichnet. Möglicherweise nannte man den Aachener Pfennig Obol. weil sein Wert einem halben Kölner Pfennig entsprach. Geht man von einer Kölner Mark im Gewicht von etwa 234 g aus, so hätten die Aachener Pfennige ein Normgewicht von 0,8125 g Silber haben müssen. Gemeint ist hierbei wohl das Feingewicht, denn überlieferte Aachener Münzen aus der Zeit Barbarossas schwanken zwischen 1,29 und 1,44 g.[i] Den Münzen mischte man unedle Bestandteile (meist Kupfer) bei und Stichproben staufischer Pfennige haben Legierungen von 625/1000 bis 976/1000 Silber ergeben.[ii] Friedrich I. legte das Aussehen der Pfennige fest, indem er bestimmte, dass diese „das Bild des hl. Karl und sein[en] Name[n und] unser Bild mit der Aufschrift unseres Namens" tragen sollten. Karl der Große war erst eine Woche zuvor, am 29. Dezember 1165, heiliggesprochen worden. In jedem Fall ist die Urkunde ein Beispiel für eine aktive herrscherliche Münz- und Wirtschaftspolitik.[iii]

Zitiert nach: Urkunde über die Münzprägung in Aachen. MGH D.F.I. Nr. 503. Übersetzung nach van Rey 1983, S. 194–195.

In der Stauferzeit wurde die Münzprägung zunehmend regionalisiert („Epoche der regionalen Pfennigmünze") – der Pfennig galt nur noch an dem Ort, an dem er geprägt wurde.[25] Eine besondere geldhistorische Erscheinung dieses Zeitraums ist die Prägung einseitiger Münzen mit nur einem Stempel (*Brakteaten*), bei denen das Münzbild auf der Rückseite als Negativ erscheint.[26] Trotz dieser zeit- und kostensparenden Prägetechnik, sind die Brakteaten Ende des 12. Jh.s von erstaunlicher künstlerischer Qualität (▶ Abb. 7.2).

Abb. 7.2: Einseitiger Pfennig (Brakteat) des Grafen Walter II. (1135–1176) von Arnstein.

Mit dem Kölner Pfennig bildete sich eine überregionale Handelsmünze heraus, an deren Gewicht sich andere Münzstätten des Reiches in einem bestimmten Verhältnis orientierten. So entsprach der schwere Kölner Pfennig mit seinem Gewicht von 1,461 g vier leichten Basler Pfennigen zu je 0,365 g. Das Herausbilden unterschiedlicher Mark-Gewichte führte in der Folgezeit zur Entstehung kleinteiliger Währungsgebiete, die sich in ihrer geografischen Ausdehnung sowohl an herrschaftspolitischen Grenzen als auch an miteinander vernetzten Wirtschaftszonen orientierten.[27]

Auch in Frankreich übten im Hochmittelalter viele geistliche und weltliche Münzherren das Recht auf eine eigene Prägung von Pfennigen

7.2 Münzgeschichte des Mittelalters

(*Deniers*) aus, allerdings oftmals nicht durch königliche Verleihung, sondern durch Usurpation. Diese sogenannten *Feodalmünzen* des 10.-12. Jh.s sind eine Folge des schwachen Königtums in dieser Zeit.[28] Während des ersten Kreuzzuges (1096–1099) bildeten Münzen von Poitiers, Chartres, Valence, Melgueil und Le Puy neben italienischen Prägungen aus Lucca das offizielle Geld des Kreuzfahrerheeres, da sie weithin bekannt waren und akzeptiert wurden. Französische Silbermünzen wurden dadurch zum Vorbild für die Münzen der Kreuzfahrerstaaten und Nordspaniens (Reconquista). Erst Philipp II. August (1180–1223) gelang es, das königliche Münzwesen wieder zu stabilisieren und allmählich die *Feodalmünzen* aus dem Zahlungsverkehr zu verdrängen.[29] Allerdings reduzierte sich der Silbergehalt der Prägungen sehr stark, da die französischen Könige ihre Gewinne auf diesem Wege generierten. Generell lässt sich sagen, dass zentralisierte Münzwesen des Mittelalters (England, Frankreich oder Spanien) eher zur Reduzierung des Feingehalts tendierten und differenzierte Systeme (Italien oder das Deutsche Reich) zum Mittel der regelmäßigen Münzverrufung griffen.

Im angelsächsischen England prägten die einzelnen Reiche der Heptarchie Münzen nach karolingischem Vorbild, bevor von Wessex 973 aus eine Münzreform durchgeführt wurde, bei der anfangs alle sechs (bis 1036), danach alle drei Jahre der Münztyp der Pfennige (*Pennies*) gewechselt wurde. Auch wurden stets der Name der Münzstätte und der des Münzmeisters genannt, was eine Datierung und Verortung der zahlreichen Gepräge erleichtert und Rückschlüsse auf die Organisationsstruktur des Münzwesens erlaubt. In der englischen Forschung haben die einzelnen Münztypen nach ihrem jeweiligen Bild feststehende Namen erhalten.[30] Unter den normannischen Herrschern wurde dieses System nach 1066 zunächst nahezu unverändert beibehalten. Erst Heinrich II. (1154–1189) etablierte 1180 mit der Einführung des *Sterling* eine der bedeutendsten nordeuropäischen Münzsorten des Mittelalters, die auch andernorts häufig nachgeahmt wurde. Von 1180 bis 1351 blieb dessen Feingehalt unverändert, lediglich das Münzbild der Rückseite wurde 1247 von einem kurzen (*Short Cross type*) auf ein langes (*Long Cross type*) Kreuz verändert und 1279 das frontale Königsbild der Vorderseite modernisiert (*Edwardian type*).[31]

Nach dem Untergang des Langobardenreiches in Italien wurde dessen Territorium zunächst in das karolingische (774) und dann in das ostfränkisch-deutsche Reich (962) eingegliedert.[32] Die Münzprägung Oberitaliens lehnt sich bis ins 12. Jh. an beide „Nachfolgereiche" an. 751 ging die Münzstätte Rom an den Kirchenstaat über, dessen Papst Hadrian I. (772–795) als erster eine Münze im eigenen Namen prägte. In Süditalien regierten nach Langobarden, Byzantinern und Arabern seit dem 11. Jh. die Normannen: Das Münzwesen orientiert sich hier an arabischen und byzantinischen Vorbildern und spiegelt dessen Bedeutung als Dreh- und Angelpunkt für den mediterranen Handel wider. Erst in der Stauferzeit wurden silberne *Denare* nach nordeuropäischem Vorbild gemünzt.

Auf der iberischen Halbinsel wurden von den christlichen Herrschaften der „spanischen Mark" (*Marca Hispanica*) in der Pyrenäenregion die muslimischen Vorbilder Südspaniens nachgeahmt, bevor man in Kastilien-León (seit Alfons VI., 1065/72–1109) und Navarra-Aragón (seit Sancho III., 1000–1035) zu eigenständigen Münzbildern überging.[33] Im Gegensatz zu anderen Regionen Europas gaben die spanischen Könige das Münzrecht nie aus der Hand. Auch kam es aufgrund der frühen Bildung einer Zentralregierung zu ikonografisch stark vereinheitlichten Münzbildern. Ab dem 12. Jh. wurden mit den *Morabitinos* islamische Goldmünzen der Almoraviden in Portugal, Kastilien und Aragón nachgeahmt. Die Silbermünzprägung erlebte ebenso wie in Frankreich einen raschen Verfall des Feingehalts, so dass eigentlich nur noch Billonprägungen mit weniger als 50 % Silber in den Umlauf kamen.

Bis in das 11. Jh. war Europa in einen münzproduzierenden Westen und einen münzkonsumierenden Osten und Norden geteilt, bevor Wikinger und Slawen im Zuge der Christianisierung mit ersten eigenständigen Münzprägungen begannen. Die frühesten eigenständigen Prägungen sind in beiden Regionen zunächst Nachahmungen von Münzsorten aus Regionen, mit denen man Handel trieb – englische Münzen in Skandinavien und deutsche Münzen in Osteuropa. Erst danach entstanden unabhängige Bildtypen.[34]

Zwar gingen alle Münzsysteme des (christlich-lateinischen) Hochmittelalters in ihren Grundzügen auf die karolingische Münzreform um 800 zurück, doch war der *Denar* von seinem Normgewicht (1,7 g) im 12. Jh. bereits auf zwei Drittel bis zur Hälfte abgesunken und auch in Bild und Gestalt stark ausdifferenziert. Schließlich löste die *Mark* das *Pfund* als

Standardmünzgewicht ab. Die Markgewichte (186–280 g) waren regional ebenso wie die daraus resultierenden Pfenniggewichte unterschiedlich. Allerdings ist in den Quellen zwischen *Gewichtsmark* (Münzen zu einem bestimmten Gewicht) und *Zählmark* (eine bestimmte Anzahl von Münzen) zu unterscheiden. Durch die andauernde Verschlechterung des Münzgewichts drifteten Gewichtsmark und Zählmark im Laufe des Mittelalters immer weiter auseinander – das Rechengeld als „virtuelles Währungssystem" verbreitete sich. Nur wo die christliche auf die islamische und byzantinische Handels- und Kultursphäre traf wurden auch über das 8. Jh. hinaus Gold- und Kupfermünzen geprägt. Es lässt sich also zwischen einer mediterranen (bi- oder trimetallischen) und einer nordalpinen (monometallischen) Währungszone unterscheiden.

7.2.3 Differenzierte Währungssysteme (1250–1500)

Im Spätmittelalter[35] entstanden mit dem wachsenden Bedürfnis nach höherwertigen Zahlungsmitteln (▶ Kap. 6.1.3) sowohl in ihrem Prägemetall als auch in ihren Nominalen differenzierte Währungssysteme aus Pfennig-, Groschen- und Goldmünzen. Darüber hinaus erlangten die Städte deutlich mehr Einfluss in der Münzprägung (Münzrecht, Münzaufsicht und Münzvereine) und es bildeten sich das Bankenwesen und der bargeldlose Zahlungsverkehr heraus. Neben diesen Innovationen kam es aber auch infolge der gesteigerten Prägemenge bei gleichzeitiger Silberknappheit zu Edelmetallkrisen[36] und das Mittel der Münzverschlechterung wurde zur Finanzierung von Staatsausgaben in Krisenzeiten wie den Hussitenkriegen (1419–1436) oder dem Hundertjährigen Krieg (1337–1453) genutzt.

In der Forschung wird wiederholt von einer zunehmenden „Monetarisierung" des Spätmittelalters gesprochen, wobei allerdings festgehalten werden muss, dass diese regional unterschiedlich stark ausgeprägt war und es stets Formen der Natural- und Geldwirtschaft nebeneinander gegeben hat. Weite Teile der Bevölkerung kamen in ihrem Leben nie mit Münzgeld in Berührung und in manchen Regionen blieb es bis zum Ende des Mittelalters bei der Pfennigwährung.

Bereits gegen Ende des 12. Jh.s hatte sich mit dem englischen *Sterling* (hochwertig) und dem deutschen *Heller* (geringwertig) eine zunehmende

Differenzierung der auf Silber basierenden Währungssysteme abgezeichnet. Beide Münzsorten wurden als ein Pfund Heller oder Sterling (240 Stück) zu einer festen Rechengröße im europäischen Handel.

Die ersten Groschenmünzen entstanden in Italien: Zum einen war der Pfennig hier in seinem Wert besonders stark abgesunken und zum anderen nahmen die Handelsstädte Genua, Florenz, Venedig oder Pisa einen enormen wirtschaftlichen Aufschwung, der nach Zahlungsmitteln mit höheren Werten verlangte. Die neuen Silbermünzen in vielfachem Pfennigwert wurden wegen ihrer Dicke unabhängig vom jeweiligen Wert als *grossus denarius* (= „dicker Pfennig") bezeichnet. Besonderer Erfolg war den seit 1194 geprägten venezianischen *grossi matapani* beschieden, die sich im östlichen Mittelmeerraum zur beherrschenden Handelsmünze entwickelten. Eine ganze Reihe europäischer Silbermünzen im Wert mehrerer Pfennige leitet ihren Namen vom *Grossus* ab: Der englische *Groat*, der französische *Gros* oder der deutsche *Groschen*.

Abb. 7.3: Der vorliegende Groschen kopiert getreulich Münzbild und Inschrift eines französischen *Gros tournois*. Lediglich der innere Schriftkreis der Vorderseite (HENR WERD ABB) gibt zu erkennen, dass es sich um eine Prägung Heinrichs II. von Wildenberg (1360-1382) aus der Abtei Werden handelt. Solche Beischläge gängiger Münzsorten waren im Mittelalter weit verbreitet.

1271 entstand im Tiroler Alpenraum der *Kreuzer* als eine der ersten nordalpinen Groschenmünzen. Führend wurde Frankreich mit dem 1266 unter Ludwig IX. dem Heiligen (1226–1270) geprägten *Gros tournois* (12 Pfennige von Tours/*Deniers tournois*). Den Wert dieses vielfach nachgeahmten

Turnosgroschen verdeutlichen 12 Lilien im Außenkreis der Münzprägung (▶ Abb. 7.3) – mit dem *Groschen* wurde letztlich der karolingische Schilling (*Solidus*) erstmals real ausgeprägt.

Für die Mitte und den Osten Europas entwickelte sich der *Prager Groschen* (*Grossus Pragenses*) zum wichtigsten Münzwert. Im Bild bis 1547 unverändert (Wenzelskrone/Böhmischer Löwe) sind Prager Groschen im Spätmittelalter häufig gegengestempelt (*Kontermarkierung*) worden, um die guten von den schlechten Emissionen zu kennzeichnen. Auch der *Meißner Groschen* (seit 1338/1340) folgte im Bildtypus den Prager Groschen.

Im Gebiet des Wendischen Münzvereins der Hansestädte Lüneburg, Lübeck, Hamburg und Wismar wurde der dem Sterling wertgleiche *Witten* (4 Pfennige) seit etwa 1365 zu einer bedeutenden Münzsorten, dem als größere Nominale *Sechslinge* (6 Pfennige, ab 1392), *Schillinge* (12 Pfennige, ab 1432) und *Doppelschillinge* (24 Pfennige, ab 1468) folgten.[37] Letztlich muss man hervorheben, dass die Vermehrung der Münzprägung im Spätmittelalter mit der Erschließung neuer Silbervorkommen (u. a. im Harz und im Erzgebirge) einherging. Doch konnten diese Reviere auf Dauer den Bedarf an Edelmetall nicht decken, was zu wiederholten Münzverschlechterungen, der Spezifikation von Pfennigsorten in Kaufverträgen und der Bezahlung mit Barrensilber führte (▶ Abb. 7.4). Besonders dramatische Auswirkungen nahm die Münzverschlechterung in Frankreich an, dessen König Philipp IV. „der Schöne" (1285–1314) von den Zeitgenossen „der königliche Münzfälscher" (*roi faux monnayeurs*) genannt wurde.

Seit 1252 wurden gleichzeitig in Florenz (*Floren*) und Genua (*Genovino*) Goldmünzen geprägt, die in ihrem Wert einem karolingischen Pfund (240 Pfennigen) entsprachen. 1284 folgte Venedig diesem Trend mit der Prägung des *Dukaten*. *Floren* und *Dukat* waren nahezu reine Goldmünzen (24 Karat) mit einem Gewicht von 3,5 g. Sie wurden zu zwei der in ihrem Münzbild und Gewicht langlebigsten Münzsorten. In Deutschland war die Goldmünzenprägung ein kaiserliches Privileg, das 1340 erstmals an Lübeck und 1356 (Goldene Bulle) an die sieben Kurfürsten verliehen wurde.[38] Der Rheinische Münzverein prägte seit 1385 den *Rheinischen Goldgulden*. Im Gegensatz zu ihren italienischen Vorbildern sanken die rheinischen *Goldgulden* sowohl in ihrem Gewicht als auch in ihrem Feingehalt allmählich ab, so dass zwischen ihnen und den ursprünglich wertgleichen *Dukaten* unterschieden wurde. Fortan (14.–19. Jh.) wurden als

Abb. 7.4: Ensemble verschiedener Silberbarren des Harzraums im 14. Jh. Die einzelnen Gusskuchen sind mit Städtemarken (u. a. Braunschweig und Goslar) versehen, die ihre Herkunft kennzeichnen.

Dukaten Goldmünzen mit einem Gewicht von 3,5 g aus Feingold (24 Karat) bezeichnet, wohingegen *Goldgulden* ein Gewicht von 3,25 g und einen unterschiedlichen Feingehalt von 18–21 Karat (750–875/1000) aufweisen konnten.

Die Gegenstempelung des umlaufenden Groschen- und Goldgeldes im 14./15. Jh. ist ein besonderes Phänomen der deutschen Münz- und Geldgeschichte.[39] Hier zeigt sich eine zunehmende Unsicherheit in der Bewertung des zirkulierenden Geldes (Edelmetallgehalt).[40] In dieser Zeit scheinen die Kontrollinstrumente der Währungsaufsicht zunehmend versagt zu haben, was zu einer immer größer werdenden Menge an gleichzeitig umlaufenden Münztypen von zum Teil minderer Qualität führte. So gingen die Städte dazu über, die überregional bedeutsamen Münzsorten zu prüfen und die guthaltigen Emissionen durch das Einschlagen eines Zeichens (*Teken*) optisch zu kennzeichnen. Der Zeitraum der Gegenstempelung erstreckt sich etwa von 1370–1465. Insgesamt waren etwa 98 Städte

7.2 Münzgeschichte des Mittelalters

an der Praxis der Gegenstempelung des Silbergeldes beteiligt. Goldmünzen sind anscheinend nur in acht Städten – Hamburg, Herford, Lübeck, Lüneburg, Münster, Osnabrück, Rostock und Werl – gekennzeichnet worden (▶ Abb. 7.5).

Abb. 7.5: Goldgulden der Stadt Lüneburg (geprägt zwischen 1440/1493) mit einem Gegenstempel von Lübeck (doppelköpfiger Adler) auf der Vorderseite.

In Spanien und Portugal orientierte man sich an italienischen Vorbildern für den Handel im mediterranen Raum, entwickelte aber auch eigene Motive und Gewichtsstandards. Kastilien führte unter Alfons XI. (1313–1350) die *Dobla* ein, die etwas schwerer als der *Dukat* war. In Portugal wurde seit Alfons V. (1438–1481) der *Cruzado* geprägt.

Im Westen Europas (England und Frankreich) entwickelten sich schwerere Goldmünzenstandards zwischen 4 und 9 g Gewicht. 1296 wurden in Frankreich unter Philipp IV. (1285–1314) erstmals „große Florene" mit dem Bild des thronenden Königs auf der Vorderseite geprägt. Nach der Gefangennahme des französischen Königs Johann II. (1350–1364) in der Schlacht von Maupertuis (1356) wurden zur Bezahlung des Lösegeldes besonders programmatische Goldmünzen (*Franc à cheval*) mit dem Münzbild eines galoppierenden Ritters (Königs) geprägt. Ohnehin weist die französische Goldmünzenprägung eine große Bandbreite an Vorderseitenbildern auf, die sich in der Benennung der einzelnen Typen widerspiegelt (*Ecu d'or*, *Chaise d'or* oder *Agnel d'or*). Die englische Antwort auf die französischen Großgoldmünzen war der seit 1344 unter Eduard III. (1327–

1377) geprägte *Noble* mit einem Normgewicht von 8,97 g (seit 1351 7,78 g). Es handelt sich um die größte Goldmünze des europäischen Mittelalters mit einem Wechselkurs von 3 *Noble* zu einem Pfund *Sterling* (▶ Q 7.4).

Q 7.4: Englische Münzprägung in Calais (1371) während des Hundertjährigen Krieges

„Diese Vereinbarung ist geschlossen zwischen unserem Herrn dem König [Eduard III.] auf der einen und Bardelet de Malepilis von Florenz auf der anderen Seite und bezeugt, dass der König dem genannten Bardelet, Meister und Verfertiger seiner Gold- und Silbermünzen in der Stadt Calais, aufgetragen und befohlen hat, Münzen in folgender Weise zu schlagen: Drei Arten Goldmünzen, die erste das Stück zu 6 Schilling 8 Pfennigen Sterlinge, die Goldnobel heißen soll, und es sollen 45 Stück auf das Pfund des Tower-Gewichts von London gehen. Eine andere Goldmünze soll die Hälfte der oben genannten wiegen und 40 Sterlinge gelten. Davon sollen 90 auf das Tower-Pfund gehen. Eine dritte Goldmünze [...] soll 20 Sterlinge gelten und zu 180 auf das Pfund gehen. Die genannten Goldmünzen sollen 23 Karat 3 ½ Grän fein sein und jedes Pfund davon 15 Sterlinge gelten. [...]"

Kommentar: Münzmeister konnten entweder (fest angestellt) im Auftrage eines Münzherrn arbeiten oder als (freie) Unternehmer die Münzstätte in Eigenregie gegen Zahlung einer vereinbarten Summe (Pacht) betreiben. In letzterem Fall sind uns seit dem Spätmittelalter auch eigene Verträge zwischen einem Münzherrn und seinem Münzmeister überliefert. Einen der ausführlichsten Münzmeisterverträge kennen wir aus der Zeit des Hundertjährigen Krieges: Am 20. Mai 1371 schloss der englische König Eduard III. (1327–1377) nach der Eroberung von Calais einen Vertrag mit dem Münzmeister Bardelet de Malepilis, in dem sehr genau die zu prägenden Münzen und der Gewinn des Münzmeisters festgehalten wurden. Der Vertrag zeigt das enge Verhältnis zwischen Numismatik (Münzkunde) und Metrologie (Maße und Gewichte) auf. Der Münzmeister sollte drei verschiedene Typen von Goldmünzen prägen: 1, ½ und ¼ Goldnobel. Von den ganzen Goldnobeln sollten 45 Stück aus dem Pfund des Tower-Gewichts geprägt werden. Dieses Gewicht war seit dem Jahr 1180 auf 344,184 g festgelegt. Die Münzen wogen also 7,649 g. Dieser Goldnobel sollte einen Wechselkurs zu den Silbermünzen (Sterlingen) von 6 Schillingen und 8 Pfennigen haben. Der Feingehalt sollte 23 Karat 3,5 Grän betragen. 24 Karat entsprechen 100 % Gold (Feingold). Das Karat wiederum entspricht 12 Grän, weshalb 23 Karat 3,5 Grän 97,05 % oder 7,423 g entsprechen. Die Münzen hatten also einen sehr hohen Feingehalt, denn im Mittelalter waren 98 % das mit den Mitteln der Zeit technisch zu erreichende Optimum.

Zitiert nach: Vertrag König Eduards III. (1327–1377) von England mit seinem Florentiner Münzmeister über die Münzprägung in Calais (20. Mai 1371). Übersetzung nach Jesse 1924, S. 131–132.

7.2 Münzgeschichte des Mittelalters

Das Ende der mittelalterlichen Münzprägung setzte in der zweiten Hälfte des 15. Jh.s ein, als man in Italien begann, noch schwerere Silbermünzen zu prägen, die sogenannten *Testone* (von ital. *testa* = „Kopf"). Diese zuerst in Mailand von Galeazzo Maria Sforza (1466–1476) emittierten Münzen sind mit ihren individuellen Porträts bereits erste kunsthistorische Zeugnisse der heraufziehenden Renaissance. Nördlich der Alpen entstanden nach ihrem Vorbild im deutschsprachigen Raum die sogenannten *Dicken*. Erzherzog Sigismund von Tirol (1439–1469), genannt „der Münzreiche", war es schließlich vergönnt, die Neuzeit einzuläuten, indem er in seiner Münzstätte Hall (Tirol) im Jahre 1486 erstmals eine fast 30 g schwere Silbermünze im Wert eines Goldguldens prägen ließ. Diese *Guldiner* genannten Münzen waren die Vorbilder der von den Grafen von Schlick seit 1520 im böhmischen Joachimstal geprägte *Joachimstaler*, aus denen sich die Bezeichnung der bekanntesten Münze des frühneuzeitlichen Europa ableitete: der *Taler*. Zusammen mit den aus der Neuen Welt einströmenden Edelmetallmengen und den sich weiter entwickelnden bargeldlosen Zahlungsformen sollten sich das Gesicht der Geldwirtschaft grundlegend ändern und das Münzgeld sich im Gepäck der Händler und Eroberer auf der ganzen Welt verbreiten.

8 Technik, Verkehr und Infrastruktur

Das Mittelalter erscheint aus der Retrospektive auf den ersten Blick als besonders „technikfern" und „innovationsfeindlich": eine Zeit, in der ein Großteil der Bevölkerung in der Landwirtschaft tätig war und mit einfachsten Methoden und Gerätschaften den Boden bearbeitete. Auf der anderen Seite faszinieren Kathedral- und Burgenbauten, die zu der Frage anregen, wie diese Bauleistungen mit vergleichsweise primitiven Werkzeugen vollbracht werden konnten. Denkt man an Belagerungen, so rücken Vorstellungen von komplizierten Belagerungstürmen, Katapulten und frühen Geschützen ins Blickfeld.

Die Idee eines vermeintlich technikfremden Mittelalters wird durch mehrere Faktoren begünstigt: Ein Großteil der Zeugnisse mittelalterlicher Technik ist vergangen, da Holz das wichtigste Material war und sich durch Gebrauch schnell abnutzte, bei Feuersbrünsten verbrannte oder schlicht im Laufe der Zeit zersetzt wurde. Bei Büchern bevorzugt anfänglich die Überlieferung das wesentlich haltbareren Pergament gegenüber dem Papier und damit die Handschriften und Inkunabeln gegenüber den frühen Drucken.[1] Die steinernen Sakral- und Wehrbauten stellen wie die kostbaren Reliquiare und aufwendig gearbeiteten Herrscherinsignien eher den Ausnahmefall handwerklicher Produktion dar.

Vom Endprodukt auf die angewendeten Handwerkstechniken zu schließen, gestaltet sich nicht immer leicht. Eine theoretische Reflexion handwerklicher Techniken findet sich erst spät – beispielsweise in Gestalt des Traktats *De diversis artibus* („Von unterschiedlichen Künsten") eines unbekannten Mönches mit dem Pseudonym Theophilus aus dem 12. Jh. (▶ Q 8.1). Die Darstellungen von technischen Geräten in den mittelalterlichen Handschriften sind aus heutigem Verständnis schwierig zu deuten und die abgebildeten Apparaturen entsprechend schwer zu rekonstruieren. Hinzu kommt, dass die sozialen Schichten, die alltäglich Technik gebrauchten (Handwerker, Bauern oder Krieger), selbst nicht zu den schreibenden Bevölkerungsgruppen gehörten, und diejenigen, die technische Verfahren und Gerätschaften in Schrift und Bild festhielten, diese selbst nicht benutzten.

Q 8.1: Zum Herstellungsverfahren von Braunfirnis
„Lass dir aus dem oben erwähnten Kupfer, das ‚Rotkupfer' genannt wird, Bleche von erforderlicher Länge und Breite anfertigen. Hast du diese zugeschnitten und deinem Werkstück entsprechend vorbereitet, zeichne darauf Ornamente, Tiere oder was du sonst willst und graviere dies mit einem schlanken Stichel. Dann nimm Öl, das aus Leinsamen gemacht wird, streiche es mit dem Finger dünn über die ganze Fläche, verteile es gleichmäßig mit der Gänsefeder und halte [das Blech] mit einer Zange über die glühenden Kohlen. Sobald es mäßig erwärmt und das Öl flüssig geworden ist, verstreiche es erneut mit der Feder und bringe es wieder auf die glühenden Kohlen, tue dies so lange, bis [das Öl] ausgetrocknet ist. Wenn du erkennst, dass es überall glatt ist, bringe es auf lebhaft brennende Kohlen und lass es so lange darauf liegen, bis es völlig aufhört zu rauchen. Und wenn es dunkel genug ist, dann ist es gut. […] Ist es abgekühlt, nicht in Wasser, sondern von selbst, dann schabe mit sehr scharfen Schabern sorgfältig die Ornamente aus, so dass die [Zwischen-]Felder dunkel[-braun] bleiben. […] Wenn aber das Blech sorgfältig geschabt worden ist, verquicke es sofort mit der Mischung aus Weinstein und Quecksilber, vergolde es danach, lösche das vergoldete Blech nicht in Wasser ab, sondern lass es vielmehr von selber abkühlen, poliere es so, wie oben beschrieben [Kap. 39], und färbe es ebenso."

Kommentar: Der Auszug stammt aus dem um 1125 entstandenen Werk *De diversis artibus* oder *Schedula diversarum artium* des Theophilus Presbyter.[i] In der Forschung wird die Frage diskutiert, ob sich hinter diesem Pseudonym der bekannte Goldschmiedemönch Rogerus von Helmarshausen (etwa 1070–1125)[ii] verbergen könnte. Die ältesten Handschriften befinden sich heute in Wolfenbüttel (Herzog August Bibliothek, Cod. Guelf. Gud. Lat. 69 2°) und Wien (Österreichische Nationalbibliothek, Cod. 2527). In den drei Teilen der Abhandlung werden handbuchartig verschiedene Techniken des Kunsthandwerks detailliert beschrieben, darunter die Buch- und Wandmalerei, die Herstellung von farbigem Glas und Herstellungsprozesse in der Gold- und Silberschmiedekunst sowie in der Holz- und Steinarbeit. Auch werden die für einzelne Techniken gebrauchten Werkzeuge und Werkstätten vorgestellt. Das längste Kapitel widmet sich dem Glockenguss: Die in der beschriebenen Technik hergestellten Glocken werden auch als „Theophilus-Glocken" bezeichnet. Braunfirnis oder Firnisbrand nennt man eine Art der Verzierung von Metallen, bei der mehrmals auf Kupfer eine dünne Schicht Leinöl aufgebracht und anschließend eingebrannt wird. Aus der so entstehenden harzartigen Schicht werden anschließend Zeichnungen, Ornamente oder Schriften herausgeschabt, so dass das Metall darunter freiliegt. Nun werden die blankliegenden Flächen vergoldet, wodurch ein besonders plastisches Dekor entsteht.[iii]

Zitiert nach: Theophilus beschreibt die 13 Arbeitsschritte zur Herstellung von Braunfirnis. De diversis artibus, lib. III, cap. LXXIII. Übersetzung nach Brepohl 2013, S. 418.

8 Technik, Verkehr und Infrastruktur

Im Mittelalter und in der Neuzeit gab es einen wesentlichen Unterschied in der Einschätzung und Beurteilung von technischen Entwicklungen: Die moderne Technik ermöglicht es dem Menschen, seine Umwelt als Lebensraum zu optimieren und die dafür notwendigen Werkzeuge und Maschinen selbst herzustellen und ständig weiterzuentwickeln. Doch dürfen wir den Menschen im Mittelalter ohne Weiteres das gleiche Streben nach Optimierung, Intervention und Invention unterstellen? Eine Gesellschaft, in der Armut und Verzicht von der Kirche als erstrebenswertes Ziel gelehrt und von verschiedenen Mönchsorden als Idealzustand vorgelebt wurden, wird wahrscheinlich anders darüber gedacht haben. Auch mag eine Welt, in der öffentlich zur Schau gestellte Individualität und die Entfaltung der eigenen Persönlichkeit noch keine Rolle spielten, nicht den gleichen Sinn für den Typus des „genialen Erfinders" und sein „geistiges Eigentum" gehabt haben.[2] Auf der anderen Seite darf man mittelalterlichen Handwerkern und Händlern natürlich durchaus ein Interesse an der Steigerung ihres Profits und ihrer Effizienz unterstellen und damit auch Kosten-Nutzen-Rechnungen (oder zumindest Überlegungen) zum Einsatz neuer Techniken und zur Verbesserung und Beschleunigung der Fertigungsprozesse.

All die geschilderten Umstände liefern ein verzerrtes Bild von Technikgebrauch und Technikverständnis im Mittelalter, das die noch relativ junge Disziplin der Technikgeschichte erforscht.[3] Gerade das frühe und hohe Mittelalter waren Zeiträume bedeutender technischer Innovationen und Fortschritte. Demgegenüber wurden innerhalb des Zeitraums 1350–1650 eher bereits vorhandene Techniken verbessert als grundsätzlich Neues entwickelt. Während die christlich-europäische Kultur in der ersten Hälfte des Mittelalters noch überwiegend von der arabischen, asiatischen und byzantinischen Technik profitierte oder antikes Wissen weitertradierte, setzte in der zweiten Hälfte eine eigenständige Innovationsdynamik ein.[4] Jedoch sollte man die Übernahme fremder Technik(en) und Werkzeuge aus moderner Sichtweise nicht als bloße Nachahmung abtun und negativ beurteilen, denn diese Implementierung setzte eine Reihe von Anpassungsvorgängen im Technologietransfer voraus, die durchaus nicht gering zu schätzen sind.[5]

Die in der älteren Forschungsliteratur oftmals beschworene Innovationsfeindlichkeit der mittelalterlichen Zünfte bezog sich zumeist auf Techniken, bei denen Handarbeit durch Maschinen ersetzt werden sollte und somit Arbeitsplätze ortsansässiger Handwerker bedroht waren. Der Einsatz einer Walkmühle[6] konnte beispielsweise 40 Walker ersetzen und ein Wasserhebewerk im mittelalterlichen Bergbau zahlreiche Wasserknechte arbeitslos machen.[7] Daraus ein Pauschalurteil über die Rückständigkeit der Zünfte im Mittelalter abzuleiten, ist allerdings nicht gerechtfertigt. Innerhalb der begrenzten Lebenszeitspanne vollzogen sich technische Neuerungen nur langsam. Kathedralbauten, die oftmals Jahrzehnte dauerten und an denen sich mehrere Generationen von Dombaumeistern und Bauhandwerkern „abarbeiteten", sind hierfür ein gutes Beispiel.

Das vorliegende Kapitel wirft einen Blick auf die Orte und Akteure von Technik im Mittelalter. Danach erfolgt ein Überblick bedeutender technischer Innovationen, bevor Verkehr, Transport und Infrastruktur näher betrachtet werden. Dabei geht es vor allem um die eingesetzten Transportmittel, die gebrauchten Reisewege und die zu kalkulierenden Reisegeschwindigkeiten, aus denen sich wiederum Rückschlüsse auf die Wirtschaftsgeschichte ziehen lassen.

8.1 Orte und Objekte von Technik

Denkt man an mittelalterliche Technik, so fallen einem zunächst vor allem große Steinbauten sowie herausragende Objekte des Kunstschaffens ein. Allerdings sind diese nur bedingt repräsentativ, da sie einen kleinen Teil der Technik in einem konkreten Bedeutungszusammenhang repräsentieren. Wie in allen vormodernen Gesellschaften diente Technik vor allem der Produktion (Erzeugung) oder Destruktion (Zerstörung) – eine „sinnfreie Freizeit- oder Unterhaltungstechnik" gab es nur selten in Gestalt von astronomischen Uhren oder ersten Automaten an den Höfen der Mächtigen. Dementsprechend formierten sich auch die Akteure und Gestaltungsräume[8] von Technik im Mittelalter:

Im Frühmittelalter waren Klöster wirtschaftliche und handwerkliche Zentren und damit Orte, an denen technisches Wissen gesammelt, angewandt und verbessert wurde (▶ Q 8.2). Die finanzielle Leistungsfähigkeit großer Klöster ermöglichte Investitionen in die Verbesserung technischer Anlagen und in die Infrastruktur, wie sie für einen kleineren Grundherren nur schwerlich zu realisieren waren. Im Hochmittelalter ging diese technisch-ökonomische Funktion zumeist auf die Städte über. Dennoch besaßen Klöster bis zur Entstehung und Verbreitung ihre Funktion als „Speicher" technischen Wissens aus antiken Texten und dessen Verbreitung. So waren die Zisterzienser berühmt für ihre ausgeklügelten Wasseranlagen. Die Notwendigkeit der Festlegung der Stundengebete machte Klöster zu Zentren der astronomischen Beobachtung und der Weiterentwicklung von Instrumenten wie dem Astrolabium oder der Räderruhr.[9]

Die Landwirtschaft war der wichtigste Wirtschaftssektor im Mittelalter. Hier waren die meisten Menschen beschäftigt und es wurde eine Vielzahl von unterschiedlichen Geräten (Werkzeugen) benutzt.[10] Die Entwicklung des Räderpfluges und des Kummets als neue agrarische Produktionsmittel erleichterten die Bearbeitung der schweren Böden Mitteleuropas enorm.[11] Auch die Erfindung des fußbetriebenen Spinnrades und des horizontalen Webstuhls beschleunigten die Verarbeitung von Wolle und erlaubten die Herstellung von größeren und qualitätsvolleren Tuchen.[12] Mit der Professionalisierung der eingesetzten Technik beobachten wir eine Verlagerung des Produktionsortes vom ländlichen Agrarraum in das städtische Handwerk (▶ Kap. 5).

Die Produktionsstätten des mittelalterlichen Handwerks waren vermutlich die Orte mit der größten Auswahl an technischen Gerätschaften, bedingt durch die Vielfalt der Wirkungsstätten der Handwerker (Stadt, Kloster, Dorf oder Burg) und die zahlreichen unterschiedlichen Gewerbezweige (Kleidung, Werkzeuge, Schmuck oder Nahrungsmittel). Wissenstransfer und Wissensinstruktion fanden mündlich zwischen Meister und Lehrling statt. Während im Frühmittelalter noch die Darstellung landwirtschaftlicher Tätigkeiten im Rahmen von Monatsbildern dominierte (▶ Q 4.4), finden sich seit dem Hochmittelalter vermehrt auch Abbildungen von handwerklichen Tätigkeiten und Werkstätten. Auch wurde Gott nun häufiger in seiner Eigenschaft als aktiver Schöpfer – in der ikonografischen Form mit Zirkel, Lineal, Waage oder Kompass (▶ Abb. 9.1) – dargestellt und damit als „Werkmeister der Welt".[13]

Q 8.2/Abb. 8.1: Herstellung einer Handschrift

Kommentar: Klöster waren Zentren der Pergament- und Buchherstellung. Über die dabei angewandten Techniken sind wir durch Schriftquellen und bildliche Darstellungen informiert. Herausragend ist in diesem Zusammenhang eine Handschrift des 12. Jh.s aus dem Kloster Michelsberg in Bamberg.[1]

8.1 Orte und Objekte von Technik

> In ihr werden in zehn Medaillons die einzelnen Schritte zur Herstellung eines Buches und die verwendeten Werkzeuge dargestellt: Die zuvor gebeizte Tierhaut wird in einen Rahmen gespannt und mit einem halbmondförmigen Schabeisen von letzten Resten befreit (1). Danach schneidet ein Mönch mit Federmesser und Lineal das Pergament auf die gewünschte Größe zu (2). Der Schreiber falzt anschließend mit einem Falzbeil die Pergamentblätter (3). Der Buchbinder heftet die einzelnen Lagen über einer Heftlade mit Nadel und Faden auf Bünde (4). Ein Mönch haut mit einem Beil den hölzernen Buchdeckel zu (5) und auf einem Amboss werden die metallenen Buchbeschläge gehämmert (6). Anschließend beginnt der Schreibprozess. Ein Mönch verfasst mit dem Griffel auf einer Wachstafel ein Konzept (7). Danach wird die Schreibfeder zugeschnitten (8). Schließlich präsentiert ein Mönch das fertige Buch (9) und ein anderer verwendet es bereits für den Unterricht (10). Im Inneren der Miniatur steht der Erzengel Michael als Schutzpatron über dem ihm geweihten Kloster, das als Gebäude mit Giebel und Arkadenbögen dargestellt ist, in dem sich Mönche mit erhobenen Händen befinden. Rechts zu seinen Füßen wird ein weiterer Mönch mit Farbschale und Feder dargestellt, was den Eindruck erweckt, er würde in diesem Moment die vor dem Betrachter liegende Miniatur zeichnen (11).
> **Abbildung:** Staatsbibliothek Bamberg (Msc. Patr. 5, fol. 1v).

Neben den Werkstätten war der Haushalt der Ort, an dem Technik in großer Vielfalt eingesetzt wurde. Dabei war die Verwendung haushaltstechnischer Neuerungen häufig mit dem sozialen Status einzelner Personengruppen verbunden. Technische Innovationen – der Gebrauch von Besteck, der Bau eines Kachelofens oder die Verwendung von Glasscheiben – gingen mit der Vereinfachung von Produktionsverfahren von höheren Schichten auf niedere soziale Klassen über. Mit der Verwendung technischer Neuerungen ließ sich gesellschaftlicher Rang ebenso demonstrieren wie mit aufwendiger Kleidung oder Kunstwerken.

Mit der allmählichen Sesshaftwerdung der Herrscher des Spätmittelalters und der Entstehung von festen Residenzen entwickelten sich Anlaufstellen für Experten mit technischem Wissen. Dies hatte damit zu tun, dass größere technische Projekte zumeist in den Händen der Herrscher und der Städte lagen. Im Mittelalter und der Frühen Neuzeit gab es eine Vielzahl von Territorialfürsten, die miteinander auf technischem Gebiet konkurrierten und dadurch die Entwicklung förderten. Innovationen wurden durch den Auftraggeber begutachtet und Erfindungen unter

Schutz gestellt. Der „Ingenieur" des Spätmittelalters musste also lesen, schreiben, zeichnen und präsentieren können, um beim Fürsten Gehör zu finden. Dies führte zu einem theoretisch-technischen Wissen bei den Erfindern, Gelehrten und Gutachtern, das auch schriftlich fixiert wurde.

Die „Rüstungsindustrie" des Mittelalters war zweifellos einer der innovativsten Handwerkszweige, in dem konventionelle (bspw. Bogen) zu fortschrittlicheren (bspw. Hakenbüchse) Waffen weiterentwickelt wurden.[14] Fernwaffen und Belagerungsmaschinen vergrößerten die Distanz zwischen Angreifern und Verteidigern. Neuere Waffen forderten die Rüstungsschmiede zu effizienteren Körperpanzerungen heraus. Die Steigerung der wirtschaftlichen Leistungsfähigkeit und die zunehmenden finanziellen Möglichkeiten führten zu einem schneller werdenden Aufrüstungsprozess, der schließlich auch Kanonen und Handfeuerwaffen auf das Schlachtfeld brachte. Während sich der Krieger des Frühmittelalters noch weitgehend selbst ausrüstete, hielten die Städte des Spätmittelalters Waffenarsenale für ihre Bürgerschaft vor. Die Verknüpfung und Konzentration von monetärem Kapital, ökonomischer Verflechtung und handwerklichem Können ließen die städtischen Aufgebote zu ernsthaften Gegnern der Ritterheere werden. Eine direkte Adaption militärtechnischer Neuerungen im zivilen Bereich scheint es im Mittelalter nicht gegeben zu haben – Schießpulver wurde beispielsweise erst seit dem 17. Jh. beim Straßen- und Bergbau verwendet.[15] Dennoch dürften spezialisierte Militärtechniker ihr Wissen in Friedenszeiten auch im zivilen Bereich eingesetzt und weitergegeben haben.

8.2 Akteure und Institutionen – Medien und Begriff

Über die Akteure der mittelalterlichen Technikgeschichte und die Urheber bestimmter Innovationen – „die Erfinder" – ist nur wenig bekannt. Zwar wurden technische Leistungen durchaus verzeichnet, aber häufig ohne Nennung der Person(en), des Zeitpunktes oder des Ortes der Erfindung. Erstbelege für technische Neuerungen und deren Erfinder sind oftmals Zufallsfunde. Nehmen wir als Beispiel die Brille:[16] Erstmals erwähnt

8.2 Akteure und Institutionen – Medien und Begriff

wird sie 1305 im Rahmen einer in Florenz gehaltenen Predigt mit dem Hinweis, dass der Prediger den Erfinder etwa 20 Jahre vorher persönlich kennengelernt hätte. Da in Pisa und Venedig herausragende Glasproduktionszentren existierten, könnte der Erfinder vielleicht Italiener sein. Allerdings war das frühe Glas noch nicht klar genug für eine Brille, weshalb die ersten Exemplare aus Kristallen geschliffen wurden. Hinzukommen musste noch die Entdeckung, dass zwei Gläser für ein räumliches Sehen besser sind, und dass man diese möglichst mit einem Gestell auf der Nase direkt vor die zu korrigierenden Augen positioniert. Im Grunde sind es also mehrere Erfindungen, die man miteinander kombinieren musste.

Die erste bildliche Darstellung einer Brille datiert erst auf das Jahr 1352 und zeigt Kardinal Hugo von Saint-Cher (auch Ugo di Provenza, um 1200–1263) mit einer Nietbrille auf einem Fresko der Kirche San Nicolo in Treviso. Der Künstler Tommaso da Modena (um 1325–1379) verlegte die Verwendung der aus seiner Zeit bekannten Brille im Bild also um gut 100 Jahre zurück. Die ältesten bildlichen Darstellungen nördlich der Alpen sind der „Brillenapostel" des Conrad von Soest im Altarbild der Stadtkirche von Bad Wildungen (1403) und der „Brillenapostel" im Klosterneuburger Flügelalter (1439). Glaubt man der Ersterwähnung, lagen in jedem Fall zwischen der „Erfindung" und der Niederschrift 20 Jahre und etwa 290 km (Treviso–Florenz). Zwischen der Niederschrift und der bildlichen Erstdarstellung vergingen noch einmal knapp 50 Jahre. Nimmt man beide Faktoren zusammen, so nähert man sich wieder dem Lebenszeitraum dargestellten Kardinals Hugo (zweite Hälfte des 13. Jh.s).

Oftmals bedienten sich die mittelalterlichen Autoren auch antiker Namen mythischer oder existierender Personen, denen Erfindungen zugeschrieben wurden (bspw. Dädalus oder Archimedes). Andere Erfinder wie der Freiburger Franziskanermönch Berthold Schwarz, der angeblich zufällig 1353/1359 durch die Vermengung von Schwefel, Salpeter und Holzkohle in einem Mörser das Schießpulver (Schwarzpulver)[17] erfunden haben soll, sind historisch nicht zu belegen. Ob einige berühmte Erfinder tatsächlich innovativ tätig wurden oder Vorbilder aus dem Nahen und Fernen Osten kopierten und verbesserten, ist nicht immer gesichert: Das Schwarzpulver könnte beispielsweise über Chinesen und Mongolen in der Mitte des 13. Jh.s nach Osteuropa gelangt sein. Es dauerte allerdings noch bis ins 14. Jh., bevor Schießpulver in Kanonen zum Einsatz kam.

Auch hier war die Kombination mehrerer wissenschaftlicher und handwerklicher Faktoren nötig: Bessere chemische Kenntnisse, die mathematische Berechnungen der Flugbahn von Geschossen, ein verbesserter Metallguss zur Herstellung von Kanonen und eine entsprechende Infrastruktur (Straßen) zum Transport der schweren Geschütze.

Technische Innovationen gingen im Mittelalter in der Regel auf die Initiative von einzelnen Personen oder kleinen Gruppen zumeist des Handwerks (Praktiker) zurück – systematisch auf technischem Gebiet forschende Institutionen (Theoretiker) gab es auch an den Universitäten noch nicht. Die Experten und Erfinder entwickelten ihr Wissen bei der Anwendung in einem handwerklichen Beruf und repräsentierten nur einen kleinen Teil der Bevölkerung. Daneben gab es aber auch Universalgelehrte wie den späteren Bischof Albertus Magnus (um 1200–1280) oder den Franziskaner Roger Bacon (um 1220–1292), die sich in ihren Werken mit technischen und mechanischen Fragen beschäftigten.[18]

Für die Absolventen moderner technischer Universitäten ist es schwer vorstellbar, dass die Ingenieure des Mittelalters ohne jegliche wissenschaftliche Ausbildung arbeiteten: Keine Lehr- und Handbücher, keine Formelsammlungen und Zeichnungen oder allgemein bekannte Richtwerte erleichterten die Planungen.[19] Allerdings waren Mathematik und Geometrie ebenso wie Faustregeln und einfache Schablonen bekannt und wurden in der Praxis auch genutzt. Da ein theoretisches Schrifttum häufig fehlt, können die praktischen Anwendungstechniken nur durch Versuche erschlossen werden. Handwerkliche Ausbildung und jahrelange Erfahrung dürften einen Großteil des Wissens der mittelalterlichen Ingenieure ausgemacht haben.

Ein herausragendes Schriftdokument technischen Wissens ist die prachtvoll illustrierte Handschrift *De aquarum conductibus, molendinis aliisque machinis et aedificiis* der Vatikanischen Bibliothek (Codex Vaticanus latinus 5961).[20] Das Manuskript enthält eine Sammlung ziviler und militärischer Gerätschaften, die sorgfältig erklärt werden. Der Autor, der sich selbst nicht zu erkennen gibt, konnte erst 2006 erschlossen werden, da sich sein Name aus einer Reihe herausgehobener Buchstaben innerhalb des Werkes ergibt. Es handelt sich um den deutschen Kleriker Konrad Gruter aus Werden an der Ruhr, der das Buch wohl zwischen 1394 und 1424 für den dänischen König Erik VII. (1412–1439) verfasste. Ihm folgten

8.2 Akteure und Institutionen – Medien und Begriff 209

noch weitere Technik-Traktate. Insbesondere die Beschreibung und Darstellung von Militärtechnik erfreute sich bald großer Beliebtheit, wie nicht nur das Werk *De rebus militaribus*[21] des Mariano Daniello di Jacopo (genannt Taccola, um 1381–1453/1458) aus Siena mit seinen zahlreichen Abschriftenbelegt.[22]

Wenngleich solche Handschriften beeindruckend sind, handelt es sich doch um Ausnahmefälle, die für den alltäglichen Gebrauch technischer Geräte wohl von untergeordneter Bedeutung waren. Zeichnungen und Modelle spielten für den Entwurf technischer Geräte bis ins 13./14. Jh. noch keine Rolle. Dies lag nicht zuletzt daran, dass Pergament teuer war, weshalb Zeichnungen im Sand oder auf Wachstafeln vorgenommen wurden und nicht überliefert sind. Gelegentlich finden sich auch Ritzungen an Bauelementen, die zur Dimensionierung des einzelnen Elements und seiner Lage im Gesamtbau dienten. Eine Ausnahme bilden großformatige Bauzeichnungen wie der Fassadenriss des Kölner Doms (13./14. Jh.) oder die Zeichnungen des Straßburger Münsters (spätes 13. Jh.).[23]

Erst im 15. Jh. spielten Bauzeichnungen eine größere Rolle – Papier hatte sich zu diesem Zeitpunkt bereits als günstiger Beschreibstoff verbreitet und perspektivische Darstellungstechniken erlaubten eine Wiedergabe eines Bauwerks oder einer Maschine. Dabei projizierten die Zeichner die Ansichten eines Geräts aus verschiedenen Blickwinkeln auf eine Bildebene – eine Darstellungsart, die auch aus der Antike und dem arabischen Raum bekannt war, den modernen Betrachter aber häufig eher verwirrt.[24]

Probleme bereiten dem modernen Historiker auch die mittelalterlichen Begrifflichkeiten im Zusammenhang mit Technik, in denen sich die Tatsache widerspiegelt, dass es lange keine theoretische Reflexion und schriftliche Fixierung gegeben hat. Seit dem 19. Jh. bezeichnet der Begriff „Technik" sowohl die Gerätschaften an sich wie auch das Wissen um deren Konstruktion und Bedienweise. Im Mittelalter bezeichnete *techne* dagegen nur die theoretische Reflexion und Anwendung (Kenntnisse und Fertigkeiten), aber nicht die Objekte an sich. Diese Vorstellung findet ihre Entsprechung in den *septem artes liberales* („sieben freie Künste"), den Grundwissenschaften des mittelalterlichen Gelehrtendaseins, denen erst im 12. Jh. die *artes mechanicae* („praktische Künste")[25] gegenübergestellt wurden, hier nach der Fassung letzterer von Hugo von St. Viktor (um 1097–1141):

Artes liberales ("freie Künste")	Artes mechanicae ("praktische Künste")
Trivium ("sprechende Künste") – Grammatik (Sprachlehre) – Dialektik (Beweislehre) – Rhetorik (Stillehre)	– lanificum (Textilhandwerk) – armatura (Waffen- und Bauhandwerk) – navigatio (Schiffbau) – agricultura (Landwirtschaft)
Quadrivium ("rechnende Künste") – Arithmetik (Zahlentheorie) – Geometrie (Raumlehre) – Astronomie (Lehre von den Himmelskörpern und Sphären) – Musik (Musiktheorie)	– venatio (Jagd und Lebensmittelgewerbe) – medicina (Heilkunst) – theatrica (höfisches Schauspiel)

Gelegentlich wurde der Technikbegriff auch gebraucht, um Handwerker von den Gelehrten abzugrenzen. Bemerkenswert ist jedoch, dass sich unter diesen Bedingungen die Vorstellung des Handwerks als „Kunst" (*ars*) durchsetzte (▶ Abb. 8.2).[26]

Problematisch sind freie Übersetzungen vermeintlich klarer lateinischer Begriffe: *Machina* bezeichnete im Mittelalter eine besonders stabile und immobile Konstruktion wie ein Belagerungsgerät oder auch ein herausragendes Kunstwerk. Die Vorstellung eines beweglichen Geräts im Zusammenhang mit einer Maschine wäre also aus mittelalterlicher Perspektive irreführend.[27] Die moderne „Erfindung" stand auch nicht im Mittelpunkt des lateinischen Begriffs *inventio*, der neben „erfinden" vor allem „auffinden" oder „entdecken" bedeuten konnte. Allgemeiner Natur waren die Wörter *instrumentum* (Werkzeug) und *artificium* (Gerätschaft), die auch „Baustoff" und „Kunstwerk" bedeuten konnten. Lange Zeit bezeichnete der *magister* („Meister") denjenigen, der sein Handwerk gut verstand. Dazu gesellte sich der Terminus *artifex* („Künstler"). Kunst und Handwerk wurden im Mittelalter aber noch nicht getrennt verstanden.

Abb. 8.2: Seit dem Hochmittelalter tauchen auf Werken vermehrt Namen mit dem Zusatz *me fecit* („hat mich gemacht") auf – ein Zeichen für ein gesteigertes Selbstbewusstsein der Handwerker, die zunehmend auch als Künstler verstanden wurden. Das sogenannte Imervard-Kreuz (Mitte 12. Jh.) aus dem Braunschweiger Dom gibt auf dem Gürtel des gekreuzigten Christus IMERVARD ME FECIT („Imervard hat mich gemacht") an.

Seit dem 11. Jh. verbreiteten sich dann Personenbezeichnungen wie *ingeniator* oder *engigneor* von lat. *ingenium* („Verstand" oder „Begabung"). Sie bezeichneten zunächst einen mit dem Bau und der Bedienung von Kriegsmaschinen vertrauten Handwerker, bevor sie im Spätmittelalter auf den Erfinder und Anwender von Technik(en) übergingen. Erst in der Neuzeit bildete sich ein definiertes technisches Begriffsinventar heraus und Historiker wenden den Terminus Ingenieur erst auf die herausragenden Handwerker der Renaissance an.[28]

8.3 Technische Innovationen – Ein Überblick

Um die Entwicklung technischer Innovationen im Mittelalter besser nachvollziehen zu können, erfolgt an dieser Stelle ein Blick auf einige ausgewählte Beispiele:

Zur Energiegewinnung standen den mittelalterlichen Menschen neben der eigenen Muskelkraft und derjenigen von Tieren natürliche Energiequellen wie Wasser, Wind und Hitze zur Verfügung, die durch die Anwendung von Technik genutzt werden konnten. Mühlen konnten mit Muskelkraft (Handmühlen), Eseln (Tiermühle) oder Wasser (hydraulische Kraft) und Wind (äolische Kraft) betrieben werden. Im Verlauf des Mittelalters entstanden immer spezialisierte Mühlenkonstruktionen: Walkmühlen für die Textilindustrie, Schleif- und Poliermühlen für das Metallhandwerk oder Lohmühlen zum Zerstampfen der Baumrinden in der Gerberei.[29]

Die Technik der Wassermühle hatte sich aus der Antike bis ins Mittelalter erhalten, wobei zwei Komplexitätsstufen zu unterscheiden sind. Bei der horizontalen Mühle trieb der Wasserstrahl paddelartige Flügel eines Rades an, das sich um eine senkrechte Welle drehte. Die Übersetzung erfolgte direkt von der Welle auf das anzutreibende System (Mühlstein). Komplizierter war die senkrechte Mühle, bei der mithilfe eines Getriebes aus Zahn- oder Kammrädern eine senkrechte in eine horizontale Bewegung übersetzt werden musste. Die Wasserräder konnten oberschlächtig oder unterschlächtig angetrieben werden, indem das Wasser von oben oder unten über das Rad geleitet wurde.

Seit dem Ende des 12. Jh.s wurden in Westeuropa die ersten Windmühlen eingesetzt. Die Erfindung der Nockenwelle erlaubte die Übersetzung in eine Auf-und-Abwärtsbewegung. Die größte Schwierigkeit bestand in der kontinuierlichen Nutzung des Windes, der stetig seine Richtung änderte. Deshalb wurde das Windrad frei drehend auf einem Mittelpfosten angeordnet und konnte so in den Wind gedreht werden (Bockwindmühle) (▶ Abb. 8.3). Der erste Nachweis einer Windmühle auf deutschem Boden findet sich 1222 in Köln.[30]

Aus Mangel an alternativen Energiequellen zur Wärmeerzeugung war der Mensch des Mittelalters noch stärker von Holz abhängig als der moderne Mensch von Erdöl oder Erdgas (▶ Kap. 2.4). Holzkohle wurde von Salinen, Glashütten, Eisenhütten, Schmieden oder bei der Keramikherstellung verbraucht. Im Umland der Städte ging der Wald immer mehr zurück, so dass Städte einerseits versuchten, Wälder in ihre Gewalt zu bringen und andererseits Bestimmungen zum Schutz der Wälder erlassen wurden.

8.3 Technische Innovationen – Ein Überblick

Abb. 8.3: Die Bockwindmühle auf dem Gelände des Freilichtmuseums Mühlenhof in Münster wurde zwar erst 1748 errichtet, veranschaulicht aber sehr gut die Funktion des Gebäudes, bei dem der gesamte Korpus um einen in die Erde gerammten Bock drehbar war. Dagegen besaß die Turmwindmühle nur eine drehbare Haube.

Salz als Nahrungs-, Würz- und Konservierungsmittel wurde als Steinsalz, Meersalz und als Sole gewonnen. Die salzhaltige Sole wurde mit Schöpfrädern gefördert und über Kanäle zu den Sudpfannen geleitet (▶ Kap. 5.2.4). Auch der Abbau und die Verarbeitung von Edelmetallen verlangten den Einsatz verschiedenster Techniken und Maschinen. Neben eingesammeltem Oberflächeneisenerz wurde das Metall sowohl im Tagebau als auch später im Bergbau gewonnen.[31] Insbesondere der Abbau von Edelmetallen brachte montantechnische Fortschritte, da diese nur unter Tage gefördert werden konnten.[32] Dafür mussten neben einfachen Werkzeugen (Hammer, Eisen, Hacken und Schaufeln) auch Stollen und Schächte verzimmert, Transportmittel (Karren und Seilzüge) gebaut und

Wasserableitungen geschaffen werden. Nach einem Aufschwung des Bergbaus im 13. Jh. und der Krise des 14. Jh.s, führten rechtliche und finanzielle Maßnahmen der Landesherren sowie technische Innovationen in der Fördertechnik zu einer Neubelebung des Bergbaus.[33]

Angriffs-, Fern- und Verteidigungswaffen bestanden im Wesentlichen aus Metall und Holz und wurden stetig weiterentwickelt.[34] Außer Zweifel steht, dass die Einführung des Steigbügels, die Züchtung größerer Pferderassen und die Entwicklung stabilerer Sättel den Kampf des Reiterkriegers (Ritters) beeinflusst und verändert haben.[35] Inwieweit der Steigbügel im 8. Jh. aber tatsächlich „kriegsentscheidend" war, wird heute seitens der Technikgeschichte kritisch hinterfragt. Neben der reinen Militärtechnik waren auch strategische Überlegungen und gesellschaftliche Entwicklungen für den Kriegserfolg von Bedeutung. Eine Parallele findet die skizzierte „Aufrüstung im Kleinen" auch in der Weiterentwicklung von Belagerungsgerät und Festungsbau: Der Stand der Belagerungstechnik bestimmte die Gestaltung der Burgen. Für die Eroberung befestigter Plätze kamen Techniken zum Einsatz, die weitestgehend bereits seit der Antike bekannt waren: Rammböcke, Steinschleudern oder Belagerungstürme.

Das Handwerk gilt zu Recht als Dreh- und Angelpunkt der mittelalterlichen Technik. Vor allem das Kunsthandwerk sah sich einem enormen Innovationsdruck ausgesetzt, wollte es den sich ständig wandelnden ästhetischen Geschmack einer anspruchsvollen Kundschaft erfüllen. Neuen Formen und Funktionen standen die Entwicklung technischer Problemlösungen und die Erfindung passender Werkzeuge gegenüber. Auch Techniken, die eine einfachere, präzisere oder schnellere Bearbeitung von Werkstoffen ermöglichten, waren durchaus gefragt und auch die Zünfte förderten die Verbreitung solcher Innovationen, wenn sie der Gesamtheit ihrer Meister zugutekamen. Letztlich diente auch die Gesellenwanderung dazu, dem Nachwuchs einen Einblick in andere Techniken zu ermöglichen und diese am Ende der Wanderjahre dem heimischen Handwerk zuzuführen (Techniktransfer).

8.4 Verkehr, Transport und Infrastruktur

Im Mittelalter wurde ein Großteil der zu bewegenden Güter über relativ kurze Entfernungen auf dem Landweg transportiert.[36] Landwirtschaftliche Produkte wie Getreide, Obst und Gemüse kamen zumeist aus dem Umland in die Städte. Die Entfernung des einzelnen Bauern zum nächstgelegenen Markt dürfte dabei selten 10–15 km überschritten haben. Eine derartige Strecke ließ sich zu Fuß oder mit einem Lasttier an einem Tag bewältigen. Der Bedarf an handwerklichen Produkten des Alltags wurde zumeist von lokalen Werkstätten abgedeckt, so dass auch hier für die Versorgung einer städtischen Bevölkerung nur geringe Transportkosten zu kalkulieren waren.

Der Transport von Gütern konnte mit einem Lasttier oder einem Wagen erfolgen, wobei das Lasttier im Vorteil war: Ein Wagen musste erst gebaut oder gekauft und anschließend instandgehalten werden. Ein Lasttier benötigte zwar Nahrung, war aber für den Transport nicht auf befestigte Straßen angewiesen. Es konnte sich auch auf kleinen Pfaden bewegen, ein flaches Gewässer durchqueren oder größere Steigungen überwinden. Ein Esel, im Mittelalter zumeist das Hauptlasttier im ländlichen Raum, konnte etwa 90 kg tragen und 25 km am Tag zurücklegen. Ein Pferd schaffte zwar bis zu 150 kg Traglast und 30 km am Tag, war aber anspruchsvoller in der Haltung, Fütterung und Ausbildung. Blieb noch das Rind, für das man etwa 100 kg Traglast veranschlagen kann, das aber wesentlich langsamer unterwegs war.

So ist es nicht verwunderlich, dass man für den Transport größerer Mengen an Gütern mit höherem Gewicht wie Getreide oder Metalle vorzugsweise größere Karawanen von Lasttieren einsetzte. Erst mit einem erhöhten Verkehrsaufkommen im Zuge des wirtschaftlichen Aufschwungs im Hochmittelalter wurden Wagen und Karren auch technisch weiterentwickelt.[37] Der Landtransport und damit der Verkehr blieben in den meisten Regionen zwischen Antike und Früher Neuzeit weitestgehend unverändert. Lediglich die Ausgestaltung der Infrastruktur (Brücken und Straßen) veränderte sich deutlich.[38] So war eine der großen Errungenschaften der römischen Zivilisation der ausgeklügelte Straßenbau gewesen: Erstmals gab es im Norden Europas gepflasterte Straßen, die im

Regelfall nur geringe Steigungen aufwiesen. Kurvenreiche Strecken wurden möglichst vermieden und im Gegensatz zu Naturstraßen konnten sie ganzjährig befahren werden. Auch steinerne Brücken waren eine wesentliche Erleichterung für Transport und Verkehr in der Antike – einige haben die Jahrhunderte überdauert und lassen sich noch heute fast im Originalzustand in Italien, Spanien und Frankreich bewundern (▶ Abb. 8.4).

Abb. 8.4: Die Puente Romano (Römerbrücke) im spanischen Mérida ist die längste aus der Antike erhaltene Brücke. Auf einer Länge von 755 m überspannte sie mit 62 Bögen den Fluss Guadiana.

Im Gegensatz zur Antike waren die Transportmöglichkeiten des Mittelalters gering entwickelt. Eine Beschreibung der Infrastruktur und des Transportwesens zwischen dem 6. und 15. Jh. beschwört schnell Bilder von „typisch mittelalterlichen Zuständen" herauf: Schlammige Straßen, in denen Tiere und Fuhrwerke einsinken, eine Schifffahrt, die sich nicht aufs offene Meer wagte, eine weitgehend unerschlossene Natur, durch die nur Trampelpfade führten, sowie im Winter unpassierbare Gebirgspässe. Anstatt aber die Transport- und Verkehrsverhältnisse des Mittelalters an denen von Antike und Moderne zu messen, ist es sinnvoller, nach den Bedürfnissen einer Epoche zu fragen, in der die Vorstellung

8.4 Verkehr, Transport und Infrastruktur

von Urlaubsreisen noch nicht existierte und kein Zentralstaat die Infrastruktur intakt hielt.

Das antik-römische Straßennetz wurde nach dem Untergang des Imperiums vielerorts nicht mehr ausgebessert und verfiel zunehmend. Mit der Verschiebung des demografischen und ökonomischen Gewichts von Süd- nach Nordeuropa wurden auch Gegenden erreicht, die zuvor nicht in das römische Reich eingebunden waren und in denen es keine bereits vorhandene, ausgebaute Infrastruktur gab. Ebenfalls ist zu berücksichtigen, dass es keine Zentralmacht mehr gab, die das Bedürfnis gehabt hätte, Nachrichten zu administrativen Zwecken schnell über weite Entfernungen zu übermitteln oder größere Mengen an Waren über weite Strecken zu transportieren. Die Römerstraßen entsprachen schlichtweg nicht mehr den ökonomischen Anforderungen einer auf lokale Märkte und regionale Handelsbeziehungen orientierten Wirtschaft. Lediglich die wichtigsten Fernhandelswege wurden weiterhin genutzt. Gepflasterte oder mit einer Schotterschicht bedeckte Straßen oder hölzerne Bohlenwege gab es allenfalls in den größeren Städten, aber nicht mehr auf allen überregionalen Verkehrswegen.

Auch die systematische Anlage von Brücken entlang wichtiger Verkehrstrassen blieb aus. Gewässer mussten über Furten oder mithilfe von Fähren überquert werden, was je nach Wasserstand und Jahreszeit ein gefährliches Unterfangen war (▶ Q 2.1). Deshalb entstanden an vielen verkehrsgünstigen Furten Siedlungen, die sich aufgrund ihres Standortvorteils und damit verbundener Handelsprivilegien später zu Städten weiterentwickelten. Erste steinerne Brücken entstanden im Mittelalter erstmals wieder in Regensburg (1135/1145), London (1176/1209), Avignon (1177/1185) und Paris (1186).[39] Auch Gebirge stellten oftmals Hindernisse dar und waren im Winter kaum passierbar, selbst wenn so mancher Alpenübergang in den Quellen geschildert wird.[40] Die benutzten Pfade waren steil und schmal, für Wagen ungeeignet und bei Schnee gefährlich (▶ Q 8.3).

Aus den geschilderten Gründen waren auch der Umfang und Radius des Wagenverkehrs im Mittelalter eingeschränkt: Fuhrwerke konnten sich nur reichere Bauern und Händler leisten. Das Einzugsgebiet eines Marktes war deshalb häufig durch die Möglichkeit einer Tagesreise begrenzt, was erklärt, dass sich mittelalterliche Städte und ihre Marktplätze häufig im Abstand von 20–30 km zueinander befanden. Dar-

Q 8.3: Alpenübergang im Winter (1076/1077)
„Nachdem er [König Heinrich IV.] so mit Mühe die Erlaubnis zur Durchreise erhalten hatte, erhob sich sofort eine neue Schwierigkeit. Der Winter war äußerst streng, und die sich ungeheuer weit hinziehenden und mit ihren Gipfeln fast bis in die Wolken ragenden Berge [Alpen], über die der Weg führte, starrten so von ungeheuren Schneemassen und Eis, dass beim Abstieg auf den glatten, steilen Hängen weder Reiter noch Fußgänger ohne Gefahr einen Schritt tun konnten. [...] Daher mietete er um Lohn einige ortskundige, mit den schroffen Alpengipfeln vertraute Eingeborene, die vor seinem Gefolge über das steile Gebirge und die Schneemassen hergehen und den Nachfolgenden auf jede mögliche Weise die Unebenheiten des Weges glätten sollten. [...] Da versuchten die Männer, alle Gefahren durch ihre Körperkraft zu überwinden: sie krochen bald auf Händen und Füßen vorwärts, bald stützten sie sich auf die Schultern ihrer Führer, manchmal auch, wenn ihr Fuß auf dem glatten Boden ausglitt, fielen sie hin und rutschten ein ganzes Stück hinunter, schließlich aber langten sie doch unter großer Lebensgefahr endlich in der Ebene an. Die Königin und die anderen Frauen ihres Gefolges setzte man auf Rinderhäute, und die dem Zug vorausgehenden Führer zogen sie darauf hinab. Die Pferde ließen sie teils mithilfe gewisser Vorrichtungen hinunter, teils schleiften sie sie mit zusammengebundenen Beinen hinab, von diesen aber krepierten viele beim Hinunterschleifen, viele wurden schwer verletzt, nur ganz wenige konnten heil und unverletzt der Gefahr entrinnen [...]."
Kommentar: In dramatischen Worten schildert der Chronist Lampert von Hersfeld den Alpenübergang des gebannten Heinrichs IV. (1056–1106) im Winter 1076/1077, der als „Gang nach Canossa" in die Geschichte eingegangen ist. Heinrich entschloss sich für die westliche Route über den Mont Cenis (2.084 m Höhe), da ihm die feindlich gesinnten Herzöge Rudolf von Schwaben (1057–1077), Welf I. von Bayern (1070–1077) und Berthold von Kärnten (1061–1072) alle nach Italien führenden Wege und Pässe versperrt hatten. Diese Klausen (von lat. *claudere* = „schließen") waren bereits in der römischen Antike an strategisch wichtigen Punkten befestigt worden, um die Alpenpässe zu sichern. Da er sich bis zum 15. Februar 1077 vom päpstlichen Bann Gregors VII. (1073–1085) lösen lassen musste, um nicht seine Herrschaft zu verlieren, wagte Heinrich dennoch den Übergang im Winter. Dafür „mietete" er Einheimische, die mit den Wegen vertraut waren. Empfindliche Verluste muss man bei den Pferden hinnehmen, die mithilfe von nicht näher beschriebenen Vorrichtungen (*per machinas*) über den vereisten Boden hinuntergelassen wurden. Gut erkennt man an dieser Passage auch das Unvermögen, den Pass mit Wagen zu überqueren. Dabei muss man bedenken, dass es Heinrich sicherlich aufgrund seines Status noch „gut" hatte: Einfache Pilger oder Kaufleute konnten sich keine einheimischen Führer leisten oder andere Hilfen in Anspruch nehmen.
Zitiert nach: Lampert von Hersfeld, Annalen (1076/1077), Übersetzung nach Nonn 2003, S. 66–71.

8.4 Verkehr, Transport und Infrastruktur

aus resultiert die während der Städtegründungswelle der Stauferzeit sprunghaft steigende Zahl der rechtlich privilegierten Siedlungen, die nur selten eine Bevölkerung von mehr als 1.000 Menschen beherbergten. Es handelte sich um Umschlagplätze für die regionale agrarische Überschussproduktion und Waren des Handwerks mit einer gewissen Anziehungskraft für durchreisende Fernhändler und der Möglichkeit, durch Zölle und Abgaben Einnahmen für den jeweiligen Stadtherrn zu generieren.

Zur Personenbeförderung wurden Wagen kaum eingesetzt. Zwar reiste man gelegentlich auf Karren und Fuhrwerken ein Stück des Weges mit, besondere „Reisewagen" wie in der Antike gab es aber nur selten. Zum einen waren die Straßenverhältnisse zu schlecht und zum anderen war der Gebrauch eines Wagens aus mentalitätshistorischen Gründen adeligen Frauen, geistlichen Würdenträgern und Kranken vorbehalten. Für den Adel galt das Reiten als standesgemäß und der einfache Mann reiste eben „auf Schusters Rappen". Die Beschaffenheit der Wege beeinflusste den Wagenbau ebenso wie die Eigenschaften der Zugtiere: Während ein Ochsengespann aufgrund seiner Geschwindigkeit von einem Mann, der neben dem Wagen zu Fuß hergeht, begleitet werden kann, benötigt ein Pferdewagen einen Kutschbock.

Dennoch war die Gesellschaft im Mittelalter äußerst mobil: Kaiser und Könige, Mönche und Pilger, Handwerker und Kaufleute, Studenten und Boten, Spielleute und Vagabunden waren ständig auf den einfachen Verkehrswegen unterwegs. Der Begriff „reisen" bezeichnete noch kein Urlaubsvergnügen, sondern die geografische Mobilität von Söldnern, die sich auf der Suche nach einem Auskommen von Kriegsschauplatz zu Kriegsschauplatz bewegten (vgl. den Ausdruck „Reisige"). Umfangreichere Reiseberichte wie diejenigen von Jean de Mandeville (1357/1371), Johannes de Plano Carpini (1245/1247) oder Marco Polo (1271/1295) entstanden erst im Spätmittelalter und über ihren jeweiligen Wahrheitsgehalt sind zahlreiche Forschungsdebatten entbrannt (▶ Q 8.4).

Insgesamt sollte im Mittelalter stets mit längeren Reisezeiten kalkuliert werden: Für den Weg von Köln nach Utrecht (etwa 200 km) benötigte ein Wagengespann etwa fünf Tage, von Augsburg nach Mailand (ca. 500 km) zwölf Tage und von Nürnberg nach Venedig (ca. 650 km) 14 Tage. Für eine Pilgerfahrt von Dänemark nach Jerusalem kalkulierte man im Hochmittelalter etwa ein Jahr Reisezeit zu Fuß und mit dem Schiff.

Q 8.4: Reisebericht über Südchina (1313/1330)
„Davon ist zu wissen, dass, als ich durch den Ozean nach Osten viele Tagesreisen segelte, ich zu jenem edlen Land Südchina kam. Dieses Land nennen wir oberes Indien. Über dieses Indien habe ich Christen Sarazenen und alle Beamten des Großkhans befragt, die alle einstimmig sprachen und sagten, dass dieses Land Südchina gut zweitausend großer Städte hat, welche Städte in solchem Maße groß sind, dass weder Treviso noch Vicenza zu deren Zahl gerechnet werden könnten. Daher ist eine so große Menschenmenge in jener Gegend, dass sie bei uns gleichsam etwas Unglaubliches wäre. In ihr gibt es eine sehr große Menge an Brot, Wein, Fleischarten, Fischen, Reis und allen Lebensmitteln, die Menschen in der Welt brauchen. Alle Männer dieses Landes sind Handwerker und Kaufleute: diejenigen, die in Armut verfallen, wenn sie nur sich mit ihren Händen helfen können, würden niemals Not leiden. Diese Männer sind an Körper sehr schön, jedoch blass; sie haben einen so schütteren und langen Bart wie die Mäusejäger, das sind die Katzen. Die Frauen aber sind die schönsten auf der Welt [...]"

Kommentar: Der Franziskaner Odorico de Pordernone wurde zwischen 1265 und 1286 in Böhmen geboren. Bekannt geworden ist er vor allem wegen seines Berichts einer wenigstens zwölfjährigen Reise nach China. Der Text ist nur in einer einzigen Fassung überliefert, die er wenige Monate vor seinem Tod einem Franziskanermönch in Padua diktierte. Er trägt eher Züge einer mündlichen Überlieferung. Odorico ging als Missionar auf Reisen und gelangte über die Türkei, Indien und Borneo bis nach Peking. Der Auszug enthält seinen Bericht über Südchina. Auffällig ist das große Interesse an Städten und deren Einwohnerzahlen, die Odorico mit dem ihm bekannten Italien vergleicht. Treviso und Viacenza kannte er sicherlich aus seiner Zeit bei den Franziskanern in Udine (Friaul). So verwundert es nicht, dass er die im urbanen Kontext bedeutsamen Handwerker und Händler hervorhebt sowie die Versorgung mit Lebensmitteln (Brot, Wein, Fleisch, Fisch und Reis). In dieser Interessenkonzentration ähnelt der Bericht demjenigen des viel bekannteren Marco Polo. Hinzu kommt bei Odorico noch der christlich-theologische Faktor, der sich in seinen ausführlichen Erzählungen von Götzendiensten, Witwenverbrennungen und Kannibalismus niederschlägt.

Zitiert nach: Odorico de Pordenone. Reise nach China (ca. 1318/1330), Übersetzung nach Theuerkauf 1997, S. 203.

8.4 Verkehr, Transport und Infrastruktur

Reisegeschwindigkeiten des Mittelalters in der Übersicht:[41]

Zu Fuß	3,6 km/h	20–40 km/Tag
mit Gefolge und Gepäck (Kaufleute)		30–45 km/Tag
Lasttiere/Packwagen	3,6 km/h	30–50 km/Tag
Reiter bei Tourenritt	6,4 km/h	30–50 km/Tag
Eilboten mit Pferdewechsel	12 km/h	50–80 km/Tag
Segelschiffe	11–13 km/h	200 km/Tag

Ebenso wie die Straßenverhältnisse und die Geschwindigkeiten einzelner Transportmittel setzte auch die Verfügbarkeit von Reit-, Zug- oder Lasttieren dem Transport enge Grenzen. Aufgrund der geringen Ernteerträge bedeutete die Fütterung von Tieren eine zusätzliche Belastung der agrarischen Leistungsfähigkeit. Der Anbau von Hafer für Pferde konkurrierte mit dem Anbau von Getreide zur Ernährung der Menschen. Zwar war ein Pferd schneller und leistungsfähiger, was das Tragen von Lasten oder das Ziehen von Wagen anging, aber dafür benötigte es auch eine gründlichere Ausbildung als ein Ochse, der auch von einem Bauern geführt werden konnte.

Der Transport auf dem Wasser stellte die schnellste und wirtschaftlichste Möglichkeit dar, größere Mengen und schwerere Güter zu befördern. Allerdings war auch dieser von zahlreichen saisonalen Faktoren wie Frost, Trockenheit oder Hochwasser abhängig und dementsprechend eingeschränkt. Flussabwärts ging es weitaus schneller und damit kostengünstiger als flussaufwärts. Wasserstraßen folgten nicht unbedingt den wichtigsten Handelsrouten, weshalb die Kombination von Wasser- und Landtransport notwendig war. Auch waren nicht alle Flüsse komplett schiffbar: Der Rhein flussabwärts erst ab Schaffhausen (900 von 1.320 km) und die Donau ab Ulm (2.600 von 2.860 km).[42]

In der Binnenschifffahrt wurden zumeist kleinere Boote eingesetzt, mit denen man Hindernisse umschiffen konnte und die von Menschen oder Tieren bei starker Strömung gezogen (getreidelt) werden konnten.[43] Auch im Mittelalter wurden Bäche aufgestaut, Stromschnellen beseitigt, Deiche gebaut oder Kanäle angelegt.[44] So ließ Karl der Große um 800 einen Kanal zwischen der bayerischen Altmühl und dem schwäbischen Rezat anlegen (*fossa carolina*), um eine Verbindung zwischen Main und Donau zu schaffen, deren Reste noch heute in der Landschaft zu erkennen sind.[45]

Die Seeschifffahrt des europäischen Mittelalters war im Wesentlichen eine Küstenschifffahrt. Dennoch wurden von der Handelsschifffahrt weite Strecken zurückgelegt.[46] Im Frühmittelalter waren es vor allem die Wikinger, die mit ihren effizienten Schiffstypen (Langbooten) die maritimen Maßstäbe setzten. Diese Boote, die sowohl für den Einsatz auf dem Meer wie auf Flüssen geeignet waren und gerudert wie gesegelt werden konnten, dominierten im 9./10. Jh. den Handel vom Baltikum bis nach Irland. Man hat errechnet, dass die Ladekapazität eines Wikinger-Schiffes nur bei etwa 20 Tonnen lag, was aber immerhin der Warenmenge von bis zu 80 Fuhrwerken entsprach.[47] Wenn man den Teppich von Bayeux betrachtet, so sieht man die Ähnlichkeit der normannischen Boote mit den Drachenbooten der Wikinger und die Möglichkeiten, Menschen, Waren und Tiere damit zu transportieren. Pferde wurden im Übrigen häufig mit einem Bauchgurt fast hängend im Schiffsrumpf transportiert und konnten nach längeren Fahrten nur noch mit Mühe von Bord gebracht werden.

Für die kontinentale Seefahrt wurde seit dem Hochmittelalter der Schiffstyp der Kogge prägend, die für die Küstenschifffahrt konzipiert worden war. Der flache Boden und die steilen Seitenwände ermöglichten ein Beladen und Entladen auch in Ufernähe (▶ Abb. 8.5).[48] Der Schiffskörper bestand aus dachziegelartig übereinandergelegten Brettern (Klinkerbau) und das Steuerruder wanderte im Gegensatz zu den Wikingerbooten von der rechten Seite des Schiffes (Seitenruder, daher Steuerbord) zum Heck (Stevenruder). Die Ladekapazität einer Kogge steigerte sich von 50 Tonnen im 12. Jh. auf mehr als 200 Tonnen am Ende des 14. Jh.s. Die Aufrüstung von einem auf drei Segel brachte eine bessere Beweglichkeit und Manövrierfähigkeit des Schiffskörpers. Hier zeigen sich die Vorteile des maritimen Segelschiffs gegenüber der mediterranen Galeere: Im 14. Jh. transportierte die Kogge 200 Tonnen und benötigte 20 Mann Besatzung, wohingegen die größten Galeeren nur 50 Tonnen Ladung trugen, aber bis zu 150 Mann Besatzung (im Wesentlichen Ruderer) benötigten.[49] Zugleich beförderte die Weiterentwicklung der Kogge die Planung und den Bau befestigter Hafenanlagen mit zusätzlichen Maschinen, wie durch Treträder betriebene Hafenkräne, die in abgewandelter Form auch als Lastkräne bei Kathedralbauten Verwendung fanden.[50]

8.4 Verkehr, Transport und Infrastruktur

Abb. 8.5: Vor dem Fund dieser Kogge 1962 in der Weser gab es nur bildliche Zeugnisse von Frachtschiffen aus der Hansezeit. Das besterhaltene Wrack eines Handelsschiffs des Mittelalters (um 1380) ist heute im Deutschen Schifffahrtsmuseum Bremen zu sehen.

Während der Fernhandel vom 9.–14. Jh. vorwiegend auf dem Landweg abgewickelt worden war, ermöglichte die Rückeroberung Gibraltars durch die spanischen Heere (Algeciras 1344) wieder die ungestörte Durchfahrt vom Mittelmeer in den Atlantik und damit den Warenaustausch mit den Küsten bis hinauf zu den Britischen Inseln. Die Schiffsbautechnik aus dem Mittelmeer begann sich mit denen Nordeuropas zu vermischen und führten zur Entwicklung von Schiffstypen wie der Karavelle und Karacke, welche die Entdeckung der Neuen Welt erst möglich machen sollten.

Was die Handelswege und die Wirtschaft des Mittelalters betrifft, wird deutlich, wie vielfältig die Abhängigkeiten des Einzelnen von Natur, Klima, Technik und dem Vorhandensein geeigneter Transportmittel und einer adäquaten Infrastruktur waren. Seit dem Hochmittelalter entstanden erstmals wieder Organisationsstrukturen, die das Transportieren von Gütern und Reisenden auf ihrem Weg erleichtern sollten: Gasthäuser, Pferdewechselstationen und Transportunternehmer ermöglichten den wirtschaftlichen Aufschwung des Mittelalters ebenso wie eine Verbesserung der Transportmittel.

9 Wirtschaftsethik, Wirtschaftstheorie und Wirtschaftspolitik

Die Wirtschaftstheorie entwickelte sich im Mittelalter auf der Grundlage von antiken Erfahrungen und Vordenkern. Aristoteles (384–322 v. Chr.) sah den *oikos* („das Haus") – also die häusliche Wirtschaftsgemeinschaft basierend auf autarker Landwirtschaft und nachbarschaftlichen Austauschbeziehungen – als Grundlage der *polis* („des Staates") und diese Vorstellung beeinflusste das Wirtschaftsdenken noch bis zum Spätmittelalter.[1] Auch wenn das Mittelalter gesellschaftlich und herrschaftspolitisch anders strukturiert war als die Antike, so bildete doch auch in der feudalen Grundherrschaft die *familia* („die Hausgemeinschaft") als Lebens- und Arbeitsgemeinschaft die kleinste, auf weitgehende Selbstversorgung ausgerichtete Wirtschaftseinheit.[2]

An der Wende von der Antike zum Mittelalter fand eine bedeutsame Neubewertung der Arbeit statt.[3] In der griechisch-römischen Antike wurde die Handarbeit von der herrschenden Elite überwiegend negativ beurteilt. Die Übernahme eines öffentlichen Amtes und ein gewisses Engagement im Handel waren jedoch für einen Angehörigen der Senatoren- oder städtischen Kurialenschicht als Ergänzung seiner Erträge aus dem Landbesitz durchaus gesellschaftlich akzeptiert. Daneben entwickelte sich ein eigenes Klassenbewusstsein derjenigen, die durch eine Tätigkeit im Handel oder Handwerk zu Reichtum gelangt waren und die städtische Mittelschicht bildeten. Allgemein galt jedoch vor allem das „frei sein von Arbeit" als erklärtes Ziel der geistigen und politischen Eliten.[4] Dem positiven Ansehen der (ehrlichen) Landarbeit stand zudem im antiken Wirtschaftsdenken die negative Beurteilung des (unehrlichen) Händlers gegenüber, weshalb Angehörige der senatorischen Oberschicht ihre merkantilen Aktivitäten oft zu verschleiern versuchten. „Nichts ist besser als die Landwirtschaft, nichts ergiebiger, nichts angenehmer, nichts eines freien Mannes würdiger", urteilte Cicero (106–43 v. Chr.) (De Officiis I, 44), hob aber den Nutzen des Händlers hervor, da er Versorgungslücken schließe und Luxusgüter aus der Ferne besorgte. Beide Begründungen sollten noch bis ins Spätmittelalter für die Legitimation merkantiler Aktivitäten herangezogen werden.

In dieser gesellschaftlichen Stimmung traf die antike Wirtschaftsethik auf die (früh-)christlich-kirchlichen Vorstellungen, die dem Reichtum eher kritisch gegenüberstanden.[5] „Leichter geht ein Kamel durch ein Nadelöhr, als dass ein Reicher in das Reich Gottes gelangt" (Mt 19, 24) hatte Christus gelehrt. Die dreifache Wiederholung dieser Aussage in den Evangelien des Matthäus, Markus (10, 23–25) und Lukas (18, 24–25) verstärkte die Sorge um das Seelenheil in Verbindung mit der Anhäufung von materiellen Reichtümern. Das Christentum hatte sich zwar im urban-merkantilen Umfeld des östlichen Mittelmeerraumes verbreitet, aber lange Zeit unter den Eliten des römischen Reiches keinen Anklang gefunden. Es waren stattdessen vor allem Menschen aus den Unterschichten (Sklaven und Arme) gewesen, aus denen sich die frühen Kirchengemeinden bildeten und denen eine gewisse Skepsis dem Reichtum gegenüber eigen war.[6]

Die Tatsache, dass die Protagonisten des neutestamentlichen Christentums – die Jünger und Apostel – selbst Handwerker oder Fischer gewesen waren, führte zu einer positiven Neubewertung der Handarbeit, die in bildlichen Darstellungen des Schöpfergottes (*creator mundi*) mit Zirkel und Waage gipfelten (▶ Abb. 9.1). Der Gott der Bibel war ein arbeitender Gott, der in sechs Tagen die Welt erschaffen hatte und danach ruhte. Den neuen geistlichen Eliten der Klöster war die Arbeit neben dem Gebet ein Grundprinzip des menschlichen Zusammenlebens. Mit der Klosterregel (*Regula Sancti Benedicti*) des Benedikt von Nursia (um 480–547) wurde die Ausgewogenheit von körperlicher Arbeit und spiritueller Ruhe dann in einen den Jahreszeiten angepassten Rhythmus gebracht.[7] Spätere Reformbewegungen von Zisterziensern, Franziskanern oder Dominikanern beriefen sich immer wieder auf die Armuts- und Arbeitsideale des frühen Christentums, auch wenn sie sich in der Praxis in höchst irdische und ökonomisch orientierte Transaktionen verstrickten. Schließlich waren vor allem die Klöster und ihre weitgespannten Netzwerke im frühen und hohen Mittelalter kontinental agierende Wirtschaftsunternehmen mit einem planenden Vorgehen und einem administrativen Unterbau.

9 Wirtschaftsethik, Wirtschaftstheorie und Wirtschaftspolitik   227

Abb. 9.1: Mit der Verbreitung des Christentums und insbesondere des benediktinischen Mönchtums ging eine Aufwertung des Arbeitsideals einher, die sich auch in den Darstellungen des Schöpfergottes (*creator mundi*) mit Zirkel manifestiert.

Das ökonomische Denken des Mittelalters war demnach im höchsten Maße moraltheologisch beeinflusst, eine säkulare Wirtschaftstheorie entstand ebenso wenig wie ein genereller Begriff von Wirtschaft.[8] Zwar versuchten mittelalterliche Wirtschaftstheoretiker vor allem ökonomische Betragensnormen aufzustellen, doch gingen sie dabei eher von moralisch-ethischen Bedenken aus. Es wurde weniger nach einer ökonomischen Erklärung für bestimmte Prozesse – wie die Auswirkungen von Angebot und Nachfrage auf eine Preisbildung – gesucht, sondern nach sozialen und moralischen Rechtfertigungen. Da das Angebot an lebensnotwendigen Nahrungsmitteln von zahlreichen natürlichen Faktoren abhing und die Wahrnehmung gesamtwirtschaftlicher Entwicklungen oftmals nur begrenzt möglich war, mag es erklärbar sein, dass vor allem das Problem der Preisbildung sehr früh Aufmerksamkeit fand: Hier ergaben sich konkrete Ansatzpunkte für alltägliche Schwierigkeiten und die Kaufleute rückten in den Fokus der Wahrnehmung.[9] Die Diskussion um einen „ehrenhaften Reichtum" (*honestum lucrum*) und den „gerechten Preis" (*pretium iustum*) beherrschte eine Vielzahl der Wirtschaftslehren und moralischen Gleichniserzählungen: So soll der heiliggesprochene Graf Geraldus von Aurillac (um 855–909), als er davon erfuhr, dass ein Kleidungsstück, das er an einem anderen Ort gekauft hatte, teurer war als ihm zum Kauf angeboten, zurückgereist sein, um dem Verkäufer die Differenz zwischen dem von ihm bezahlten Preis und dem tatsächlichen Wert zu erstatten.

Frühe Schriftlichkeit zu wirtschaftlichen Themenstellungen entstand vor allem im kirchlichen und rechtlichen Umfeld. Das bedeutet nicht, dass mittelalterliche Autoren und Philosophen wie Thomas von Aquin (um 1225–1275) oder Nikolaus von Oresme (vor 1330–1382) nicht theoretisch über wirtschaftliche Fragestellungen nachdachten, doch taten sie dies stets in der Auseinandersetzung mit den Lehren der Bibel und der Kirchenväter (Patristik)[10] sowie den antiken Schriftstellern. Die Bibel äußerte sich jedoch nur selten konkret zu wirtschaftlichen Fragestellungen und die Texte antiker Autoren unterlagen einem gewissen Überlieferungszufall. Da sich die Herausbildung der christlichen Kirche im urbanen Umfeld der Spätantike vollzog, sahen sich Kirchenväter wie Augustinus von Hippo (354–430) dazu aufgefordert, zur sozialen und ökonomischen Ausdifferenzierung ihrer Gemeinden Stellung zu beziehen. Hinzu kam, dass sich die Bischöfe vielerorts aus den Reihen der städtischen Herrschaftsträger rekrutiert hatten und die Kirche damit während des Übergangs von der Antike zum Mittelalter in ehemals staatliche und administrative Funktionen eintrat und eine Lenkungsfunktion übernehmen musste.

Grundlegend für die mittelalterliche Wirtschaftsethik war der Kommentar des Augustinus zu Lukas 16, 9, in dem der Besitz und Erwerb irdischer Reichtümer als geringwertiges Gut dargestellt wurden (Sermo 113): Während die Sorge um Geld und Reichtum den Geist für sich beansprucht, gestattet die körperliche Arbeit geistigen Freiraum. Selbstverständlich hat auch das Gleichnis von Kamel und Nadelöhr eine Reihe frühchristlicher Kommentare hervorgebracht, wobei Klemens von Alexandrien (um 150–215) einen wichtigen Auslegungsschritt vorgab (*Quis dives salvetur*): Eigentum und Reichtum seien nicht an sich moralisch zu verurteilen, vielmehr komme es auf die Art ihrer Verwendung an. Gott gibt Vermögen zum Nutzen der Menschen, woraus eine moralische Verpflichtung des Besitzenden für die Gemeinde erwächst.

Auch Augustinus differenzierte zwischen Handel und Händler, indem er in seinem Kommentar zu Psalm 70 erläuterte, dass es nicht der Handel an sich (die Dinge) sei, der sündige, sondern der Kaufmann (der Mensch), wenn er betrügerisch handelt. Damit stand Augustinus in einer langen Tradition antiker und patristischer Vordenker, die dem Händler (Person) einen Platz in der Gemeinschaft sicherte, den Markt (Institution) aber als Ort betrügerischer Handlungen brandmarkte. Im Zentrum standen also der Gewinn – ob ehrenvoll (*honestus*) oder betrügerisch (*turpis*), wie Papst Leo I. (440–461) formuliert hatte – und die damit in Verbindung stehenden Debatten um den „gerechten Preis". Da es das Grundprinzip des Handels ist, Waren an einem Ort preiswert einzukaufen, um sie an einem anderen Ort teurer zu verkaufen, bestand die Schwierigkeit darin, eine angemessene Preisspanne zu definieren. Ökonomisches Handeln und theologische Ethik sollten zum Inhalt zahlreicher scholastischer und kanonistischer Debatten werden. Insbesondere das Zurückhalten von Waren, um einen höheren Preis zu erzielen, wurde als verwerflich kritisiert. Freilich waren Zinsverbote in der agrarisch-rural orientierten Wirtschaftswelt des Frühmittelalters leichter durchzusetzen als in der merkantilistisch-urbanen Wirtschaftswelt des Spätmittelalters.[11]

Grundsätzlich war es die Definition von Wucher (*usura*), die den Kirchentheoretikern Probleme bereitete und diverse Wucherverbote und Wucherlehren hervorbrachte.[12] So betrachteten die karolingischen Kapitularien noch jede Transaktion als Wucher, bei der jemand mehr Geld oder Naturalien zurückforderte, als er an Wert selbst gegeben hatte. In der *Admonitio generalis* (789), auf der Synode von Frankfurt (794) oder im Kapitular von Diedenhofen (805) spielen Höchstpreise und das Verbot des Wuchers eine große Rolle. Sie sind als Ergebnisse einer karolingischen Wirtschaftspolitik zu werten, theologisch orientierte Wirtschaftslehren in eine herrschaftlich kontrollierte Wirtschaftspraxis umzusetzen.

> **Q 9.1: Preisfestsetzungen für Getreide und Brot**
> „2. Unser frömmster Herr König bestimmte mit Zustimmung der heiligen Versammlung, dass niemand, sei er Geistlicher oder Laie, das Getreide teurer verkaufe, als jüngst für den gesetzlichen Scheffel bestimmt wurde, weder zu Zeiten der Fülle, noch zu Zeiten der Not, und zwar für den Scheffel Hafer einen Denar, für den Scheffel Gerste zwei Denare, für den Scheffel Roggen drei Denare, für einen Scheffel Korn [= Weizen?] vier Denare. Wenn einer es als Brot verkaufen will, muss er für einen Denar zwölf Brote aus Korn zu je zwei Pfund abgeben, für solche aus Roggen fünfzehn, aus Gerste zwanzig, aus Hafer fünfundzwanzig von gleichem Gewicht. [...] Wer ein Lehen von uns hat, sorge eifrigst dafür, dass, soviel an ihm liegt mit der Gnade Gottes keiner der Unfreien, die zu diesem Benefizium gehören, Hungers sterbe; was über den notwendigen Bedarf seiner Familia hinausgeht, mag er nach den vorgeschriebenen Bestimmungen verkaufen."
>
> **Kommentar:** Der Synode von Frankfurt waren eine Reihe von Missernten vorausgegangen. In ihren Bestimmungen spiegelt sich die Sorge vor Hungersnöten, der man durch die Festsetzung von Höchstpreisen zu begegnen suchte. Interessant ist hierbei, dass für Rohstoffe (Getreide) ein Preis für eine bestimmte Gewichtseinheit genannt wird, wohingegen für das verarbeitete Produkt (Brot) die Menge der zu erwerbenden Güter festgelegt wird. Weder Geistliche noch Laien sollten die Not der Menschen ausnutzen und die Preise in die Höhe treiben oder Nahrungsmittel zurückhalten. Sehr deutlich erkennt man an dieser Stelle die Verbindung von christlichen Elementen der Fürsorge und Nächstenliebe mit wirtschaftspolitischen Maßnahmen. Aus geldgeschichtlicher Perspektive ist die offensichtlich hohe Kaufkraft des karolingischen Denars bemerkenswert.
>
> **Zitiert nach:** Kapitular der Synode von Frankfurt (794). Übersetzung nach Bühler 1923, S. 397–398.

Inwieweit in der Zeit vom 9. bis zum 12. Jh. bereits eine planende Wirtschaftspolitik Fuß gefasst hatte oder ob die jeweiligen Herrscher nur situationsbedingt reagierten, ist in der Forschung umstritten. Überhaupt ist die Definition von Wirtschaftspolitik im Mittelalter schwierig, da wir es noch nicht mit einem zentralisierten Staatsgebilde zu tun haben, son-

9 Wirtschaftsethik, Wirtschaftstheorie und Wirtschaftspolitik   231

dern mit einer Vielzahl von Herrschaftsträgern, die durch ihre Entscheidungen die ökonomischen Verhältnisse beeinflussten und lenkten.[13] Insofern war auch eine genaue Festlegung von Import- und Exportgrenzen nicht immer einfach: Lübeck lag innerhalb der Grenzen des Deutschen Reiches und unterstand als Reichsstadt dem König. Es besaß allerdings zahlreiche Handelsprivilegien an verschiedenen europäischen Standorten und sein aus Kaufleuten und Handwerkern zusammengesetzter Stadtrat traf weitestgehend autonome Entscheidungen, die auf persönliche Netzwerke und Handelspartner Rücksicht nahmen. Eine einheitliche Wirtschaftspolitik zu verfolgen, gestaltete also weitaus schwieriger als in den absolutistischen Staaten der Frühen Neuzeit.

Die umfangreichen Verleihungen von Markt-, Münz- und Zollprivilegien lassen sich jedoch ebenso wie das Anwerben von Neusiedlern im Zuge des Landesausbaus als Maßnahmen zur Wirtschaftsförderung bestimmter Regionen werten. Auch setzten sich die staufischen Herrscher in zahlreichen Verfassungsurkunden (*Constitutiones*) mit wirtschaftlichen Beschwerden und Fragestellungen auseinander und trafen dementsprechende Entscheidungen (▶ Q 9.2). Eine vorausplanende Wirtschaftspolitik konnte allerdings erst entstehen, als die Herrscher im Zuge einer zunehmenden Schriftlichkeit einen genaueren Überblick über Einnahmen und Ausgaben sowie den Besitz der Krone gewannen.

> **Q 9.2: Vertrag mit den geistlichen Fürsten (1220)**
> „Im Namen der heiligen und ungeteilten Dreifaltigkeit. Friedrich II., durch das Walten von Gottes Gnaden Römischer König und allzeit Mehrer des Reiches und König von Sizilien. [...]
> (2) Ferner werden Wir in Zukunft neue Zoll- und Münzstätten auf deren Gebieten und Rechtsbereichen ohne ihren Beirat oder gegen ihren Willen nicht einrichten, sondern die alten Zölle und Münzrechte, die deren Kirchen gewährt worden sind, werden Wir unverbrüchlich und rechtskräftig bewahren und schützen, Wir werden sie nicht antasten noch dulden, dass sie auf irgendwelche Weise von andern verletzt werden; wie ja die Münzen durch die Ähnlichkeit der Bilder immer wieder verwirrt werden und an Wert verlieren – was Wir gänzlich verbieten. [...]
> (10) Ferner verbieten Wir nach dem Vorbild Unseres Großvaters, des Kaisers Friedrich seligen Angedenkens, dass sich einer Unserer Amtleute in den Städten dieser Fürsten irgendwelche Rechtsbefugnis über die Zölle, Münzen oder anderen Ämter jeglicher Art anmaßt, es sei denn in den acht Tagen vor einem

dorthin öffentlich angesagten Hoftag von Uns, sowie in den acht Tagen nach seinem Ende. Auch sollen sie während dieser Tage sich nicht vermessen, irgendwie die Rechtsausübung der Fürsten und die Gewohnheiten der Stadt zu beeinträchtigen. So oft Wir aber ohne den Anlass eines öffentlichen Hoftages zu einer von ihren Städten kommen, sollen sie darin keinerlei Recht besitzen, sondern deren Fürst und Herr soll sich in ihr in seiner vollen Befugnis erfreuen."

Kommentar: Um die geistlichen Fürsten dazu zu bringen, der Wahl seines Sohnes Heinrich (VII.) zum römischen König zuzustimmen, musste Friedrich II. (1212–1250) ihnen weitgehende Zugeständnisse machen.[i] Dabei verzichtete er auch auf das Recht, in den geistlichen Territorien neue Münz- und Zollstätten ohne deren Zustimmung einzurichten. Im Wortlaut der Urkunde finden sich einige Besonderheiten, die eine veränderte Wahrnehmung des beiderseitigen wirtschaftlichen und rechtlichen Einflussbereiches belegen. Einerseits ist es bemerkenswert, dass die Geistlichkeit dem Herrscher erstmals in ihrer Gesamtheit entgegentrat und die angesprochenen Privilegien erwirkt. Andererseits beziehen sich die einzelnen Punkte nicht mehr auf eine bestimmte Person (Bischof) und einen bestimmten Ort (Stadt), wie dies noch in den ottonisch-salischen Verleihungsurkunden der Fall war, sondern auf eine Institution (Bistum) und deren Gebiet (Territorium). Dabei wird auch dem Umstand Rechnung getragen, dass der jeweilige geistliche Münzherr zwar an einem bestimmten Ort das Münzrecht ausübt (Prägestätte), diese Münzen aber in einem größeren Gebiet gültig sind (Währungsgebiet) und auch darüber hinaus akzeptiert werden können (Umlaufgebiet). Auch wird die gängige Praxis der Nachahmung von Münzsorten angesprochen, durch die die Einnahmen des jeweiligen Kirchenfürsten geschmälert werden. Der Hintergrund war, dass unter Staufererkönigen wie Friedrich II. als Maßnahmen einer königlichen Wirtschaftspolitik in unmittelbarer Nähe der geistlichen Territorien massiv Burgen, Marktplätze und Münzstätten errichtet wurden. Der Hinweis auf den königlichen Hoftag hängt mit dem Reisekönigtum und Königsdienst der Kirche zusammen. Noch im Sachsenspiegel heißt es: „In welche Stadt des Reiches der König kommt, da sind ihm Münze und Zoll ledig" (Landrecht III 60 § 2). Diese Zugriffsgewalt auf die bischöflichen Münzstätten und Zolleinnahmen werden hier auf acht Tage vor und nach einem (angekündigten) Hoftag beschränkt.
Zitiert nach: Confoederatio cum principibus ecclesiasticis (26.04.1220). Übersetzung nach Hartmann 1995, 391–395.

Vor eine besondere Herausforderung wurde die Kirche gestellt, als die „Kommerzielle Revolution" des Hochmittelalters einsetzte. Die Anweisung Papst Innozenz' III. (1198–1216) an den Bischof von Arras, er möge sich bei seinen Kirchenstrafen auf hauptberufliche Wucherer konzentrieren, da ansonsten die Gotteshäuser leer blieben, macht das Problem deutlich: Mit der Verbreitung der Geldwirtschaft und den zunehmenden Geldgeschäften sah sich plötzlich ein Großteil der Berufshändler der Gefahr ausgesetzt, unter das Wucherverbot zu fallen und demnach exkommuniziert zu werden.[14] Eine Lösung bot der Kommentar des Rufinus von Bologna (um 1130–1192), der verschiedene Arten der Preissteigerung und des Gewinns definierte: Wer aus Not etwas verkaufte oder durch eigene Arbeit und Kapitaleinsatz den Wert einer Ware steigerte, durfte einen höheren als den Kaufpreis verlangen. Damit wurden Gewinne legitimiert, wenn der Kaufmann lange Transportwege, einen hohen Kapitaleinsatz oder besondere Mühen auf sich nehmen musste.

Das durch die Scholastik beeinflusste Kirchenrecht rückte anstelle einer generellen ökonomischen Ungerechtigkeit der Preisfindung die tatsächlichen sozialen Erscheinungsformen der ökonomischen Praxis in den Mittelpunkt. Dies war notwendig, weil neue Wirtschaftspraktiken wie der Wechsel, das Kreditgeschäft oder die Versicherung entstanden waren, die sich nicht in die Lehren der Kirchenväter integrieren ließen. Außerdem waren auch Kirchenoberhäupter immer häufiger gezwungen, sich zur Finanzierung ihrer ehrgeizigen Bauvorhaben und ihrer höfischen Repräsentation Geld zu leihen. Letztlich kristallisierten sich vier Ausnahmen heraus, unter denen Kreditgeschäfte und Handelsgewinne erlaubt waren: Schadensausgleich, Gewinnausfall, Risikovergütung und Arbeitslohn. Für die davon betroffenen Geschäfte wurde der Begriff *interesse* anstelle von *usura* verwendet und es ging um den Ausgleich für einen erlittenen Schaden (*impendium*) oder aufgewandte Mühen (*labor*). Die daraus folgenden Wirtschaftslehren erklärten ökonomische Entwicklungen und Zustände nun aus sich heraus und bildeten Vorläufer einer wissenschaftlich argumentierenden Wirtschaftstheorie.[15]

Es ist sicherlich kein Zufall, dass mit wenigen Ausnahmen franziskanische und dominikanische Theologen die ökonomisch-moralischen Debatten des 13./14. Jh.s bestimmten: Als Anhänger zweier zur persönlichen wie institutionellen Armut verpflichteten Bettelorden (Mendikanten) waren sie durch ihre Predigttätigkeit in den Städten in besonderer Weise mit den negativen sozialen Auswirkungen der urbanen Marktwirtschaften vertraut.[16] Mit der *Summa aurea* des Pariser Theologen Wilhelm von Auxerre (um 1218–1231) hielt der Begriff der Gerechtigkeit (*iustitia*) Einzug in die theologischen Wirtschaftsdiskussionen.

Die Lehren des Wilhelm von Auxerre wiederum beeinflussten einen der größten Denker des Mittelalters in seiner Preislehre: Thomas von Aquin (1225–1274).[17] Bei ihm ging es um die Frage, wie eine Äquivalenz zwischen auszutauschenden und differenten Gütern hergestellt werden konnte. Bei direkt getauschten Gütern forderte er eine Gleichheit im Verhältnis zum jeweiligen Wert. Dieser Wert wiederum ergab sich aus dem Bedürfnis (*indigentia*) des Menschen nach einer Sache und deren Nutzen (*utilitas*). Geld fungierte hierbei als Medium der Quantifizierung dieses Bedürfnis- und Nutzenwertes. Hinzu kamen die Faktoren Kosten (*expensae*) und Arbeit (*labor*). Innerhalb dieser vier Koordinaten – subjektiv Bedürfnis-Nutzen und objektiv Kosten-Arbeit – bildete sich der gerechte Preis als Ausdruck der „austauschenden Gerechtigkeit" (*iustitia commutativa*), sofern die Austauschbeziehungen freiwillig zustande kamen.

Bereits in seiner staatstheoretischen Schrift *De regimine principum* („Von der Herrschaft der Fürsten") hatte sich Thomas von Aquin um 1265 für den Eingriff der Obrigkeit zur Regelung des Handels ausgesprochen und insbesondere fremde Kaufleute im Blick gehabt, die den wirtschaftlichen Frieden störten. In der um 1271/1272 entstandenen *Summa theologiae* („Hauptinhalt der Theologie") ging er in Quaestio 77 und 78 auf einzelne Sachverhalte wie den Betrug beim Kaufen und Verkaufen sowie dem Wucher bei Kreditgeschäften näher ein (▶ Q 9.3).

> Q 9.3: Ist es erlaubt, Waren teurer zu verkaufen, als sie eingekauft worden sind?
> „a. Das scheint nicht erlaubt, denn [...] I. Chrysostomus (sup. Matth. 21., hom. 38. op. imp.) sagt: ‚Wer auch immer etwas einkauft, damit er beim Verkaufe gewinne, während der betreffende Gegenstand unverändert ein und derselbe bleibt, der ist jener Käufer, welcher aus dem Tempel gewiesen wird.' [...] II. Gegen die Gerechtigkeit ist es, eine Sache unter dem Wert zu kaufen oder über den Wert hinaus zu verkaufen. Eines von beiden aber muss der Handelsmann im genannten Falle. Also sündigt er. [...] III. Auf der anderen Seite erklärt Augustin zu Ps. 70. (l. c.): ‚Ein geiziger Kaufmann, der voll Gier ist, um Geld zu gewinnen, lästert bei jedem Verlust, lügt und flucht, wenn er den Preis der Dinge angibt. Aber das sind Laster im betreffenden Menschen und nicht in der Kaufmannskunst, die man ohne Sünde ausüben kann.'
> b. Ich antworte; die Kaufleute geht es an, auf den wechselseitigen Austausch der Dinge Bedacht zu nehmen. Wie aber Aristoteles (1. Polit 5. und 6.) sagt, besteht eine doppelte Art Austausch: der eine ist der Natur entsprechend und

notwendig. Im Bereich desselben wird eine Sache gegen die andere ausgetauscht oder Sachen gegen Geld für die notwendigsten Lebensbedürfnisse. Solcher Austausch geht nicht sowohl die Kaufleute an wie die Staatsweisen und die Vorsteher des betreffenden Gemeinwesens, die dafür sorgen müssen, dass der Staat oder die Familie das Notwendige habe. Der andere Austausch erstreckt sich auf Sachen gegen andere Sachen oder gegen Geld um des Gewinnes halber, nicht wegen der Lebensnotdurft. Diese Art Austausch geht im eigentlichen Sinne die Kaufleute an. Die erste Art Austausch nun ist lobenswert; denn sie dient der natürlichen Notdurft. Die zweite wird getadelt, und zwar mit Recht, insoweit an und für sich betrachtet, nur der Gier nach Gewinn dient, welche ins Endlose geht und von einem Abschluss nichts wissen will. Demgemäß hat das Handelsgeschäft als solches nichts Tugendhaftes an sich, inwiefern es in seinem Wesen keinen der Tugend entsprechenden oder notwendigen Zweck einschließt. Obwohl nun aber der Gewinn selber in seinem Wesen nichts Tugendhaftes oder Notwendiges besagt, so schließt er doch auch an sich nichts Lasterhaftes oder die Tugend Hinderndes ein. Sonach steht dem nichts entgegen, dass man den Gewinn auf einen der Tugend entsprechenden oder notwendigen Zweck beziehen kann, wodurch der Handel etwas Erlaubtes wird [...]."

Kommentar: Im vierten Artikel der Frage 77 seiner *Summa theologiae* berührt Thomas von Aquin eine zentrale Frage des merkantilen Profits: Im Stil der Scholastik stellt er jeweils eine Frage, gibt danach die Lehre antiker Schriftsteller und der Kirchenväter wieder und beantwortet dann die Frage. Zur Lösung des Problems greift er hier auf die Lehre des Aristoteles von den zwei Formen des Handels zurück. Der eine dient der Befriedigung menschlicher Bedürfnisse und ist (selbst Klerikern) erlaubt. Hierbei ist wohl an den lokalen Markt zu denken, der dem Austausch von Agrar- und Gewerbeprodukten des täglichen Bedarfs dient. Die zweite Form betrifft den Austausch von Objekten und Geld, ausschließlich mit dem Ziel des kaufmännischen Gewinns, und ist nicht erlaubt. Hierbei ist an den berufsmäßigen Groß- und Fernhandel zu denken. Aber auch für die zweite Form des Handels kann erlaubt sein, wenn sie den Lebensunterhalt des Kaufmanns und seiner Familie deckt, Notleidende dadurch unterstützt werden, die Öffentlichkeit einen Nutzen hat oder sie den Lohn für geleistete Arbeit darstellt. Auch weist er auf die Risiken des Kaufmanns durch unsicheren Transport und schwankende Preise hin, die ausgeglichen werden müssten. Eine ähnliche Begründung findet sich im zweiten Artikel der Frage 77 zum Zinsnehmen bei Leihgeschäften: In diesem Fall entspricht der Gewinn aus dem Leihen von Geld dem Gewinn aus dem teureren Verkauf von Waren, da man die Risiken des ökonomischen Geschäfts mitträgt. Eine moderne Einsicht in die wirtschaftlichen Notwendigkeiten der großen Handelsmetropolen des Spätmittelalters.

Zitiert nach: Thomas von Aquin, Summa Theologiae, II-II, q. 77, a. 4. Übersetzung nach Schneider 1888, zitiert nach der Bibliothek der Kirchenväter.[i]

Erstaunlicherweise war es der auf dem Grundprinzip der Armut gegründete Franziskanerorden, der die Definition von Geld als ein seinen eigenen Wert steigerndes Subjekt lieferte. Der französische Franziskanertheologe Petrus Johannis Olivi (1247/1248–1296/1298) lehrte in seinem Traktat *De usuris*, dass in einem sicheren Geschäft angelegtes Geld eine Kraft zur Gewinnerzeugung hat, weshalb dem Eigentümer nicht nur der einfache Wert, sondern auch ein Mehrwert zu erstatten sei. Diese dem Geld innewohnende Kraft bezeichnete er als *capitale* und lieferte eine Definition des Begriffs „Kapital" sowie zur differenzierten Betrachtung von Handelsgeschäften. Etwa zeitgleich lieferte Ägidius von Lessines (um 1235–1304) mit seinem Werk *De usuris* eine ausführliche scholastische Ökonomik des Mittelalters. Durch seine Orientierung am Prinzip der Vertragsfreiheit unterwarf er die Bildung des gerechten Preises den Bedingungen des Marktes und nicht mehr persönlichen oder äußeren Umständen.

Seit dem Ende des 13. Jh.s setzte sich also anstelle der theologischen und moralischen Bewertung des Handels und des Geldes eine immer stärker sozial und rechtlich orientierte Auseinandersetzung durch. Dabei rückte die Betrachtung des Geldes in seiner materiellen Form in den Fokus: Bereits der Theologe und Philosoph Heinrich von Gent (vor 1240–1293) hatte sich für die Notwendigkeit einer öffentlichen Kontrolle der Münze und die Bedeutung des Münzstempels als Garantiezeichen des Edelmetallwertes ausgesprochen. Besondere Bedeutung gewann aber die Schrift *De moneta* von Nicolaus Oresme (vor 1330–1382), dem späteren Bischof von Lisieux.[18] Aristoteles sah Geld als Zahlungsmittel und Wertmaßstab und damit als Mittel des Warenaustausches an. Dadurch besaß Geld eine wirtschaftliche Steuerungsfunktion, weshalb Oresme jeden Eingriff einer Obrigkeit in die Geldentwicklung ablehnte und sogar so weit ging, das Recht, Münzen zu prägen, nicht mehr dem Souverän, sondern der Bevölkerung zuzugestehen. Beeinflusst war Oresme hierbei von den Eindrücken seiner Zeit, in der zahlreiche europäische Fürsten das Münzrecht zur Finanzierung des Staatshaushaltes nutzten und dafür den Edelmetallgehalt und die Wechselkurse einzelner Typen und Währungen manipulierten. Oresme sah eine Schwankung des Geldwertes und Warenpreises aufgrund von objektiven Faktoren, wie den Material- und Produktionskosten, sowie subjektiven Faktoren, wie Nachfrage und Seltenheit.

Beschäftigt man sich mit der spätmittelalterlichen Wirtschaftspolitik kommt man um eine Betrachtung der städtischen (Max Weber) oder zünftigen (Werner Sombart) Maßnahmen nicht herum. Die Vereinigungen der Händler und Handwerker trafen wettbewerbsbeschränkende Regelungen, die jedem ein Auskommen garantieren sollten. In der älteren Forschung sind diese Statuten häufig als monopolbildend charakterisiert worden. Im Kern ging es um die Regulierung der Produktionskapazitäten und Gewerbegründungen sowie die Festsetzung von Preisen und Löhnen. Was sich schnell als frühe Form des Sozialismus oder Antikapitalismus missverstehen lässt, hatte aber vor allem die Aufrechterhaltung der städtischen Ordnung zum Ziel.[19]

Durch die Dualität der Partizipation an der städtischen Regierung auf der einen und die Interessenvertretung ihrer Berufsgruppen auf der anderen Seite mussten die patrizischen Geschlechter an der Sicherung der öffentlichen Ordnung, des sozialen Friedens und der rechtlichen Unabhängigkeit interessiert sein. Insbesondere die ausreichende Versorgung mit Grundnahrungsmitteln spielte für das städtische Gemeinwesen eine besondere Rolle. So ist es nicht weiter verwunderlich, dass zahlreiche wirtschaftspolitische Maßnahmen die Vorratshaltung für Krisenzeiten und die Festlegung von Getreidepreisen betrafen. Flankiert wurden diese Maßnahmen durch städtische Qualitäts- und Gewichtskontrollen, denen sich allerdings das nicht-zünftige Landhandwerk weitestgehend entziehen konnte. Das galt auch für das exportorientierte Gewerbe. Letztlich sollte erst die zunehmende Zentralisierung staatlicher Gewalt in der Neuzeit eine zielgerichtete und weiträumig wirkungsvolle Wirtschaftspolitik möglich machen und flankierend die ersten staatlich-säkularen Wirtschaftstheoretiker hervorbringen.

10 Zusammenfassung und Ausblick

„Überall ist mittelalterliche Wirtschaft". In Abwandlung des eingangs zitierten Buchtitels von Horst Fuhrmann[1] sei abschließend auf die „Gegenwart einer vergangenen Ökonomie" hingewiesen. Mittelalterliches Wirtschaften ist dem modernen Betrachter vielleicht weniger präsent als die monumentalen Bauwerke eines antiken Handwerkertums, nicht so weltumspannend wie der Überseehandel der Frühen Neuzeit oder derart einleuchtend wie die massiven wirtschaftlichen und sozialen Veränderungen, die durch die Industrielle Revolution des 18. Jh.s hervorgerufen wurden. Dennoch kommt man an wirtschaftlichen Fragestellungen nicht vorbei, wenn man sich eingehender mit dem Zeitraum zwischen 500 und 1500 beschäftigt. Nicht nur im Bereich des modernen Geld- und Finanzwesens wurden wichtige Grundlagen im Mittelalter gelegt (Banken, Kredite, Versicherungen etc.), auch innerhalb des deutschen Sprachraums zeugen noch heute – im Alltag oftmals unbemerkt – zahlreiche Redewendungen wie „ein X für ein U vormachen" oder „wer zuerst kommt, mahlt zuerst" von den wirtschaftlichen Gegebenheiten und Entwicklungen jener Zeit: Der erste Fall ist eine Anspielung auf die im Mittelalter gebräuchlichen römischen Zahlzeichen X (10) und V (5), wohingegen der zweite Fall aus dem Rechtsbuch des Sachsenspiegels stammt – das zuerst an einer allgemeinen Mühle abgelieferte Getreide, musste auch zuerst gemahlen werden. Eine eingehende Beschäftigung mit dem Gegenstand zeigt, dass Klischees einer wirtschafts- und innovationsfeindlichen Zeit ebenso unangebracht sind wie Ansichten einer technischen und ökonomischen Rückständigkeit weiter Teile der Gesellschaft.

Eine der größten Schwierigkeiten bei der Revidierung derartiger Vorurteile ist die desolate und disparate Quellenlage, die in ihrer Überlieferungsdichte für weite Strecken der Epoche soziale Klassen der Gesellschaft (Adel und Klerus) bevorzugt, die weitaus weniger mit allgemeinen wirtschaftlichen Fragestellungen in Berührung kamen oder bei denen dies den Anschein hat. Denn gerade vermeintlich weltabgewandte Klöster können zu allen Zeiten des Mittelalters als wahre Wirtschaftsunternehmen betrachtet werden, die planvoll mit ihren Rohstoffen und Ressourcen umgingen und sich europaweit im Handel engagierten. Die

Schriftquellen bevorzugen in den meisten Fällen aber das Außergewöhnliche und nicht das Alltägliche, den Einzelfall und nicht das Allgemeine. Der Bauer und seine Tätigkeiten, die – bezogen auf den Bevölkerungsanteil und die Wertschöpfung – den größten Teil der mittelalterlichen Wirtschaftsleistung ausmachten, kommen häufig nur vor, wenn eine Missernte zu Hungersnöten führte oder sich die Bauern gegen ihren Grundherrn erhoben.

Durch diese Selektivität der Quellen werden negative Vorstellungen einer mittelalterlichen Wirtschaftswelt befördert. Gerade die Schriftquellen des frühen und hohen Mittelalters sind in ihrer Mehrzahl dem juristischen oder historiografischen Bereich zuzuordnen. Inwieweit deren Aussagen allgemeingültige Wirtschaftsnormen darstellten, ist nicht einfach zu beurteilen. Wertvoller sind administrativ-ökonomische Quellengruppen wie die klösterlichen Urbare. Doch decken diese nur einen bestimmten sozialen Bereich (Kloster) und einen eingeschränkten geografischen Raum (klerikale Grundherrschaft) ab. Darüber hinaus sind es keinesfalls vorurteilsfreie Momentaufnahmen einer längeren Entwicklung. Auch seriell-quantitative Quellen können bestimmte „Erzählabsichten" ihrer Autoren und deren Institutionen verfolgen. Beim Handel wiederum dominieren der Fernhandel und Luxusgüter die Überlieferung und das Handwerk lässt sich nur durch eine Vielzahl vereinzelter Quellen und einige bildliche Darstellungen erschließen. Überhaupt tritt es erst seit der Entstehung von Handwerkervereinigungen, deren Statuten und Regularien stärker hervor und erlaubt einen Einblick in die ökonomisch-soziale Realität von Gewerbetreibenden.

Die vorliegende Einführung in die Wirtschaftsgeschichte des Mittelalters sollte zeigen, wie überaus lohnend und zugleich spannend eine Beschäftigung mit der Thematik sein kann – ob im Zentrum oder als Ergänzung der eigenen Forschungsinteressen. Dabei konnten zahlreiche Aspekte lediglich im Ansatz berührt oder kursorisch abgehandelt werden. Der Reiz der Wirtschaftsgeschichte liegt in der Verbindung von mathematisch-statistischen mit hermeneutisch-textkritischen Theorien und Methoden. Quantitative Methoden sind vor allem dann nützlich, wenn sie sich auf eine umfangreiche Datenmenge stützen können, was der Cliometrie (Quantitative Geschichtswissenschaft) viel Kritik von Mittelalterhistorikern eingetragen hat, von denen die vorhandene Quellendichte als zu dünn für statistische Auswertungen angesehen wird. Hier

10 Zusammenfassung und Ausblick

liegt sicherlich noch ein fruchtbares Forschungsfeld der Zukunft, denn serielle Quellen des Spätmittelalters wie Rechnungsbücher oder Steuerlisten haben aufgrund ihres zahlenlastigen Inhalts bislang noch vergleichsweise selten Aufmerksamkeit gefunden. Die fortschreitende Entwicklung digitaler Auswertungsmöglichkeiten und deren Integration in die klassischen Geisteswissenschaften (Stichwort *Digital Humanities*) ermöglicht heute jedoch die komparatistische Erfassung und Evaluation größerer Datenbestände (Stichwort *Big Data*) und deren einfache grafische Darstellung. Diese wiederum lassen sich mit personenbezogenen Daten aus der Historischen Prosopografie sowie Wirtschaftsdaten wie Produktmengen von Gewerbegütern und mit dem Verlauf von Handelsrouten kombinieren. Wie in anderen Disziplinen wird man auch hier (historische) Wirtschaftsphänomene zukünftig zunehmend interdisziplinär und digital bearbeiten müssen, um zu neuen Erkenntnissen zu gelangen.

Es war auch ein erklärtes Ziel dieses Buches und der dahinterstehenden Reihe, die Freude an den wirtschaftlichen Entwicklungen der Menschheitsgeschichte vermitteln. Deshalb sind alle, bei denen dies gelungen ist, dazu aufgerufen, ausgehend vom dem hier vermittelten Grundlagenwissen ihre Kenntnisse im weiterführenden Studium zu vertiefen und dabei neue Fragen zu stellen und im besten Falle durch eigene Forschungen auch selbst zu beantworten. Dadurch wäre dem Fach Wirtschaftsgeschichte auch in der Mittelalterforschung eine Zukunft gesichert.

Anhang

Karten

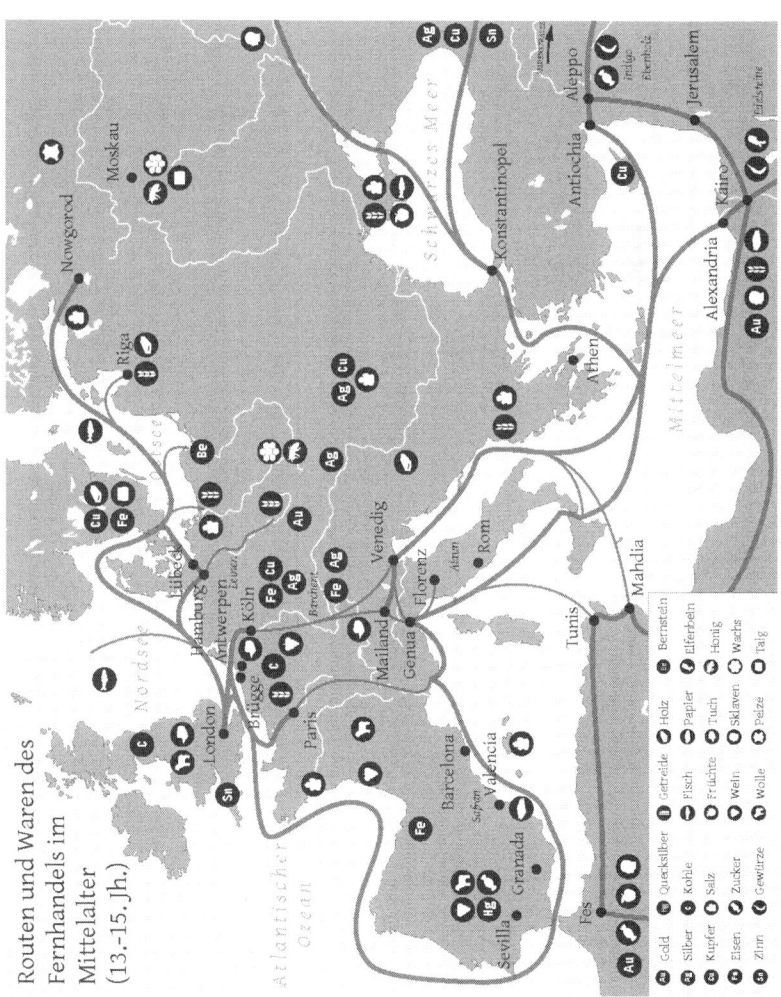

Karte 1: Fernhandel im Mittelalter.

244 Anhang

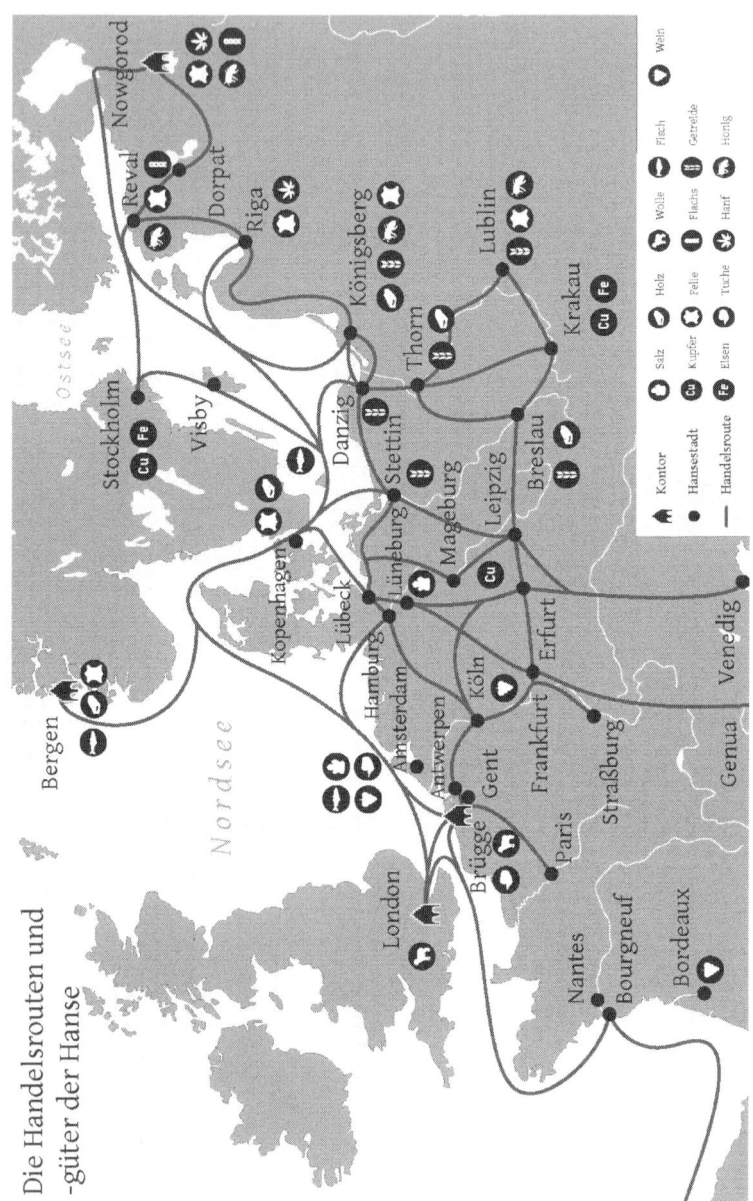

Karte 2: Handelsrouten und -güter der Hanse.

Anmerkungen

1 Wirtschaftsgeschichte und Mittelalter

[1] Hesse & Teupe 2019; Kiehling 2009; Pierenkämper 2005; Pierenkämper 2015; Walter 2011. Unter Berücksichtigung des Mittelalters Buchheim 1997; Niemann 2009; North 2005; Walter 2006; Walter 2008. Zur Wirtschaftsgeschichte des Mittelalters Gilomen 2014.
[2] Kellenbenz 1980; Cipolla & Borchardt 1983; Henning 1991.
[3] Pierenkemper 2015, S. 233.

2 Geografie, Klima und Umwelt

[1] Epstein 2009, S. 42–44.
[2] Ohler 1997, S. 39.
[3] Ohler 1997, S. 18–43.
[4] Ohler 1997, S. 19.
[5] Vittinghoff 1990, S. 2–3.
[6] Ohler 1997, S. 20–22.
[7] Ohler 1997, S. 27–28 und 37.
[8] Vittinghoff 1990, S. 6.
[9] Vittinghoff 1990, S. 7.
[10] Kellenbenz 1980, S. 9.
[11] Glaser 2013, S. 13–28.
[12] Kellenbenz 1980, S. 10 und 12.
[13] Kellenbenz 1980, S. 13.
[14] Epstein 2009, S. 41.
[15] Glaser 2013, S. 59–60; Neal & Cameron 2016, S. 64–68.
[16] Malanima 2010, S. 101–102.
[17] Ausführlich bei Glaser 2013, S. 61–92.
[18] Reitemeier 2008, S. 182.
[19] Malanima 2010, S. 69–70.

20 Malanima 2010, S. 67–74.
21 Malanima 2010, S. 70–72.
22 Heizwerte und Rohdichte verschiedener Baumarten im Artikel „Brennholz" bei Wikipedia (online, Zugriff am 20.06.2019 unter https://de.wikipedia.org/wiki/Brennholz).
23 Malanima 2010, S. 74–75.
24 Malanima 2010, S. 76.
25 Angabe der Arbeitsgemeinschaft pro:Holz der österreichischen Holzwirtschaft (online, Zugriff am 20.06.2019 unter http://www.proholz.at/zuschnitt/51/wald-in-der-eu).
26 Henning 1991, S. 108.
27 Popplow 2010, S. 69.
28 Malanima 2010, S. 77.
29 Nonn 2007, S. 49.
30 Malanima 2010, S. 85–86.
31 Malanima 2010, S. 93–94.
32 Epstein 2009, S. 198–202.
33 Hartmann 2004, S. 47–49, Müller 2015, S. 21–26.
34 Goetz 1987, S. 24–25.
35 Nonn 2007, S. 13–14.
36 Nonn 2007, S. 16.

Q 2.8   i Nonn 2007, S. 43.

3 Bevölkerungsentwicklung und Bevölkerungsstruktur

1 Malanima 2010, S. 13.
2 Russel 1983, S. 13.
3 Meinhardt et al. 2009, S. 17; Pounds 1994, S. 128; Epstein 2009, S. 63–68.
4 Kuchenbuch 1991, S. 128.
5 Heimann 1997, S. 133.
6 Pounds 1994, S. 126.
7 Riché 1981, S. 87.
8 Pounds 1994, S. 159.
9 Russel 1983, S. 14; Kellenbenz 1986, S. 110.
10 Weigl 2012, S. 18; Herlihy & Klapisch-Zuber 1985.
11 Kellenbenz 1986, S. 110.

Anmerkungen zu Kap. 3

12 Pounds 1994, S. 127 und 141.
13 Pounds 1994, S. 142.
14 Kellenbenz 1980, S. 14–15.
15 Russel 1983, S. 15.
16 Curry 2015, S. 290–297.
17 Ohler 1997, S. 156; Kortüm 2010, S. 176.
18 Ohler 1997, S. 156.
19 Jaspert 2013, S. 39.
20 Ohler 1997, S. 157.
21 Pounds 1994, S. 23; Kellenbenz 1980, S. 15.
22 Pounds 1994, S. 128.
23 Russel 1983, S. 15; Kellenbenz 1986, S. 111.
24 Ennen 1972, S. 201; Russel 1983, S. 20.
25 Nolte 2011, S. 7.
26 Russel 1983, S. 20.
27 Henning 1991, S. 29.
28 Kellenbenz 1980, S. 15.
29 Vittinghoff 1990, S. 21.
30 Russel 1983, S. 22.
31 Ohler 1997, S. 156.
32 Pounds 1994, S. 144–145.
33 Gilomen 2014, S. 10.
34 Weigl 2012, S. 67–68.
35 Zur Pest des Spätmittelalters Bergdolt 2018; Bergdolt 2017; Slack 2015.
36 Russel 1983, S. 24; Kellenbenz 1980, S. 510; Gilomen 2014, S. 101; Lexikon des Mittelalters, Bd. II, Sp. 13.
37 Weigl 2012, S. 55.
38 Gilomen 2014, S. 101.
39 Weigl 2012, S. 54.
40 Weigl 2012, S. 55.
41 Pounds 1994, S. 138–139.
42 Pounds 1994, S. 145–148.
43 Henning 1977, S. 48; Henning 199, S. 30.
44 Henning 1977, S. 69–70.
45 Weigl 2012, S. 68.
46 Henning 1977, S. 79.
47 Lexikon des Mittelalters, Bd. II, Sp. 14.

[48] Comín et al. 2016, S. 16 geht sogar von 200.000 Einwohnern in Córdoba im 11. Jh. aus.
[49] Russel 1983, S. 19–20.
[50] Pounds 1994, S. 129.
[51] Lexikon des Mittelalters, Bd. II, Sp. 12–13.
[52] Kellenbenz 1980, S. 22.
[53] Pounds 1994, S. 130–131.
[54] Weigl 2012, S. 57.
[55] Russel 1983, S. 13 und 35.
[56] Kuchenbuch 1991, S. 128.
[57] Weigl 2012, S. 66.
[58] Russel 1983, S. 25.
[59] Kellenbenz 1980, S. 22; Cipolla/Borchardt 1983, S. 35.
[60] Kellenbenz 1980, S. 21; Heimann 1997, S. 135.
[61] Nolte 2011, S. 8.

Q 3.4 [i] Ohler 1997, S. 232–233.
Q 3.5 [i] Statistisches Jahrbuch der Hansestadt Lübeck 2016: Historische Bevölkerungsentwicklung Anno 1350 bis heute.
[ii] Gilomen 2014, S. 101.

4 Landwirtschaft

[1] Zur Geschichte der Landwirtschaft im Mittelalter einführend Abel 1978; Bennecke 2003; Ennen & Janssen 1979; Franz 1976; Henning 1994; Kießling & Troßbach 2016; Rösener 1992; Rösener 1985; Seidl 2014; Sweeney 1995; Cherubini 1972. Zu den Theorien und Methoden Rösener 1997a.
[2] Fourastié 1954.
[3] Malanima 2010, S. 120.
[4] Angabe der Bundeszentrale für politische Bildung (online, Zugriff am 27.06.2019 unter http://www.bpb.de/nachschlagen/zahlen-und-fakten/soziale-situation-in-deutschland/61694/erwerbstaetige-nach-wirtschaftszweigen).
[5] Pounds 1994, S. 164. Selbst in stark urbanisierten Regionen wie den Niederlanden im Spätmittelalter machte die Stadtbevölkerung nie mehr als 15–20 % der Gesamtbevölkerung aus.
[6] Malanima 2010, S. 124.
[7] Malanima 2010, S. 125–126.

Anmerkungen zu Kap. 4

[8] Rösener 1992, S. 1–2.
[9] Bader 1957; Bader 1962.
[10] Zum Verhältnis von Landwirtschaft und Technik im Mittelalter Astill & Langdon 1997.
[11] Blickle 1989.
[12] Rösener 1992, S. 3.
[13] Brauer 2013, S. 45–57.
[14] Zur Einführung in die bäuerliche Alltagswelt Rösener 1985.
[15] Hielscher 1969.
[16] Duby 1983, S. 113–115.
[17] Duby 1983, S. 114–115.
[18] Rösener 1985, S. 107.
[19] Zur Geschichte des Bieres Meußdoerffer & Zarnkow 2016 und Hirschfelder & Trummler 2016.
[20] Gleba 2004, S. 103.
[21] Kellenbenz 1980, S. 31.
[22] Zur Bedeutung von Pflanzen im Mittelalter vgl. Birkhan 2012.
[23] Erläuterungen nach Henning 1994, S. 93–94; Kellenbenz 1980, S. 31–33; Pounds 1994, S. 190–191.
[24] Goetz 2003, S. 196.
[25] Gleba 2004, S. 103.
[26] Rösener 1985, S. 144–145; Pound 1964, S. 198–199.
[27] Niemann 2009, S. 9.
[28] Gilomen 2014, S. 37–38.
[29] Henning 1977, S. 52; Malanima 2010, S. 170; Seidl 2014, S. 87.
[30] Rösener 1992, S. 75; Henning 1994, S. 41.
[31] Gilomen 2017, S. 38.
[32] Henning 1994, S. 41.
[33] Niemann 2009, S. 9.
[34] Hartmann 1995, S. 70.
[35] Pounds 1994, S. 166.
[36] Henning 1994, S. 95–96; Henning 1991, S. 97.
[37] Berechnung nach Henning 1994, S. 124–125.
[38] Henning 1994, S. 98.
[39] Kellenbenz 1980, S. 33–34.

⁴⁰ Übersetzung bei Hartmann 1995, S. 66–67. Aus der reichhaltigen Literatur zum *Capitulare de villis* seien genannt Dopsch 1916; Mayer 1923/1924; Metz 1954; Metz 1966; Weidinger 2011 und Strank & Meurers-Balke 2008.
⁴¹ Henning 1994, S. 100–101.
⁴² Telesko 2001 und Späth 1999.
⁴³ Kellenbenz 1980, S. 34.
⁴⁴ Henning 1994, S. 99–101.
⁴⁵ Henning 1994, S. 230.
⁴⁶ Zur Viehzucht und den Tierrassen im Mittelalter vgl. u. a. Benecke 1994 und Luke 1989; zu Tieren in der Geschichte Delort 1987.
⁴⁷ Gilomen 2014, S. 42; Henning 1994, S. 102.
⁴⁸ Henning 1977, S. 55; Henning 1991, S. 103; Henning 1994, S. 103 und 235.
⁴⁹ Angabe nach dem Geschäftsbericht 2017/2018 des Bundesverbandes der Deutschen Fleischwarenindustrie e.V., S. 14 (Online, Zugriff am 30.06.2019 unter https://www.bvdf.de/aktuell/geschaeftsbericht-2017-18).
⁵⁰ Henning 1991, S. 103.
⁵¹ Rösener 1985, S. 109 hebt dagegen die Versorgung mit fettem Schweinefleisch besonders bei den bäuerlichen Schichten hervor.
⁵² Henning 1991, S. 102; Henning 1994, S. 103.
⁵³ Gilomen 2014, S. 42.
⁵⁴ Birkhan 2006; Heger 1970.
⁵⁵ Gilomen 2014, S. 43; Kellenbenz 1980, S. 41.
⁵⁶ Zum Tafelgüterverzeichnis mit Verzeichnis der umfangreichen Forschungsliteratur Ullrich 2006, S. 137.
⁵⁷ Rösener 1985, S. 109.
⁵⁸ Gilomen 2014, S. 42.
⁵⁹ Henning 1994, S. 106.
⁶⁰ Angabe des Berichts Agriculture in the EU: Statistical and Economic Information Report 2011 (online, Zugriff am 30.06.2019 unter https://www.ab.gov.tr/files/ardb/evt/1_avrupa_birligi/1_6_raporlar/1_3_diger/agriculture_and_fisheries/Agriculture_in_EU_Statistical_Economic_Information_Report_2011.pdf).
⁶¹ Rösener 1985, S. 111.
⁶² Henning 1994, S. 107–108.
⁶³ Kellenbenz 1980, S. 37.
⁶⁴ Henning 1994, S. 236.
⁶⁵ Zur Geschichte des Pferdes u. a. Jacob 2016; Oeser 2016.
⁶⁶ Henning 1994, S. 105.

Anmerkungen zu Kap. 4

[67] Gilomen 2014, S. 69.
[68] Pounds 1994, S. 204.
[69] Pounds 1994, S. 204.
[70] Kellenbenz 1980, S. 41.
[71] Zur Fischerei im Mittelalter vgl. Lampen 2000.
[72] Zur Geschichte des Weinanbaus und Weingenusses im Mittelalter vgl. Deckers 2017; Matheus 1999; Weber 1999; Erickson 1999; Schrenk & Weckbach 1997 und Gerlich 1993.
[73] Henning 1994, S. 101.
[74] Pounds 1994, S. 201.
[75] Irsigler 2006.
[76] Kellenbenz 1980, S. 34.
[77] Gilomen 2014, S. 67–68.
[78] Henning 1994, S. 232.
[79] Henning 1994, S. 231; Kellenbenz 1980, S. 35.
[80] Henning 1994, S. 101–102.
[81] Henning 1994, S. 231.
[82] Rösener 1989a.
[83] Rösener 1992, S. 7.
[84] Zum Wandel der Landwirtschaft zwischen Spätantike und Frühmittelalter vgl. Brunner 1995.
[85] Hägermann 1986; Hägermann 1989.
[86] Zur Wirtschaft der Karolingerzeit vgl. Verhulst 2002, zur Agrarpolitik Verhulst 1965, zur Klostergrundherrschaft Kuchenbuch 1978; Kuchenbuch 1988.
[87] Bosl 1975.
[88] Schlesinger 1979/1980.
[89] Henning 1977, S. 41.
[90] Rösener 1992, S. 11–12; Henning 1977, S. 42–43.
[91] Henning 1977, S. 43–46.
[92] Rösener 1989b.
[93] Henning 1977, S. 46–48; Rösener 1992, S. 22–26; Rösener 1985, S. 31–39.
[94] Epperlein 1960.
[95] Pounds 1994, S. 208.
[96] Zu bäuerlichen Siedlungsstrukturen im Mittelalter überblicksartig Epstein 2009, S. 48–56; Born 1977; Nitz 1974.
[97] Pounds 1994, S. 182–184.
[98] Rösener 1985, S. 45–48.

[99] Rösener 1992, S. 19; Seidl 2014, S. 69–72.
[100] Wartmann 1863, S. 41, Nr. 39.
[101] Kellenbenz 1980, S. 43; Malanima 2010, S. 164–165.
[102] Epstein 2009, S. 45.
[103] Rösener 1992, S. 22.
[104] Bulst 1979.
[105] Abel 1976.
[106] Rösener 1992, S. 31–32.
[107] Abel 1966, Achilles 1983; Comín & Hernández 2013, S 58–60; Rösener 1985, S. 255–276.
[108] Rösener 1992, S. 33–34.
[109] Rösener 1992, S. 34–36.
[110] North 2007, S. 320–322.

Q 4.2 [i] Goetz 2014, S. 174–175.
Q 4.3 [i] Kellenbenz 1980, S. 48.
Q 4.6 [i] Einführend zur Medizin im Mittelalter Jankrift 2003 und Jankrift 2005.
[ii] Einführend zu magischen Vorstellungen des Mittelalters Birkhan 2010; Ruff 2003; Tuczay 2003 und Kieckhefer 1992.
Q 4.7 [i] Ebel 1999, S. 161.
[ii] Rösener 1985, S. 164–165; Epperlein 2003, S. 36–37.
Q 4.10 [i] Von dem Knesebeck 1997, S. 519–521.
[ii] Zur bäuerlichen Kleidung vgl. Rösener 1985, S. 96–107. Zur Mode im Mittelalter Keupp 2011.
[iii] Rösener 1985, S. 126–127.

5 Handwerk

[1] Zur Geschichte der Stadt im Mittelalter Ennen 1972; Pitz 1991; Engel 1993; Isenmann 2012; Schmieder 2012; Hirschmann 2016.
[2] Speziell zum Handwerk im Mittelalter Schulz 2010; Sauer 2012; Elkar et al. 2014; Häberlein & Jeggle 2004; Kaufhold & Reininghaus 2000; Jankuhn 1981/1983.
[3] Schulz 2010, S. 28; Metzger 2008.
[4] Pounds 1994, S. 279–280.
[5] Popplow 2010, S. 60.
[6] Henning 1977, S. 78–79.
[7] Henning 1977, S. 83.

Anmerkungen zu Kap. 5

8 Kellenbenz 1980, S. 509.
9 Pounds 1994, S. 294.
10 Henning 1977, S. 81.
11 Pounds 1994, S. 279.
12 Die entsprechende Urkunde stammt allerdings erst aus dem Jahr 1175. Schulz 2010, S. 43.
13 Gilomen 2014, S. 79.
14 Henning 1977, S. 83.
15 Popplow 2010, S. 67.
16 Vgl. Eger 2004.
17 Angaben nach Wikipedia (online, Zugriff am 19.07.2019 unter https://de.wikipedia.org/wiki/Liste_der_häufigsten_Familiennamen_in_Deutschland) und Koß 2002, S. 37.
18 Zum Aufkommen, der Bildung und Verbreitung der Familiennamen vgl. Koß 2002, S. 37-53 und Udolph & Fitzek 2005, S. 15-29.
19 Wagner 2013, S. 67.
20 Pounds 1994, S. 282-283.
21 Thrupp 1983, S. 145.
22 Goetz 2003, S. 199.
23 Goetz 2003, S. 199.
24 Thrupp 1983, S. 146-147; Schulz 2010, S. 25-27.
25 Gilomen 2014, S. 49-50; Schwind 1984.
26 Pounds 1994, S. 283-284.
27 Pounds 1994, S. 284-286.
28 Kellenbenz 1980, S. 52.
29 Hägermann 1988, S. 362.
30 Czysz 1993, Czysz 1994 und Czysz 1998.
31 Kellenbenz 1980, S. 52.
32 Schulz 2010, S. 158-173.
33 Pounds 1994, S. 301.
34 Schulz 2010, S. 24.
35 Zu den einzelnen Arbeitsschritten vgl. Pounds 1994, S. 302-305.
36 Hägermann 1988, S. 363.
37 Kellenbenz 1980, S. 60-61.
38 Pounds 1994, S. 313.
39 Gilomen 2014, S. 78; Pounds 1994, S. 318.
40 Pounds 1994, S. 314-317.

[41] Schröder 1984, S. 178; Pounds 1994, S. 312.
[42] Gilomen 2014, S. 119.
[43] Pounds 1994, S. 305.
[44] Kellenbenz 1980, S. 60.
[45] Pounds 1994, S. 319; Cramer 1981.
[46] Zur Organisation des Bauhandwerks Schulz 2010, S. 120-132. Zum Baubetrieb Binding 1993; Fouquet 1999.
[47] Vgl. Binding 2005.
[48] Pounds 1994, S. 334-335.
[49] Kellenbenz 1980, S. 53.
[50] Popplow 2010, S. 8-9.
[51] Pounds 1994, S. 335.
[52] Kiesow 2011.
[53] Kellenbenz 1980, S. 54; Pounds 1994, S. 336.
[54] Henning 1991, S. 64; einleitend zur mittelalterlichen Burg Großmann 2013; Zeume 2015.
[55] Gilomen 2014, S. 73.
[56] Pounds 1994, S. 333.
[57] Gilomen 2014, S. 74.
[58] Kellenbenz 1980, S. 51, Pounds 1994, S. 333.
[59] Gilomen 2014, S. 73-75.
[60] Gilomen 2014, S. 23.
[61] Kellenbenz 1980, S. 55.
[62] Popplow 2010, S. 69.
[63] Popplow 2010, S. 70.
[64] Kellenbenz 1980, S. 55.
[65] Gilomen 2014, S. 50.
[66] Kellenbenz 1980, S. 55.
[67] Schulz 2010, S. 24.
[68] Gilomen 2014, S. 50.
[69] Kellenbenz 1980, S. 56.
[70] Pounds 1994, S. 320-321.
[71] Pounds 1994, S. 322.
[72] Pounds 1994, S. 321.
[73] Pounds 1994, S. 324.
[74] Sprandel 1969.

Anmerkungen zu Kap. 5–6

[75] Zu den Zünften im Mittelalter Schwinekörper 1985, Engel 1993, S. 153–172; Kluge 2007; Heusinger 2009; Schulz 2010.
[76] Schulz 2010, S. 41–42.
[77] Pounds 1994, S. 287; Schulz 2010, S. 39–41.
[78] Henning 1977, S. 87.
[79] Engel 1993, S. 117–141; Schmieder 2012, S. 104–110; Schulz 1995.
[80] Pounds 1994, S. 294.
[81] Zu Zünften und Wettbewerb vgl. Ennen 1971.
[82] Henning 1977, S. 88.
[83] Schulz 2010, S. 50–53.
[84] Pounds 1994, S. 293.

Q 5.1   [i] Zum Nürnberger Metallhandwerk vgl. Schulz 2010, S. 173–188.
       [ii] Diefenbacher 2000, S. 212–214.
Q 5.3   [i] Zum Speyerer Münzwesen Ehrend 2005.
Q 5.4   [i] Brauer 2013, S. 58–61.
       [ii] Kuchenbuch 1978, S. 293–299.
Q 5.6   [i] Zum Beginenwesen Fößel & Hettinger 2000; Unger 2005; Hofmann & Krebber 2008; Reichstein 2017.
       [ii] Zur Straßburger Wirtschaftsgeschichte im Spätmittelalter Alioth 1988.
       [iii] Schulz 2010, S. 88.

6   *Handel*

[1] Zum Handel der Merowingerzeit in den Schriftquellen Verhulst 1970 und zur Karolingerzeit Johanek 1985.
[2] Epstein 2009, S. 74.
[3] Gilomen 2014, S. 51–54.
[4] Niemann 2009, S. 5.
[5] Spufford 2002, S. 131–148.
[6] Niemann 2009, S. 6.
[7] Zur wirtschaftlichen und diplomatischen Verflechtung zwischen Spätantike und Frühmittelalter vgl. Preiser-Kapeller 2018.
[8] Vgl. v. a. die Studie von Siems 1992.
[9] Pounds 1994, S. 339–340.
[10] MGH Cap. 1, Nr. 43.
[11] Adam 1996; Johanek 1987.

[12] Spufford 2002, S. 186–188.
[13] Pounds 1994, S. 341–343.
[14] Einführend zur Geschichte der Sklaverei Zeuske 2013; Schneider 2015; Zeuske 2018; Flaig 2018. Zum Sklavenhandel im Spätmittelalter Spufford 2002, S. 253–255.
[15] Gilomen 2014, S. 53.
[16] Kellenbenz 19980, S. 68–69.
[17] Zur Handelsmetropole Haithabu v. a. Jankuhn 1975.
[18] Gilomen 2014, S. 54; Pounds 1994, S. 343–345.
[19] Zur Piraterie im Mittelalter vgl. Meier 2004; Obenaus et al. 2012.
[20] Pounds 1994, S. 348–349.
[21] Zu den skandinavischen Münzfunden des 9.–12. Jh.s v. a. Hatz 1974 und Kluge 1991, S. 9–19.
[22] Zu den Ulfberht-Schwertern u. a. Lehmann 2015; Peirce & Oakeshott 2002; Petri 2019; Müller-Wille 1970; Stalsberg 2008; Tröller-Reimer 2015, Oakeshott 1998 oder Wulf 2015.
[23] Kellenbenz 1980, S. 67.
[24] Kellenbenz 1980, S. 70–71; Pounds 1994, S. 349.
[25] Hellwig 1916; Heß 1974; Kloft 1982; Kölzer 1992; Laufner 1964.
[26] Lacarra 1950.
[27] Henning 1977, S. 89; Henning 1991, S. 260.
[28] Cipolla & Borchardt 1983, S. 180; Gilomen 2014, S. 86.
[29] Zum Handelsrecht des Mittelalters Pohlmann 1973.
[30] Henning 1977, S. 89; Henning 1991, S. 263.
[31] Johanek & Stoob 1996.
[32] Pounds 1994, S. 354–355.
[33] Gilomen 2014, S. 88; Pounds 1994, S. 356–357; Epstein 2009, S. 82–83; Spufford 2002, S. 107–113.
[34] Spufford 2002, S. 149–152.
[35] Gilomen 2014, S. 90; Neal & Cameron 2016, S. 78–82.
[36] Pounds 1994, S. 357.
[37] Henning 1991, S. 264.
[38] Pounds 1994, S. 349–352.
[39] Zu den Veränderungen im Handel des Spätmittelalters zusammenfassend Neal & Cameron 2016, S. 82–84; Spufford 2002, S. 11–44.
[40] Die Urkunden bei Simonsfeld 1887.
[41] Pounds 1994, S. 352–353; Dini 1980.
[42] Melville & Staub 2013, S. 155.

Anmerkungen zu Kap. 6

43 Henning 1977, S. 153–154.
44 Münkler 2015; Larner 1999. Zur „orientalischen Expansion" Walter 2006, S. 48–51.
45 Henning 1977, S. 90; Henning 1991, S. 264–265.
46 Gilomen 2014, S. 91.
47 Für eine Einführung in die Geschichte Venedigs Karsten 2008; Karsten 2012; Rösch 1999.
48 Zu den Kreuzzügen und der Wirtschaftsentwicklung Walter 2006, S. 40–48.
49 Gilomen 2014, S. 109.
50 Pounds 1994, S. 362–364.
51 Niemann 2009, S. 13.
52 Für eine Einführung in die Geschichte Genuas Pittioni 2011. Zu den Ursachen des wirtschaftlichen Aufstiegs auch Epstein 2009, S. 75–76.
53 Zum Handel über die Alpenpässe Spufford 2002, S. 116–125.
54 Pounds 1994, S. 366–368.
55 Hammel-Kiesow 2014, S. 58 und Spufford 2002, S. 249–250.
56 Henning 1977, S. 90.
57 Niemann 2009, S. 14.
58 Melville & Staub 2013, S. 154.
59 Spufford 2002, S. 74–79 und 216–220.
60 Henning 1977, S. 90–91.
61 Henning 1977, S. 91; Henning 1991, S. 267.
62 Gilomen 2014, S. 90–91.
63 Van der Wee 2000.
64 Niemann 2009, S. 5–7.
65 Zum Handel mit Luxusgütern im Spätmittelalter Spufford 2002, S. 79–97.
66 Pounds 1994, S. 394.
67 Pounds 1994, S. 394–396.
68 Walter 2006, S. 61.
69 Pounds 1994, S. 398.
70 Spufford 2002, S. 220–222.
71 Gilomen 2014, S. 67.
72 Pounds 1994, S. 396–398.
73 Gilomen 2014, S. 67–68.
74 Pounds 1994, S. 400–401.
75 Spufford 2002, S. 174–186 und 245–248.
76 Melville & Staub 2013, S. 152.
77 Pounds 1994, S. 398–399.

[78] Gilomen 2014, S. 105.
[79] López 1954.
[80] González & Matés 2013, S. 59–60.
[81] Melville & Staub 2013, S. 151.
[82] Pounds 1994, S. 399–400 und Harte & Ponting 1983.
[83] Spufford 2002, S. 188–191.
[84] Hammel-Kiesow 2014, S. 58.
[85] Gilomen 2014, S. 119.
[86] Einführend in die Geschichte der Hanse u. a. Dollinger 2012; Friedland 1991; Hammel-Kiesow et al. 2015; Hammel-Kiesow 2014; Jahnke 2014; Selzer 2010; Walter 2006, S. 53–64; Ziegler 1996.
[87] Selzer 2010, S. 13–21.
[88] Zum Verhältnis von Hanse und Handwerk vgl. Schulz 2010, S. 188–206.
[89] Hammel-Kiesow 2014, S. 10.
[90] Walter 2006, S. 56–64.
[91] Hammel-Kiesow 2014, S. 11–12.
[92] Selzer 2010, S. 45–52.
[93] Lloyd 1991.
[94] Selzer 2010, S. 34–40.
[95] Zum „hansischen Handel" überblicksartig Hammel-Kiesow 2014, S. 10, 87–96; Selzer 2010, S. 89–103.
[96] Gilomen 2014, S. 110–111.
[97] Hammel-Kiesow 2014, S. 66–75; Selzer 2010, S. 52–65.
[98] Hammel-Kiesow 2014, S. 78.
[99] Selzer 2010, S. 83–84.
[100] Zum Niedergang der Hanse Hammel-Kiesow 2014, S. 96–119; Selzer 2010, S. 104–124.

Q 6.2 [i] Zur Raffelstettener Zollordnung Mitterauer 1964; Pfeffer 1955.
Q 6.5 [i] Selzer 2010, S. 51.

7 Münzprägung und Geldwirtschaft

[1] Zum Geld im Mittelalter Grubmüller & Stock 2005; Le Goff 2011; Naismith 2018; North 2009, S. 7–68; Spufford 1988. Speziell zum deutschen Mittelalter Sprenger 2002, S. 40–95; Trapp & Fried 2006.
[2] Klüßendorf 2009, S. 14; Kluge 2007, S. 45; Trapp & Fried 2006, S. 11–12.

Anmerkungen zu Kap. 7

[3] North 2009, S. 7–8.
[4] Kluge 2007, S. 46.
[5] Trapp/Fried 2006, S. 15–20.
[6] Le Goff 2009, S. 11.
[7] Müller 2015, S. 39.
[8] Le Goff 2011, S. 12–15.
[9] Zur Preisentwicklung zwischen Spätmittelalter und Früher Neuzeit Braudel & Spooner 1967.
[10] Nach Melville & Staub 2013, S. 164–165.
[11] Kluge 2007, S. 54–55 und Miskimin 1989.
[12] Borgolte 2012.
[13] Kluge 2016, S. 35.
[14] Zur Technik der Münzprägung im Mittelalter und in der Frühen Neuzeit vgl. Cooper 1988; Emmerig 2006; Gozalbes 2017; Hammer 1993; Heß 1996; Kluge 2007, S. 49–50; Lücke & Dräger 2004; Meding 2006; Moesta & Franke 1995; Trapp & Fried 2006, S. 32–49.
[15] Kluge, 2007, S. 46–47.
[16] Zum Betrieb und Personal der mittelalterlichen Münzstätten Kluge 2007, S. 50–51. Zur Person des Wanderhandwerkers Luteger in der Stauferzeit Steinbach 2018.
[17] Zur mittelalterlichen Münzprägung Bompaire & Dumas 2000; Grierson 1976; Kluge 2005, S. 18–33; Kluge 2007; Kluge 2016, S. 35–58; Naismith 2018. Speziell zum deutschen Mittelalter Suhle 1975. Allgemein zur Münzkunde Klüßendorf 2009.
[18] Grierson & Blackburn 1986.
[19] Zum Münzwesen des Frühmittelalters Grierson 1976, S. 12–44; Kluge 2007, S. 58–60; Kluge 2016, S. 35–37; Naismith 2018, S. 63–92.
[20] Zur Münzprägung der Westgoten Pliego 2009; Steinbach 2017.
[21] Zu den merowingischen Monetarmünzen Greule et al. 2017; Jarnut & Strothmann 2014.
[22] Zum Münzwesen des Hochmittelalters Grierson 1976, S. 45–155; Kluge 2007, S. 60–64; Kluge 2016, S. 37–42; Naismith 2018, S. 93–121.
[23] Zum karolingischen Münzwesen Morrison & Grunthal 1967; Kluge 2014.
[24] Zum ottonisch-salischen Münzwesen einleitend Kluge 1991 zu den Münzprägungen Dannenberg 1876–1905.
[25] Zur Münzprägung der Stauferzeit Nau 1977.
[26] Zur stauferzeitlichen Brakteatenprägung Berger 1993–1996.
[27] Gaettens 1963.

²⁸ Duplessy 2004–2010.
²⁹ Duplessy 1999.
³⁰ Zur Münzprägung in England North 1994.
³¹ Zur Geldwirtschaft in England Bolton 1980; Bolton 2012.
³² Zur italienischen Münzprägung des Mittelalters Grierson & Travaini 1998; Day et al. 2016.
³³ Crusafont & Balaguer 2013.
³⁴ Graham-Campbell 2011.
³⁵ Zum Münzwesen des Spätmittelalters Grierson 1976, S. 158–306; Kluge 2007, S. 64–70; Kluge 2016, S. 43–52; Naismith 2018, S. 122–157.
³⁶ Zu Edelmetallkrisen und Bullionismus des Spätmittelalters einleitend North 2009, S. 38–68; Attman 1981; Day 1978 und Day 1987.
³⁷ Jesse 1928.
³⁸ Zum Reichsmünzwesen des Spätmittelalters Mäkeler 2010.
³⁹ Krusy 1974.
⁴⁰ Kluge 2007, S. 112.

Q 7.2 ⁱ Verhulst 2002, S. 25–26.
Q 7.3 ⁱ Menadier 1913, S. 9–13.
        ⁱⁱ Zur königlichen Münzpolitik der Stauferzeit Kamp 2006.
        ⁱⁱⁱ Zur Münzprägung der Stauferzeit Nau 1977.

8 Technik, Verkehr und Infrastruktur

¹ Epstein 2009, S. 191; Popplow 2010, S. 9–10.
² Epstein 2009, S. 190–191.
³ Einführend in die Technikgeschichte nicht nur des Mittelalters White 1968; Klemm 1998; Lindgren 1998; Neal & Cameron 2016, S. 84–88; Bayerl 2013; König 2009; Heßler 2012; Gleitsmann et al. 2009.
⁴ Melville & Staub 2013, S. 175.
⁵ Melville & Staub 2013, S. 176–177.
⁶ Lindgren 1998, S. 233–234.
⁷ Popplow 2010, S. 66–69.
⁸ Systematisierung und Beschreibung überwiegend nach Popplow 2010, S. 19–31.
⁹ Zu mechanischen Uhren und astrologischen Instrumenten Lindgren 1998, S. 391–404.
¹⁰ Lindgren 1998, S. 121–136.

Anmerkungen zu Kap. 8

[11] Schulz 2010, S. 96.
[12] Epstein 2009, S. 192-197; Lindgren 1998, S. 471-478.
[13] Melville & Staub 2013, S. 178.
[14] Zur Kriegstechnik Lindgren 1998, S. 301-336.
[15] Epstein 2009, S. 210-211.
[16] Popplow 2010, S. 34; Epstein 2009, S. 205-207; Frugoni & Listl 2005.
[17] Popplow 2010, S. 24-25; Epstein 2009, S. 210-211; Lindgren 1998, S. 317-336.
[18] Schulz 2010, S. 106.
[19] Popplow 2010, S. 36-37.
[20] Lohrmann 2007.
[21] Knobloch 1984.
[22] Leng 2002; Schulz 2010, S. 105.
[23] Zu technischen Zeichnungen Lindgren 1998, S. 45-72.
[24] Popplow 2010, S. 40.
[25] Klemm 1979; Boehm 1993; Schulz 2010, S. 132-141.
[26] Zum problematischen Verhältnis von Handwerk, Kunst und Theologie Schulz 2010, S. 110-120.
[27] Zum mittelalterlichen Maschinenbau White 1968, S. 87-104.
[28] Melville & Staub 2013, S. 178.
[29] Schulz 2010, S. 102-103.
[30] Gilomen 2014, S. 70-71; Melville & Staub 2013, S. 198.
[31] Zu Bergbau und Verhüttung Lindgren 1998, S. 235-300.
[32] Schulz 2010, S. 104.
[33] Zum Bergbau im Mittelalter Blanchard 2001a; Blanchard 2001b; Blanchard 2005; Jockenhövel 1996.
[34] Zur mittelalterlichen Bewaffnung Nicolle 1999. Zum Krieg im Mittelalter einführend Clauss 2009; Kortüm 2010; Ohler 1997; Prietzel 2006.
[35] White 1968, S. 25-38.
[36] Grundlegend zu Reisen im Mittelalter Ohler 2004. Zu Transport und Verkehr Melville & Staub 2013, S. 213-219; Popplow 2010, S. 48-60.
[37] Schulz 2010, S. 99-100.
[38] Zu Straßen und Verkehr vgl. Schwinges 2007.
[39] Melville & Staub 2013, S. 215; Schulz 2010, S. 99.
[40] Ohler 2004, S. 73; speziell zu den Alpenübergängen Hassinger 1978.
[41] Nach Ohler 2004, S. 111.
[42] Ohler 2004, S. 86.
[43] Zur Binnenschifffahrt Molkenthin 2006.

44	Schulz 2010, S. 98.
45	Lindgren 1998, S. 111–115.
46	Zur Schifffahrt Lindgren 1998, S. 337–380.
47	Henning 1977, S. 165.
48	Zu Schiffstypen Gardiner & Unger 1994.
49	Epstein 2009, S. 198.
50	Schulz 2010, S. 99.

Q 8.1 i Zu Theophilus Presbyter vgl. Brepohl 1987; Brepohl 1999; Freise 1985; Schulz 2010, S. 107–110.
ii Freise 1981.
iii Lindgren 1998, S. 147–168.

Q 8.2 i Rohr 2015, S. 191–193.

9 Wirtschaftsethik, Wirtschaftstheorie und Wirtschaftspolitik

1 Meyer 1998.
2 Melville & Staub 2013, S. 125.
3 Zur Bewertung der Arbeit im Mittelalter vgl. Postel 2006.
4 Hägermann & Schneider 1991, S. 322–324.
5 Zur Wirtschaftsethik des christlichen Altertums Brentano 1902.
6 Seresse 2011, S. 15–16.
7 Hägermann & Schneider 1991, S. 325.
8 Zur Wirtschaftsethik des Mittelalters Capitani 1974; De Roover 1974; Gilchrist 1969; Vitullo & Wolfthal 2010.
9 Kellenbenz 1980, S. 96.
10 Zur Wirtschaftsethik der Kirchenväter Seipel 1907.
11 Kellenbenz 1986, S. 27.
12 Zum Wucher in frühmittelalterlichen Rechtsquellen Siems 1992.
13 Kellenbenz 1986, S. 99–100.
14 Melville & Staub 2013, S. 129.
15 Kellenbenz 1980, S. 97.
16 Bériou 2009.
17 Zu den Preis- und Wirtschaftslehren des Thomas von Aquin u. a. Hagenauer 1931; Horst 1992; Recktenwald 1991 und Witteck 2002.
18 Mäkeler 2003.
19 Schulz 2010, S. 146–156.

Anmerkungen zu Kap. 9–10

Q 9.2 [1] Wadle 1971.
Q 9.3 [1] Bibliothek der Kirchenväter. Eine Auswahl patristischer Werke in deutscher Übersetzung. Lehrstuhl für Lateinische Patristik. Université Fribourg (online, Zugriff am 02.02.2020 unter http://www.unifr.ch/bkv/summa/kapitel593-4.htm).

10 Zusammenfassung und Ausblick

[1] Fuhrmann 2010.

Literatur

Abel, W. 1966, Agrarkrisen und Agrarkonjunktur: Eine Geschichte der Land- und Ernährungswirtschaft Mitteleuropas seit dem hohen Mittelalter, Hamburg 2. Aufl.
Abel, W. 1976, Die Wüstungen des ausgehenden Mittelalters, Stuttgart 3. Aufl.
Abel, W. 1978, Geschichte der deutschen Landwirtschaft vom frühen Mittelalter bis zum 19. Jahrhundert, Hamburg/Berlin 3. Aufl.
Achilles, W. 1983, Überlegungen zum Einkommen der Bauern im späten Mittelalter, in: Zeitschrift für Agrargeschichte und Agrarsoziologie 31, S. 5–26.
Adam, H. 1996, Das Zollwesen im fränkischen Reich und das spätkarolingische Wirtschaftsleben. Ein Überblick über Zoll, Handel und Verkehr im 9. Jahrhundert, Stuttgart.
Alioth, M. 1988, Gruppen an der Macht. Zünfte und Patriziat in Straßburg im 14. und 15. Jahrhundert. Untersuchungen zu Verfassung, Wirtschaftsgefüge und Sozialstruktur, 2 Bde., Basel/Frankfurt a. M.
Ammann, H. 1970, Die wirtschaftliche Stellung der Reichsstadt Nürnberg im Spätmittelalter, Nürnberg.
Astill, G./Langdon, J. (Hgg.) 1977, Medieval Farming and Technology, Leiden.
Attmann A. 1981, The Bullion Flow between Europe and the East 1000–1750, Göteborg.
Bader, K. S. 1962, Dorfgenossenschaft und Dorfgemeinde, Köln/Graz.
Bader, K. S. 1957, Das mittelalterliche Dorf als Friedens- und Rechtsbereich, Weimar.
Bartels, C./Fessner, M./Klappauf, L./Linke, F. A. 2007, Kupfer, Blei und Silber aus dem Goslarer Rammelsberg. Von den Anfängen bis 1620 (Montanregion Harz 8), Bochum.
Bayerl, G. 2013, Technik in Mittelalter und früher Neuzeit, Stuttgart.
Bennecke, N. (Hg.) 2003, Frühgeschichte der Landwirtschaft in Deutschland, Langenweissbach.
Benecke, N. 1994, Archäozoologische Studien zur Entwicklung der Haustierhaltung in Mitteleuropa und Südskandinavien von den Anfängen bis zum ausgehenden Mittelalter, Berlin.
Bériou, N. (Hg.) 2009, Économie et religion – L'expérience des orders mendicants (XIIIe–XVe siècle), Lyon.
Bergdolt, K. 2018, Die Pest. Geschichte des Schwarzen Todes, München 3. Aufl.
Bergdolt, K. 2017, Der Schwarze Tod in Europa: Die Große Pest und das Ende des Mittelalters, München 4. Aufl.
Berger, F. 1993–1996, Die mittelalterlichen Brakteaten im Kestner-Museum Hannover, 2 Teile, Hannover.
Beumann, H. 1994, Die Ottonen, Stuttgart/Berlin/Köln 3. Aufl.
Binding, G. 1993, Baubetrieb im Mittelalter, Darmstadt.

Binding, G. 2005, Wanderung von Werkmeistern und Handwerkern im frühen und hohen Mittelalter unter besonderer Berücksichtigung des Rhein-Main-Gebietes, Stuttgart.

Birkhan, H. 2012, Pflanzen im Mittelalter: Eine Kulturgeschichte, Wien.

Birkhan, H. 2010, Magie im Mittelalter, München.

Birkhan, H. (Hg.) 2006, Der achthundertjährige Pelzrock: Walther von der Vogelweide – Wolfger von Erla – Zeiselmauer (Sitzungsberichte der philosophisch-historischen Klasse 721), Wien.

Blanchard, I. 2001a, Mining, Metallurgy and Minting in the Middle Ages. Vol. 1: Asiatic Supremacy 425–1125, Stuttgart.

Blanchard, I. 2001b, Mining, Metallurgy and Minting in the Middle Ages. Vol. 2: Afro-European Supremacy 1125–1225, Stuttgart.

Blanchard, I. 2005, Mining, Metallurgy and Minting in the Middle Ages. Vol. 3: Continuing Afro-European Supremacy 1125–1225, Stuttgart.

Blickle, P. 1989, Studien zur geschichtlichen Bedeutung des deutschen Bauernstandes, Stuttgart/New York.

Boehm, L. 1993, Die artes mechanicae und die artes liberales im Mittelalter. Die praktischen Künste zwischen illiterater Bildungstradition und schriftlicher Wissenschaftskultur, in: Schnith, K. R./Pauler, R. (Hgg.), Festschrift für Eduard Hlawitschka zum 65. Geburtstag, Kallmünz, S. 419–444.

Bolton, J. L. 2012, Money in the medieval English economy 973–1489, Manchester.

Bolton, J. L. 1980, The Medieval English Economy 1150–1500, London.

Bompaire, M./Dumas, F. 2000, Numismatique Médiévale (L'Atelier du Médiéviste 7), Turnhout.

Borgolte, M. 2012, Planen für die Ewigkeit. Stiftungen im Mittelalter, in: Geschichte in Wissenschaft und Unterricht 63, S. 37–49.

Born, M. 1977, Geographie der ländlichen Siedlungen, Stuttgart.

Borst, A. 1999, Lebensformen im Mittelalter, Ulm.

Bosl, K. 1975, Die „familia" als Grundstruktur der mittelalterlichen Gesellschaft, in: Zeitschrift für Bayerische Landesgeschichte 38, S. 403–424.

Bosl, K. 1972, Die horizontale Mobilität der europäischen Gesellschaft im Mittelalter und ihre Kommunikationsmittel, in: Zwischen Donau und Alpen. Festschrift für Norbert Lieb zum 65. Geburtstag, München, S. 40–55.

Braudel, F./Spooner, F. 1967, Prices in Europe from 1450 to 1750, in: Rich, E. E./Wilson, C. H. (Hgg.), Cambridge Economic History of Europe IV, Cambridge, S. 378–486.

Brauer, M. 2013, Quellen des Mittelalters, Paderborn.

Brentano, L. 1902, Die wirtschaftlichen Lehren des christlichen Altertums, München.

Brepohl, E. 2013, Theophilus Presbyter und das mittelalterliche Kunsthandwerk, Köln/Weimar/Wien.

Brepohl, E. 1987, Theophilus Presbyter und die mittelalterliche Goldschmiedekunst, Wien.

Brunner, K. 1995, Continuity and Discontinuity of Roman Agricultural Knowledge in the Early Middle Ages, in: Sweeney, D. (Hg.), Agriculture in the Middle Ages. Technology, Practice and Representation, Philadelphia, S. 21–40.

Literatur

Buchheim, C. 1997, Einführung in die Wirtschaftsgeschichte, München.

Buchner, R. (Hg.) 1977, Quellen zur deutschen Verfassungs-, Wirtschafts- und Sozialgeschichte bis 1250 (FSGA XXXII), Darmstadt.

Bücher, K. 1886, Die Bevölkerung der Stadt Frankfurt am Main im 14. und 15. Jahrhundert, Tübingen.

Bulst, N. 1979, Der Schwarze Tod. Demographische, wirtschaftliche und kulturgeschichtliche Aspekte der Pestkatastrophe von 1347–1352, in: Saeculum 30, S. 45–67.

Busch, J. W. 2011, Die Herrschaften der Karolinger (Enzyklopädie deutscher Geschichte 88), München.

Capitani, O. (Hg.) 1974, L'etica economica medievale, Bologna.

Cherubini, G. 1972, Agricoltura e società rurale nel medioevo, Florenz.

Cipolla, C. M./Borchardt, K. (Hgg.) 1983, Europäische Wirtschaftsgeschichte, Bd. 1: Mittelalter, Stuttgart/New York 2. Aufl.

Cipolla, C. M./Borchardt, K. (Hgg.) 1971, Bevölkerungsgeschichte Europas. Mittelalter bis Neuzeit, München.

Claude, D. 1985, Der Handel im westlichen Mittelmeer während des Frühmittelalters, Göttingen.

Clauss, M. 2009, Ritter und Raufbolde. Vom Krieg im Mittelalter, Darmstadt.

Connolly, P./Martin, G. 1992, The Dublin Guild Merchant Roll, c. 1190–1265, Dublin.

Cooper, D. R. 1988, The Art and Craft of Coinmaking. A History of Minting Technology, London.

Comín, F./Hernández, M./Llopis, E. (Hgg.) 2016, Historia económica de España siglos X–XX, Barcelona 2. Aufl.

Comín, F./Hernández, M. (Hgg.) 2013, Crisis económicas en España 1300–2012. Lecciones de la historia, Madrid.

Cortázar, J. A. García de/Muñoz, J. A. Sesma 2016, Manual de Historia Medieval, Madrid 7. Aufl.

Cramer, J. 1981, Gerberhaus und Gerberviertel in der mittelalterlichen Stadt, Bonn.

Crusafont, M./Balaguer, A. M. 2013, Medieval European Coinage 6. The Iberian Peninsula, Cambridge.

Curry, A. 2015, Agincourt 1415. A new history, Stroud 4. Aufl.

Czysz, W. 1993, Eine bajuwarische Wassermühle im Paartal bei Dasing, in: Das Archäologische Jahr in Bayern, S. 125–128

Czysz, W. 1994, Eine bajuwarische Wassermühle im Paartal bei Dasing, in: Antike Welt 25, S. 152–154.

Czysz, W. 1998, Die ältesten Wassermühlen. Archäologische Entdeckungen im Paartal bei Dasing, Thierhaupten.

Dannenberg, H. 1876–1905, Die deutschen Münzen der sächsischen und fränkischen Kaiserzeit, 4 Bde., Berlin.

Day, W. R./Matzke, M./Saccocci, A. 2016, Medieval European Coinage 12. Italy I: Northern Italy, Cambridge.

Day, J. 1987, The Medieval Market Economy, Oxford.

Day, J. 1978, The Great Bullion Famine of the Fifteenth Century, in: Past & Present 79, S. 3–54.

Deckers, D. 2017, Wein: Geschichte und Genuss, München.

Delort, R. 1987, Der Elefant, die Biene und der heilige Wolf. Die wahre Geschichte der Tiere, München.

Denecke, D. 1980, Sozialtopographische und sozialräumliche Gliederung der spätmittelalterlichen Stadt. Problemstellungen, Methoden und Betrachtungsweisen der historischen Wirtschafts- und Sozialtopographie, in: Fleckenstein, J./Stackmann, K. (Hgg.), Über Bürger, Stadt und städtische Literatur, Göttingen, S. 161–201.

De Roover, R. A. 1974, Business, Banking and Economic Thought in Late Medieval and Early Modern Europe, Chicago/London.

Diefenbacher, M. 2000, Massenproduktion und Spezialisierung. Das Handwerk in der Reichsstadt Nürnberg, in: Kaufhold, K. H./Reininghaus, W. (Hgg.), Stadt und Handwerk in Mittelalter und Früher Neuzeit, Köln/Weimar/Wien, S. 211–228.

Dini, B. (Hg.) 1980, Una Pracitca di Mercatura in Formazione (1394–1395), Florenz.

Dollinger, P. 2012, Die Hanse, Stuttgart 6. Aufl.

Dopsch, A. 1916, Das Capitulare de Villis, die Brevium Exempla und der Bauplan von St. Gallen, in: Vierteljahrschrift für Sozial- und Wirtschaftsgeschichte 13, S. 41–70.

Duby G. 1983, Die Landwirtschaft des Mittelalters 900–1500, in: Cipolla, C. M./Borchardt, K. (Hgg.), Europäische Wirtschaftsgeschichte, Bd. 1: Mittelalter, Stuttgart/New York 2. Aufl., S. 111–139.

Duplessy, J. 2004–2010, Les monnaies françaises féodales, 2 Bde., Paris.

Duplessy, J. 1999, Monnaies françaises royales, I. Hugues Capet – Louis XII, Paris/Maastricht 2. Aufl.

Ebel, F. 1999, Sachsenspiegel. Landrecht und Lehnrecht, Stuttgart.

Eger, C. 2004, Krone und Kreuz König Svinthilas. Westgotische Hofkunst und „plate-inlaying" im 6. und 7. Jahrhundert, in: Madrider Mitteilungen 45, S. 449–506.

Ehrend, H. 2005, Speyerer Münzgeschichte. Teil I: Münzen und Medaillen (um 650–1900) (Speyerer Numismatische Beiträge 20), Speyer.

Elkar, R./Keller, K./Schneider, H. 2014, Handwerk. Von den Anfängen bis zur Gegenwart, Stuttgart.

Emmerig, H. 2006, Glossar zu Münztechnik und Münzverwaltung in Spätmittelalter und früher Neuzeit. Zum frühneuhochdeutschen Wortschatz in ausgewählten Quellen (14.–17. Jahrhundert) (Abhandlungen der Braunschweigischen Wissenschaftlichen Gesellschaft 55), Braunschweig.

Engel, E. 1993, Die deutsche Stadt des Mittelalters, München.

Engelsing, R. 1973, Sozial- und Wirtschaftsgeschichte Deutschlands, Göttingen.

Ennen, E. 1972, Die europäische Stadt des Mittelalters, Göttingen 4. Aufl.

Ennen, E./Janssen, W. 1979, Deutsche Agrargeschichte. Vom Neolithikum bis zur Schwelle des Industriezeitalters, Wiesbaden.

Ennen, R. 1971, Zünfte und Wettbewerb. Möglichkeiten und Grenzen zünftlerischer Wettbewerbsbeschränkungen im städtischen Handel und Gewerbe des Spätmittelalters, Köln/Wien.

Enseleit, T./Peters, C. (Hg.) 2017, Bilder vom Mittelalter. Vorstellungen von einer vergangenen Epoche und ihre Inszenierung in modernen Medien (Wissenschaftliche Schriften der WWU Münster X,26), Münster.
Epperlein, S. 2003, Bäuerliches Leben im Mittelalter. Schriftquellen und Bildzeugnisse, Köln/Weimar/Wien.
Epperlein, S. 1960, Bauernbedrückung und Bauernwiderstand im hohen Mittelalter, Berlin.
Epstein, S. A. 2009, An Economic and Social History of Later Medieval Europe, 1000–1500, Cambridge.
Erickson, S. M. 1999, The Extension of Viticulture in the Early Middle Ages in its Historical Perspective, Long Beach.
Erlen, P. 1992, Europäischer Landesausbau und mittelalterliche deutsche Ostsiedlung. Ein struktureller Vergleich zwischen Südwestfrankreich, den Niederlanden und dem Ordensland Preußen, Marburg.
Fansa, M./Ritzau, C. (Hgg.) 2008, Von der Kunst mit Vögeln zu jagen – Kulturgeschichte und Ornithologie. Begleitband zur Sonderausstellung „Kaiser Friedrich II. (1194–1250). Welt und Kultur des Mittelmeerraums" im Landesmuseum für Natur und Mensch in Oldenburg, Mainz.
Favier, J. 1992, Gold und Gewürze. Der Aufstieg des Kaufmanns im Mittelalter, Darmstadt.
Feldbauer, P. 2019, At-Tiğāra. Handel und Kaufmannskapital in der islamischen Welt des 7.–13. Jahrhunderts, Wien.
Feldbauer, P./Liedl, G. 2008, Die islamische Welt 1000 bis 1517. Wirtschaft, Gesellschaft, Staat, Wien.
Felke, G. 1989, Die Goldprägungen der Rheinischen Kurfürsten 1346–1487. Mainz – Trier – Köln – Pfalz, Köln.
Fößel, A./Hettinger, A. 2000, Klosterfrauen, Beginen, Ketzerinnen. Religiöse Lebensformen von Frauen im Mittelalter (Historisches Seminar. Neue Folge 12), Idstein.
Fouquet, G. 1999, Bauen für die Stadt. Finanzen, Organisation und Arbeit in kommunalen Baubetrieben des Spätmittelalters, Köln.
Fourastié, J. 1954, Die große Hoffnung des 20. Jahrhunderts, Köln.
Flaig E. 2018, Weltgeschichte der Sklaverei, München 3. Aufl.
Franz, G. 1976, Geschichte des deutschen Bauernstandes vom frühen Mittelalter bis zum 19. Jahrhundert, Stuttgart 2. Aufl.
Franz, G. (Hg.) 1974, Quellen zur Geschichte des deutschen Bauernstandes im Mittelalter (FSGA XXXI), Darmstadt.
Freise, E. 1985, Zur Person des Theophilus und seiner monastischen Umwelt, in: Ornamenta Ecclesiae. Kunst und Künstler der Romanik, Bd. 1, Köln, S. 357–362.
Freise, E. 1981, Roger von Helmarshausen in seiner monastischen Welt, in: Frühmittelalterliche Studien 15, S. 180–293.
Friedland, K. 1991, Die Hanse, Stuttgart.
Frugoni, C./Listl, V. 2005, Das Mittelalter auf der Nase. Brillen, Bücher, Bankgeschäfte und andere Erfindungen des Mittelalters, München.

Fuhrmann, H. 2010, Überall ist Mittelalter. Von der Gegenwart einer vergangenen Zeit, München 3. Aufl.

Gaettens, R. 1963, Die Wirtschaftsgebiete und der Wirtschaftsgebietspfennig der Hohenstaufenzeit, Halle a. d. Saale.

Gardiner, R./Unger, R. W. (Hgg.) 1994, Cogs, Caravels and Galleons. The Sailing Ship 1000–1650, London.

Gerlich, A. (Hg.) 1993, Weinbau, Weinhandel und Weinkultur. Sechstes Alzeyer Kolloquium, Stuttgart.

Gilchrist, J. 1969, The Church and Economic Activity in the Middle Ages, London/New York.

Gilomen H.-J. 2014, Wirtschaftsgeschichte des Mittelalters, München.

Glaser, R. 2013, Klimageschichte Mitteleuropas. 1200 Jahre Wetter, Klima, Katastrophen. Mit Prognosen für das 21. Jahrhundert, Darmstadt 3. Aufl.

Gleba, G. 2004, Klosterleben im Mittelalter, Darmstadt.

Gleitsmann, R.-J./Kunze, R.-U./Oetzel, G. 2009, Technikgeschichte, Konstanz.

Goetz, H.-W. 2014, Proseminar Geschichte: Mittelalter, Stuttgart 4. Aufl.

Goetz, H.-W. 2003, Europa im frühen Mittelalter 500–1050 (Handbuch der Geschichte Europas 2), Stuttgart.

Goetz, H.-W. 1987, Leben im Mittelalter vom 7. bis zum 13. Jahrhundert, München 3. Aufl.

González, A./Matés, J. M. (Hgg.) 2013, Historia económica de España, Barcelona 2. Aufl.

Görich, K. 2005, Geld und Ehre: Friedrich Barbarossa, in: Grubmüller, B./Stock, M. (Hgg.), Geld im Mittelalter, Darmstadt, S. 113–134

Gozalbes, M. 2017, Artifices Monetales, Documentos Digitales de Arqueología (DoDiA) 03, Valencia.

Graham-Campbell, J. 2011, Silver economies, monetisation and society in Scandinavia, AD 800–1100, Aarhus.

Greule, A./Kluge, E./Jarnut, J./Selig, M. (Hgg.) 2017, Die merowingischen Monetarmünzen als interdisziplinär-mediävistische Herausforderung (MittelalterStudien 30), Paderborn.

Grierson, P./Travaini, L. 1998, Medieval European Coinage 14. Italy III: South Italy, Sicily, Sardinia, Cambridge.

Grierson, P./Blackburn, M. 1986, Medieval European Coinage 1. Early Middle Ages (5th–10th centuries), Cambridge.

Grierson, P. 1976, Münzen des Mittelalters, München.

Großmann, G. U. 2013, Die Welt der Burgen. Geschichte, Architektur, Kultur, München.

Grubmüller, B./Stock, M. (Hgg.) 2005, Geld im Mittelalter, Darmstadt.

Häberlein, M./Jeggle, C. (Hgg.) 2004, Vorindustrielles Gewerbe. Handwerkliche Produktion und Arbeitsbeziehungen in Mittelalter und Früher Neuzeit, Konstanz.

Hagenauer, S. 1931, Das „iustum pretium" bei Thomas von Aquino. Ein Beitrag zur Geschichte der objektiven Werttheorie, Stuttgart.

Hägermann, D./Schneider, H. (Hgg.) 1991, Propyläen-Technikgeschichte. Landbau und Handwerk 750 v. Chr. bis 1000 n. Chr., Berlin.

Hägermann, D. 1993, Artikel „Pflug", in: Lexikon des Mittelalters, Bd. VI, München/Zürich, Sp. 2048–2049.
Hägermann, D. 1989: Quellenkritische Bemerkungen zu den karolingerzeitlichen Urbaren und Güterverzeichnissen, in: Rösener, W. (Hg.), Strukturen der Grundherrschaft im frühen Mittelalter, Göttingen, S. 47–73.
Hägermann, D. 1988, Der Abt als Grundherr. Kloster und Wirtschaft im frühen Mittelalter, in: Prinz, F. (Hg.), Herrschaft und Kirche. Beiträge zur Entstehung und Wirkungsweise episkopaler und monastischer Organisationsformen (Monographien zur Geschichte des Mittelalters 33), Stuttgart, S. 345–385.
Hägermann, D. 1986, Anmerkungen zum Stand und den Aufgaben frühmittelalterlicher Urbarforschung, in: Rheinische Vierteljahrsblätter 50, S. 32–58.
Hägermann, D. 1981, Eine Grundherrschaft des 13. Jahrhunderts im Spiegel des Frühmittelalters. Caesarius von Prüm und seine kommentierte Abschrift des Urbars von 893, in: Rheinische Vierteljahrsblätter 45, S. 1–34.
Hammel-Kiesow, R./Puhle, M./Wittenburg, S. 2015, Die Hanse, Darmstadt 2. Aufl.
Hammel-Kiesow, R. 2014, Die Hanse, München 5. Aufl.
Hammer, P. 1993, Metall und Münze, Leipzig/Stuttgart.
Harte, N. B./Ponting, K. G. (Hgg.) 1983, Cloth and Clothing in Medieval Europe, London.
Hartmann, M. 2004, Mittelalterliche Geschichte studieren (UTB basics), Konstanz.
Hartmann, W. 1995, Deutsche Geschichte in Quellen und Darstellung. Bd. 1: Frühes und hohes Mittelalter 750–1250, Stuttgart.
Hassinger, H. 1973, Die Alpenübergänge vom Mont Cenis bis zum Simplon im Spätmittelalter, in: Schneider, J. (Hg.), Wirtschaftskräfte und Wirtschaftswege, Bd. 1: Mittelmeer und Kontinent. Festschrift für Hermann Kellenbenz, Stuttgart, S. 197–224.
Hatz, G. 1974, Handel und Verkehr zwischen dem Deutschen Reich und Schweden in der späten Wikingerzeit. Die deutschen Münzen des 10. und 11. Jahrhunderts in Schweden, Stockholm/Lund.
Hatz, V./Welin, U. S. L. 1968, Deutsche Münzen nach byzantinisch-arabischem Vorbild in den schwedischen Funden der Wikingerzeit, in: Commentationes de nummis saeculorum IX–XI in Suecia repertis 2, Stockholm, S. 1–38.
Heger, H. 1970, Das Lebenszeugnis Walthers von der Vogelweide. Die Reiserechnungen des Passauer Bischofs Wolfger von Erla, Wien.
Heimann, H.-D. 1997, Einführung in die Geschichte des Mittelalters, Stuttgart.
Hellwig, H. 1916, Zur Geschichte des Koblenzer Moselzolls, in: Trierisches Archiv 26/27, S. 66–144.
Henning, F.-W. 1991, Handbuch der Wirtschafts- und Sozialgeschichte Deutschlands, Bd. 1: Deutsche Wirtschafts- und Sozialgeschichte im Mittelalter und in der frühen Neuzeit, Paderborn/München/Wien/Zürich.
Henning, F.-W. 1994, Deutsche Agrargeschichte des Mittelalters. 9. bis 15. Jahrhundert, Stuttgart.
Henning, F.-W. 1977, Das vorindustrielle Deutschland 800–1800, Paderborn 3. Aufl.
Herbers, K. 2006, Geschichte Spaniens im Mittelalter. Vom Westgotenreich bis zum Ende des 15. Jahrhunderts, Stuttgart.

Herlihy, D./Klapisch-Zuber, C. 1985, Tuscans and their Families. A Study of the Florentine Catasto of 1427, New Haven/London.

Heß, W. 1996, Die mittelalterliche Münztechnik, in: Lindgren, U. (Hg.), Europäische Technik im Mittelalter 800 bis 1200. Tradition und Innovation. Ein Handbuch, Berlin, S. 137–143.

Heß, W 1974, Zoll, Markt und Münze im 11. Jahrhundert. Der älteste Koblenzer Zolltarif im Lichte der numismatischen Quellen, in: Beumann, H. (Hg.), Historische Forschungen für Walter Schlesinger, Köln/Wien, S. 170–193.

Hesse, J.-O./Teupe, S. 2019, Wirtschaftsgeschichte: Entstehung und Wandel der modernen Wirtschaft (Historische Einführungen), Frankfurt a. M.

Heßler M. 2012, Kulturgeschichte der Technik, Frankfurt a. M.

Heusinger, S. von 2009, Die Zunft im Mittelalter. Zur Verflechtung von Politik, Wirtschaft und Gesellschaft in Straßburg (Vierteljahrschrift für Sozial- und Wirtschaftsgeschichte, Beiheft 206), Stuttgart.

Hielscher, K. 1969, Fragen zu den Arbeitsgeräten der Bauern im Mittelalter, in: Zeitschrift für Agrargeschichte und Agrarsoziologie 17, S. 6–43.

Higuonet, C. 1986, Die deutsche Ostsiedlung im Mittelalter, Berlin.

Hilsch P. 2012, Das Mittelalter – Die Epoche (UTB basics), München 3. Aufl.

Hirschfelder, G./Trummler, M. 2016, Bier. Eine Geschichte von der Steinzeit bis heute, Darmstadt.

Hirschmann, F. G. 2016, Die Stadt im Mittelalter (Enzyklopädie deutscher Geschichte 84), München 3. Aufl.

Hofmann, G./Krebber, W. 2008, Die Beginen. Geschichte und Gegenwart, Kevelaer.

Horst, U. 1992, Evangelische Armut und Kirche. Thomas von Aquin und die Armutskontroversen des 13. und beginnenden 14. Jahrhunderts, Berlin.

Isenmann, E. 2012, Die deutsche Stadt im Mittelalter 1150–1550. Stadtgestalt, Recht, Verfassung, Stadtregiment, Kirche, Gesellschaft, Wirtschaft, Köln.

Irsigler, Z. 2006, Mehring: Ein Prümer Winzerdorf um 900, in: Henn, V./Holbach, R./Pauly, M./Schmid, W. (Hgg.), Miscellanea Franz Irsigler. Festgabe zum 65. Geburtstag, Trier, S. 349–374.

Jacob, F. (Hg.) 2016, Pferde in der Geschichte: Begleiter in der Schlacht, Nutztier, literarische Inspiration (Beiträge zur Tiergeschichte) Marburg.

Jahnke, K. 2014, Die Hanse, Stuttgart.

Jankrift, K. P. 2005, Mit Gott und schwarzer Magie: Medizin im Mittelalter, Stuttgart.

Jankrift, K. P. 2003, Krankheit und Heilkunde im Mittelalter, Darmstadt.

Jankuhn, H. (Hg.) 1981/1983, Das Handwerk in vor- und frühgeschichtlicher Zeit, 2 Bde., Göttingen.

Jankuhn, H. 1975, Haithabu. Ein Handelsplatz der Wikingerzeit, Neumünster.

Jarnut, J./Strothmann, J. 2014, Die Merowingischen Monetarmünzen als Quelle zum Verständnis des 7. Jahrhunderts in Gallien (MittelalterStudien 27), Paderborn.

Jaspert, N. 2019, Die Reconquista. Christen und Muslime auf der Iberischen Halbinsel 711–1492, München.

Jaspert, N. 2013, Die Kreuzzüge, Darmstadt 6. Aufl.

Jesse, W. 1928, Der Wendische Münzverein, Lübeck.

Jesse, W. 1924, Quellenbuch zur Münz- und Geldgeschichte des Mittelalters, Halle a. d. Saale.

Jockenhövel, A. (Hg.) 1996, Bergbau, Verhüttung und Waldnutzung im Mittelalter. Auswirkungen auf Mensch und Umwelt (VSWG Beihefte 121), Stuttgart.

Johanek, P. 1985, Der fränkische Handel in der Karolingerzeit im Spiegel der Schriftquellen, in: Düwel, K. et al. (Hgg.), Untersuchungen zu Hanel und Verkehr in vor- und frühgeschichtlicher Zeit in Mittel- und Nordeuropa, Göttingen, S. 7-68.

Johanek, P./Stoob, H. (Hgg.) 1996, Europäische Messen und Märktesysteme, Köln.

Kamp, N. 2006, Moneta regis. Königliche Münzstätten und königliche Münzstättenpolitik in der Stauferzeit, Hannover.

Karsten, A. 2012, Geschichte Venedigs, München.

Karsten, A. 2008, Kleine Geschichte Venedigs, München.

Kaufhold, K. H./Reininghaus, W. (Hgg.) 2000, Stadt und Handwerk in Mittelalter und Früher Neuzeit, Köln.

Kellenbenz, H. (Hg.) 1986, Handbuch der europäischen Wirtschafts- und Sozialgeschichte, Bd. 3: Europäische Wirtschafts- und Sozialgeschichte vom ausgehenden Mittelalter bis zur Mitte des 17. Jahrhunderts, Stuttgart.

Kellenbenz, H. (Hg.) 1980, Handbuch der europäischen Wirtschafts- und Sozialgeschichte, Bd. 2: Europäische Wirtschafts- und Sozialgeschichte im Mittelalter, Stuttgart.

Keller, C. 1702, Historia universalis breviter ac perspicue exposita, in antiquam, et medii aevi ac novam divisa, cum notis perpetuis, Jena.

Keupp, J. 2011, Mode im Mittelalter, Darmstadt.

Keussen, H. 1910, Topographie der Stadt Köln im Mittelalter, 2 Bände, Bonn.

Kieckhefer, R. 1992, Magie im Mittelalter, München.

Kiehling, H. 2009, Wirtschafts- und Sozialgeschichte kompakt, München.

Kiesow, G. 2011, Wege zur Backsteingotik. Eine Einführung, Bonn.

Kießling, R./Troßbach, W. 2016, Grundzüge der Agrargeschichte, Bd. 1: Vom Spätmittelalter bis zum Dreißigjährigen Krieg (1350–1650), Köln.

Klemm, F. 1998, Geschichte der Technik. Der Mensch und seine Erfindungen im Bereich des Abendlandes, Berlin.

Klemm, F. 1979, Die sieben mechanischen Künste des Mittelalters, in: Klemm, F., Zur Kulturgeschichte der Technik. Aufsätze und Vorträge, München, S. 77-81.

Kloft, J. 1982, Die Koblenzer Zollrolle, in: Zeugnisse Rheinischer Geschichte. Urkunden, Akten und Bilder aus der Geschichte der Rheinlande. Veröffentlichungen der Landesarchivverwaltung Rheinland-Pfalz, Neuss, S. 178-180.

Klüßendorf, N. 2009, Münzkunde (Hahnsche Historische Hilfswissenschaften 5), Hannover.

Kluge, A. 2007, Die Zünfte, Stuttgart.

Kluge, B. 2016, Münzen. Eine Geschichte von der Antike bis zur Gegenwart, München.

Kluge, B. 2014, Am Beginn des Mittelalters. Die Münzen des karolingischen Reiches 751 bis 814, Berlin.

Kluge, B. 2007, Numismatik des Mittelalters. Handbuch und Thesaurus Nummorum Medii Aevi, Berlin/Wien.

Kluge, B. 2005: Geld im Mittelalter – Numismatische Einführung, in: Grubmüller, B./ Stock, M. (Hgg.), Geld im Mittelalter, Darmstadt, S. 18–33.

Kluge, B. 1991, Deutsche Münzgeschichte von der späten Karolingerzeit bis zum Ende der Salier, Sigmaringen.

Knefelkamp U. 2002, Das Mittelalter. Geschichte im Überblick, Paderborn/München/ Wien/Zürich.

Knobloch, E. (Hg.) 1984, Mariano Taccola. De rebus militaribus, (Saecula spiritalia 11), Baden-Baden.

Koch, R. 1991, Brücke zwischen den Völkern. Zur Geschichte der Frankfurter Messe, 3 Bde., Frankfurt a. M.

Kölzer, T. 1982, Nochmals zum ältesten Koblenzer Zolltarif, in: Aus Archiven und Bibliotheken (Freiburger Beiträge zur mittelalterlichen Geschichte 3), Frankfurt, S. 291–310.

König, W. 2009, Technikgeschichte. Eine Einführung in ihre Konzepte und Forschungsergebnisse (Grundzüge der modernen Wirtschaftsgeschichte 7), Stuttgart.

Kortüm, H.-H. 2010, Kriege und Krieger 500–1500, Stuttgart.

Koß, G. 2002, Namenforschung. Eine Einführung in die Onomastik, Tübingen 3. Aufl.

Krusy, H. 1974, Gegenstempel auf Münzen des Spätmittelalters, Frankfurt a. M.

Kuchenbuch, L. 1991, Grundherrschaft im früheren Mittelalter (Historisches Seminar, Neue Folge 1), Darmstadt.

Kuchenbuch, L. 1988, Die Klostergrundherrschaft im Frühmittelalter. Eine Zwischenbilanz, in: Prinz, F. (Hg.), Herrschaft und Kirche. Beiträge zur Entstehung episkopaler und monastischer Organisationsformen, Stuttgart, S. 279–343.

Kuchenbuch, L. 1978, Bäuerliche Gesellschaft und Klosterherrschaft im 9. Jahrhundert. Studien zur Sozialstruktur der Familia der Abtei Prüm (Vierteljahrschrift für Sozial- und Wirtschaftsgeschichte, Beiheft 66), Wiesbaden.

Kuhn, W. 1972, Vergleichende Untersuchungen zur Mittelalterlichen Ostsiedlung, Köln/Wien.

Kümper, H./Pastors, M. 2008, Mittelalter (Fundus Quellen für den Geschichtsunterricht), Schwalbach.

Kypta, U./Bruch, J./Skambraks, T. (Hgg.) 2019, Methods in Premodern Economic History. Case Studies from the Holy Roman Empire, c. 1300–c. 1600, London.

Lacarra, J. M. 1950, Un arancel de aduanas del siglo XI, Zaragoza.

Lampen, A. 2000, Fischerei und Fischhandel im Mittelalter, Husum.

Larner, J. 1999, Marco Polo and the Discovery of the World, New Haven.

Laufner, R. 1964, Der älteste Koblenzer Zolltarif, in: Landeskundliche Vierteljahrsblätter 10,2, S. 101–102.

Le Goff, J. 2011, Geld im Mittelalter, Stuttgart.

Lehmann, R. 2015, Archäometrische Untersuchungen am ULFBERHT-Schwert, in: Nachrichten aus Niedersachsens Urgeschichte 84, S. 185–192.

Leng, R. 2002, Ars belli. Deutsche taktische und kriegstechnische Bilderhandschriften und Traktate im 15. und 16. Jahrhundert, 2 Bde., Wiesbaden.

Lindgren, U. 1998, Europäische Technik im Mittelalter 800–1400. Tradition und Innovation. Ein Handbuch, Berlin.

Literatur

Lloyd, T. H. 1991, England and the German Hanse 1157–1611, Cambridge.
Lohrmann, D. 2007, Das Maschinenbuch des Konrad Gruter für Erich VII., König von Dänemark (1424), in: Deutsches Archiv für Erforschung des Mittelalters 63, S. 71–92.
Lopez, R. 1976, The Commercial Revolution of the Middle Ages, New York.
López, R. S. 1954, El origen de la oveja merina, in: Estudios de Historia Moderna 4, S. 121–134.
Lubich, G. 2010, Das Mittelalter. Orientierung Geschichte, Paderborn/München/Wien/Zürich.
Lücke, M./Dräger, U. (Hgg.) 2004, „die Mark zu 13 Reichstaler und 8 Groschen beibehalten werde". Die ALTE MÜNZE in Stolberg (Harz), Halle a. d. Saale.
Luke, K. 1989, Die Entwicklung der Tierhaltung in Deutschland bis zum Beginn der Neuzeit, Saarbrücken.
Mäkeler, H. 2010, Reichsmünzwesen im späten Mittelalter, Bd. 1: Das 14. Jahrhundert, Stuttgart.
Mäkeler, H. 2003, Nicolas Oresme und Gabriel Biel. Zur Geldtheorie im späten Mittelalter, in: Scripta Mercaturae. Zeitschrift für Wirtschafts- und Sozialgeschichte 37, S. 56–94.
Malanima, P. 2010, Europäische Wirtschaftsgeschichte. 10.–19. Jahrhundert, Wien/Köln/Weimar.
Masschaelle, J. 1997, Peasants, Merchants and Markets: Inland Trade in Medieval England 1150–1350, Basingstoke.
Matheus, M. (Hg.) 1999, Weinproduktion und Weinkonsum im Mittelalter, Stuttgart.
Mayer, T. 1923/1924, Zur Entstehung des Capitulare de villis, in: Vierteljahrschrift für Sozial- und Wirtschaftsgeschichte 17, S. 112–127.
Mayhew, N. J. 1995, Population, Money Supply, and the Velocity of Circulation in England 1300–1700, in: History Review XLVIII, S. 238–257.
McCormick, M. 2001, Origins of the European Economy. Communications and Commerce, A.D. 300–900. Cambridge.
Meding, H. R. 2006, Die Herstellung von Münzen. Von der Handarbeit im Mittelalter zu den modernen Fertigungsverfahren, Frankfurt a. M.
Mehl, M. 2001, Münz- und Geldgeschichte des Erzbistums Magdeburg im Mittelalter, Hamburg.
Meier, D. 2004, Seefahrer, Händler und Piraten im Mittelalter, Ostfildern.
Meinhardt, M./Ranft, A./Selzer, S. (Hgg.) 2009, Oldenbourg Geschichte Lehrbuch: Mittelalter, München 2. Aufl.
Melville, G./Staub, M. (Hgg.) 2013, Enzyklopädie des Mittelalters, 2 Bde., Darmstadt.
Menadier, J. 1913, Die Aachener Münzen, Berlin.
Metz, W. 1954, Das Problem des Capitulare de villis, in: Zeitschrift für Agrargeschichte und Agrarsoziologie 2, S. 96–104.
Metz, W. 1966, Drei Abschnitte zur Entstehungsgeschichte des Capitulare de Villis, in: Deutsches Archiv für Erforschung des Mittelalters 22, S. 263–276.
Metzger, W. 2008, Archäologie und mittelalterliches Handwerk – eine Standortbestimmung, Soest.

Metzger, W. 2002, Handwerk und Handel des Mittelalters im Spiegel der Buchmalerei, Graz.

Meußdoerffer, F./Zarnkow, M. 2016, Das Bier: Eine Geschichte von Hopfen und Malz, München.

Meyer, U. 1998, Soziales Handeln in Zeichen des „Hauses". Zur Ökonomik in der Spätantike und im frühen Mittelalter, Göttingen.

Miskimin, H. 1989, Cash, Credit and Crisis in Europe 1300–1600, Aldershot.

Mitterauer, M. 1964, Wirtschaft und Verfassung in der Zollordnung von Raffelstetten, in: Mitteilungen des oberösterreichischen Landesarchivs 8, S. 344–373.

Moeglin, J.-M./Müller, R. A. (Hgg.) 2000, Deutsche Geschichte in Quellen und Darstellung. Bd. 2: Spätmittelalter. 1250–1495, Stuttgart.

Molkenthin, R. 2006, Straßen aus Wasser. Technische, wirtschaftliche und militärische Aspekte der Binnenschifffahrt im Westeuropa des frühen und hohen Mittelalters, Berlin.

Möncke, G. 1982, Quellen zur Wirtschafts- und Sozialgeschichte mittel- und oberdeutscher Städte im Spätmittelalter (FSGA XXXVII), Darmstadt.

Moesta, H./Franke, P. R. 1995, Antike Metallurgie und Münzprägung. Ein Beitrag zur Technikgeschichte, Basel.

Morrison, K. F./Grunthal, H. 1967, Carolingian Coinage, New York.

Müller, H. 2015, Akademie Studienbücher Geschichte: Mittelalter, Berlin/Boston 2. Aufl.

Müller-Sternberg, R./Nellner, W. (Hgg.) 1969, Deutsche Ostsiedlung – Eine Bilanz für Europa, Bielefeld.

Müller-Wille, M. 1970, Ein neues ULFBERHT-Schwert aus Hamburg. Verbreitung, Formenkunde und Herkunft, in: Offa. 27, S. 65–91.

Münkler, M. 2015, Marco Polo. Leben und Legende, München 2. Aufl.

Naismith, R. 2018, Money and Coinage in the Middle Ages (Reading Medieval Sources 1), Leiden.

Nau, E. 1977, Münzen und Geld in der Stauferzeit, in: Die Zeit der Staufer. Geschichte – Kunst – Kultur, Stuttgart, Bd. III: Aufsätze, S. 87–102.

Neal, L./Cameron, R. 2016, Historia Económica mundial. Desde el Paleolítico hasta el presente, Madrid 5. Aufl.

Neukam, W. G. 1951, Ein Einbruch in das burggräfliche Geleite in der Nähe Egers durch den Landgrafen von Leuchtenberg und seine Helfer 1413, in: Mitteilungen des Vereins für Geschichte der Stadt Nürnberg 42, S. 98–144.

Nicolle, D. 1999, Arms and Armour of the Crusading Era (1050–1350), 2 Bde., London.

Niemann, H.-W. 2009, Europäische Wirtschaftsgeschichte. Vom Mittelalter bis heute, Darmstadt.

Nitz, H.-J. (Hg.) 1974, Historisch-genetische Siedlungsforschung. Genese und Typen ländlicher Siedlungen und Flurformen, Darmstadt.

Nolden, R. (Hg.) 1993, Anno verbi incarnati DCCCXCIII conscriptum. 1100 Jahre Prümer Urbar, Trier (mit einer Übersetzung von Nikolaus Nösges, S. 17–115).

Nolte, C. 2011, Fruen und Männer in der Gesellschaft des Mittelalters, Darmstadt.

Nonn, U. (Hg.) 2007, Quellen zur Alltagsgeschichte im Früh- und Hochmittelalter (FSGA XL), 2 Bde., Darmstadt.
North, M. 2009, Kleine Geschichte des Geldes. Vom Mittelalter bis heute, München.
North, M. 2007, Europa expandiert 1250-1500 (Handbuch der Geschichte Europas, Bd. 4), Stuttgart.
North, M. (Hg.) 2005, Deutsche Wirtschaftsgeschichte. Ein Jahrtausend im Überblick, München 2. Aufl.
North, J. 1994, English Hammered Coinage, Vol. I: Early Anglo-Saxon to Henry III, c. 600-1272, Vol. II: 1272-1662, London 3. Aufl.
Oakeshott, E. 1998, The Sword in the Age of Chivalry, Woodbridge 2. Aufl.
Obenaus, A./Pfister, E./Tremml-Werner, B. (Hgg.) 2012, Schrecken der Händler und Herrscher. Piratengemeinschaften in der Geschichte, Wien.
Oeser, E. 2016, Pferd und Mensch: Die Geschichte einer Beziehung, Darmstadt.
Ohler, N. 2004, Reisen im Mittelalter, Düsseldorf/Zürich.
Ohler, N. 1997, Krieg und Frieden im Mittelalter, München.
Peirce, I./Oakeshott, E. 2002, Swords of the Viking Age, Woodbridge.
Petri, I. 2019, VLFBERHT swords. Origin, material and manufacture, in: History Compass 17,4. DOI: 10.1111/hic3.12529
Pfeffer, F. 1955, Raffelstetten und Tabersheim. Zur Geschichte des Salzverkehrs im Raum von Linz, in: Jahrbuch der Stadt Linz 1954, Linz, S. 33-132.
Pierenkemper, T. 2015, Wirtschaftsgeschichte. Die Entstehung der modernen Volkswirtschaft, Berlin/Boston 2. Aufl.
Pierenkämper, T. 2005, Wirtschaftsgeschichte Eine Einführung – oder: Wie wir reich wurden, München.
Pittioni, M. 2011, Genua – Die versteckte Weltmacht, Wien.
Pitz, E. 1991, Europäisches Städtewesen und Bürgertum. Von der Spätantike bis zum hohen Mittelalter, Darmstadt.
Pliego, R. 2009, La Moneda Visigoda, 2 Bde., Sevilla.
Pohlmann, H. 1973, Die Quellen des Handelsrechts, in: Coing, H. (Hg.), Handbuch der Quellen und Literatur der neueren europäischen Privatrechtsgeschichte, Bd. 1: Mittelalter (1100-1500), München, S. 801-834.
Polanyi, K. 1944, The Great Transformation: The Political and Economic Origins of our time, Boston.
Popplow, M. 2010, Technik im Mittelalter, München.
Postel, V. (Hg.) 2006, Arbeit im Mittelalter. Vorstellungen und Wirklichkeit, Berlin.
Pounds, N. J. G. 1994, An Economic History of Medieval Europe, London/New York 2. Aufl.
Preiser-Kapeller, J. 2018, Jenseits von Rom und Karl dem Großen. Aspekte der globalen Verflechtung in der langen Spätantike, 300-800 n. Chr., Wien 3. Aufl.
Prietzel, M. 2006, Kriegführung im Mittelalter. Handlungen, Erinnerungen, Bedeutungen, Paderborn.
Pryor, J. H. 1987, Commerce, Shipping and Naval Warfare in the Medieval Mediterranean, London.
Quirin, K. 1986, Die deutsche Ostsiedlung im Mittelalter, Göttingen.

Recktenwald, H. C. (Hg.) 1991, Ökonomie, Politik und Ethik in Thomas' von Aquin „Summa theologiae". Vademecum zu einem Klassiker der Wirtschaftsethik, Düsseldorf.

Reichmann, H./Schneider, J./Hofstaetter, W. (Hgg.) 1921, Ein Jahrtausend deutscher Kultur. Quellen von 88–1800, Bd. 1, Halle a. d. Saale.

Reichstein, F.-M. 2017, Das Beginenwesen in Deutschland. Studien und Katalog (Wissenschaftliche Schriftenreihe Geschichte 9), Berlin.

Reitemeier, A. 2008, Grundherrschaft und bäuerliche Lebensbedingungen im Mittelalter, Münster.

Riché, P. 1981, Die Welt der Karolinger, Stuttgart.

Richter, M. 2003, Irland im Mittelalter. Kultur und Geschichte, Münster/Hamburg/London.

Riehl, W. H. 1859, Augsburger Studien II. Der Stadtplan als Grundriß der Gesellschaft, in: Riehl, W. H., Culturstudien aus drei Jahrhunderten, Stuttgart.

Rösch, G. 1999, Venedig: Geschichte einer Seerepublik, Stuttgart.

Rösener, W. 1997a, Einführung in die Agrargeschichte, Darmstadt.

Rösener, W. (Hg.) 1997b, Jagd und höfische Kultur im Mittelalter (Veröffentlichungen des Max-Planck-Instituts für Geschichte 135), Göttingen.

Rösener, W. 1992, Agrarwirtschaft, Agrarverfassung und ländliche Gesellschaft im Mittelalter (Enzyklopädie deutscher Geschichte 13), München.

Rösener, W. (Hg.) 1989a, Strukturen der Grundherrschaft im frühen Mittelalter, Göttingen.

Rösener, W. 1989b, Die Auflösung des Villikationssystems im hochmittelalterlichen Deutschland: Ursachen und Verlauf, in: Probleme der Agrargeschichte des Feudalismus und des Kapitalismus 20, S. 5–14.

Rösener, W. 1985, Bauern im Mittelalter, München 1985.

Rohr, C. 2015, Historische Hilfswissenschaften. Eine Einführung, Wien/Köln/Weimar.

Ruff, M. 2003, Zauberpraktiken als Lebenshilfe. Magie im Alltag vom Mittelalter bis heute, Frankfurt a. M./New York.

Russel, J. C. 1983, Die europäische Bevölkerung 500–1500, in: Cipolla, C. M./Borchardt, K. (Hgg.), Europäische Wirtschaftsgeschichte, Bd. 1: Mittelalter, Stuttgart/New York 2. Aufl., S. 13–43.

Russel, J. C. 1958, Late Ancient and Medieval Population, Philadelphia.

Sauer, C. (Hg.) 2012, Handwerk im Mittelalter, Darmstadt.

Schieffer, R. 2014, Die Karolinger, Stuttgart 5. Aufl.

Schlesinger, W. 1979/1980, Die Hufe im Frankenreich, in: Beck, H. (Hg.), Untersuchungen zur eisenzeitlichen und frühmittelalterlichen Flur in Mitteleuropa und ihrer Nutzung 1–2, Göttingen, S. 41–70.

Schlesinger, W. (Hg.) 1975, Die deutsche Ostsiedlung des Mittelalters als Problem der europäischen Geschichte (Vorträge und Forschungen 18), Sigmaringen.

Schmieder, F. 2012, Die mittelalterliche Stadt, Darmstadt 3. Aufl.

Schneider, M. 2015, Die Geschichte der Sklaverei: Von den Anfängen bis zur Gegenwart, Wiesbaden.

Schrenk, C./Weckbach, H. 1997, Weinwirtschaft im Mittelalter, Heilbronn.

Literatur

Schröder, R. 1984, Zur Arbeitsverfassung des Spätmittelalters. Eine Darstellung mittelalterlichen Arbeitsrechts aus der Zeit nach der großen Pest, Berlin.

Schulz, K. 2010, Handwerk, Zünfte und Gewerbe. Mittelalter und Renaissance, Darmstadt.

Schulz, K. 1995, „Denn sie lieben die Freiheit so sehr ...". Kommunale Aufstände und Entstehung des europäischen Bürgertums im Hochmittelalter, Darmstadt 2. Aufl.

Schneider, C. M. 1888, Die katholische Wahrheit oder die theologische Summa des Thomas von Aquin. Zweiter Hauptteil. Zweite Abhandlung. Tugend und Laster, Gesetz und Gnade, Regensburg.

Schwab, I. (Hg.) 1983, Das Prümer Urbar (Rheinische Urbare 5), Düsseldorf.

Schwarz, J. 2006, Das europäische Mittelalter (Kohlhammer Grundkurs Geschichte), Stuttgart.

Schweikle, G. (Hg.) 1994, Walther von der Vogelweide. Werke. Gesamtausgabe, Bd. 1: Spruchlyrik, Stuttgart.

Schwind, F. 1984, Zu karolingerzeitlichen Klöstern als Wirtschaftsorganismen und Stätten handwerklicher Tätigkeit, in: Fenske, L./Rösener, W./Zotz, T. (Hgg.), Institutionen, Kultur und Gesellschaft im Mittelalter. Festschrift für Josef Fleckenstein zu seinem 65. Geburtstag, Sigmaringen, S. 101–123.

Schwinekörper, B. (Hg.) 1985, Gilden und Zünfte. Kaufmännische und gewerbliche Genossenschaften im frühen und hohen Mittelalter (Konstanzer Arbeitskreis für Mittelalterliche Geschichte. Vorträge und Forschungen 29), Sigmaringen.

Schwinges, R. C. (Hg.) 2007, Straßen- und Verkehrswesen im hohen und späten Mittelalter, Ostfildern.

Seidl, A. 2014, Deutsche Agrargeschichte, Frankfurt a. M.

Seipel, I. 1907, Die wirtschaftsethischen Lehren der Kirchenväter, Wien.

Selzer, S. 2010, Die mittelalterliche Hanse, Darmstadt.

Sénécheau, M./Samida, S. 2015, Living History als Gegenstand Historischen Lenrens: Begriffe – Problemfelder – Materialien (Geschichte und Public History), Stuttgart.

Seresse V. 2011, Kirche und Christentum. Grundwissen für Historiker, Paderborn.

Slack, P. 2015, Die Pest, Stuttgart.

Siems, H. 1992, Handel und Wucher im Spiegel frühmittelalterlicher Rechtsquellen, Hannover.

Simonsfeld, H. 1887, Der Fondaco dei Tedeschi in Venedig und die deutsch-venetianischen Handelsbeziehungen, Bd. 1: Urkunden von 1225–1653, Stuttgart.

Sonnleitner, K. (Hg.) 1997, Frauengeschichte des Mittelalters im Unterricht (Grazer Gender Studies 3), Teil 1, Graz.

Späth, J. 1999, Heilkunde und Heilpflanzen im Mittelalter, in: Kreiner, L. (Hg.), Zwischen Himmel und Hölle. Vom Leben bis zum Sterben in einer spätmittelalterlichen Stadt in Niederbayern, Rahden, S. 79–100.

Sprandel, R. 1969, La production du fer au Moyen Âge, in: Annales d'histoire économique et sociale XXIV, S. 305–321.

Sprenger, B. 2002, Das Geld der Deutschen. Geldgeschichte Deutschlands, Paderborn/München/Wien/Zürich 3. Aufl.

Spufford, P. 2002, Handel, Macht und Reichtum. Kaufleute im Mittelalter, Darmstadt.

Spufford, P. 1988, Money and its Use in Medieval Europe, Cambridge.
Spufford, P. 1986, Handbook of Medieval Exchange, London.
Stalsberg, A. 2008, The Vlfberht sword blades reevaluated. Stavanger/Trondheim.
Steinbach, S. 2018, Luteger von Altenburg – Leben und Wirken eines Stempelschneiders der Stauferzeit, in: Mitteilungen der Österreichischen Numismatischen Gesellschaft 58, S. 51–82.
Steinbach, S. 2017, Imitation, Innovation und Imperialisierung. Geldwesen und Münzprägung als wirtschaftshistorische Quellen zur ethnischen Identität und Herrschaftsorganisation des spanischen Westgotenreiches (ca. 572–714) (Geschichte und Kultur der Iberischen Welt 11), Berlin.
Strank, K. J./Meurers-Balke, J. 2008 (Hgg.), Obst, Gemüse und Kräuter Karls des Grossen. „... dass man in den Gärten alle Kräuter habe ...", Mainz.
Suhle, A. 1975, Deutsche Münz- und Geldgeschichte von den Anfängen bis zum 15. Jahrhundert, Berlin.
Sweeney, D. (Hg.) 1995, Agriculture in the Middle Ages. Technology, Practice and Representation, Philadelphia.
Telesko, W. 2001, Die Weisheit der Natur: Heilkraft und Symbolik der Pflanzen und Tiere im Mittelalter, München.
Theuerkauf, G. 1991, Die Interpretation historischer Quellen. Schwerpunkt: Mittelalter, Paderborn.
Thrupp, S. S. L. 1983, Das mittelalterliche Gewerbe, 1000-1500, in: Cipolla, C. M./Borchardt, K. (Hgg.), Europäische Wirtschaftsgeschichte, Bd. 1: Mittelalter, Stuttgart/New York 2. Aufl., S. 141–176.
Trapp, W./Fried, T. 2006, Handbuch der Münzkunde und des Geldwesens in Deutschland, Stuttgart 2. Aufl.
Tröller-Reimer, A. 2015, Die Auswertung der CT-Daten. Ulfberht-Schwert, in: Nachrichten aus Niedersachsens Urgeschichte 84, S. 179–184.
Tuczay, C. 2003, Magie und Magier im Mittelalter, München.
Ubl, K. 2014, Die Karolinger. Herrschaft und Reich, München.
Udolph, J./Fitzek, S. 2005, Professor Udolphs Buch der Namen. Woher sie kommen, was sie bedeuten, München.
Ullrich, J. 2006, Iste sunt curie ... Randnotizen zum Tafelgüterverzeichnis, in: Laudage, J./Leiverkus, Y. (Hgg.), Rittertum und höfische Kultur in der Stauferzeit (Europäische Geschichtsdarstellungen 12), Köln, S. 136–145.
Unger, H. 2005, Die Beginen. Eine Geschichte von Aufbruch und Unterdrückung der Frauen, Freiburg i. Br.
Unger, R. W. 1980, The Ship in the Medieval Economy 600–1600, Montreal.
van der Wee, H. 2000, European Banking in the Middle Ages and Early Modern Times (476–1789), in: van der Wee, H./Kurgan-Van Hentenryk, G. (Hgg.), A History of European Banking, Antwerpen, S. 71–265.
van Houtte, J. A. 1977, An Economic History of the Low Countries 800–1800, London.
van Rey, M. 1983, Einführung in die rheinische Münzgeschichte des Mittelalters (Beiträge zur Geschichte der Stadt Mönchengladbach 17), Mönchengladbach.
Verhulst, A. 2002, The Carolingian Economy, Cambridge.

Verhulst, A. 1970, Der Handel im Merowingerreich. Gesamtdarstellung nach schriftlichen Quellen, Gent.
Verhulst, A. 1965, Karolingische Agrarpolitik, in: Zeitschrift für Agrargeschichte und Agrarsoziologie 13, S. 175–189.
Vittinghoff, F. (Hg.) 1990, Handbuch der europäischen Wirtschafts- und Sozialgeschichte, Bd. 1: Europäische Wirtschafts- und Sozialgeschichte in der römischen Kaiserzeit, Stuttgart.
Vitullo, J. M./Wolfthal, D. B. 2010 (Hgg.), Money, morality and culture in late medieval and early modern Europe, Farnham.
von dem Knesebeck, W. 1997, Aspekte der höfischen Jagd und ihrer Kritik in Bildzeugnissen des Hochmittelalters, in: Rösener, W. (Hg.), Jagd und höfische Kultur im Mittelalter (Veröffentlichungen des Max-Planck-Instituts für Geschichte 135), Göttingen, S. 493–572.
Wadle, E. 1971, Mittelalterliches Zoll- und Münzrecht im Spiegel der Confoederation cum principibus ecclesiasticis, in: Jahrbuch für Numismatik und Geldgeschichte 21, S. 187–224.
Wagner, G. 2013, Das geht auf keine Kuhhaut. Redewendungen aus dem Mittelalter, Darmstadt 4. Aufl.
Walter, R. 2011, Wirtschaftsgeschichte. Vom Merkantilismus bis zur Gegenwart, Köln/Weimar/Wien 5. Aufl.
Walter, R. 2008, Einführung in die Wirtschafts- und Sozialgeschichte, Köln/Weimar/Wien.
Walter, R. 2006, Geschichte der Weltwirtschaft. Eine Einführung, Köln/Weimar/Wien.
Wartmann, H. (Hg.) 1863, Urkundenbuch der Abtei Sanct Gallen, Bd. 1: 700–840, Zürich.
Weidinger, U. 2011, Die Versorgung des Königshofs mit Gütern. Das „Capitulare de villis", in: Becher, M. (Hg.), Das Reich Karls des Großen, Darmstadt, S. 79–85.
Weber, A. O. 1999, Studien zum Weinbau der altbayerischen Klöster im Mittelalter, Stuttgart.
Weigl, A. 2012, Bevölkerungsgeschichte Europas. Von den Anfängen bis in die Gegenwart, Wien/Köln/Weimar.
White, L. 1968, Die mittelalterliche Technik und der Wandel der Gesellschaft, München.
Wittreck, F. 2002, Geld als Instrument der Gerechtigkeit. Die Geldrechtslehre des Hl. Thomas von Aquin in ihrem interkulturellen Kontext, Paderborn/München.
Wulf, F.-W. 2015, Das ULFBERHT-Schwert aus Großenwieden, Ldkr. Hameln-Pyrmont. Archäologische Untersuchungen, in: Nachrichten aus Niedersachsens Urgeschichte 84, S. 155–166.
Zeume, J. 2015, Ritterburgen. Bauwerk, Herrschaft, Kultur, München.
Zeuske, M. 2018, Sklaverei. Eine Weltgeschichte von der Steinzeit bis heute, Stuttgart.
Zeuske, M. 2013, Handbuch Geschichte der Sklaverei. Eine Globalgeschichte von den Anfängen bis zur Gegenwart, Berlin/Boston.
Ziegler, U. (Hg.) 1996, Die Hanse. Aufstieg, Blüte und Niedergang der ersten europäischen Wirtschaftsgemeinschaft. Eine Kulturgeschichte von Handel und Wandel zwischen 13. und 17. Jahrhundert, Bern.

Abbildungsverzeichnis

Titelbild:		Fries in der Vorhalle des St.-Paulus-Doms, Münster. Foto: Julia Bergmann.
S. 36, Abb. 2.1:		Kloster Ebstorf. Abbildung: Prof. Dr. Martin Warnke. Leuphana Universität Lüneburg (https://www.leuphana.de/ebskart).
S. 49, Abb. 3.1:		Bibliothèque royale de Belgique (MS 13076-77, fol. 24v).
S. 70, Abb. 4.1:		Freilichtlabor Lauresham – Kloster Lorsch. Foto: Julia Bergmann.
S. 72, Abb. 4.2:		Bayerische Staatsbibliothek München (Clm 210, fol. 91v).
S. 80, Abb. 4.3:		Universitätsbibliothek Heidelberg (Cod. Pal. Germ. 164, fol. 26v).
S. 92, Abb. 4.4:		Universitätsbibliothek Heidelberg (Cod. Pal. Germ. 848, fol. 394a).
S. 106, Abb. 5.1:		Niedersächsisches Landesmuseum Hannover. Inv. Nr. 196200050, Foto: Kerstin Schmidt.
S. 112, Abb. 5.2:		Freilichtlabor Lauresham – Kloster Lorsch. Foto: Julia Bergmann.
S. 113, Abb. 5.3:		Bildarchiv der Stadt- und Kreisarchäologie Osnabrück. Foto: Daniel Lau.
S. 117, Abb. 5.4:		Foto: Julia Bergmann.
S. 122, Abb. 5.5:		Förderverein Küntrop. Foto: Klaus Peter Sasse.
S. 126, Abb. 5.6:		Campus Galli. Karolingische Klosterstadt Meßkirch e.V. Foto: Alexander Hamann.
S. 128, Abb. 5.7:		Niedersächsisches Landesmuseum Hannover. Inv. Nr. 197700058, Foto: Kerstin Schmidt.
S. 131, Abb. 5.8:		Niedersächsisches Landesmuseum Hannover. Inv. Nr. 201500392, Foto: Kerstin Schmidt.
S. 132, Abb. 5.9:		Bildarchiv der Stadt- und Kreisarchäologie Osnabrück. Foto: Daniel Lau.

S. 135, Abb. 5.10:	Stadtbibliothek im Bildungscampus Nürnberg (Amb. 317.2°, fol. 14v, Mendel I).
S. 149, Abb. 6.1:	Niedersächsisches Landesmuseum Hannover. Inv. Nr. 01:003:001, Foto: Kerstin Schmidt.
S. 150, Abb. 6.2:	Niedersächsisches Landesmuseum Hannover. Inv. Nr. 193200281, Foto: Kerstin Schmidt.
S. 186, Abb. 7.1:	Niedersächsisches Landesmuseum Hannover. Inv. Nr. 93:000:001, Foto: Kerstin Schmidt.
S. 188, Abb. 7.2:	Niedersächsisches Landesmuseum Hannover. Inv. Nr. 01:029:012, Foto: Kerstin Schmidt.
S. 192, Abb. 7.3:	Niedersächsisches Landesmuseum Hannover. Inv. Nr. 04:025:016, Foto: Kerstin Schmidt.
S. 194, Abb. 7.4:	Niedersächsisches Landesmuseum Hannover. Inv. Nr. 06:000:001-06:000:020, Foto: Kerstin Schmidt.
S. 195, Abb. 7.5:	Niedersächsisches Landesmuseum Hannover. Inv. Nr. 05:099:048, Foto: Kerstin Schmidt.
S. 204, Abb. 8.1:	Staatsbibliothek Bamberg (Msc. Patr. 5, fol. 1v).
S. 211, Abb. 8.2:	Foto: Ev.-luth. Domkirche St. Blasii zu Braunschweig.
S. 213, Abb. 8.3:	Mühlenhof am Aasee. Freilichtmuseum Münster. Verein de Bockwinmüel e.V.
S. 216, Abb. 8.4:	Foto: Julia Bergmann.
S. 223, Abb. 8.5:	Deutsches Schifffahrtsmuseum. Foto: Niels Hollmeier.
S. 227, Abb. 9.1:	Österreichische Nationalbibliothek (Cod. 2554, fol. 1v) Bible moralisée „Schöpfergott als Weltenmesser".
S. 243, Karte 1:	Grafik: Timo Stingl.
S. 244, Karte 2:	Grafik: Timo Stingl.

Register

Aachen 186
Abgabengrundherrschaft 89
Adalbero von Laon 61
Adalhard 129
Adelheid 140
Adolf II. 172
Agent 140
Ägidius von Lessines 236
Agrardepression 97
Agrarkrise 97
Agrarverfassung 59
Agrarwirtschaft 59
Ahrensbök 99
Albertus Magnus 208
Alexandria 146
Alfons V. 195
Alfons VI. 190
Alfons XI. 195
Allmende 63
Amalfi 146, 150
Annapes 82
Antorf 172
Antwerpen 171
Aribo 144
Aristoteles 225
Arles 142
artes mechanicae 209
Augsburg 114, 169, 219
Augustinus von Hippo 228
Avignon 167, 217
Azincourt 42

Bäcker 110
Backsteingotik 121
Bad Wildungen 207
Bamberg 63, 204
Bank 164
Barcelona 168
Barchent 113
Bardelet de Malepilis 196
Bardowick 147
Bari 146
Bar-sur-Aube 153
Basel 56, 103, 168, 188
Bauhandwerk 116
Bauhütte 117
Beetpflug 69, 97
Benedikt von Nursia 226
Bergbau 180
Bergen 171
Berthold Schwarz 207
Berthold von Kärnten 218
Bertolf von Brauweiler 95
Bevölkerungsstruktur 55
Biene 84
Bier 64, 86, 111
Binnenrodung 52, 93
Birka 127, 147
Blasebalg 132
Bobbio 67
Bologna 53
Bonifatius 90
Bonn 167

Bordeaux 85
Bourges 142
Branntwein 86
Braunschweig 147, 176
Brebières 75
Breitsaat 69
Bremen 48, 176
Brescia 67
Breslau 159
Brille 206
Brücken 217
Brügge 53, 160, 162, 164, 171, 172
Brüssel 169
Burchard von Worms 78
Burgenbau 121
Bürgerliste 42
Burkhard 144
Byzanz 53, 146, 154
Calais 196
Canossa 21
Capitulare de villis 87, 129
Cardona 123
Castellón de la Plana 40
Champagnemessen 152, 154, 169
Chartres 189
Chemnitz 159
Christiana-Religio-Pfennig 184
Christus 226
Cicero 225
Clermont 142
Cluny 118
Codex Manesse 92
colleganze 163
commenda 163
Conrad von Soest 207
Corbie 108, 110
Córdoba 53, 147

Corvey 84, 129
Coventry 154
Cremona 113
Dagobert I. 149
Dandolo, Enrico 161
Danzig 121, 176
Dasing 110
De aquarum conductibus, molendinis aliisque machinis et aedificiis 208
De bello gothico 183
De diversis artibus 199, 200
De rebus militaribus 209
Demografie 37
Dietmar 144
Dinant 167
Dinkel 65
Domesday Book 41, 62, 71, 82, 123
Dorestad 147, 164
Dorestadt 127
Dortmund 140, 171
Drachenboot 222
Dreifelderwirtschaft 96, 97
Drei-Sektoren-Hypothese 57
Dreiständelehre 61
Dresden 159
Dublin 43
Dünger 69
Eduard III. 196
Eduards III. 196
Edward III. 195
Eike von Repgow 80
Eisen 31, 167
   Gewinnung 128
   Schmelzpunkt 131
   Verarbeitung 128
   Vorkommen 131
Energie 29, 212

Energiegewinnung 30
Erfinder 206
Erfurt 143
Erik VII. 208
Ernährung 70
Ernteertrag 25, 66, 67
Familiennamen 107
Färberkrapp 86
Färberpflanzen 86
Färberwaid 86
Fernhandel 142
Fischfang
   Binnengewässer 84
   Hochsee 84
Fischzucht 85
Flachs 87, 113
Fleischkonsum 74
Florenz 40, 48, 53, 114, 161, 162, 192, 193, 207
Fondaco dei Tedeschi 157
Frankfurt a. M. 56
Frankfurt am Main 116, 169, 185
Freiburg 40, 207
Friedrich I. 186
Friedrich II. 186
Friedrichs I. 186
Friesen 147
Frondienste 140
Fulda 90
Gaeta 146
Galeazzo Maria Sforza 197
Galeere 222
Gandersheim 140
Geburtenrate 54
Geflügel 76
Gegenstempel (Kontermarke) 193, 194

Geld 177
Geldwirtschaft 92, 179
Geldzins 92, 94
Gemüse 71
Gent 53
Genua 53, 150, 161, 162, 164, 168, 192, 193
Geografie 33
Gerald von Aurillac 228
Gerberei 115
Gerberga 140
Gerste 65, 66
Geselle 137
Getreide 64, 165
Giovanni Villani 114
Glas 125
Glasmalerei 125
Görlitz 159
Goslar 167, 171
Gregor VII. 218
Greifswald 174
Gruber, Ludwig 159
Grundherrschaft 88, 89
Gruter, Konrad 208
Gutswirtschaft 89
Hadrian I. 190
Hafer 66, 81
Haithabu 127, 147
Hakenpflug 69
Hall 197
Halle 143, 159
Hamburg 176, 193, 195
Handwerk 101
Handwerkerkollegien 133
Handwerkskollegien 108
Hanf 87, 113

Hanse 123, 166, 167, 169, 170, 171, 175
Hanserezess 174
Hansetag 174, 176
Haushandwerk 105
Heinrich I. 185
Heinrich II. 189
Heinrich II. von Thun 103
Heinrich III. 154
Heinrich IV. 21, 218
Heinrich von Gent 236
Heinrichs IV. 218
Heiratsalter 54
Heller 63
Herdsteuer 41
Herford 195
Hering 85
Herradis von Landsberg 110
Herrenland 89
Hildesheim 176
Hirse 65
Hof 159
Hohenburg 110
Holz 30
Honig 84
Hortus deliciarum 110
Hufe 68
Hufeisen 57
Hufenland 89
Hugo von Saint-Cher 207
Hugo von St. Viktor 210
Hülsenfrüchte 70
Hundertjähriger Krieg 19, 166, 172, 191, 196
Hungersnot 67
Hussitenkriege 191
Industriepflanzen 85, 87

Infrastruktur 143
INGELRII-Schwert 131, 149
Innozenz III. 232
Inventar 83, 89, 90
Jaca 150
Jacopo, Mariano Daniello di 209
Joachimstal 197
Johann II. 195
Johanna I. 153
Juden 164
Kaffa 162
Kaifenheim 95
Kapitular 61, 67, 143, 185
Karacke 223
Karavelle 223
Karl der Große 18, 87, 90, 184, 186, 221
Karl I. 154
Karlmann 144
Kempten 114
Keramik 127
Ketzel, Andreas 159
Kleingeldmangel 180
Klemens von Alexandrien 229
Klimaoptimum, mittelalterliches 27
Klosterneuburg 207
Koblenz 150
Kogge 222
Köln 45, 53, 102, 125, 131, 148, 165, 167, 169, 171, 176, 186, 188, 212, 219
  Dom 209
Kommerzielle Revolution 158
Königsberg 174
Konstantinopel 161
Krapp 86, 114
Kreuzzug 94, 161, 162, 189

Register

Kummet 57, 82, 97
Kunz von Rosenheim 92
Kupfer 167
Lagny 153
Lampert von Hersfeld 218
Landesausbau 51, 80, 231
Landflucht 53
Landwirtschaft 57
Lasttiere 215
Le Mans 154
Le Puy 189
Lebenserwartung 56
Leder 114
Leinen 113
Leipzig 159
Leo I. 229
LEVTFRIT-Schwert 131
Lex Alamannorum 128
Lex Ribuaria 130
Lex Salica 75, 128
Lille 39
Lissabon 161
Liudolf 140
London 53, 154, 160, 161, 167, 169, 171, 217
Lübeck 102, 121, 171, 172, 174, 176, 193, 195, 231
Lucca 113, 189
Ludwig der Fromme 184, 185
Ludwig II. 144
Ludwig IV. 144
Ludwig IX. 192
Lüneburg 123, 193, 195
Magdeburg 143
Mailand 53, 151, 162, 197, 219
Mainz 103
Mandeville, Jean de 219

Mark (Gewicht) 190
Marsal 123
Marseille 142, 147
Maschine 210
Maupertuis (Schlacht) 195
Mecheln 172
Medina del Campo 168
Melgueil 189
Merseburger Zaubersprüche 78
Messe 109, 152
Mesta 168
Met 84
Metalle
   Handel 167
Metrologie 34
Metz 123
Ministeriale 163, 178
Mocenigo, Tommaso 161
Monatsbild 72
Motte (Burg) 121
Mühle 32, 109
   Wassermühle 212
   Windmühle 212
Mühlhausen (Thüringen) 171
München 169
Münster 195
Münzen 177
Münzfunde 148
Münzherr 178
Münzherrn 182
Münzmeister 182
Münzprägung 181
Münzverein
   Rheinischer Münzverein 193
   Wendischer Münzverein 193
Murbach 109
Namur 164

Narbonne 142
Nassanbau 58
Naturalwirtschaft 179
Naturkatastrophe 25
Neapel 150, 168
Nicolaus Oresme 236
Niederlagsrecht 156
Nikolaus von Oresme 228
Nordhausen 171
Nördlingen 40
Novgorod 171, 174
Nürnberg 40, 56, 102, 104, 130, 159, 169, 219
Obst 71
Orléans 142
Osnabrück 176, 195
Ostkolonisation 52
Ostsiedlung 93, 94
Otto II. 42
Otto III. 140
Ottobuono Fieschi (Hadrian V.) 154
Ottokar 144
Padua 220
Pamplona 150
Paris 53, 103, 118, 120, 149, 160, 161, 166, 167, 169, 217
Parma 113
Pavia 151
Pax Mongolica 151
Pegolotti, Francesco Balducci 157
Peking 220
Pera 162
Pest 27, 37, 47, 97, 166, 172
Petrus Johannis Olivi 236
Pferd 74, 81
Pflugtiefe 69
Philipp II. August 189

Philipp IV. 153, 193, 195
Phohäa 162
Pippin der Jüngere 90
Pippin der Kurze 184
Pirenne-These 142
Pisa 150, 161, 192, 207
Plano Carpini, Johannes de 219
Poitiers 189
Polo, Marco 159, 219, 220
Pordernone, Odorico de 220
Portolankarten 35
Practica della Mercatura 157
Prag 169
Prato 54
Preis 179
Preisentwicklung
  Getreidepreise 97
Prokopius von Caesarea 183
Provins 153, 154
Prüm 76, 85, 123
Quentowik 147, 148
Räderpflug 57, 69
Raffelstetten 144
Ratssendbote 175
Ravensburg 114, 169
Rechnungsbuch 165
Regensburg 102, 121, 169, 217
Reichenhall 123
Reisegeschwindigkeiten 221
Reisezeiten 219
Rentengrundherrschaft 89, 95
Richer von Reims 19
Riga 121, 174
Rind 77
Roger Bacon 208
Roger von Helmarshausen 200
Roggen 65, 66

Register

Rom 46, 53, 154
Rostock 174, 176, 195
Rudolf von Schwaben 218
Rufinus von Bologna 233
Sachsenspiegel 80
Saint-Denis 75, 76
Saint-Germain-des-Prés 38, 55, 111, 131
Saint-Riquier 108
Salamanca 168
Salerno 150
Salland 89
Salz 122, 166, 213
Salzsieden 123
Sancho III. 190
Sardinien 168
Schaf 84
Schaffhausen 221
Scheurl, Albrecht 159
Schmelzofen 132
Schmelztemperatur 31
Schmied 106, 107, 128
Scholastik 233
Schwarzpulver 207
Schwein 79
Seide 113
septem artes liberales 209
Siedlungsformen 96
Siena 154, 209
Sigismund von Tirol 197
Sigtuna 147
Sklave 88, 110, 147
Soldaia 162
Sonderkulturen 85, 96
Sophia 140
Sozialverhältnisse, ländliche 59
Speyer 118

St. Denis 149
St. Gallen 71, 96
  Klosterplan 108
Staffelsee 82, 83
Stapelrecht 156
Steigbügel 214
Stempelschneider 182
Steuerliste 41
Stockholm 147
Stralsund 174
Straßburg 40, 110, 136, 167, 169
  Münster 209
Straßen 217
Syrakus 168
Tafelgüterverzeichnis 76
Tagelöhner 118
Tageslänge 22
Textilhandwerk 111
Textilien
  Handel 168
Theophanu 140
Theophilus Presbyter 199, 200
Theudebert I. 183
Thomas von Aquin 228, 234
Tolomei, Andrea de 154
Tommaso da Modena 207
Toponomastik 46
Tours 154
Transport 215
Transportmittel 144
Trapezunt 162
Treviso 207, 220
Trier 167
Trockenanbau 58
Troyes 153, 154
Tunis 146, 168
Überlingen 56

Ulm 114, 221
Urbar 38, 61, 83, 89, 143
Utrecht 164, 219
Valence 189
Venedig 53, 120, 123, 126, 148, 150, 151, 154, 157, 159, 161, 162, 163, 166, 192, 193, 207, 219
Verdun 147
Vergetreidung 74, 79, 96, 115
Verlagssystem 134, 151
Verlagswesen 115
Verona 113
Versicherung 164
Viacenza 220
Vic 123
Vicenza 220
Vic-sur-Seille 123
Viehhaltung 73
Villikation 89, 108, 125
Villikationen 134
Villikationssystem 89, 95
Villikationssystems 91
Villikationsverfassung 91
Visby 171
VLFBERHT-Schwert 131, 149
Volksrechte, germanische 74, 75, 128
Wagen 219
Währungssystem 178
Waid 86, 114
Wald 31
Walther von der Vogelweide 76
Wanderanbau 58
Webstuhl 112

Wechsel 164, 165
Wein 85, 111, 166
Weistum 61, 63
Weizen 65, 66
Welf I. von Bayern 218
Weltchronik 35
Weltkarte 35
Werden an der Ruhr 208
Werkstatt 101
Werl 195
Wetteraufzeichnung 27
Wien 169
Wildtiere 76
Wilhelm I. der Eroberer 31, 42
Wilhelm von Auxerre 233
Wirtschaftspolitik 179, 186
Wirtschaftstheorie 225
Wismar 174, 193
Wolle 113
Worms 103
Würzburg 103
Wüstung 97, 98
Zeitmessung 33
Ziege 83
Zinn 167
Zisterzienser 135, 136, 203
Zoll 144
Zolltarif 150
Zucht 81
Zunft 84, 103, 110, 114, 117, 130, 133, 134, 201
Zwickau 159